本书的出版得到
国家重点文物保护专项补助经费资助

浙江省文物考古研究所田野考古报告 第53号

庆 元 古 窑 址

2011年考古调查发掘报告

浙江省文物考古研究所
庆元县文物保护所　编著

文物出版社

图书在版编目(CIP)数据

庆元古窑址：2011年考古调查发掘报告 / 浙江省文物考古研究所, 庆元县文物保护所编著. -- 北京：文物出版社, 2023.7

ISBN 978-7-5010-8115-8

Ⅰ.①庆… Ⅱ.①浙… ②庆… Ⅲ.①窑址(考古)—考古发掘—发掘报告—庆元县 Ⅳ.①K878.55

中国国家版本馆CIP数据核字(2023)第117763号

庆元古窑址 2011 年考古调查发掘报告

编　　著：浙江省文物考古研究所
　　　　　庆 元 县 文 物 保 护 所

封面设计：秦　彧
责任编辑：秦　彧
责任印制：王　芳

出版发行：文物出版社
社　　址：北京市东城区东直门内北小街 2 号楼
邮　　编：100007
网　　址：http://www.wenwu.com
经　　销：新华书店
印　　刷：北京荣宝艺品印刷有限公司
开　　本：889mm×1194mm　1/16
印　　张：29　插页：1
版　　次：2023 年 7 月第 1 版
印　　次：2023 年 7 月第 1 次印刷
书　　号：ISBN 978-7-5010-8115-8
定　　价：650.00 元

Ancient Kiln Sites In Qingyuan:

2011 Archaeological Survey and Excavation Report

by

Zhejiang Provincial Institute of Cultural Relics and Archaeology

Cultural Relics Institute of Qingyuan County

Cultural Relics Press

内容简介

2011 年 9～12 月,浙江省文物考古研究所、庆元县文物保护所联合对庆元县境内古代窑址做了系统考古调查,共发现窑址 25 个,采集文物标本 914 件,包括各式窑具和青釉瓷、黑釉瓷、青花瓷等,时代涵盖了唐、宋、元、明、清时期。这次考古工作对庆元古代窑业发展脉络的研究具有重要意义。

庆元县的古代窑址,根据 25 个窑址的分布位置可分为上垟窑址群（8 个窑址）、竹口镇中心区窑址群（11 个窑址）、散点分布窑址（6 个窑址）三大类。

上垟窑址群与龙泉市金村的窑址南北毗邻,连成一片,实属同一窑址群。窑址时代集中在两宋时期,早者可能到五代晚期,晚者延续到元代。该区域窑业面貌一致,是探究龙泉窑窑业起源的核心区域。

竹口镇中心区窑址群可以竹口溪为界线分为东、西两区。西区主要由桥头山、潘里垄等 3 个窑址构成,时代为南宋时期,其中桥头山窑址专烧龙泉窑系青釉瓷,而潘里垄山的 2 个窑址主要烧制建窑系黑釉瓷,兼烧龙泉窑系青釉瓷,表明南宋时期竹口镇中心区域已尝试烧制建窑系、龙泉窑系民用瓷器。东区主要由岩后村练泥碓、竹上村枫堂、竹中 Y1～Y5、竹下 Y1 等 8 处窑址构成,时代为元、明、清时期,表明这一时期竹口镇中心区域的聚落、人口和窑业生产已颇成规模。特别是竹口镇明中期以后窑业兴旺,形成继大窑龙泉窑青瓷生产衰落后而兴起的另一个瓷业生产中心,其间技术传承并未中断,最大的变化是地理空间格局的转变,即龙泉窑核心区域窑业集中生产从明代中期开始逐渐从瓯江流域转至闽江流域。

处于散点分布态势的 6 个窑址分别为黄坛 Y1、Y2、新窑 Y1、Y2、樟坑 Y1、下济 Y1。竹口镇黄坛 Y2 处于越窑文化圈的外围区,其产品应是外来窑业技术与本地瓷土、釉料资源相结合所产生的类越窑产品。新窑 Y1、Y2 兴起于明代中期,属龙泉窑系。樟坑 Y1、下济 Y1 为清代专烧青花瓷器的窑址,反映出继龙泉窑衰落后庆元本地窑业谋求发展的新趋向。黄坛 Y1 为清代至民国烧制缸、罐、瓦的陶瓷窑址,主要限于民用,庆元古代窑业至此终结。

2011 年 9～12 月,浙江省文物考古研究所、庆元县文物保护所联合对潘里垄 Y2 进行了发掘,揭露的南宋窑炉为龙窑形制,窑具有 M 型匣钵、漏斗型匣钵、圆形垫饼、手捏垫柱、柱形垫圈等,产品以建窑系黑釉盏为主,兼有少量擂钵、执壶、坩埚、罐、青釉瓷器等。

2014 年 10～11 月,浙江省文物考古研究所与庆元县文物保护所联合对黄坛 Y2 进行了发掘,清理出唐代残窑炉 1 座、灰坑 1 个,出土了大量的瓷片和窑具标本。

本报告是 2011 年以来庆元县古代窑址调查、发掘考古资料的全面公布和初步研究。

Abstract

From September to December 2011, Zhejiang Provincial Institute of Cultural Relics and Archaeology and Cultural Relics Institute of Qingyuan County jointly conducted a systematic archaeological survey of ancient kiln sites in Qingyuan County. A total of 25 kiln sites were found and 914 artifacts were collected, including various kiln furniture and celadon wares, black glazed porcelain, blue and white porcelain, covering the Tang, Song, Yuan, Ming and Qing dynasties. This archaeological work is of great significance for the study of the development of the ancient ceramic industry in Qingyuan.

The ancient kiln sites in Qingyuan County can be divided into three categories based on the distributing locations of 25 kiln sites: the kiln sites at Shangyang (8 in total), those at the central area of Zhukou Town (11 in total), and the kiln sites scattered in other regions (6 in total).

Adjacent to the Jincun kiln site, Longquan City in the south, the kiln sites at Shangyang and those at Jincun are deemed to belong to the same kiln group. The production eras of these kilns center in the Song Dynasty, some possibly dated to the late Five Dynasties or extending to the Yuan Dynasty. The ceramic industry in this area has a consistent appearance. This region is thought to be the core area for the exploration of the origin of the Longquan kiln industry.

The central area of Zhukou Town where kiln sites are distributed can be divided into two sections by Zhukou Creek. In the western section, three kiln sites of the Southern Song Dynasty have been discovered, among which the Qiaotoushan kiln specialized in firing celadon wares of the Longquan type, while the other two kilns at Panlilong Mountain mainly produced black glazed porcelain of the Jian kiln type as well as celadon wares of the Longquan type. The eastern section includes eight kiln sites, such as the Liannidui kiln at Yanhou Village, the Fengtang kiln at Zhushang Village, the Zhuzhong Y1-Y5, and the Zhuxia Y1. These kiln sites are dated to the Yuan, Ming and Qing Dynasties, suggesting that the settlement, population, and ceramics industry in the central area of Zhukou Town reached a considerable scale during this period. Especially after the mid Ming, after the decline of the Dayao kiln which produced celadon wares of the Longquan type, the ceramic industry in Zhukou Town began to flourish and formed a new center of ceramic industry. In spite of a dramatic change of the spatial pattern of the ceramic industry, that is, from the mid Ming Dynasty onwards, the concentrated production area of the Longquan kiln gradually shifted from the Oujiang River Basin to the Minjiang River Basin, the circulation of technology had never been interrupted.

The six kiln sites scattered in other regions included the Huangtan Y1 and Y2, the Xinyao Y1 and Y2, the Zhangkeng Y1, and the Xiaji Y1. The Huangtan Y2 in Zhukou Town is located in the peripheral area of the cultural circle of the Yue kiln. Combining the foreign kiln technique and the local clay and glaze, the products of the Huangtan Y2 are similar to those of the Yue kiln. The Xinyao Y1 and Y2 emerged in the mid Ming Dynasty and belong to the Longquan kiln system. The Zhangkeng Y1 and the Xiaji Y1 of the Qing Dynasty specialized in firing blue and white porcelain which represents a new trend in pursuit of the market after the decline of the Longquan kiln. The Huangtan Y1 is dated from the Qing Dynasty to the Republic of China, which fired tanks, jars, and tiles, mainly limited to civil use. Till then the ancient ceramic industry in Qing yuan came to an end.

From September to December 2011, Zhejiang Provincial Institute of Cultural Relics and Archaeology and Cultural Relics Institute of Qingyuan County jointly excavated the Panlilong Y2. The excavation discovered the ruins of one dragon-shaped kiln of the Southern Song Dynasty. The kiln implements include M-shaped or funnel-shaped saggars, circular pad, hand-made support pedestal, cylindrical pad ring and so forth. The products are dominated by the black glazed wares of the Jian kiln type. Additionally, a small number of grinding bowls, ewers, tanks, jars, celadon wares and so forth are also discovered.

From October to November 2014, Zhejiang Provincial Institute of Cultural Relics and Archaeology and Cultural Relics Institute of Qingyuan County jointly excavated the Huangtan Y2. The ruins of one kiln of Tang Dynasty and one pit were cleared, and a large number of porcelain fragments and kiln implement were unearthed.

This report has provided a comprehensive publication as well as a preliminary study on the data of the above surveys and archaeological excavations of the ancient kiln sites in Qingyuan county since 2011.

慶元古窯址：2011年考古調査発掘報告

　　2011年9～12月、浙江省文物考古研究所、慶元県文物保護所は共同で慶元県における古代窯址の系統的な考古調査を行った。その結果、25基の窯址を発見し、914点の文物標本を採集した。後者には様々な窯道具や青磁、黒磁、青花磁が含まれ、唐、宋、元、明、清の時代に相当する。今回の考古調査は慶元における古代窯業の発展の変遷について、重要な意味を持つだろう。

　　慶元県の古代窯址は、25基の窯址の分布から、上垟窯址群（8基）、竹口鎮中心区窯址群（11基）、その他に点在する窯址（6基）の3類に分けられる。

　　上垟窯址群は龍泉市金村の窯址南北に隣接し、実質的には一つの窯址群となる。その時代は両宋代に集中し、早い例でおそらく五代晩期、遅い例で元代まで継続する。窯業の状況は類似しており、龍泉窯の窯業の起源を考える中心的な区域と評価できる。

　　竹口鎮中心区窯址群は、竹口溪を境界として東西に分かれる。西区は主に橋頭山や潘里壟など3つの窯址から構成され、南宋に相当する。その中の橋頭山窯址は龍泉窯系の青磁のみを焼く。一方、潘里壟山の2つの窯址は主に建窯系の黒磁を焼成し、龍泉窯系の青磁の焼成も行う。つまり、南宋の竹口鎮中心区では、すでに建窯系と龍泉窯系の民用磁器の焼成を試みていたことになる。東区は主に岩後村練泥碓、竹上村楓堂、竹中Y1～Y5、竹下Y1などの8基の窯址から構成される。時代は元、明、清ほどである。つまり、これらの時期には竹口鎮中心区の集落、人口、窯業生産はすでにかなりの規模になっていたことが分かる。特に、竹口鎮の明中期以降に窯業は栄え、龍泉窯の青磁生産の後退後に勃興した磁器生産の中心となった。その間、技術継承は中断しなかったが、空間的な分布に最も大きな変化があった。すなわち、龍泉窯の中心地区における窯業集中生産は、明代中期から次第に瓯江流域より闽江流域へと移動した。

　　点在する傾向にある6基の窯址には、黄壇Y1、Y2、新窯Y1、Y2、樟坑Y1、下済Y1がある。竹口鎮黄壇Y2は越窯文化圏の外縁にあり、その製品は外来の窯業技術と在地の磁器土および釉薬が結びついて製作された類越窯の製品である。新窯Y1、Y2は明代中期に栄え、龍泉窯系に属する。樟坑Y1、下済Y1は清代に青花を専門に焼いた窯址であり、龍泉窯が衰退した後、慶元在地の窯業が求めた発展の新たな方向性を反映している。黄壇Y1は清代から民国にかけて缸、罐、瓦などの陶器や磁器を焼成した窯址である。主に民用に限られ、慶元古代窯業はここに終結する。

　　2011年9～12月には、浙江省文物考古研究所、慶元県文物保護所が共同して潘里壟Y2の発掘を行った。明らかにした南宋の窯炉は龍窯の形態を呈す。窯道具にはM形匣鉢、漏斗形匣鉢、円形ハマ、手づくねの柱状トチン、輪トチンなどがある。製品は建窯系の黒釉盞を主とし、少数の擂鉢や執壺、坩堝、罐、青磁器などもある。

　　2014年10～11月には、浙江省文物考古研究所と慶元県文物保護所が共同で黄壇Y2の発掘を行った。唐代の窯炉の址が1基、土坑1基が検出され、大量の磁器片や窯道具が出土した。

　　本報告は、2011年以来の慶元県古代窯址調査および考古発掘資料の全面的な公開と初歩的な研究となっている。

目　录

第一章　概述 ……………………… 1
　第一节　地理环境 ……………… 1
　　一　自然资源 ………………… 1
　　二　交通 …………………… 1
　第二节　历史沿革 …………… 3
　第三节　考古工作概况 ……… 4

第二章　窑址分述 ……………… 6
　第一节　樟坑窑址（Y1） …… 6
　　一　调查概况 ……………… 6
　　二　采集标本 ……………… 7
　　三　小结 ………………… 19
　第二节　新窑 1 号窑址 ……… 19
　　一　调查概况 …………… 19
　　二　采集标本 …………… 20
　　三　小结 ………………… 25
　第三节　新窑 2 号窑址 ……… 26
　　一　调查概况 …………… 26
　　二　采集标本 …………… 27
　　三　小结 ………………… 31
　第四节　黄坛 1 号窑址 ……… 32
　　一　调查概况 …………… 32
　　二　采集标本 …………… 33
　　三　小结 ………………… 36
　第五节　黄坛 2 号窑址 ……… 36
　　一　调查概况 …………… 36
　　二　采集标本 …………… 37
　　三　小结 ………………… 42

　第六节　竹中 1 号窑址 ……… 42
　　一　调查概况 …………… 42
　　二　采集标本 …………… 44
　　三　小结 ………………… 54
　第七节　竹中 2 号窑址 ……… 54
　　一　调查概况 …………… 54
　　二　采集标本 …………… 55
　　三　小结 ………………… 76
　第八节　竹中 3 号窑址 ……… 77
　　一　调查概况 …………… 77
　　二　采集标本 …………… 78
　　三　小结 ………………… 110
　第九节　竹中 4 号窑址 ……… 111
　　一　调查概况 …………… 111
　　二　采集标本 …………… 112
　　三　小结 ………………… 123
　第一〇节　竹中 5 号窑址 …… 123
　　一　调查概况 …………… 123
　　二　采集标本 …………… 124
　　三　小结 ………………… 153
　第一一节　竹下窑址（Y1） … 154
　　一　调查概况 …………… 154
　　二　采集标本 …………… 155
　　三　小结 ………………… 170
　第一二节　桥头山窑址（Y1）… 170
　　一　调查概况 …………… 170
　　二　采集标本 …………… 171
　　三　小结 ………………… 173

第一三节　潘里垄 1 号窑址 …………… 174
一　调查概况 …………………………… 174
二　采集标本 …………………………… 175
三　小结 ………………………………… 180

第一四节　潘里垄 2 号窑址 …………… 180
一　发掘概况 …………………………… 180
二　采集标本 …………………………… 188
三　M1 …………………………………… 234
四　小结 ………………………………… 238

第一五节　枫堂窑址（Y1） …………… 240
一　调查概况 …………………………… 240
二　采集标本 …………………………… 241
三　小结 ………………………………… 262

第一六节　练泥碓窑址（Y1） ………… 263
一　调查概况 …………………………… 263
二　采集标本 …………………………… 265
三　小结 ………………………………… 283

第一七节　下济窑址（Y1） …………… 283
一　调查概况 …………………………… 283
二　采集标本 …………………………… 284
三　小结 ………………………………… 296

第一八节　上垟 1 号窑址 ……………… 296
一　调查概况 …………………………… 296
二　采集标本 …………………………… 298
三　小结 ………………………………… 309

第一九节　上垟 2 号窑址 ……………… 309
一　调查概况 …………………………… 309
二　采集标本 …………………………… 312
三　小结 ………………………………… 323

第二〇节　上垟 3 号窑址 ……………… 323
一　调查概况 …………………………… 323
二　采集标本 …………………………… 325
三　小结 ………………………………… 338

第二一节　上垟 4 号窑址 ……………… 339

一　调查概况 …………………………… 339
二　采集标本 …………………………… 340
三　小结 ………………………………… 355

第二二节　上垟 5 号窑址 ……………… 356
一　调查概况 …………………………… 356
二　采集标本 …………………………… 357
三　小结 ………………………………… 361

第二三节　上垟 6 号窑址 ……………… 362
一　调查概况 …………………………… 362
二　采集标本 …………………………… 363
三　小结 ………………………………… 372

第二四节　上垟 7 号窑址 ……………… 372
一　调查概况 …………………………… 372
二　采集标本 …………………………… 373
三　小结 ………………………………… 379

第二五节　上垟 8 号窑址 ……………… 379
一　调查概况 …………………………… 379
二　采集标本 …………………………… 380
三　小结 ………………………………… 391

第三章　结语 ………………………… **392**
一　庆元古代窑业遗存的时空格局 …… 392
二　龙泉南区窑业的衰落 ……………… 394
三　竹口古代窑业的兴衰 ……………… 396
四　余论 ………………………………… 399

附　录
附录一　浙江省庆元县唐代黄坛窑址
　　　　发掘简报 ……………………… 401
附录二　庆元县潘里垄宋代窑址出土
　　　　茶器考论 ……………………… 421
附录三　庆元县下济清代窑址调查简报… 428

后　记 ………………………………… **436**

插图目录

图一　庆元县水系与古窑址分布示意图…………… 2

图二　樟坑 Y1 采集标本（一）…………… 7

图三　樟坑 Y1 采集标本（二）…………… 10

图四　樟坑 Y1 采集标本（三）…………… 12

图五　樟坑 Y1 采集标本（四）…………… 13

图六　樟坑 Y1 采集标本（五）…………… 17

图七　新窑 Y1 采集标本（一）…………… 21

图八　新窑 Y1 采集标本（二）…………… 23

图九　新窑 Y1 采集标本（三）…………… 25

图一〇　新窑 Y2 采集标本（一）…………… 28

图一一　新窑 Y2 采集标本（二）…………… 31

图一二　黄坛 Y1 采集标本（一）…………… 33

图一三　黄坛 Y1 采集标本（二）…………… 35

图一四　黄坛 Y2 采集标本（一）…………… 37

图一五　黄坛 Y2 采集标本（二）…………… 40

图一六　黄坛 Y2 采集标本（三）…………… 41

图一七　黄坛 Y2 采集标本（四）…………… 42

图一八　竹中 Y1 采集标本（一）…………… 44

图一九　竹中 Y1 采集标本（二）…………… 47

图二〇　竹中 Y1 采集标本（三）…………… 48

图二一　竹中 Y1 采集标本（四）…………… 49

图二二　竹中 Y1 采集标本（五）…………… 51

图二三　竹中 Y1 采集标本（六）…………… 53

图二四　竹中 Y1 采集标本（七）…………… 53

图二五　竹中 Y2 采集标本（一）…………… 55

图二六　竹中 Y2 采集标本（二）…………… 58

图二七　竹中 Y2 采集标本（三）…………… 59

图二八　竹中 Y2 采集标本（四）…………… 60

图二九　竹中 Y2 采集标本（五）…………… 61

图三〇　竹中 Y2 采集标本（六）…………… 64

图三一　竹中 Y2 采集标本（七）…………… 66

图三二　竹中 Y2 采集标本（八）…………… 66

图三三　竹中 Y2 采集标本（九）…………… 68

图三四　竹中 Y2 采集标本（一〇）…………… 69

图三五　竹中 Y2 采集标本（一一）…………… 70

图三六　竹中 Y2 采集标本（一二）…………… 71

图三七　竹中 Y2 采集标本（一三）…………… 72

图三八　竹中 Y2 采集标本（一四）…………… 73

图三九　竹中 Y2 采集标本（一五）…………… 75

图四〇　竹中 Y2 采集标本（一六）…………… 76

图四一　竹中 Y3 采集标本（一）…………… 79

图四二　竹中 Y3 采集标本（二）…………… 82

图四三　竹中 Y3 采集标本（三）…………… 82

图四四　竹中 Y3 采集标本（四）…………… 85

图四五　竹中 Y3 采集标本（五）…………… 86

图四六　竹中 Y3 采集标本（六）…………… 90

图四七　竹中 Y3 采集标本（七）…………… 91

图四八　竹中 Y3 采集标本（八）…………… 92

图四九　竹中 Y3 采集标本（九）…………… 93

图五〇　竹中 Y3 采集标本（一〇）…………… 94

图五一　竹中 Y3 采集标本（一一）…………… 95

图五二　竹中 Y3 采集标本（一二）…………… 96

图五三　竹中 Y3 采集标本（一三）…………… 99

图五四　竹中 Y3 采集标本（一四）…………… 103

图五五　竹中 Y3 采集标本（一五）…………… 104

图五六　竹中 Y3 采集标本（一六）…………… 106

图五七　竹中 Y3 采集标本（一七）…………… 107

图五八　竹中 Y3 采集标本（一八）…………… 109

图五九　竹中 Y4 采集标本（一）…………… 113

图六〇　竹中 Y4 采集标本（二）…………… 115

图六一　竹中 Y4 采集标本（三）………… 116
图六二　竹中 Y4 采集标本（四）………… 117
图六三　竹中 Y4 采集标本（五）………… 118
图六四　竹中 Y4 采集标本（六）………… 119
图六五　竹中 Y4 采集标本（七）………… 120
图六六　竹中 Y5 采集标本（一）………… 125
图六七　竹中 Y5 采集标本（二）………… 128
图六八　竹中 Y5 采集标本（三）………… 130
图六九　竹中 Y5 采集标本（四）………… 131
图七〇　竹中 Y5 采集标本（五）………… 132
图七一　竹中 Y5 采集标本（六）………… 133
图七二　竹中 Y5 采集标本（七）………… 134
图七三　竹中 Y5 采集标本（八）………… 135
图七四　竹中 Y5 采集标本（九）………… 136
图七五　竹中 Y5 采集标本（一〇）………… 138
图七六　竹中 Y5 采集标本（一一）………… 139
图七七　竹中 Y5 采集标本（一二）………… 141
图七八　竹中 Y5 采集标本（一三）………… 143
图七九　竹中 Y5 采集标本（一四）………… 145
图八〇　竹中 Y5 采集标本（一五）………… 146
图八一　竹中 Y5 采集标本（一六）………… 148
图八二　竹中 Y5 采集标本（一七）………… 149
图八三　竹中 Y5 采集标本（一八）………… 151
图八四　竹中 Y5 采集标本（一九）………… 151
图八五　竹中 Y5 采集标本（二〇）………… 152
图八六　竹下 Y1 采集标本（一）………… 155
图八七　竹下 Y1 采集标本（二）………… 156
图八八　竹下 Y1 采集标本（三）………… 157
图八九　竹下 Y1 采集标本（四）………… 159
图九〇　竹下 Y1 采集标本（五）………… 160
图九一　竹下 Y1 采集标本（六）………… 161
图九二　竹下 Y1 采集标本（七）………… 162
图九三　竹下 Y1 采集标本（八）………… 163
图九四　竹下 Y1 采集标本（九）………… 163
图九五　竹下 Y1 采集标本（一〇）………… 165
图九六　竹下 Y1 采集标本（一一）………… 165

图九七　竹下 Y1 采集标本（一二）………… 167
图九八　竹下 Y1 采集标本（一三）………… 169
图九九　桥头山 Y1 采集标本（一）………… 171
图一〇〇　桥头山 Y1 采集标本（二）………… 172
图一〇一　桥头山 Y1 采集标本（三）………… 172
图一〇二　潘里垄 Y1 采集标本（一）………… 175
图一〇三　潘里垄 Y1 采集标本（二）………… 176
图一〇四　潘里垄 Y1 采集标本（三）………… 177
图一〇五　潘里垄 Y1 采集标本（四）………… 178
图一〇六　潘里垄 Y1 采集标本（五）………… 179
图一〇七　潘里垄 Y2 平、剖面图 ………… 184 / 185
图一〇八　潘里垄 Y2 采集标本（一）………… 188
图一〇九　潘里垄 Y2 采集标本（二）………… 190
图一一〇　潘里垄 Y2 采集标本（三）………… 190
图一一一　潘里垄 Y2 采集标本（四）………… 192
图一一二　潘里垄 Y2 采集标本（五）………… 193
图一一三　潘里垄 Y2 采集标本（六）………… 194
图一一四　潘里垄 Y2 采集标本（七）………… 194
图一一五　潘里垄 Y2 采集标本（八）………… 194
图一一六　潘里垄 Y2 采集标本（九）………… 196
图一一七　潘里垄 Y2 采集标本（一〇）………… 197
图一一八　潘里垄 Y2 采集标本（一一）………… 197
图一一九　潘里垄 Y2 采集标本（一二）………… 198
图一二〇　潘里垄 Y2 采集标本（一三）………… 198
图一二一　潘里垄 Y2 采集标本（一四）………… 198
图一二二　潘里垄 Y2 采集标本（一五）………… 199
图一二三　潘里垄 Y2 采集标本（一六）………… 200
图一二四　潘里垄 Y2 采集标本（一七）………… 200
图一二五　潘里垄 Y2 采集标本（一八）………… 201
图一二六　潘里垄 Y2 采集标本（一九）………… 201
图一二七　潘里垄 Y2 采集标本（二〇）………… 203
图一二八　潘里垄 Y2 采集标本（二一）………… 203
图一二九　潘里垄 Y2 采集标本（二二）………… 204
图一三〇　潘里垄 Y2 采集标本（二三）………… 204
图一三一　潘里垄 Y2 采集标本（二四）………… 205
图一三二　潘里垄 Y2 采集标本（二五）………… 207

图一三三　潘里垄 Y2 采集标本（二六）……… 208

图一三四　潘里垄 Y2 采集标本（二七）……… 210

图一三五　潘里垄 Y2 采集标本（二八）……… 211

图一三六　潘里垄 Y2 采集标本（二九）……… 213

图一三七　潘里垄 Y2 采集标本（三〇）……… 214

图一三八　潘里垄 Y2 采集标本（三一）……… 215

图一三九　潘里垄 Y2 采集标本（三二）……… 216

图一四〇　潘里垄 Y2 采集标本（三三）……… 216

图一四一　潘里垄 Y2 采集标本（三四）……… 217

图一四二　潘里垄 Y2 采集标本（三五）……… 219

图一四三　潘里垄 Y2 采集标本（三六）……… 220

图一四四　潘里垄 Y2 采集标本（三七）……… 221

图一四五　潘里垄 Y2 采集标本（三八）……… 222

图一四六　潘里垄 Y2 采集标本（三九）……… 223

图一四七　潘里垄 Y2 采集标本（四〇）……… 224

图一四八　潘里垄 Y2 采集标本（四一）……… 225

图一四九　潘里垄 Y2 采集标本（四二）……… 226

图一五〇　潘里垄 Y2 采集标本（四三）……… 228

图一五一　潘里垄 Y2 采集标本（四四）……… 228

图一五二　潘里垄 Y2 采集标本（四五）……… 230

图一五三　潘里垄 Y2 采集标本（四六）……… 230

图一五四　潘里垄 Y2 采集标本（四七）……… 232

图一五五　潘里垄 Y2 采集标本（四八）……… 232

图一五六　潘里垄 Y2 采集标本（四九）……… 233

图一五七　潘里垄 Y2 采集标本（五〇）……… 234

图一五八　潘里垄 M1 出土遗物…………… 237

图一五九　枫堂 Y1 采集标本（一）……… 242

图一六〇　枫堂 Y1 采集标本（二）……… 244

图一六一　枫堂 Y1 采集标本（三）……… 246

图一六二　枫堂 Y1 采集标本（四）……… 247

图一六三　枫堂 Y1 采集标本（五）……… 247

图一六四　枫堂 Y1 采集标本（六）……… 248

图一六五　枫堂 Y1 采集标本（七）……… 250

图一六六　枫堂 Y1 采集标本（八）……… 251

图一六七　枫堂 Y1 采集标本（九）……… 252

图一六八　枫堂 Y1 采集标本（一〇）……… 254

图一六九　枫堂 Y1 采集标本（一一）………… 254

图一七〇　枫堂 Y1 采集标本（一二）………… 256

图一七一　枫堂 Y1 采集标本（一三）………… 257

图一七二　枫堂 Y1 采集标本（一四）………… 259

图一七三　枫堂 Y1 采集标本（一五）………… 260

图一七四　枫堂 Y1 采集标本（一六）………… 261

图一七五　枫堂 Y1 采集标本（一七）………… 262

图一七六　练泥碓 Y1 采集标本（一）………… 266

图一七七　练泥碓 Y1 采集标本（二）………… 268

图一七八　练泥碓 Y1 采集标本（三）………… 270

图一七九　练泥碓 Y1 采集标本（四）………… 271

图一八〇　练泥碓 Y1 采集标本（五）………… 272

图一八一　练泥碓 Y1 采集标本（六）………… 274

图一八二　练泥碓 Y1 采集标本（七）………… 275

图一八三　练泥碓 Y1 采集标本（八）………… 276

图一八四　练泥碓 Y1 采集标本（九）………… 277

图一八五　练泥碓 Y1 采集标本（一〇）……… 278

图一八六　练泥碓 Y1 采集标本（一一）……… 279

图一八七　练泥碓 Y1 采集标本（一二）……… 280

图一八八　练泥碓 Y1 采集标本（一三）……… 281

图一八九　下济窑 Y1 采集标本（一）………… 285

图一九〇　下济窑 Y1 采集标本（二）………… 286

图一九一　下济窑 Y1 采集标本（三）………… 287

图一九二　下济窑 Y1 采集标本（四）………… 287

图一九三　下济窑 Y1 采集标本（五）………… 288

图一九四　下济窑 Y1 采集标本（六）………… 291

图一九五　下济窑 Y1 采集标本（七）………… 292

图一九六　下济窑 Y1 采集标本（八）………… 293

图一九七　下济窑 Y1 采集标本（九）………… 295

图一九八　上垟 Y1 采集标本（一）………… 298

图一九九　上垟 Y1 采集标本（二）………… 301

图二〇〇　上垟 Y1 采集标本（三）………… 301

图二〇一　上垟 Y1 采集标本（四）………… 303

图二〇二　上垟 Y1 采集标本（五）………… 304

图二〇三　上垟 Y1 采集标本（六）………… 305

图二〇四　上垟 Y1 采集标本（七）………… 306

图二〇五　上垟 Y1 采集标本（八）…………… 308

图二〇六　上垟 Y2 采集标本（一）…………… 312

图二〇七　上垟 Y2 采集标本（二）…………… 315

图二〇八　上垟 Y2 采集标本（三）…………… 316

图二〇九　上垟 Y2 采集标本（四）…………… 318

图二一〇　上垟 Y2 采集标本（五）…………… 320

图二一一　上垟 Y2 采集标本（六）…………… 321

图二一二　上垟 Y2 采集标本（七）…………… 322

图二一三　上垟 Y2 采集标本（八）…………… 323

图二一四　上垟 Y3 采集标本（一）…………… 325

图二一五　上垟 Y3 采集标本（二）…………… 327

图二一六　上垟 Y3 采集标本（三）…………… 328

图二一七　上垟 Y3 采集标本（四）…………… 331

图二一八　上垟 Y3 采集标本（五）…………… 332

图二一九　上垟 Y3 采集标本（六）…………… 333

图二二〇　上垟 Y3 采集标本（七）…………… 335

图二二一　上垟 Y3 采集标本（八）…………… 336

图二二二　上垟 Y4 采集标本（一）…………… 341

图二二三　上垟 Y4 采集标本（二）…………… 342

图二二四　上垟 Y4 采集标本（三）…………… 345

图二二五　上垟 Y4 采集标本（四）…………… 346

图二二六　上垟 Y4 采集标本（五）…………… 347

图二二七　上垟 Y4 采集标本（六）…………… 348

图二二八　上垟 Y4 采集标本（七）…………… 349

图二二九　上垟 Y4 采集标本（八）…………… 351

图二三〇　上垟 Y4 采集标本（九）…………… 352

图二三一　上垟 Y4 采集标本（一〇）………… 353

图二三二　上垟 Y4 采集标本（一一）………… 353

图二三三　上垟 Y4 采集标本（一二）………… 354

图二三四　上垟 Y4 采集标本（一三）………… 354

图二三五　上垟 Y5 采集标本（一）…………… 357

图二三六　上垟 Y5 采集标本（二）…………… 359

图二三七　上垟 Y5 采集标本（三）…………… 359

图二三八　上垟 Y5 采集标本（四）…………… 360

图二三九　上垟 Y6 采集标本（一）…………… 363

图二四〇　上垟 Y6 采集标本（二）…………… 365

图二四一　上垟 Y6 采集标本（三）…………… 366

图二四二　上垟 Y6 采集标本（四）…………… 368

图二四三　上垟 Y6 采集标本（五）…………… 369

图二四四　上垟 Y6 采集标本（六）…………… 371

图二四五　上垟 Y6 采集标本（七）…………… 371

图二四六　上垟 Y7 采集标本（一）…………… 374

图二四七　上垟 Y7 采集标本（二）…………… 375

图二四八　上垟 Y7 采集标本（三）…………… 376

图二四九　上垟 Y7 采集标本（四）…………… 378

图二五〇　上垟 Y8 采集标本（一）…………… 380

图二五一　上垟 Y8 采集标本（二）…………… 383

图二五二　上垟 Y8 采集标本（三）…………… 383

图二五三　上垟 Y8 采集标本（四）…………… 384

图二五四　上垟 Y8 采集标本（五）…………… 385

图二五五　上垟 Y8 采集标本（六）…………… 387

图二五六　上垟 Y8 采集标本（七）…………… 389

图二五七　上垟 Y8 采集标本（八）…………… 390

图二五八　《许氏宗谱》封面………………… 398

图二五九　《许氏宗谱》局部………………… 398

图二六〇　《许氏宗谱》局部………………… 398

图二六一　《许氏宗谱》局部………………… 398

图二六二　《许氏宗谱》局部………………… 398

图二六三　《许氏宗谱》局部………………… 398

彩版目录

彩版一　樟坑 Y1 近景 ························ 6

彩版二　樟坑 Y1 残次品堆积 ·············· 6

彩版三　青花碗樟坑 Y1：11 ··············· 7

彩版四　青花碗樟坑 Y1：12 ··············· 8

彩版五　青花碗樟坑 Y1：13 ··············· 8

彩版六　青花碗樟坑 Y1：14 ··············· 9

彩版七　青花碗樟坑 Y1：15 ··············· 9

彩版八　青花碗樟坑 Y1：16 ··············· 9

彩版九　青花碗樟坑 Y1：17 ············· 10

彩版一〇　青花碗樟坑 Y1：18 ·········· 10

彩版一一　青花碗樟坑 Y1：19 ·········· 11

彩版一二　青花碗樟坑 Y1：20 ·········· 11

彩版一三　青花碗樟坑 Y1：21 ·········· 11

彩版一四　青花碗樟坑 Y1：22 ·········· 11

彩版一五　青花碗樟坑 Y1：23 ·········· 12

彩版一六　青花碗樟坑 Y1：24 ·········· 12

彩版一七　青花碗樟坑 Y1：27 ·········· 13

彩版一八　青花碗樟坑 Y1：28 ·········· 14

彩版一九　青花碗樟坑 Y1：29 ·········· 14

彩版二〇　青花杯樟坑 Y1：25 ·········· 15

彩版二一　青花杯樟坑 Y1：26 ·········· 15

彩版二二　青花盘樟坑 Y1：30 ·········· 16

彩版二三　青花盘樟坑 Y1：32 ·········· 16

彩版二四　青花火照樟坑 Y1：31 ······· 16

彩版二五　瓷垫饼樟坑 Y1：1 ············ 18

彩版二六　瓷垫饼樟坑 Y1：2 ············ 18

彩版二七　瓷垫饼樟坑 Y1：4 ············ 18

彩版二八　垫饼樟坑 Y1：10 ············· 18

彩版二九　新窑 Y1 ·························· 19

彩版三〇　新窑 Y1 采集遗物 ············ 20

彩版三一　青瓷碗新窑 Y1：3 ············ 21

彩版三二　青瓷碗新窑 Y1：4 ············ 21

彩版三三　青瓷碗新窑 Y1：5 ············ 22

彩版三四　青瓷碗新窑 Y1：6 ············ 22

彩版三五　青瓷碗新窑 Y1：7 ············ 22

彩版三六　青瓷碗新窑 Y1：8 ············ 22

彩版三七　青瓷碗新窑 Y1：14 ·········· 23

彩版三八　青瓷高足杯新窑 Y1：9 ······ 23

彩版三九　青瓷盘新窑 Y1：10 ··········· 24

彩版四〇　青瓷盘新窑 Y1：11 ··········· 24

彩版四一　青瓷盘新窑 Y1：12 ··········· 24

彩版四二　青瓷擂钵新窑 Y1：13 ········ 25

彩版四三　泥垫饼新窑 Y1：1 ············ 25

彩版四四　泥垫圈新窑 Y1：2 ············ 25

彩版四五　新窑 Y2 近景 ·················· 26

彩版四六　新窑 Y2 残次品堆积与采集遗物 ······ 27

彩版四七　青瓷碗新窑 Y2：6 ············ 28

彩版四八　青瓷碗新窑 Y2：7 ············ 28

彩版四九　青瓷碗新窑 Y2：8 ············ 29

彩版五〇　青瓷碗新窑 Y2：9 ············ 29

彩版五一　青瓷碗新窑 Y2：10 ·········· 30

彩版五二　青瓷碗新窑 Y2：11 ·········· 30

彩版五三　匣钵新窑 Y2：1 ··············· 30

彩版五四　泥垫饼新窑 Y2：3 ············ 30

彩版五五　泥垫饼新窑 Y2：4 ············ 31

彩版五六　泥垫圈新窑 Y2：2 ············ 31

彩版五七　黄坛 Y1 ·························· 32

彩版五八　青瓷罐黄坛 Y1：1 ············ 33

彩版五九　青瓷罐黄坛 Y1：3 ··············· 34

彩版六〇　青瓷罐黄坛 Y1：6 ··············· 34

彩版六一　青瓷罐黄坛 Y1：7 ··············· 34

彩版六二　青瓷罐黄坛 Y1：8 ··············· 34

彩版六三　青瓷缸黄坛 Y1：2 ··············· 35

彩版六四　青瓷缸黄坛 Y1：5 ··············· 35

彩版六五　支具黄坛 Y1：4 ··············· 35

彩版六六　黄坛 Y2 ························· 36

彩版六七　黄坛 Y2 残次品堆积 ·············· 36

彩版六八　青瓷碗黄坛 Y2：1 ··············· 38

彩版六九　青瓷碗黄坛 Y2：2 ··············· 38

彩版七〇　青瓷碗黄坛 Y2：4 ··············· 39

彩版七一　青瓷盘黄坛 Y2：5 ··············· 39

彩版七二　青瓷壶黄坛 Y2：3 ··············· 40

彩版七三　青瓷罐黄坛 Y2：6 ··············· 40

彩版七四　青瓷罐黄坛 Y2：11 ·············· 41

彩版七五　碾轮黄坛 Y2：8 ··············· 41

彩版七六　支座黄坛 Y2：9 ··············· 41

彩版七七　竹中 Y1 ························· 43

彩版七八　竹中 Y1 遗物 ·················· 43

彩版七九　青瓷碗竹中 Y1：5 ·············· 44

彩版八〇　青瓷碗竹中 Y1：6 ·············· 44

彩版八一　青瓷碗竹中 Y1：7 ·············· 45

彩版八二　青瓷碗竹中 Y1：8 ·············· 45

彩版八三　青瓷碗竹中 Y1：9 ·············· 45

彩版八四　青瓷碗竹中 Y1：10 ············· 46

彩版八五　青瓷碗竹中 Y1：12 ············· 46

彩版八六　青瓷碗竹中 Y1：13 ············· 46

彩版八七　青瓷碗竹中 Y1：15 ············· 48

彩版八八　青瓷碗竹中 Y1：16 ············· 48

彩版八九　青瓷碗竹中 Y1：17 ············· 49

彩版九〇　青瓷盘竹中 Y1：18 ············· 50

彩版九一　青瓷盘竹中 Y1：19 ············· 50

彩版九二　青瓷盘竹中 Y1：20 ············· 51

彩版九三　青瓷盘竹中 Y1：21 ············· 51

彩版九四　青瓷夹层碗竹中 Y1：22 ·········· 52

彩版九五　青瓷灯竹中 Y1：23 ············· 52

彩版九六　青瓷擂钵竹中 Y1：26 ············ 52

彩版九七　垫饼竹中 Y1：1 ··············· 53

彩版九八　垫饼竹中 Y1：3 ··············· 53

彩版九九　竹中 Y2 近景 ·················· 54

彩版一〇〇　竹中 Y2 残次品堆积 ··········· 55

彩版一〇一　青瓷碗竹中 Y2：9 ············ 56

彩版一〇二　青瓷碗竹中 Y2：10 ··········· 57

彩版一〇三　青瓷碗竹中 Y2：11 ··········· 58

彩版一〇四　青瓷碗竹中 Y2：12 ··········· 58

彩版一〇五　青瓷碗竹中 Y2：13 ··········· 59

彩版一〇六　青瓷碗竹中 Y2：14 ··········· 59

彩版一〇七　青瓷碗竹中 Y2：16 ··········· 59

彩版一〇八　青瓷碗竹中 Y2：17 ··········· 60

彩版一〇九　青瓷盘竹中 Y2：19 ··········· 60

彩版一一〇　青瓷盘竹中 Y2：20 ··········· 62

彩版一一一　青瓷盘竹中 Y2：21 ··········· 63

彩版一一二　青瓷盘竹中 Y2：23 ··········· 64

彩版一一三　青瓷盘竹中 Y2：26 ··········· 64

彩版一一四　青瓷盘竹中 Y2：27 ··········· 65

彩版一一五　青瓷盘竹中 Y2：30 ··········· 65

彩版一一六　青瓷盘竹中 Y2：39 ··········· 65

彩版一一七　青瓷瓶竹中 Y2：38 ··········· 66

彩版一一八　青瓷钵竹中 Y2：36 ··········· 67

彩版一一九　青瓷花盆竹中 Y2：40 ·········· 68

彩版一二〇　青瓷夹层碗竹中 Y2：28 ········ 68

彩版一二一　青瓷鼎式炉竹中 Y2：50 ········ 69

彩版一二二　青瓷鼎式炉竹中 Y2：55 ········ 69

彩版一二三　青瓷樽式炉竹中 Y2：41 ········ 70

彩版一二四　青瓷樽式炉竹中 Y2：52 ········ 70

彩版一二五　青瓷洗式炉竹中 Y2：45 ········ 70

彩版一二六　青瓷洗式炉竹中 Y2：46 ········ 71

彩版一二七　青瓷洗式炉竹中 Y2：47 ········ 71

彩版一二八　青瓷洗式炉竹中 Y2：48 ········ 71

彩版一二九　青瓷洗式炉竹中 Y2：49 ········ 72

彩版一三〇　青瓷洗式炉竹中 Y2：51 ········ 72

彩版一三一	青瓷灯竹中 Y2：24 …………	73
彩版一三二	青瓷灯竹中 Y2：34 …………	74
彩版一三三	青瓷灯竹中 Y2：35 …………	74
彩版一三四	青瓷擂钵竹中 Y2：15 …………	74
彩版一三五	支座竹中 Y2：8 …………	75
彩版一三六	垫饼竹中 Y2：1 …………	75
彩版一三七	垫饼竹中 Y2：5 …………	76
彩版一三八	垫饼竹中 Y2：7 …………	76
彩版一三九	垫圈竹中 Y2：4 …………	76
彩版一四〇	竹中 Y3 近景 …………	77
彩版一四一	竹中 Y3 近景 …………	78
彩版一四二	青瓷碗竹中 Y3：2 …………	79
彩版一四三	青瓷碗竹中 Y3：3 …………	80
彩版一四四	青瓷碗竹中 Y3：4 …………	81
彩版一四五	青瓷碗竹中 Y3：7 …………	81
彩版一四六	青瓷碗竹中 Y3：8 …………	81
彩版一四七	青瓷碗竹中 Y3：11 …………	83
彩版一四八	青瓷碗竹中 Y3：12 …………	83
彩版一四九	青瓷碗竹中 Y3：16 …………	84
彩版一五〇	青瓷碗竹中 Y3：54 …………	84
彩版一五一	青瓷碗竹中 Y3：59 …………	84
彩版一五二	青瓷杯竹中 Y3：56 …………	85
彩版一五三	青瓷盘竹中 Y3：25 …………	87
彩版一五四	青瓷盘竹中 Y3：33 …………	88
彩版一五五	青瓷盘竹中 Y3：61 …………	89
彩版一五六	青瓷盘竹中 Y3：64 …………	89
彩版一五七	青瓷壶竹中 Y3：74 …………	90
彩版一五八	青瓷梅瓶竹中 Y3：73 …………	90
彩版一五九	青瓷凤尾瓶竹中 Y3：75 …………	90
彩版一六〇	青瓷瓶竹中 Y3：38 …………	91
彩版一六一	青瓷花盆竹中 Y3：39 …………	91
彩版一六二	青瓷花盆竹中 Y3：67 …………	92
彩版一六三	青瓷樽式炉竹中 Y3：37 …………	93
彩版一六四	青瓷樽式炉竹中 Y3：69 …………	93
彩版一六五	青瓷樽式炉竹中 Y3：71 …………	93
彩版一六六	青瓷洗式炉竹中 Y3：36 …………	94
彩版一六七	青瓷洗式炉竹中 Y3：68 …………	95
彩版一六八	青瓷擂钵竹中 Y3：72 …………	95
彩版一六九	青花碗竹中 Y3：13 …………	96
彩版一七〇	青花碗竹中 Y3：14 …………	97
彩版一七一	青花碗竹中 Y3：15 …………	97
彩版一七二	青花碗竹中 Y3：17 …………	98
彩版一七三	青花碗竹中 Y3：18 …………	98
彩版一七四	青花碗竹中 Y3：19 …………	100
彩版一七五	青花碗竹中 Y3：20 …………	100
彩版一七六	青花碗竹中 Y3：22 …………	100
彩版一七七	青花碗竹中 Y3：23 …………	100
彩版一七八	青花碗竹中 Y3：24 …………	101
彩版一七九	青花碗竹中 Y3：40 …………	102
彩版一八〇	青花碗竹中 Y3：57 …………	103
彩版一八一	青花碗竹中 Y3：58 …………	103
彩版一八二	青花盘竹中 Y3：27 …………	104
彩版一八三	青花盘竹中 Y3：28 …………	105
彩版一八四	青花盘竹中 Y3：29 …………	105
彩版一八五	青花盘竹中 Y3：30 …………	106
彩版一八六	青花盘竹中 Y3：31 …………	106
彩版一八七	青花盘竹中 Y3：32 …………	106
彩版一八八	匣钵竹中 Y3：41 …………	107
彩版一八九	匣钵竹中 Y3：43 …………	107
彩版一九〇	支座竹中 Y3：44 …………	107
彩版一九一	支座竹中 Y3：46 …………	108
彩版一九二	垫饼竹中 Y3：45 …………	108
彩版一九三	垫饼竹中 Y3：47 …………	108
彩版一九四	垫饼竹中 Y3：51 …………	109
彩版一九五	垫饼竹中 Y3：52 …………	110
彩版一九六	荡箍竹中 Y3：53 …………	110
彩版一九七	竹中 Y4 …………	111
彩版一九八	竹中 Y4 采集遗物 …………	112
彩版一九九	青瓷碗竹中 Y4：16 …………	113
彩版二〇〇	青瓷碗竹中 Y4：19 …………	113
彩版二〇一	青瓷碗竹中 Y4：21 …………	113
彩版二〇二	青瓷碗竹中 Y4：22 …………	114

彩版二〇三　青瓷碗竹中 Y4：24 ……………… 114

彩版二〇四　青瓷碗竹中 Y4：25 ……………… 115

彩版二〇五　青瓷碗竹中 Y4：27 ……………… 115

彩版二〇六　青瓷盏竹中 Y4：14 ……………… 116

彩版二〇七　青瓷盘竹中 Y4：15 ……………… 116

彩版二〇八　青瓷盘竹中 Y4：17 ……………… 117

彩版二〇九　青瓷盘竹中 Y4：30 ……………… 118

彩版二一〇　青瓷擂钵竹中 Y4：28 …………… 118

彩版二一一　青瓷擂钵竹中 Y4：29 …………… 119

彩版二一二　匣钵竹中 Y4：32 ………………… 119

彩版二一三　支座竹中 Y4：26 ………………… 120

彩版二一四　垫饼竹中 Y4：2 ………………… 120

彩版二一五　垫饼竹中 Y4：3 ………………… 121

彩版二一六　垫饼竹中 Y4：5 ………………… 121

彩版二一七　垫饼竹中 Y4：6 ………………… 121

彩版二一八　垫饼竹中 Y4：7 ………………… 121

彩版二一九　垫饼竹中 Y4：8 ………………… 121

彩版二二〇　垫饼竹中 Y4：9 ………………… 122

彩版二二一　窑塞竹中 Y4：1 ………………… 122

彩版二二二　竹中 Y5 近景 …………………… 124

彩版二二三　竹中 Y5 采集遗物 ……………… 124

彩版二二四　青瓷碗竹中 Y5：30 ……………… 126

彩版二二五　青瓷碗竹中 Y5：32 ……………… 126

彩版二二六　青瓷碗竹中 Y5：33 ……………… 127

彩版二二七　青瓷碗竹中 Y5：34 ……………… 127

彩版二二八　青瓷碗竹中 Y5：35 ……………… 127

彩版二二九　青瓷碗竹中 Y5：36 ……………… 127

彩版二三〇　青瓷碗竹中 Y5：37 ……………… 129

彩版二三一　青瓷碗竹中 Y5：38 ……………… 129

彩版二三二　青瓷碗竹中 Y5：39 ……………… 129

彩版二三三　青瓷碗竹中 Y5：40 ……………… 129

彩版二三四　青瓷碗竹中 Y5：41 ……………… 129

彩版二三五　青瓷碗竹中 Y5：42 ……………… 129

彩版二三六　青瓷碗竹中 Y5：43 ……………… 130

彩版二三七　青瓷碗竹中 Y5：44 ……………… 130

彩版二三八　青瓷杯竹中 Y5：31 ……………… 131

彩版二三九　青瓷杯竹中 Y5：45 ……………… 131

彩版二四〇　青瓷杯竹中 Y5：46 ……………… 131

彩版二四一　青瓷杯竹中 Y5：47 ……………… 131

彩版二四二　青瓷杯竹中 Y5：48 ……………… 132

彩版二四三　青瓷杯竹中 Y5：49 ……………… 132

彩版二四四　青瓷杯竹中 Y5：50 ……………… 133

彩版二四五　青瓷杯竹中 Y5：51 ……………… 133

彩版二四六　青瓷杯竹中 Y5：52 ……………… 133

彩版二四七　青瓷杯竹中 Y5：55 ……………… 134

彩版二四八　青瓷高足杯竹中 Y5：1 ………… 135

彩版二四九　青瓷高足杯竹中 Y5：2 ………… 135

彩版二五〇　青瓷高足杯竹中 Y5：3 ………… 135

彩版二五一　青瓷高足杯竹中 Y5：4 ………… 136

彩版二五二　青瓷高足杯竹中 Y5：5 ………… 136

彩版二五三　青瓷高足杯竹中 Y5：6 ………… 136

彩版二五四　青瓷高足杯竹中 Y5：7 ………… 137

彩版二五五　青瓷高足杯竹中 Y5：8 ………… 137

彩版二五六　青瓷高足杯竹中 Y5：9 ………… 138

彩版二五七　青瓷高足杯竹中 Y5：10 ………… 138

彩版二五八　青瓷高足杯竹中 Y5：11 ………… 139

彩版二五九　青瓷高足杯竹中 Y5：12 ………… 139

彩版二六〇　青瓷高足杯竹中 Y5：13 ………… 140

彩版二六一　青瓷高足杯竹中 Y5：14 ………… 140

彩版二六二　青瓷高足杯竹中 Y5：15 ………… 140

彩版二六三　青瓷高足杯竹中 Y5：16 ………… 140

彩版二六四　青瓷高足杯竹中 Y5：17 ………… 142

彩版二六五　青瓷高足杯竹中 Y5：18 ………… 142

彩版二六六　青瓷高足杯竹中 Y5：19 ………… 142

彩版二六七　青瓷高足杯竹中 Y5：20 ………… 142

彩版二六八　青瓷高足杯竹中 Y5：21 ………… 142

彩版二六九　青瓷高足杯竹中 Y5：22 ………… 142

彩版二七〇　青瓷盘竹中 Y5：57 ……………… 143

彩版二七一　青瓷盘竹中 Y5：58 ……………… 144

彩版二七二　青瓷盘竹中 Y5：59 ……………… 144

彩版二七三　青瓷盘竹中 Y5：60 ……………… 145

彩版二七四　青瓷盘竹中 Y5：61 ……………… 145

彩版二七五　青瓷盘竹中 Y5：63 ……………… 146
彩版二七六　青瓷盘竹中 Y5：64 ……………… 147
彩版二七七　青瓷盘竹中 Y5：65 ……………… 148
彩版二七八　青瓷盘竹中 Y5：67 ……………… 149
彩版二七九　青瓷盘竹中 Y5：68 ……………… 149
彩版二八〇　青瓷盘竹中 Y5：71 ……………… 150
彩版二八一　青瓷擂钵竹中 Y5：73 …………… 151
彩版二八二　青瓷擂钵竹中 Y5：74 …………… 151
彩版二八三　青瓷擂钵竹中 Y5：76 …………… 151
彩版二八四　匣钵竹中 Y5：23 ………………… 152
彩版二八五　垫饼竹中 Y5：26 ………………… 153
彩版二八六　垫饼竹中 Y5：27 ………………… 153
彩版二八七　垫圈竹中 Y5：24 ………………… 153
彩版二八八　垫圈竹中 Y5：25 ………………… 153
彩版二八九　竹下 Y1 近景 …………………… 154
彩版二九〇　竹下 Y1 窑壁 …………………… 154
彩版二九一　青瓷碗竹下 Y1：6 ……………… 155
彩版二九二　青瓷碗竹下 Y1：8 ……………… 155
彩版二九三　青瓷碗竹下 Y1：9 ……………… 156
彩版二九四　青瓷碗竹下 Y1：10 ……………… 156
彩版二九五　青瓷碗竹下 Y1：12 ……………… 157
彩版二九六　青瓷碗竹下 Y1：13 ……………… 157
彩版二九七　青瓷碗竹下 Y1：14 ……………… 158
彩版二九八　青瓷碗竹下 Y1：16 ……………… 158
彩版二九九　青瓷碗竹下 Y1：18 ……………… 158
彩版三〇〇　青瓷碗竹下 Y1：19 ……………… 159
彩版三〇一　青瓷碗竹下 Y1：20 ……………… 160
彩版三〇二　青瓷碗竹下 Y1：21 ……………… 161
彩版三〇三　青瓷杯竹下 Y1：23 ……………… 161
彩版三〇四　青瓷杯竹下 Y1：24 ……………… 161
彩版三〇五　青瓷高足杯竹下 Y1：40 ………… 162
彩版三〇六　青瓷高足杯竹下 Y1：41 ………… 162
彩版三〇七　青瓷高足杯竹下 Y1：42 ………… 162
彩版三〇八　青瓷盘竹下 Y1：26 ……………… 164
彩版三〇九　青瓷盘竹下 Y1：27 ……………… 164
彩版三一〇　青瓷盘竹下 Y1：30 ……………… 164

彩版三一一　青瓷盘竹下 Y1：31 ……………… 166
彩版三一二　青瓷盘竹下 Y1：33 ……………… 166
彩版三一三　青瓷盘竹下 Y1：34 ……………… 166
彩版三一四　青瓷盘竹下 Y1：35 ……………… 167
彩版三一五　青瓷盘竹下 Y1：36 ……………… 168
彩版三一六　青瓷盘竹下 Y1：37 ……………… 168
彩版三一七　垫饼竹下 Y1：2 ………………… 169
彩版三一八　垫饼竹下 Y1：3 ………………… 169
彩版三一九　垫圈竹下 Y1：5 ………………… 169
彩版三二〇　窑塞竹下 Y1：1 ………………… 169
彩版三二一　桥头山 Y1 ……………………… 170
彩版三二二　青瓷碗桥头山 Y1：8 …………… 171
彩版三二三　擂钵桥头山 Y1：2 ……………… 173
彩版三二四　支座桥头山 Y1：3 ……………… 173
彩版三二五　支座桥头山 Y1：4 ……………… 173
彩版三二六　垫饼桥头山 Y1：1 ……………… 173
彩版三二七　潘里垄 Y1 ……………………… 174
彩版三二八　黑釉盏潘里垄 Y1：12 …………… 175
彩版三二九　黑釉盏潘里垄 Y1：13 …………… 176
彩版三三〇　黑釉盏潘里垄 Y1：14 …………… 176
彩版三三一　青瓷小壶潘里垄 Y1：16 ………… 177
彩版三三二　青瓷小壶潘里垄 Y1：17 ………… 177
彩版三三三　青瓷盆潘里垄 Y1：15 …………… 177
彩版三三四　匣钵潘里垄 Y1：7 ……………… 178
彩版三三五　支座潘里垄 Y1：5 ……………… 178
彩版三三六　支座潘里垄 Y1：6 ……………… 179
彩版三三七　垫饼潘里垄 Y1：4 ……………… 179
彩版三三八　垫饼潘里垄 Y1：20 ……………… 179
彩版三三九　潘里垄 Y2 早年地貌环境 ……… 180
彩版三四〇　潘里垄窑址远景 ………………… 181
彩版三四一　潘里垄 Y2 发掘时地貌环境 …… 181
彩版三四二　潘里垄 Y2 发掘时地貌环境 …… 182
彩版三四三　潘里垄 Y2 近景 ………………… 182
彩版三四四　潘里垄 Y2 遗迹分布图 ………… 183
彩版三四五　潘里垄 Y2 窑炉 ………………… 184
彩版三四六　潘里垄 Y2 窑炉 ………………… 184

彩版三四七 潘里垄 Y2 窑炉窑壁 ·············· 184
彩版三四八 潘里垄 Y2 窑炉前段倒塌窑壁 ······ 185
彩版三四九 潘里垄 Y2 窑床底部堆积 ············ 185
彩版三五〇 潘里垄 Y2 窑门 3 ·················· 186
彩版三五一 潘里垄 Y2 窑尾 ···················· 186
彩版三五二 潘里垄 Y2 残次品堆积 ············ 187
彩版三五三 青瓷碗潘里垄 Y2：86 ············ 189
彩版三五四 青瓷碗潘里垄 Y2：87 ············ 189
彩版三五五 青瓷碗潘里垄 Y2：88 ············ 189
彩版三五六 青瓷碗潘里垄 Y2：89 ············ 189
彩版三五七 青瓷杯潘里垄 Y2：91 ············ 191
彩版三五八 青瓷擂钵潘里垄 Y2：85 ·········· 191
彩版三五九 擂钵潘里垄 Y2：110 ·············· 191
彩版三六〇 酱釉执壶潘里垄 Y2：1 ············ 192
彩版三六一 酱釉执壶潘里垄 Y2：2 ············ 192
彩版三六二 酱釉执壶潘里垄 Y2：4 ············ 192
彩版三六三 酱釉执壶潘里垄 Y2：5 ············ 192
彩版三六四 酱釉执壶潘里垄 Y2：24 ············ 195
彩版三六五 酱釉执壶潘里垄 Y2：83 ············ 195
彩版三六六 酱釉执壶潘里垄 Y2：133 ·········· 196
彩版三六七 酱釉执壶潘里垄 Y2：167 ·········· 196
彩版三六八 酱釉罐潘里垄 Y2：16 ············ 197
彩版三六九 酱釉罐潘里垄 Y2：82 ············ 199
彩版三七〇 酱釉罐潘里垄 Y2：84 ············ 199
彩版三七一 酱釉罐潘里垄 Y2：132 ·········· 202
彩版三七二 酱釉罐潘里垄 Y2：166 ·········· 203
彩版三七三 酱釉器盖潘里垄 Y2：3 ············ 203
彩版三七四 酱釉器盖潘里垄 Y2：6 ············ 204
彩版三七五 酱釉器盖潘里垄 Y2：27 ············ 204
彩版三七六 黑釉盏潘里垄 Y2：44 ············ 205
彩版三七七 黑釉盏潘里垄 Y2：45 ············ 206
彩版三七八 黑釉盏潘里垄 Y2：46 ············ 206
彩版三七九 黑釉盏潘里垄 Y2：47 ············ 206
彩版三八〇 黑釉盏潘里垄 Y2：49 ············ 207
彩版三八一 黑釉盏潘里垄 Y2：52 ············ 208
彩版三八二 黑釉盏潘里垄 Y2：53 ············ 208

彩版三八三 黑釉盏潘里垄 Y2：54 ············ 209
彩版三八四 黑釉盏潘里垄 Y2：55 ············ 209
彩版三八五 黑釉盏潘里垄 Y2：57 ············ 210
彩版三八六 黑釉盏潘里垄 Y2：58 ············ 210
彩版三八七 黑釉盏潘里垄 Y2：59 ············ 211
彩版三八八 黑釉盏潘里垄 Y2：60 ············ 211
彩版三八九 黑釉盏潘里垄 Y2：61 ············ 211
彩版三九〇 黑釉盏潘里垄 Y2：62 ············ 211
彩版三九一 黑釉盏潘里垄 Y2：64 ············ 212
彩版三九二 黑釉盏潘里垄 Y2：65 ············ 212
彩版三九三 黑釉盏潘里垄 Y2：67 ············ 212
彩版三九四 黑釉盏潘里垄 Y2：69 ············ 213
彩版三九五 黑釉盏潘里垄 Y2：70 ············ 213
彩版三九六 黑釉盏潘里垄 Y2：71 ············ 213
彩版三九七 黑釉盏潘里垄 Y2：72 ············ 213
彩版三九八 黑釉盏潘里垄 Y2：73 ············ 214
彩版三九九 黑釉盏潘里垄 Y2：74 ············ 214
彩版四〇〇 黑釉盏潘里垄 Y2：75 ············ 214
彩版四〇一 黑釉盏潘里垄 Y2：77 ············ 214
彩版四〇二 黑釉盏潘里垄 Y2：78 ············ 215
彩版四〇三 黑釉盏潘里垄 Y2：79 ············ 215
彩版四〇四 黑釉盏潘里垄 Y2：80 ············ 216
彩版四〇五 黑釉盏潘里垄 Y2：112 ·········· 216
彩版四〇六 黑釉盏潘里垄 Y2：113 ·········· 217
彩版四〇七 黑釉盏潘里垄 Y2：114 ·········· 217
彩版四〇八 黑釉盏潘里垄 Y2：115 ·········· 217
彩版四〇九 黑釉盏潘里垄 Y2：116 ·········· 217
彩版四一〇 黑釉盏潘里垄 Y2：117 ·········· 218
彩版四一一 黑釉盏潘里垄 Y2：118 ·········· 218
彩版四一二 黑釉盏潘里垄 Y2：119 ·········· 218
彩版四一三 黑釉盏潘里垄 Y2：120 ·········· 219
彩版四一四 黑釉盏潘里垄 Y2：121 ·········· 219
彩版四一五 黑釉盏潘里垄 Y2：123 ·········· 220
彩版四一六 黑釉盏潘里垄 Y2：124 ·········· 220
彩版四一七 黑釉盏潘里垄 Y2：125 ·········· 220
彩版四一八 黑釉盏潘里垄 Y2：126 ·········· 220

彩版四一九　黑釉盏潘里垄 Y2：127 ………… 221
彩版四二○　黑釉盏潘里垄 Y2：128 ………… 221
彩版四二一　黑釉盏潘里垄 Y2：129 ………… 221
彩版四二二　黑釉盏潘里垄 Y2：130 ………… 221
彩版四二三　黑釉盏潘里垄 Y2：131 ………… 222
彩版四二四　黑釉盏潘里垄 Y2：158 ………… 222
彩版四二五　黑釉盏潘里垄 Y2：159 ………… 223
彩版四二六　黑釉盏潘里垄 Y2：160 ………… 224
彩版四二七　黑釉盏潘里垄 Y2：164 ………… 225
彩版四二八　黑釉盏潘里垄 Y2：165 ………… 225
彩版四二九　黑釉小盏潘里垄 Y2：39 ……… 225
彩版四三○　黑釉小盏潘里垄 Y2：40 ……… 225
彩版四三一　黑釉小盏潘里垄 Y2：41 ……… 226
彩版四三二　黑釉小盏潘里垄 Y2：43 ……… 226
彩版四三三　黑釉小盏潘里垄 Y2：50 ……… 227
彩版四三四　黑釉小盏潘里垄 Y2：51 ……… 227
彩版四三五　黑釉小盏潘里垄 Y2：66 ……… 227
彩版四三六　匣钵潘里垄 Y2：156 …………… 228
彩版四三七　匣钵潘里垄 Y2：157 …………… 229
彩版四三八　匣钵潘里垄 Y2：162 …………… 229
彩版四三九　支座潘里垄 Y2：134 …………… 231
彩版四四○　支座潘里垄 Y2：135 …………… 231
彩版四四一　支座潘里垄 Y2：136 …………… 231
彩版四四二　支座潘里垄 Y2：137 …………… 231
彩版四四三　支座潘里垄 Y2：138 …………… 231
彩版四四四　支座潘里垄 Y2：139 …………… 231
彩版四四五　镯形支具潘里垄 Y2：144 ……… 232
彩版四四六　镯形支具潘里垄 Y2：145 ……… 232
彩版四四七　支具潘里垄 Y2：149 …………… 233
彩版四四八　支具潘里垄 Y2：150 …………… 233
彩版四四九　支具潘里垄 Y2：152 …………… 233
彩版四五○　支具潘里垄 Y2：153 …………… 233
彩版四五一　支具潘里垄 Y2：154 …………… 234
彩版四五二　支具潘里垄 Y2：155 …………… 234
彩版四五三　垫饼潘里垄 Y2：147 …………… 234
彩版四五四　垫饼潘里垄 Y2：148 …………… 234
彩版四五五　潘里垄 M1 ……………………… 235
彩版四五六　潘里垄 M1 俯视图 …………… 235
彩版四五七　潘里垄 M1 封门 ……………… 236
彩版四五八　潘里垄 M1 随葬器物位置图 …… 236
彩版四五九　瓷罐 M1：3 …………………… 237
彩版四六○　瓷罐 M1：4 …………………… 237
彩版四六一　银耳环 M1：2 ………………… 238
彩版四六二　陶砖 M1：1 …………………… 238
彩版四六三　枫堂 Y1 ………………………… 240
彩版四六四　枫堂 Y1 窑壁 ………………… 241
彩版四六五　枫堂 Y1 采集遗物 …………… 241
彩版四六六　青瓷碗枫堂 Y1：8 …………… 242
彩版四六七　青瓷碗枫堂 Y1：9 …………… 243
彩版四六八　青瓷碗枫堂 Y1：10 ………… 243
彩版四六九　青瓷碗枫堂 Y1：11 ………… 243
彩版四七○　青瓷碗枫堂 Y1：13 ………… 245
彩版四七一　青瓷碗枫堂 Y1：14 ………… 245
彩版四七二　青瓷碗枫堂 Y1：15 ………… 245
彩版四七三　青瓷碗枫堂 Y1：17 ………… 246
彩版四七四　青瓷碗枫堂 Y1：19 ………… 246
彩版四七五　青瓷碗枫堂 Y1：20 ………… 246
彩版四七六　青瓷碗枫堂 Y1：21 ………… 246
彩版四七七　青瓷碗枫堂 Y1：22 ………… 249
彩版四七八　青瓷碗枫堂 Y1：23 ………… 249
彩版四七九　青瓷碗枫堂 Y1：24 ………… 249
彩版四八○　青瓷碗枫堂 Y1：25 ………… 250
彩版四八一　青瓷碗枫堂 Y1：26 ………… 250
彩版四八二　青瓷碗枫堂 Y1：27 ………… 251
彩版四八三　青瓷碗枫堂 Y1：28 ………… 251
彩版四八四　青瓷碗枫堂 Y1：29 ………… 251
彩版四八五　青瓷碗枫堂 Y1：30 ………… 251
彩版四八六　青瓷碗枫堂 Y1：31 ………… 252
彩版四八七　青瓷碗枫堂 Y1：32 ………… 252
彩版四八八　青瓷碗枫堂 Y1：33 ………… 253
彩版四八九　青瓷碗枫堂 Y1：34 ………… 253
彩版四九○　青瓷碗枫堂 Y1：35 ………… 253

彩版四九一　青瓷碗枫堂 Y1：36 …………… 253
彩版四九二　青瓷碗枫堂 Y1：37 …………… 255
彩版四九三　青瓷碗枫堂 Y1：38 …………… 255
彩版四九四　青瓷碗枫堂 Y1：54 …………… 255
彩版四九五　青瓷高足杯枫堂 Y1：7 ………… 255
彩版四九六　青瓷盘枫堂 Y1：39 …………… 256
彩版四九七　青瓷盘枫堂 Y1：40 …………… 256
彩版四九八　青瓷盘枫堂 Y1：41 …………… 256
彩版四九九　青瓷盘枫堂 Y1：42 …………… 256
彩版五〇〇　青瓷盘枫堂 Y1：43 …………… 257
彩版五〇一　青瓷盘枫堂 Y1：44 …………… 258
彩版五〇二　青瓷盘枫堂 Y1：45 …………… 259
彩版五〇三　青瓷盘枫堂 Y1：46 …………… 259
彩版五〇四　青瓷盘枫堂 Y1：48 …………… 260
彩版五〇五　青瓷盘枫堂 Y1：49 …………… 260
彩版五〇六　匣钵枫堂 Y1：1 ………………… 261
彩版五〇七　垫饼枫堂 Y1：2 ………………… 261
彩版五〇八　垫饼枫堂 Y1：3 ………………… 261
彩版五〇九　垫饼枫堂 Y1：4 ………………… 262
彩版五一〇　垫圈枫堂 Y1：5 ………………… 262
彩版五一一　垫圈枫堂 Y1：6 ………………… 262
彩版五一二　练泥碓村 ………………………… 263
彩版五一三　练泥碓 Y1 ……………………… 264
彩版五一四　练泥碓 Y1 窑壁 ………………… 264
彩版五一五　练泥碓 Y1 残次品堆积 ………… 265
彩版五一六　练泥碓 Y1 采集遗物 …………… 265
彩版五一七　练泥碓 Y1 附近瓷土资源 ……… 265
彩版五一八　青瓷碗练泥碓 Y1：15 ………… 266
彩版五一九　青瓷碗练泥碓 Y1：22 ………… 267
彩版五二〇　青瓷碗练泥碓 Y1：24 ………… 268
彩版五二一　青瓷碗练泥碓 Y1：25 ………… 269
彩版五二二　青瓷碗练泥碓 Y1：26 ………… 269
彩版五二三　青瓷碗练泥碓 Y1：27 ………… 270
彩版五二四　青瓷碗练泥碓 Y1：28 ………… 270
彩版五二五　青瓷碗练泥碓 Y1：29 ………… 271
彩版五二六　青瓷杯练泥碓 Y1：2 …………… 271

彩版五二七　青瓷盘练泥碓 Y1：10 ………… 272
彩版五二八　青瓷盘练泥碓 Y1：11 ………… 273
彩版五二九　青瓷盘练泥碓 Y1：12 ………… 274
彩版五三〇　青瓷盘练泥碓 Y1：13 ………… 274
彩版五三一　青瓷盘练泥碓 Y1：14 ………… 274
彩版五三二　青瓷瓶练泥碓 Y1：1 …………… 275
彩版五三三　青瓷瓶练泥碓 Y1：9 …………… 275
彩版五三四　青瓷瓶练泥碓 Y1：34 ………… 276
彩版五三五　青瓷花盆练泥碓 Y1：36 ……… 276
彩版五三六　青瓷炉练泥碓 Y1：3 …………… 277
彩版五三七　青瓷炉练泥碓 Y1：4 …………… 277
彩版五三八　青瓷炉练泥碓 Y1：5 …………… 277
彩版五三九　青瓷炉练泥碓 Y1：7 …………… 278
彩版五四〇　青瓷炉练泥碓 Y1：8 …………… 278
彩版五四一　青瓷炉练泥碓 Y1：38 ………… 279
彩版五四二　青瓷炉练泥碓 Y1：39 ………… 279
彩版五四三　青瓷炉练泥碓 Y1：40 ………… 279
彩版五四四　青瓷灯练泥碓 Y1：35 ………… 280
彩版五四五　青瓷擂钵练泥碓 Y1：37 ……… 280
彩版五四六　青花碗练泥碓 Y1：30 ………… 280
彩版五四七　青花碗练泥碓 Y1：31 ………… 281
彩版五四八　垫柱练泥碓 Y1：16 …………… 282
彩版五四九　垫柱练泥碓 Y1：17 …………… 282
彩版五五〇　垫饼练泥碓 Y1：19 …………… 282
彩版五五一　垫饼练泥碓 Y1：20 …………… 282
彩版五五二　垫圈练泥碓 Y1：21 …………… 282
彩版五五三　下济 Y1 近景 …………………… 283
彩版五五四　下济 Y1 采集遗物 ……………… 284
彩版五五五　青瓷碗下济窑 Y1：21 ………… 285
彩版五五六　青花碗下济窑 Y1：2 …………… 285
彩版五五七　青花碗下济窑 Y1：6 …………… 286
彩版五五八　青花碗下济窑 Y1：7 …………… 286
彩版五五九　青花碗下济窑 Y1：8 …………… 286
彩版五六〇　青花碗下济窑 Y1：9 …………… 288
彩版五六一　青花碗下济窑 Y1：10 ………… 288
彩版五六二　青花碗下济窑 Y1：11 ………… 289

彩版五六三　青花碗下济窑 Y1：12 …………… 289
彩版五六四　青花碗下济窑 Y1：24 …………… 290
彩版五六五　青花盘下济窑 Y1：14 …………… 291
彩版五六六　青花盘下济窑 Y1：15 …………… 291
彩版五六七　青花盘下济窑 Y1：16 …………… 291
彩版五六八　青花盘下济窑 Y1：17 …………… 292
彩版五六九　青花盘下济窑 Y1：18 …………… 292
彩版五七〇　青花盘下济窑 Y1：19 …………… 293
彩版五七一　青花盘下济窑 Y1：20 …………… 293
彩版五七二　青花盘下济窑 Y1：25 …………… 294
彩版五七三　青花盘下济窑 Y1：26 …………… 294
彩版五七四　垫饼下济窑 Y1：22 ……………… 295
彩版五七五　垫饼下济窑 Y1：23 ……………… 295
彩版五七六　试火器下济窑 Y1：3 …………… 295
彩版五七七　上垾 Y1 远景 …………………… 296
彩版五七八　上垾 Y1 ………………………… 297
彩版五七九　上垾 Y1 窑壁 …………………… 297
彩版五八〇　青瓷碗上垾 Y1：10 …………… 299
彩版五八一　青瓷碗上垾 Y1：11 …………… 299
彩版五八二　青瓷碗上垾 Y1：12 …………… 299
彩版五八三　青瓷碗上垾 Y1：13 …………… 300
彩版五八四　青瓷碗上垾 Y1：14 …………… 301
彩版五八五　青瓷碗上垾 Y1：15 …………… 301
彩版五八六　青瓷碗上垾 Y1：16 …………… 301
彩版五八七　青瓷碗上垾 Y1：18 …………… 302
彩版五八八　青瓷碗上垾 Y1：19 …………… 303
彩版五八九　青瓷碗上垾 Y1：20 …………… 303
彩版五九〇　青瓷碗上垾 Y1：23 …………… 303
彩版五九一　青瓷碗上垾 Y1：24 …………… 304
彩版五九二　青瓷盘上垾 Y1：22 …………… 305
彩版五九三　青瓷盘上垾 Y1：30 …………… 305
彩版五九四　青瓷壶上垾 Y1：32 …………… 306
彩版五九五　青瓷壶上垾 Y1：33 …………… 306
彩版五九六　青瓷钵上垾 Y1：31 …………… 306
彩版五九七　青瓷洗上垾 Y1：25 …………… 307
彩版五九八　青瓷洗上垾 Y1：26 …………… 307

彩版五九九　青瓷洗上垾 Y1：27 …………… 307
彩版六〇〇　青瓷洗上垾 Y1：29 …………… 307
彩版六〇一　垫饼上垾 Y1：1 ………………… 308
彩版六〇二　垫饼上垾 Y1：6 ………………… 308
彩版六〇三　垫饼上垾 Y1：9 ………………… 308
彩版六〇四　上垾 Y2 远景 …………………… 310
彩版六〇五　上垾 Y2 窑炉 …………………… 310
彩版六〇六　上垾 Y2 残次品堆积 …………… 311
彩版六〇七　上垾 Y2 采集遗物 ……………… 311
彩版六〇八　青瓷碗上垾 Y2：11 …………… 313
彩版六〇九　青瓷碗上垾 Y2：12 …………… 313
彩版六一〇　青瓷碗上垾 Y2：13 …………… 313
彩版六一一　青瓷碗上垾 Y2：14 …………… 314
彩版六一二　青瓷碗上垾 Y2：15 …………… 315
彩版六一三　青瓷碗上垾 Y2：16 …………… 315
彩版六一四　青瓷碗上垾 Y2：17 …………… 317
彩版六一五　青瓷碗上垾 Y2：18 …………… 317
彩版六一六　青瓷碗上垾 Y2：19 …………… 317
彩版六一七　青瓷碗上垾 Y2：20 …………… 317
彩版六一八　青瓷碗上垾 Y2：21 …………… 317
彩版六一九　青瓷碗上垾 Y2：22 …………… 319
彩版六二〇　青瓷碗上垾 Y2：23 …………… 319
彩版六二一　青瓷碗上垾 Y2：24 …………… 319
彩版六二二　青瓷碗上垾 Y2：25 …………… 319
彩版六二三　青瓷碗上垾 Y2：26 …………… 319
彩版六二四　青瓷杯上垾 Y2：29 …………… 320
彩版六二五　匣钵上垾 Y2：1 ………………… 321
彩版六二六　瓷垫饼上垾 Y2：6 ……………… 322
彩版六二七　陶垫饼上垾 Y2：9 ……………… 322
彩版六二八　试火器上垾 Y2：28 …………… 323
彩版六二九　上垾 Y3 远景 …………………… 324
彩版六三〇　上垾 Y3 近景 …………………… 324
彩版六三一　青瓷碗上垾 Y3：7 …………… 326
彩版六三二　青瓷碗上垾 Y3：8 …………… 326
彩版六三三　青瓷碗上垾 Y3：9 …………… 327
彩版六三四　青瓷碗上垾 Y3：10 …………… 327

彩版六三五	青瓷碗上垟 Y3：11	327	彩版六七一	青瓷碗上垟 Y4：15	346
彩版六三六	青瓷碗上垟 Y3：12	327	彩版六七二	青瓷碗上垟 Y4：16	346
彩版六三七	青瓷碗上垟 Y3：13	328	彩版六七三	青瓷碗上垟 Y4：20	346
彩版六三八	青瓷碗上垟 Y3：14	329	彩版六七四	青瓷碗上垟 Y4：21	346
彩版六三九	青瓷碗上垟 Y3：15	329	彩版六七五	青瓷碗上垟 Y4：30	347
彩版六四○	青瓷碗上垟 Y3：16	329	彩版六七六	青瓷碗上垟 Y4：31	347
彩版六四一	青瓷碗上垟 Y3：17	330	彩版六七七	青瓷盘上垟 Y4：22	348
彩版六四二	青瓷碗上垟 Y3：18	330	彩版六七八	青瓷盘上垟 Y4：23	348
彩版六四三	青瓷碗上垟 Y3：19	331	彩版六七九	青瓷盘上垟 Y4：24	349
彩版六四四	青瓷碗上垟 Y3：20	331	彩版六八○	青瓷盘上垟 Y4：25	350
彩版六四五	青瓷盘上垟 Y3：21	332	彩版六八一	青瓷盘上垟 Y4：26	350
彩版六四六	青瓷盘上垟 Y3：22	332	彩版六八二	青瓷盘上垟 Y4：27	351
彩版六四七	青瓷盘上垟 Y3：23	333	彩版六八三	青瓷盘上垟 Y4：28	351
彩版六四八	青瓷盘上垟 Y3：24	334	彩版六八四	青瓷盘上垟 Y4：33	351
彩版六四九	青瓷盘上垟 Y3：25	334	彩版六八五	青瓷盘上垟 Y4：34	351
彩版六五○	青瓷盘上垟 Y3：26	334	彩版六八六	青瓷盘上垟 Y4：35	352
彩版六五一	青瓷壶上垟 Y3：29	335	彩版六八七	青瓷盘上垟 Y4：36	352
彩版六五二	青瓷罐上垟 Y3：28	335	彩版六八八	青瓷洗上垟 Y4：19	353
彩版六五三	青瓷器盖上垟 Y3：27	336	彩版六八九	青瓷擂钵上垟 Y4：38	353
彩版六五四	匣钵上垟 Y3：1	337	彩版六九○	垫饼上垟 Y4：2	355
彩版六五五	匣钵上垟 Y3：2	337	彩版六九一	垫饼上垟 Y4：3	355
彩版六五六	支具上垟 Y3：3	338	彩版六九二	上垟 Y5 远景	356
彩版六五七	支具上垟 Y3：4	338	彩版六九三	上垟 Y5 窑具再利用场景	356
彩版六五八	垫圈上垟 Y3：5	338	彩版六九四	青瓷碗上垟 Y5：6	358
彩版六五九	垫圈上垟 Y3：6	338	彩版六九五	青瓷碗上垟 Y5：7	358
彩版六六○	上垟 Y4 地貌环境	339	彩版六九六	青瓷碗上垟 Y5：8	358
彩版六六一	上垟 Y4 残次品堆积	340	彩版六九七	青瓷碗上垟 Y5：9	359
彩版六六二	上垟 Y4 采集遗物	340	彩版六九八	青瓷罐上垟 Y5：15	359
彩版六六三	青瓷碗上垟 Y4：7	341	彩版六九九	垫饼上垟 Y5：1	360
彩版六六四	青瓷碗上垟 Y4：8	341	彩版七○○	垫饼上垟 Y5：3	361
彩版六六五	青瓷碗上垟 Y4：9	342	彩版七○一	试火器上垟 Y5：14	361
彩版六六六	青瓷碗上垟 Y4：10	342	彩版七○二	上垟 Y6 远景	362
彩版六六七	青瓷碗上垟 Y4：11	343	彩版七○三	上垟 Y6 近景	362
彩版六六八	青瓷碗上垟 Y4：12	344	彩版七○四	青瓷碗上垟 Y6：3	364
彩版六六九	青瓷碗上垟 Y4：13	345	彩版七○五	青瓷碗上垟 Y6：4	364
彩版六七○	青瓷碗上垟 Y4：14	345	彩版七○六	青瓷碗上垟 Y6：5	365

彩版七〇七　青瓷碗上垟 Y6：6 ……………… 365

彩版七〇八　青瓷碗上垟 Y6：7 ……………… 366

彩版七〇九　青瓷碗上垟 Y6：8 ……………… 366

彩版七一〇　青瓷碗上垟 Y6：9 ……………… 367

彩版七一一　青瓷碗上垟 Y6：10 ……………… 367

彩版七一二　青瓷碗上垟 Y6：11 ……………… 367

彩版七一三　青瓷碗上垟 Y6：12 ……………… 367

彩版七一四　青瓷碗上垟 Y6：13 ……………… 368

彩版七一五　青瓷碗上垟 Y6：14 ……………… 369

彩版七一六　青瓷盘上垟 Y6：16 ……………… 370

彩版七一七　青瓷盘上垟 Y6：17 ……………… 371

彩版七一八　青瓷盘上垟 Y6：18 ……………… 371

彩版七一九　匣钵上垟 Y6：2 ……………… 371

彩版七二〇　上垟 Y7 远景 ……………… 372

彩版七二一　上垟 Y7 采集遗物 ……………… 373

彩版七二二　青瓷碗上垟 Y7：1 ……………… 374

彩版七二三　青瓷碗上垟 Y7：3 ……………… 374

彩版七二四　青瓷碗上垟 Y7：4 ……………… 375

彩版七二五　青瓷碗上垟 Y7：5 ……………… 377

彩版七二六　青瓷碗上垟 Y7：7 ……………… 377

彩版七二七　青瓷碗上垟 Y7：8 ……………… 377

彩版七二八　青瓷碗上垟 Y7：9 ……………… 377

彩版七二九　青瓷碗上垟 Y7：10 ……………… 377

彩版七三〇　研钵上垟 Y7：12 ……………… 378

彩版七三一　不明器物上垟 Y7：6 ……………… 378

彩版七三二　上垟 Y8 远景 ……………… 380

彩版七三三　上垟 Y8 残次品堆积 …………… 380

彩版七三四　青瓷碗上垟 Y8：15 ……………… 381

彩版七三五　青瓷碗上垟 Y8：16 ……………… 381

彩版七三六　青瓷碗上垟 Y8：17 ……………… 382

彩版七三七　青瓷碗上垟 Y8：18 ……………… 382

彩版七三八　青瓷碗上垟 Y8：19 ……………… 382

彩版七三九　青瓷碗上垟 Y8：21 ……………… 383

彩版七四〇　青瓷碗上垟 Y8：22 ……………… 383

彩版七四一　青瓷杯上垟 Y8：23 ……………… 384

彩版七四二　青瓷杯上垟 Y8：24 ……………… 384

彩版七四三　青瓷杯上垟 Y8：26 ……………… 385

彩版七四四　青瓷壶上垟 Y8：30 ……………… 386

彩版七四五　青瓷壶上垟 Y8：31 ……………… 386

彩版七四六　青瓷壶上垟 Y8：32 ……………… 386

彩版七四七　青瓷壶上垟 Y8：33 ……………… 386

彩版七四八　青瓷瓶上垟 Y8：29 ……………… 387

彩版七四九　青瓷盆上垟 Y8：28 ……………… 387

彩版七五〇　擂钵上垟 Y8：35 ……………… 388

彩版七五一　不明器物上垟 Y8：27 …………… 388

彩版七五二　不明器物上垟 Y8：34 …………… 388

彩版七五三　匣钵上垟 Y8：1 ……………… 389

彩版七五四　匣钵上垟 Y8：2 ……………… 389

彩版七五五　匣钵上垟 Y8：3 ……………… 389

彩版七五六　匣钵上垟 Y8：4 ……………… 389

彩版七五七　匣钵上垟 Y8：5 ……………… 389

彩版七五八　支座上垟 Y8：7 ……………… 390

彩版七五九　支座上垟 Y8：8 ……………… 390

彩版七六〇　喇叭形支具上垟 Y8：9 ………… 390

彩版七六一　垫具上垟 Y8：10 ……………… 391

彩版七六二　垫具上垟 Y8：11 ……………… 391

彩版七六三　垫具上垟 Y8：12 ……………… 391

第一章　概述

第一节　地理环境

庆元县地处浙江省西南部，地理位置在北纬 27°25′～27°51′、东经 118°50′～119°3′之间。庆元县北及东北同龙泉、景宁县毗邻，东南及西、南三面分别和福建省寿宁、松溪、政和县接壤。全县总面积 1887 平方千米，辖 7 区 2 镇 36 乡 343 个行政村。松源镇是庆元县人民政府所在地，竹口镇为县内另一大镇。

一　自然资源

庆元县地处浙闽边陲，境内崇山峻岭，溪小流急，竹木茂盛，蕴含丰富的瓷石、银矿资源。境内有林业用地 243.5 万亩，森林蓄积量 739.5 万立方米，覆盖率 71.1%。庆元境内丰富的林木、瓷土、水资源是古代窑业得以发展的支撑。

庆元县素有"九山半水半分田"之称。最低的新窑乡海拔 260 米，最高的斋朗乡海拔 1180 米。主要河流有：松源溪、安溪、竹口溪、左溪、南阳溪、西溪、八炉溪等。其中，松源溪、安溪、竹口溪向西流入福建省松溪，属闽江水系；左溪、南阳溪向东北流入景宁小溪，属瓯江水系；桐山溪是龙泉溪支流，发源于四山乡三溪村，向北流经高漈、龙泉垟顺、金村再转入庆元县垟淤、桐山、曹岭注入龙泉溪，亦属瓯江水系；西溪、八炉溪则向东南流经福安交溪注入东海。松源溪、安溪、竹口溪两岸有少数河谷盆地，是粮食的主要产区，也是人口密集区。

庆元县内的闽江水系干流有三条（图一）：竹口溪，发源于庆元县西北台湖山西南麓，沿途汇集三济、黄真、岩后各支流，经新窑注入福建省松溪，境内流程 29 千米；松源溪，发源于百山祖西南麓，沿途汇集和山乡的会溪，以及后广、五大堡、杨楼、大济、星光各支流，自东向西出马蹄岙，注入福建省松溪，境内流程 59 千米；安溪，发源于县西南风岗尖南麓，经龙井面入政和县锦屏、翁村、洋屯向北复入县内汇集小安、隆宫各支流，在菊水村对面并入松源溪，境内流程 16 千米。

二　交通[1]

1.陆路交通

据清康熙《庆元县志》记载，庆元县驿道[2]仅县城到小梅一条。

---

[1] 本节内容参考庆元县交通局：《庆元县交通志》，海洋出版社，1993年。

[2] 驿道，古代官方交通大道，可供驿马通行，沿途设驿站或铺，是供传递文书之人或往来官吏歇宿换马的处所。据《庆元县交通志》，庆元至小梅驿道长约70里。

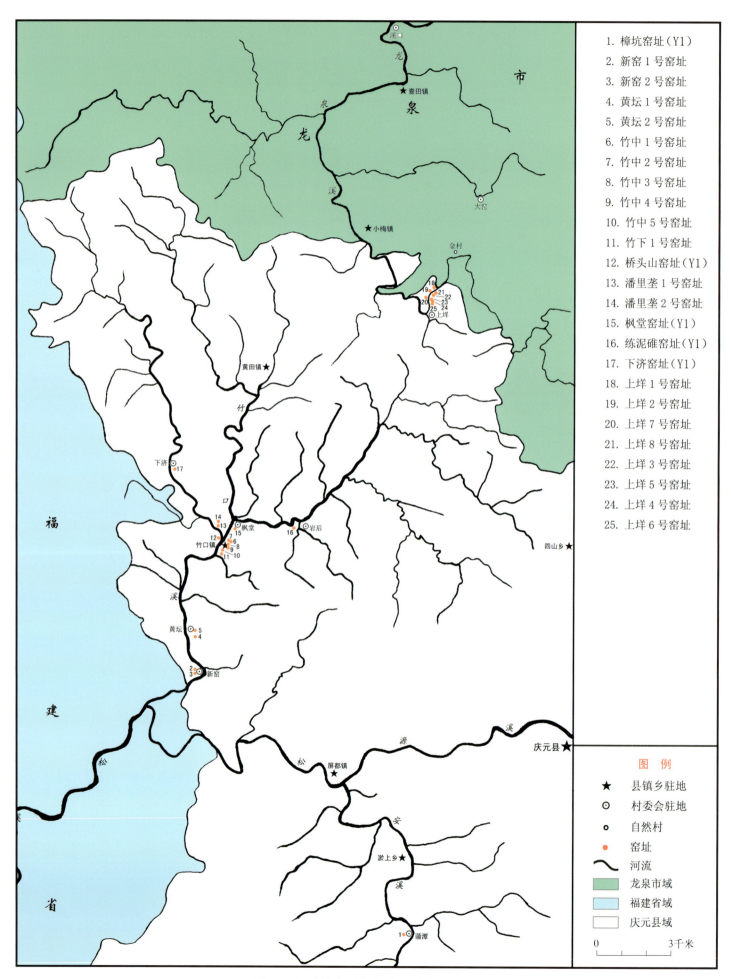

图一　庆元县水系与古窑址分布示意图

元末明初已设有驿铺 7 处，分别为总铺（县城内）、金村铺（五都乡五都村）、水南铺（屏都乡八都村）、黄荆铺（黄新乡寨后坑村）、梓亭铺（黄新乡平岭岗村）、大泽铺（竹口镇大泽村）、枫桥铺（黄田乡枫树桥村）。

庆元县有 6 条县际通道，分别通往松溪、政和、寿宁、龙泉、景宁、浦城县。

庆元至松溪：从城内经八都、马蹄岙、蜈蚣岭入松溪县境，长 20 千米。

庆元至政和：从城内经五都、淤上、小安、翻越岭腰入政和县境，长 25 千米。

庆元至寿宁：从城内经应岭、五大堡、岭头、石磨下、梅树岭、竹坪、江根进入寿宁县境，长 75 千米。

庆元至龙泉：从城内经上庄、深鸟、双港潭、曹岭入龙泉境，长 45 千米。

庆元至景宁：从城内经梧桐洋、青草入景宁县境，长 50 千米。

庆元至浦城：由城内驿道经柏渡口、洋垄、汤源、黄杜源入浦城县境，长 55 千米。

除以上陆路交通线路外，据《庆元县交通志》载，还有一条浙闽古道经过庆元。其路线是：自龙泉县南 15 千米至潭湖、25 千米到查田、10 千米到小梅，自小梅经庆元之竹口、新窑过闽之松溪，此线路号称浙闽要道。

乡间小路，都是高山峻岭，崎岖难行。光绪《庆元县志》对摩手岭就有"高入云际，自下面上积九百余丈，登陟者侧足仅二尺许，猱攀蚁缘，一步一顿，行者苦之"的记载。

今日穿过竹口镇的龙庆公路乃民国时期初建、中华人民共和国成立以后修复改建而成。1940 年 6 月，龙庆公路小梅—新窑—庆元段 51.27 千米建成。1946 年遭水毁。1951 年至 1954 年，庆元县人民政府修复龙庆公路，此后至 20 世纪 80 年代龙庆公路屡有扩建改建。1967 年 1 月，新窑至松溪公路建成。

2. 水路交通

县境内的竹口、新窑可通往福建省的松溪，左溪、南阳、交溪口可通往景宁小溪。此 2 条水道早年可放运木排和竹筏。曹岭地处龙泉溪，港道较好，在公路未通前，是庆元县物资主要集散地，与温州之间常年通航木帆船。

曹岭至温州段水路：曹岭地处龙泉溪上游，1959 年之前是庆元境内重要的物资转运地。自曹岭顺流而下的港道较好，是庆元县仅有的可通航木帆船的水路。从曹岭沿线经龙泉、云和、丽水、青田、永嘉到达温州，全长 297 千米。曹岭至温州是下行，一般航行 6～7 天，大水 3～4 天即可到达。1958 年以后，庆元县制撤并，港道失修，且公路畅通，船只不复通行。

竹口至松溪段水路：从竹口经新窑入福建省松溪县的松溪，全长 30 千米。据 1947 年陈国钧《庆元县情简编》记载：竹口至松溪 60（华里）可通竹筏。《松源县交通志》记载：往昔凡出入浙江境内的新窑、竹口、小梅等地物资，全赖竹筏运输。此水路运输线直到 1967 年新窑至松溪公路通车后渐废止。

第二节　历史沿革

庆元县位于浙江省西南部，唐属浙江东道括州龙泉县。

南宋时进士胡纮于宁宗庆元三年（1197 年）亲具奏章极力请命，析龙泉县松源乡益以延庆乡之半（今龙泉市小梅、查田、茶丰、青溪、四源及庆元县三济、黄真、黄田等地）置县，以年号庆元为县名，为庆元县建制之始。据康熙《庆元县志》载，宋宁宗庆元三年，吏部侍郎胡纮请于朝，以所居（龙泉县）松源乡置县治，因纪年为名，元因之。

明洪武三年（1370年），撤庆元县置庆元巡检司，治查田（今属龙泉市），仍属龙泉。

洪武十三年（1380年），复置庆元县，隶属处州府。

景泰三年（1452年），"延庆乡之半"地域中的小梅、查田、茶丰、青溪等地划归龙泉县。

清嘉庆年间（1796～1820年），庆元县属的金村、下垟划归龙泉县。

民国初年庆元县属瓯海道，后划隶第九行政督察区。

1949年7月，庆元县人民政府成立，初属丽水专区，1952年改属温州专区，1958年10月并入龙泉县。

1973年7月17日，国务院批准恢复庆元县建制。

1975年8月，庆元县人民政府成立，属丽水地区。

从庆元的历史沿革来看，庆元与龙泉多有交错，而现龙泉窑的核心区域之大窑、金村、溪口等都曾归属庆元管辖，清乾隆二十七年（1762年）《龙泉县志》也说："青瓷窑……瓷窑昔属剑川，自析乡立庆元县，窑地遂属庆元，去龙邑几二百里。"庆元与龙泉的瓷业生产可谓紧密相连。现在被公布为国保单位的大窑龙泉窑遗址，包括了位于庆元县内的上垟窑址。

第三节　考古工作概况

2011年9～12月，为配合竹口工业园区瓦窑山区块低山缓坡开发工程，由浙江省文物考古研究所、庆元县文物保护所（原庆元县文物管理委员会办公室）联合组成的考古队在庆元县竹口镇潘里垄清理了1处宋代窑址（编号潘里垄Y2），发掘面积800平方米（国家文物局考执字〔2011〕第387号），揭露窑炉为龙窑形制，窑具有M型匣钵、漏斗型匣钵、圆形垫饼、手捏垫柱、柱形垫圈等。产品以黑胎黑釉瓷盏为主，兼有少量擂钵、执壶、坩埚、罐、青瓷器等。黑釉瓷盏分束口、敞口、直口三种类型，品优者有兔毫纹。潘里垄瓷窑址为浙江境内以专烧黑釉瓷茶盏为主的窑址，其产品仿建窑风格明显，时代为南宋晚期。潘里垄窑址的发掘对研究建窑的分布地域、生产工艺及浙闽毗邻地区的窑业、文化交流具有重要价值。发掘资料见刘建安《庆元潘里垄宋代窑址出土茶器考论》（《东方博物》第四十八辑，2013年）。

2011年9～12月，浙江省文物考古研究所、庆元县文物保护所联合对庆元县内古代窑址做了系统调查，共发现窑址25个，采集标本914件，包括各式窑具和青釉、黑釉、青花类别的瓷器，时代涵盖了唐、宋、元、明、清，对庆元古代窑业发展脉络的研究具有重要意义。其中，唐代窑址位于竹口镇黄坛村；宋代窑址主要分布于竹口镇上垟村、潘里垄村、竹上村；元明窑址主要分布于竹口镇竹上、竹中、竹下、枫堂、练泥碓村；清代窑址分布于竹口镇竹中村、黄坛村，黄田镇下济村、淤上乡樟坑村。详见庆元县水系与古代窑址分布图、2011年庆元古代窑址统计表（表一）。

以上潘里垄2号窑址考古发掘和庆元县境内古窑址考古调查工作同期开展，参与考古工作的单位与人员有：浙江省文物考古研究所刘建安（主持考古工作）、郑嘉励，庆元县文物保护所（原庆元县文物管理委员会办公室）叶海、陈化诚、吴文琳，北京大学考古文博学院研究生刘净贤、谢西营。地貌环境、遗迹和文物标本拍摄工作由刘建安完成。遗迹、文物标本绘图工作主要由技工韩常明、李文艺完成。

2014 年 10 ～ 11 月，为配合龙庆高速公路连接线项目建设，浙江省文物考古研究所与庆元县文物保护所联合对竹口镇黄坛窑址进行了抢救性考古发掘（国家文物局考函字〔2014〕第 086 号）。清理出唐代残窑炉 1 座、灰坑 1 处，出土大量瓷片和窑具标本，为黄坛窑址及与周边地区窑址对比研究提供了宝贵资料。发掘资料见谢西营《浙江省庆元县唐代黄坛窑址发掘简报》（《东方博物》第六十辑，2016 年）。

本报告全面公布 2011 年以来庆元县境内古代窑址调查、发掘的考古资料。

表一　2011 年庆元古代窑址统计表

序号	窑址名称	标本数量	主要产品类型	时代
1	枫堂 Y1	54	青瓷碗、盘	盛烧于元代晚期
2	黄坛 Y1	8	青黄釉粗瓷缸	清代
3	黄坛 Y2	11	青黄釉碗、盘口壶	唐代中晚期
4	练泥碓 Y1	40	青瓷碗、炉、青花瓷碗	盛烧于明代中晚期
5	潘里垟 Y1	20	黑釉盏	南宋
6	潘里垟 Y2	167	黑釉盏、粗瓷执壶、擂钵	南宋
7	上垟 Y1	33	青瓷碗、盘	北宋早期至南宋晚期
8	上垟 Y2	29	青瓷碗	南宋早期
9	上垟 Y3	29	淡青瓷碗、青黄釉碗	盛烧于北宋早中期
10	上垟 Y4	39	青瓷碗、盘	南宋至元代 盛烧于南宋中晚期
11	上垟 Y5	15	青瓷碗	盛烧于南宋晚期
12	上垟 Y6	20	青黄釉碗	盛烧于北宋晚期
13	上垟 Y7	13	青瓷碗	盛烧于南宋中晚期
14	上垟 Y8	35	淡青瓷碗、壶	盛烧于北宋早期
15	下济 Y1	26	青花瓷碗、盘	清代
16	新窑 Y1	14	青瓷碗	明代中期
17	新窑 Y2	11	青瓷碗	明代中期
18	樟坑 Y1	32	青花瓷碗	清代
19	桥头山 Y1	8	青瓷碗	南宋
20	竹下 Y1	44	青瓷碗	元代晚期至明代中期
21	竹中 Y1	27	青瓷碗、盘	盛烧于明代中期
22	竹中 Y2	55	青瓷碗、盘、炉	盛烧于明代中期
23	竹中 Y3	75	青瓷碗、青花瓷碗	明代中期至清代早期 盛烧于明代中晚期
24	竹中 Y4	32	青瓷碗	元早期至明中期 盛烧于元代
25	竹中 Y5	77	青瓷高足杯、碗、盘	盛烧于明代中晚期

注：以上采集标本共计914件。

第二章　窑址分述

第一节　樟坑窑址（Y1）

一　调查概况

位于淤上乡蒲潭村樟坑自然村外山东北侧山脚，浙江林丰竹木厂南侧，东距安溪约120米。中心地理坐标为北纬27°33′03″，东经118°58′59″，海拔高度367米。村内道路建设对窑址造成轻度破坏。窑址上方现种植竹木。2011年被公布为县级文物保护单位。

残品堆积丰富，呈东西向带状分布于坡地上，长约50、宽30、厚1.5米。

未见窑床，形制不明（彩版一、二）。

窑具中未见匣钵，仅见圆形垫饼，大小不一，窑产品当用垫饼支垫叠烧而成。

产品多为白胎青花瓷器，器形有碗、盘、杯等。

此窑产品以碗为主。年代判定为清代。

彩版一　樟坑Y1近景（自东向西）

彩版二　樟坑Y1残次品堆积

二　采集标本

（一）瓷器

1. 青花碗

樟坑 Y1：11，碗。残，可复原。侈口，尖圆唇，口沿外撇，斜弧腹壁，圈足，足心凸起，足壁较直。腹外壁绘花草、散点纹。灰白色胎，质地细密。内底部无釉，外壁施青白釉不及底。器外底有崩裂，内底部有叠烧时圈足痕。口径 19.2、足径 9.6、高 9.2 厘米（图二，1；彩版三）。

樟坑 Y1：12，碗。残，可复原。侈口，圆唇，斜弧腹壁，圈足，足壁较直。内底部绘弦纹，口内绘花卉纹、弦纹，腹外壁绘花卉纹。灰白色胎，质地细密。内底有涩圈，足端刮釉，余皆施青白釉。口径 15.2、足径 8、高 6.9 厘米（图二，2；彩版四）。

樟坑 Y1：13，碗。残，可复原。口微敞，圆唇，斜腹壁，圈足，足心凸起，足壁较直。口外绘

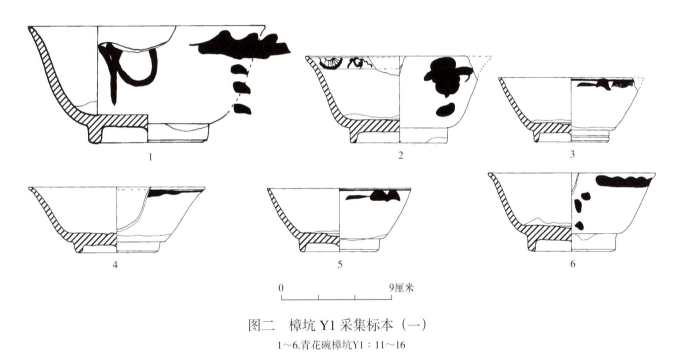

0　　　　　　　　9厘米

图二　樟坑 Y1 采集标本（一）

1～6.青花碗樟坑Y1：11～16

彩版三　青花碗樟坑 Y1：11

彩版四　青花碗樟坑 Y1：12　　　　　　　彩版五　青花碗樟坑 Y1：13

一周弦纹及草叶纹，足外壁划一周凹弦纹。灰白色胎，质地细密。内底部无釉，外壁施釉不及底，釉色青灰。内底部有叠烧时圈足痕。口径 12、足径 6.2、高 5.1 厘米（图二，3；彩版五）。

樟坑 Y1：14，碗。残，可复原。侈口，尖圆唇，斜弧腹壁，圈足，足心凸起，足壁较直，足端斜削。口外绘一周弦纹。浅灰色胎，质地细密。内底部无釉，外壁施釉不及底，釉色青灰。内底部有叠烧时圈足痕。口径 14.4、底径 6.8、高 5.2 厘米（图二，4；彩版六）。

　　樟坑 Y1：15，碗。残，可复原。敞口，尖圆唇，斜弧腹壁，圈足，足心凸起，足壁较直，足端斜削。口外绘一周弦纹及草叶纹。浅灰色胎，质地细密。内底部无釉，外壁施釉不及底，釉色青灰。内底部有叠烧时圈足痕。口径 11.8、足径 6.4、高 5 厘米（图二，5；彩版七）。

　　樟坑 Y1：16，碗。残，可复原。口微侈，圆唇，斜弧腹壁，圈足，足心凸起，足壁较直，足端斜削。口外绘云纹，腹外壁绘散点纹。灰白色胎，质地细密。内底及足部不施釉，余皆施青白釉，釉面莹润。内底部有叠烧时圈足痕。口径 13.8、足径 7.2、高 6.2 厘米（图二，6；彩版八）。

　　樟坑 Y1：17，碗。残，可复原。侈口，尖圆唇，斜弧腹壁，圈足，足壁较直，足端斜削。腹外壁绘草叶纹。灰白色胎，质地细密。内底及足部无釉，余皆施青白釉，釉色莹润，釉面开裂。内底部有叠烧时圈足痕。口径 14.8、足径 7.2、高 6.2 厘米（图三，1；彩版九）。

　　樟坑 Y1：18，碗。残，可复原。直口，圆唇，斜弧腹壁，圈足，足心凸起，足壁较直，足端斜削。腹外壁绘 4 朵菊花。灰白色胎，质地细密。内底及足部不施釉，余皆施青白釉，釉色莹润。内底部有叠烧时圈足痕。口径 11.2、足径 7.2、高 5 厘米（图三，2；彩版一〇）。

　　樟坑 Y1：19，碗。残，可复原。直口，圆唇，斜弧腹壁，圈足，足心微凸，足壁较直，足端外缘斜削。腹外壁绘草叶纹。灰白色胎，质地细密。内底及足部无釉，余皆施青白釉，釉色莹润。内底部有叠烧时圈足痕。口径 10.8、足径 6.2、高 5.1 厘米（图三，3；彩版一一）。

彩版六　青花碗樟坑 Y1：14

彩版七　青花碗樟坑 Y1：15

彩版八　青花碗樟坑 Y1：16

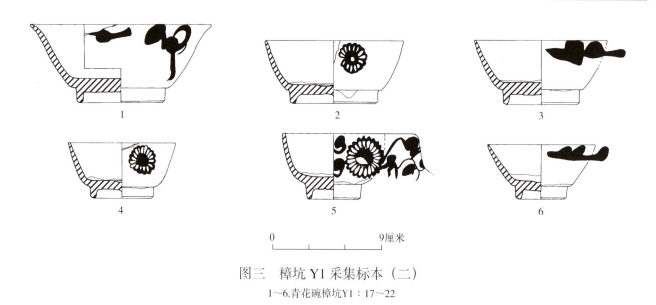

图三　樟坑 Y1 采集标本（二）

1～6.青花碗樟坑 Y1：17～22

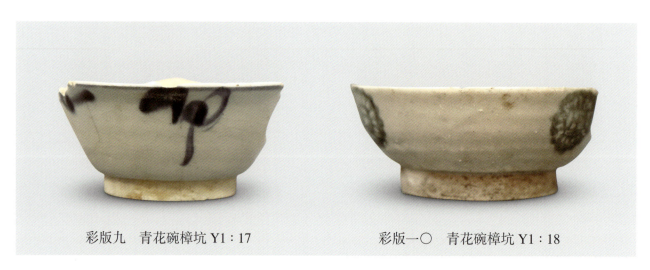

彩版九　青花碗樟坑 Y1：17　　　　　　　　彩版一〇　青花碗樟坑 Y1：18

　　樟坑 Y1：20，碗。残，可复原。直口，圆唇，斜弧腹壁，圈足，足心凸起，足壁较直，足端外缘经过旋削。腹外壁绘 3 朵菊花纹。浅灰色胎，质地细密。内底部无釉，外壁施釉不及底，釉色青灰。口径 8.8、底径 5.2、高 4.4 厘米（图三，4；彩版一二）。

　　樟坑 Y1：21，碗。残，可复原。直口，圆唇，斜弧腹壁，圈足，足心凸起，足壁较直，足端经过旋削。腹外壁绘菊花纹、草叶纹。灰白色胎，质地细密。内底部无釉，外壁施釉不及底，釉色灰白。口径 8.4、足径 4.4、高 5.2 厘米（图三，5；彩版一三）。

　　樟坑 Y1：22，碗。残，可复原。敞口，尖圆唇，斜弧腹壁，圈足，足心凸起，足壁较直，足端斜削。口外绘草叶纹。灰白色胎，质地细密。内底部无釉，外壁施釉不及底，釉色青灰。口径 8.8、足径 4.2、高 4.3 厘米（图三，6；彩版一四）。

　　樟坑 Y1：23，碗。残，可复原。敞口，尖圆唇，斜弧腹壁，圈足，足心凸起，足壁较直，足端外缘经过旋削。口外绘散点纹。灰白色胎，质地细密。内底及足部无釉，余皆施釉，釉色青灰。器底粘有少量窑渣。口径 8.7、足径 4.2、高 4.4 厘米（图四，1；彩版一五）。

　　樟坑 Y1：24，碗。腹底部残片，不可复原。斜弧腹壁，圈足，足壁较直。内底部绘草叶纹，腹

彩版一一　青花碗樟坑 Y1：19　　　　　彩版一二　青花碗樟坑 Y1：20

彩版一三　青花碗樟坑 Y1：21　　　　　彩版一四　青花碗樟坑 Y1：22

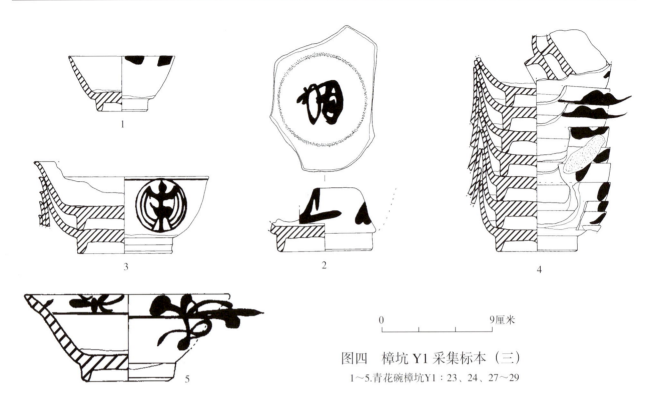

0　　　　　　　　　9厘米

图四　樟坑 Y1 采集标本（三）

1～5.青花碗樟坑Y1：23、24、27～29

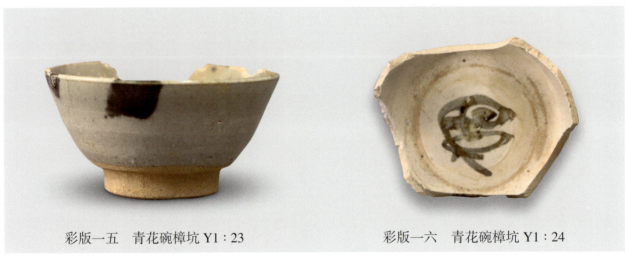

彩版一五　青花碗樟坑 Y1：23　　　　　　彩版一六　青花碗樟坑 Y1：24

外壁绘花卉纹。灰白色胎，质地细密。内底有涩圈，足端刮釉，余皆施釉，釉色灰白。足径 7.8、残高 5 厘米（图四，2；彩版一六）。

樟坑 Y1：27，碗。残，可复原。1 组 2 件相粘连，通高 7.4 厘米（图四，3；彩版一七）。

上、下二碗形制相同。敞口，尖圆唇，斜弧腹壁，圈足，足壁较直。口外绘一周弦纹，腹外壁绘 4 个团鸟纹。灰白色胎，质地细密。内底部无釉，外壁施釉不及底，釉色青白。该器外腹部粘连有三块碗口部残片。口径 13.9、足径 7.8、高 6.1 厘米。

樟坑 Y1：28，碗。残，可复原。1 组 9 件相粘连，均变形，通高 17.6 厘米。最上件为 A 件，最下件为 B 件（图四，4；彩版一八）。

樟坑 Y1：28A，敞口，尖圆唇，斜直腹壁，圈足，足壁较直。白色胎，质地细密。内底部无釉，外壁施釉不及底，釉色白。内底部叠烧时圈足痕。口径约9.6、足径4.3、高4.2厘米。

樟坑Y1∶28B，敞口，圆唇，斜直腹壁，圈足，底部凸起，足壁较直，足端斜削。口外绘草叶纹。白色胎，质地细密。内底部无釉，外壁施釉不及底，釉色白。口径约12、足径6.6、高5.5厘米。

樟坑Y1∶29，碗。残，可复原。敞口，圆唇，上腹壁斜直，下腹壁折弧收，圈足，足壁较直。腹内外壁绘草叶纹及弦纹。灰白色胎，质地细密。内底及足部无釉，余皆施青白釉。口径16.8、底径7.4、高6.8厘米（图四，5；彩版一九）。

2. 青花杯

樟坑Y1∶25，杯。残，可复原。敞口，尖唇，斜弧腹壁，圈足，足心凸起，足壁较直，足端斜削。腹外壁绘花卉纹。灰白色胎，质地细密。内壁施满釉，外壁施釉不及底，釉色淡青。口径8.1、足径4、高4.7厘米（图五，1；彩版二〇）。

樟坑Y1∶26，杯。残，可复原。敞口，尖圆唇，口沿外撇，深弧腹壁，圈足，足壁较直。口外壁绘散点纹。灰白色胎，质地细密。内壁施满釉，外壁施釉不及底，有流釉现象，釉色青白。内底部粘有少量窑渣。口径8.3、足径3.8、高5厘米（图五，2；彩版二一）。

彩版一七　青花碗樟坑 Y1∶27

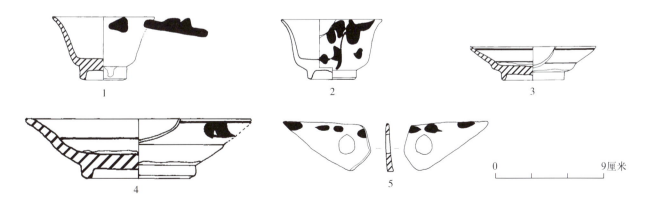

图五　樟坑 Y1 采集标本（四）

1、2.青花杯樟坑Y1∶25、26　3、4.青花盘樟坑Y1∶30、32　5.青花火照樟坑Y1∶31

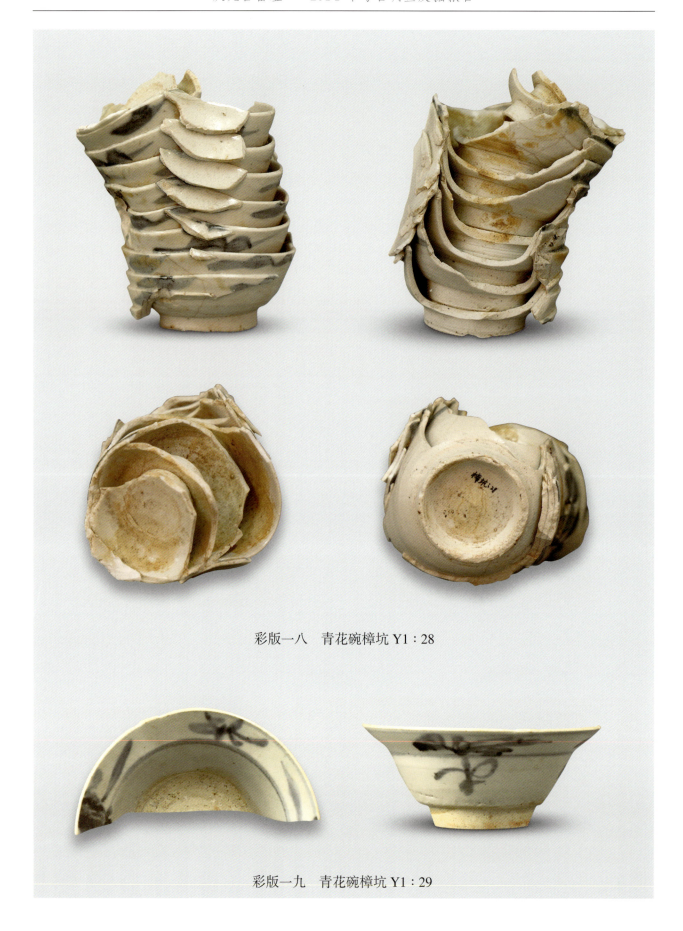

彩版一八　青花碗樟坑 Y1：28

彩版一九　青花碗樟坑 Y1：29

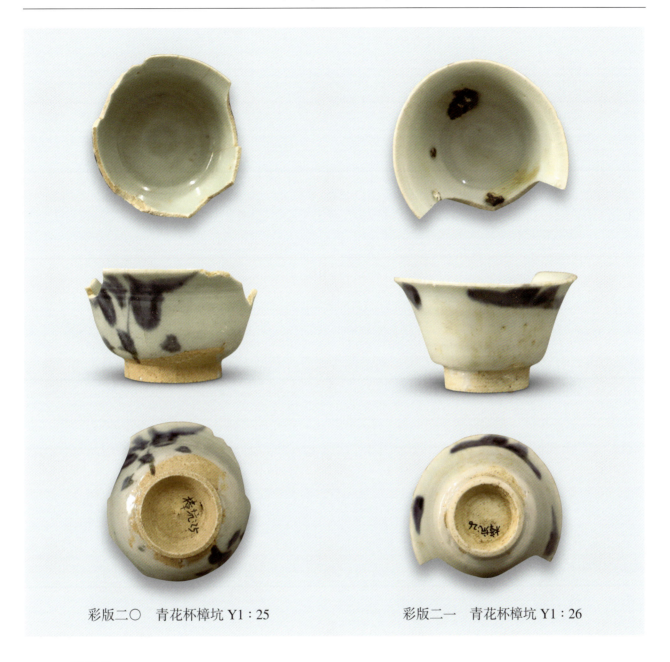

彩版二〇　青花杯樟坑 Y1：25　　　　　　　彩版二一　青花杯樟坑 Y1：26

3. 青花盘

樟坑 Y1：30，盘。残，可复原。敞口，尖唇，浅斜腹壁，下腹壁折弧收，圈足，足心凸起，足壁较直。腹内外饰弦纹。灰白色胎，质地细密。内底部无釉，外壁施釉不及底，釉色青灰。内底部有叠烧时圈足痕。口径 10.4、足径 5.2、高 2.6 厘米（图五，3；彩版二二）。

樟坑 Y1：32，盘。残，可复原。敞口，圆唇，上腹壁斜直，下腹壁折弧收，圈足，足壁较直，足端斜削。腹内外饰弦纹、草叶纹。浅灰色胎，质地细密。内底部无釉，外壁施釉不及底，釉色青灰。内底部有叠烧时圈足痕。口径 18.4、足径 9.2、高 4.8 厘米（图五，4；彩版二三）。

4. 青花火照

樟坑 Y1：31，火照。残。系碗口残片改制而成，敞口，尖圆唇。口内外绘散点纹。灰白色胎，质地细密。施青白釉。长 7.2、宽 3.6、孔径 1.4 厘米（图五，5；彩版二四）。

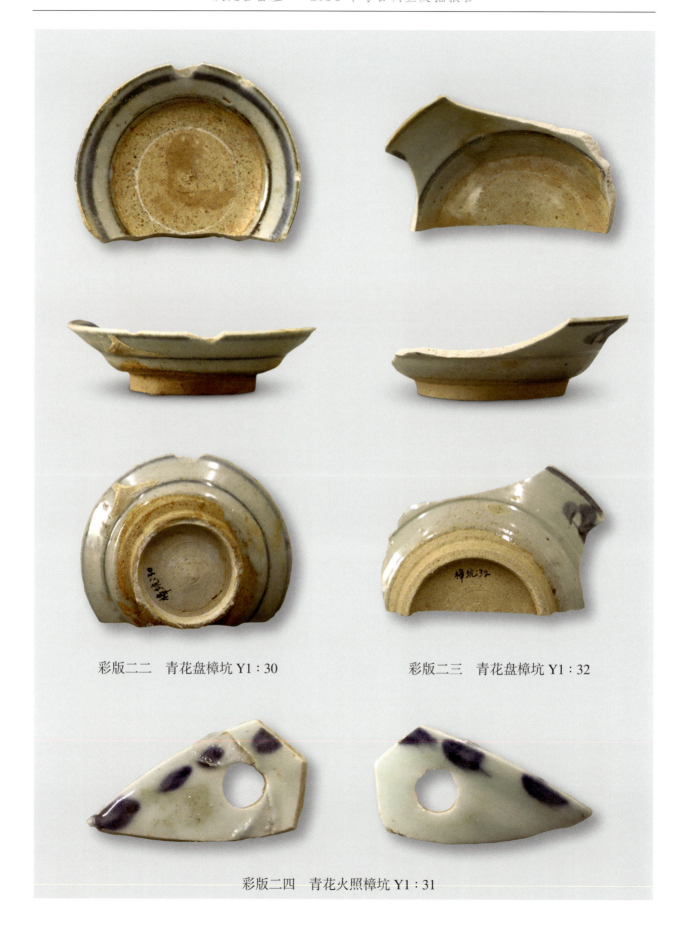

彩版二二　青花盘樟坑 Y1：30　　　　　　　彩版二三　青花盘樟坑 Y1：32

彩版二四　青花火照樟坑 Y1：31

（二）窑具

垫饼

樟坑 Y1：1，垫饼。呈圆饼形。托面平整，圈足底，底面浅挖。足外壁有两道凹弦纹，足端外缘经过旋削。红褐色胎，质地细密。托面上有叠烧时圈足痕。托径 7.6、底径 7.4、高 1.9 厘米（图六，1；彩版二五）。

樟坑 Y1：2，瓷垫饼。呈圆饼形。托面平整，圈足底，底面浅挖，足端外缘经过旋削。灰白色胎，质地细密。托面上有叠烧时圈足痕。托径 7.8、底径 7.2、高 1.9 厘米（图六，2；彩版二六）。

樟坑 Y1：3，垫饼。呈圆饼形。托面平整，圈足底，底面浅挖，足端外缘经过旋削。灰白色胎，质地细密。托面上有叠烧时圈足痕，托面外缘粘少量窑渣。托径 8.4、底径 7.7、高 1.8 厘米（图六，3）。

樟坑 Y1：4，垫饼。呈圆饼形。托面平整，圈足底，底面浅挖，足端外缘经过旋削。灰白色胎，质地细密。托面上有叠烧时圈足痕。托径 8.8、底径 8.2、高 2 厘米（图六，4；彩版二七）。

樟坑 Y1：5，垫饼。呈圆饼形。托面平整，圈足底，底面浅挖，足端外缘经过旋削。灰白色胎，质地细密。托面上有叠烧时圈足痕。托径 9.4、底径 8.8、高 2.2 厘米（图六，5）。

樟坑 Y1：6，垫饼。呈圆饼形。托面平整，圈足底，底面浅挖，足外壁有一道凹槽，足端外缘经过旋削。灰白色胎，质地细密。托面上有叠烧时圈足痕。托径 10、底径 9、高 2.6 厘米（图六，6）。

樟坑 Y1：7，垫饼。呈圆饼形。托面平整，圈足底，底面浅挖，足端外缘经过旋削。浅灰色胎，质地细密。托面上有叠烧时圈足痕。托径 11、底径 9.8、高 1.8 厘米（图六，7）。

樟坑 Y1：8，垫饼。呈圆饼形。托面平整，圈足底，底面浅挖，足端外缘经过旋削。浅灰色胎，

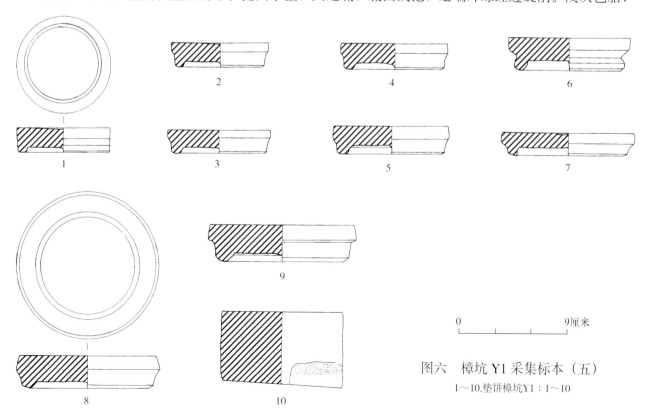

图六　樟坑 Y1 采集标本（五）

1～10.垫饼樟坑Y1：1～10

彩版二五　瓷垫饼樟坑 Y1：1　　　　　　　　彩版二六　瓷垫饼樟坑 Y1：2

彩版二七　瓷垫饼樟坑 Y1：4　　　　　　　　彩版二八　垫饼樟坑 Y1：10

质地细密。托面上有叠烧时圈足痕。托径11.2、底径10.8、高2.6厘米（图六，8）。

　　樟坑Y1：9，垫饼。呈圆饼形。托面平整，圈足底，底面浅挖，足端外缘经过旋削。浅灰色胎，质地细密。托面上有叠烧时圈足痕，托面外缘粘少量窑渣。托径11.8、底径10.8、高2.9厘米（图六，9）。

　　樟坑Y1：10，垫饼。呈圆柱形。托面平整，底面斜直。浅灰色胎，质地粗糙。托面上及底面均有叠烧时圈足痕。托径10、底径10、高5.4～6厘米（图六，10；彩版二八）。

三　小结

　　樟坑窑址遗物散布面积约5000平方米。窑炉为龙窑形制。采集到的遗物主要为青花碗，碗以撇口、敞口居多。白胎，质地较硬略显气孔。绝大多数器物釉色白中微泛青，少量器物釉色泛灰绿。釉面光滑泛光，圈足及底内外多无釉，釉下青花纹饰简单，多见花草、弦纹等。器物圈足较高。采集到的窑具仅有瓷质垫饼，器物烧制方式为叠烧、裸烧。樟坑窑址是庆元县已发现的为数不多的清代青花瓷窑址之一，对研究青花瓷工艺、制瓷技术传播等具有重要意义。

第二节　新窑1号窑址

一　调查概况

　　位于新窑村后门山东麓，东、南距竹口溪约200米。中心地理坐标为北纬27°39′01″，东经118°54′14″，海拔高度247米。1982年公布为县级文物保护单位。窑址地貌破坏严重，呈三级台阶状，现为菜地。

　　窑头位于坡地东端。窑壁残段尚可见，以砖坯顺砌，壁残高0.30、厚0.18米，砖坯呈梯形，砖面凹陷，长16～20、宽16.5、厚6厘米（彩版二九）。窑床为龙窑形制，方向108°。

1.新窑Y1近景（自东向西）

2.新窑Y1窑壁（自北向南）

彩版二九　新窑Y1

彩版三〇　新窑 Y1 采集遗物

残品堆积丰富，呈带状分布，长约 45、宽约 20、厚约 1.7 米。窑床西、北侧堆积厚，东南部堆积较薄。

窑具以 M 型匣钵为主，常见规格两种：其一口径 20、高 8.5 厘米，其二口径 24、高 10 厘米。小型圆形垫饼多见。

产品多为灰胎青釉瓷器，器形有碗、碟、研钵、大盘、高足杯等（彩版三〇）。

此窑产品以碗为主。年代判定为明代。

据新窑村民范俊成讲，新窑村过去曾有 9 个窑址，近年新窑水泥厂、变电站的修建对古窑址造成严重毁坏，现仅存 2 个窑址。

二　采集标本

共 14 件。

（一）瓷器

1. 青瓷碗

新窑 Y1：3，碗。残，可复原。侈口，圆唇，斜弧腹壁，圈足，足外壁较直、内壁微外撇，足端外缘经过旋削。深灰色胎，质地细密。足端及足内无釉，余皆施青绿釉，釉色莹润，釉面开裂。腹外壁粘有少量窑渣，足内粘一垫饼，红褐色胎，质地疏松。口径 17.9、足径 6.6、高 8 厘米，垫饼托径 4.4、高 1.8 厘米（图七，1；彩版三一）。

新窑 Y1：4，碗。残，可复原。侈口，圆唇，斜弧腹壁，圈足，足外壁较直、内壁微外撇，足端外缘经过旋削。浅灰色胎，质地细密。足端及足内无釉，余皆施青绿釉，釉色莹润。足内黏附泥垫饼，红褐色粗砂质，质地粗疏。口径 17.2、足径 6.4、高 7.8 厘米，垫饼径 3.2、厚 1.3 厘米（图七，2；彩版三二）

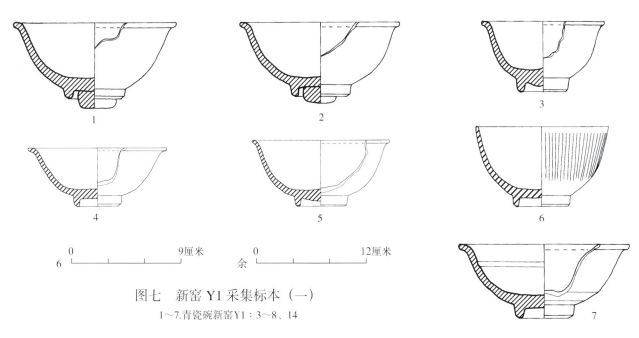

图七　新窑 Y1 采集标本（一）

1～7.青瓷碗新窑Y1：3～8、14

0　　　　　　　9厘米

0　　　　　　　12厘米

余

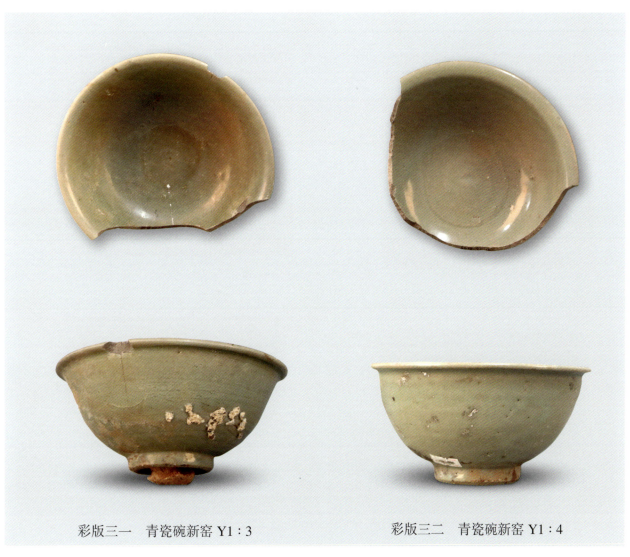

彩版三一　青瓷碗新窑 Y1：3　　　　　　彩版三二　青瓷碗新窑 Y1：4

新窑 Y1：5，碗。残，可复原。侈口，圆唇，斜弧腹壁，圈足，底心凸起，足外壁较直、内壁微外撇，足端斜削。深灰色胎，质地细密。足端及足内无釉，余皆施釉，釉色青灰。口径 13.6、足径 5.4、高 7.4 厘米（图七，3；彩版三三）。

新窑 Y1：6，碗。残，可复原。侈口，圆唇，斜弧腹壁，圈足，足外壁较直、内壁微外撇，足端斜削。浅灰褐色胎，质地细密。足端及足内无釉，余皆施釉，釉色青灰，釉面有稀疏开片。口径 15.2、足径 5.2、高 6.2 厘米（图七，4；彩版三四）。

新窑 Y1：7，碗。残，可复原。侈口，圆唇，斜弧腹壁，圈足，足心凸起，足外壁较直、内壁微外撇，足端斜削。灰色胎，质地细密。足端及足内无釉，余皆施釉，釉色青灰，釉面开裂。口径 15、足径 5.6、高 7 厘米（图七，5；彩版三五）。

新窑 Y1：8，碗。微变形。敞口，圆唇，斜弧腹壁，圈足，足外壁较直、内壁微外撇，足端斜削。腹外壁饰一周竖划线。浅灰色胎，质地细密。足端及足内无釉，余皆施釉，釉色青灰、莹润。口沿上粘有少量窑渣。口径 11、足径 4.7、高 6.3 厘米（图七，6；彩版三六）。

新窑 Y1：14，碗。残，可复原。侈口，圆唇，斜弧腹壁，圈足，足外壁较直、内壁微外撇，足端斜削。口内划一周凹弦纹。灰白色胎，质地细密。足端及足内无釉，余皆施青绿釉，釉色莹润，釉面有细密开片。口径 18.8、足径 5.2、高 7.8 厘米（图七，7；彩版三七）。

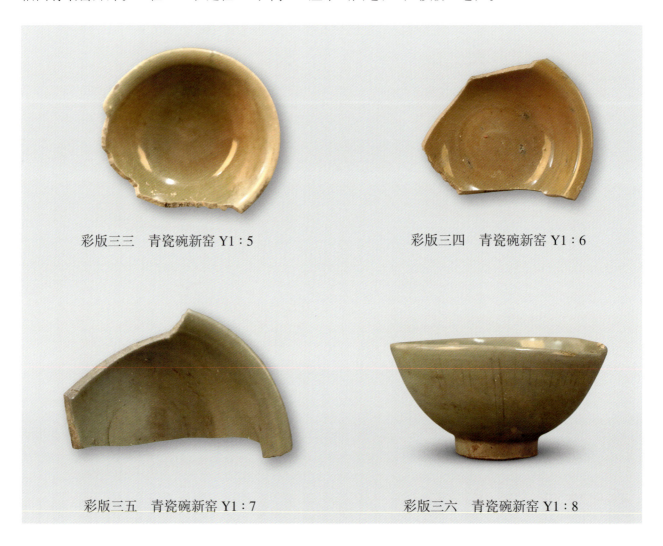

彩版三三　青瓷碗新窑 Y1：5　　　　彩版三四　青瓷碗新窑 Y1：6

彩版三五　青瓷碗新窑 Y1：7　　　　彩版三六　青瓷碗新窑 Y1：8

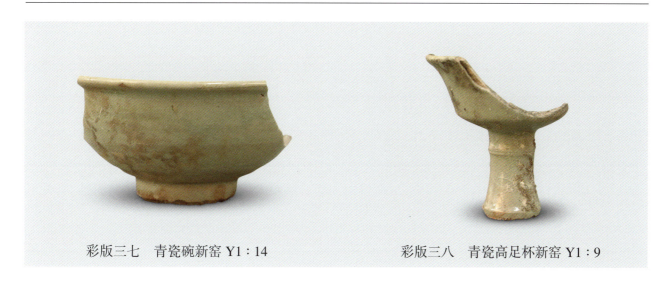

彩版三七　青瓷碗新窑 Y1：14　　　　　　　彩版三八　青瓷高足杯新窑 Y1：9

2. 青瓷高足杯

新窑 Y1：9，高足杯。残，可复原。侈口，圆唇，上腹壁斜内弧，下腹近底部折收，喇叭形足，上部实心，下部旋空，足外缘经过修削。柄足上部有一道凸弦纹。浅灰色胎，质地细密。足端及足内无釉，余皆施釉，釉色青灰，釉层干涩浑浊，釉面有稀疏开片。口径 10.4、足径 4、高 10 厘米（图八，1；彩版三八）。

3. 青瓷盘

新窑 Y1：10，盘。残，可复原。敞口，圆唇，上腹壁较斜，下腹近底部折收，内底部大于外底部，圈足，足心凸起，足端斜削。灰褐色胎，质地细密，中有气孔。足端及足内无釉，余皆施釉，釉色青灰，釉面有稀疏开片。口径 11、足径 5.1、高 2.7 厘米（图八，2；彩版三九）。

新窑 Y1：11，盘。残，可复原。菱口，浅腹壁斜内弧，下腹部近底处折收，内底部大于外底部，

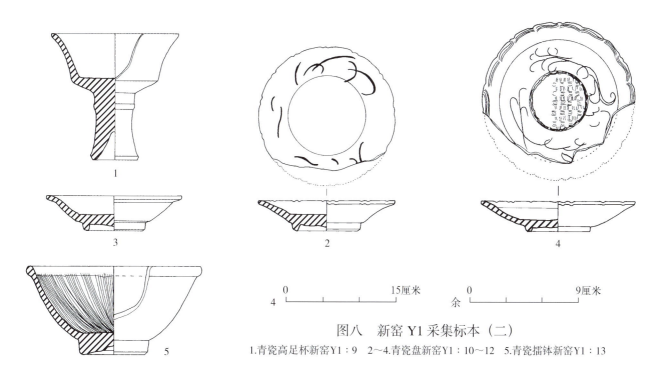

```
0          15厘米        0          9厘米
4                        余
```

图八　新窑 Y1 采集标本（二）

1.青瓷高足杯新窑 Y1：9　2～4.青瓷盘新窑 Y1：10～12　5.青瓷擂钵新窑 Y1：13

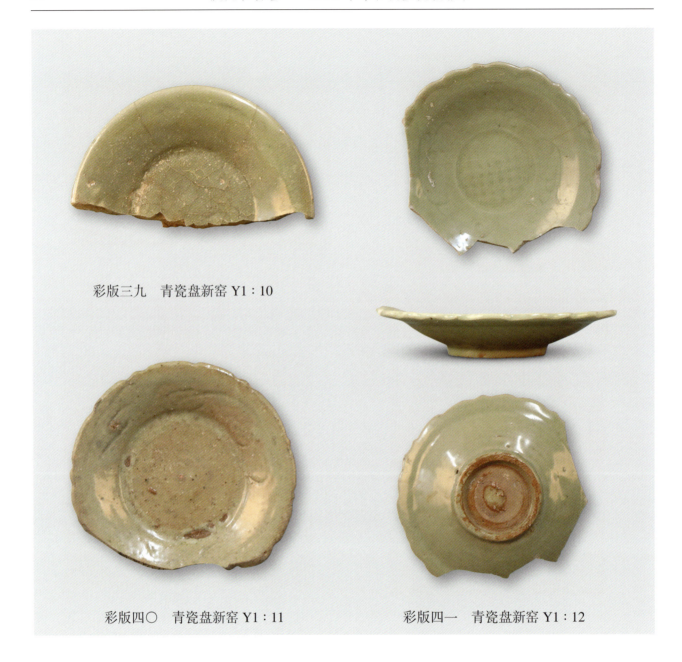

彩版三九　青瓷盘新窑 Y1∶10

彩版四〇　青瓷盘新窑 Y1∶11

彩版四一　青瓷盘新窑 Y1∶12

圈足，足心凸起，足外壁较直、内壁微外撇，足端斜削。腹内壁刻卷草纹。浅灰色胎，质地细密。足端及足内无釉，余皆施青釉泛黄，釉面干涩浑浊。口径 11.2、足径 5.6、高 2.4 厘米（图八，3；彩版四〇）。

　　新窑 Y1∶12，盘。残，可复原。菱口，仰折沿，浅弧腹壁，圈足，足端斜削。底内部阴印菱锦纹，腹内壁刻卷草纹，口内刻三线菱纹。灰白色胎，质地细密。足端及足内无釉，余皆施青绿釉，釉色莹润，釉面开片稀疏。口径 21、足径 8.8、高 4 厘米（图八，4；彩版四一）。

　　4. 青瓷擂钵

　　新窑 Y1∶13，擂钵。残，可复原。圆唇外凸，敞口，斜弧腹壁，高饼足，足底内凹，足端斜削。腹内自底心向外刻划细密放射状弧线。深灰色胎，质地较细密，中有气孔。口内施釉，外壁施釉及底，釉色青灰，釉层干涩浑浊。口径 14.4、足径 5.6、高 7 厘米（图八，5；彩版四二）。

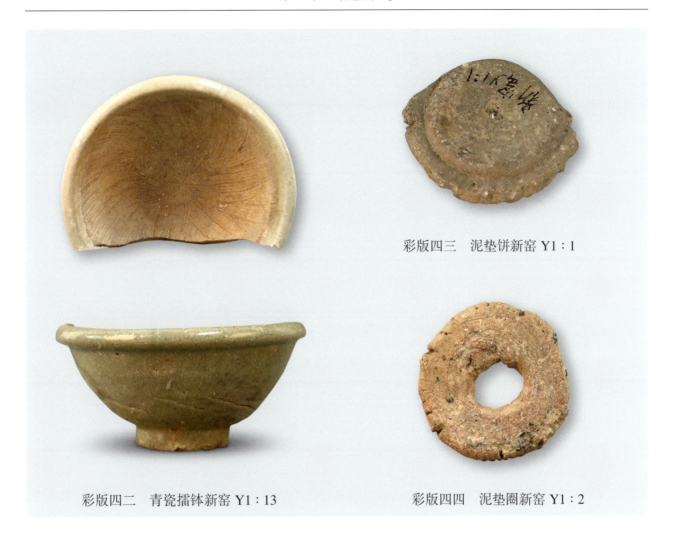

彩版四三　泥垫饼新窑 Y1：1

彩版四二　青瓷擂钵新窑 Y1：13

彩版四四　泥垫圈新窑 Y1：2

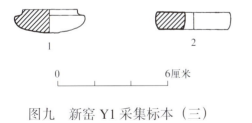

图九　新窑 Y1 采集标本（三）
1.垫饼新窑 Y1：1　2.垫圈新窑 Y1：2

（二）窑具

1.垫饼

新窑 Y1：1，泥垫饼。托面平整，有碗底压痕，弧底。红褐色胎，质地疏松。托径 3、高 1.3 厘米（图九，1；彩版四三）。

2.垫圈

新窑 Y1：2，泥垫圈。托面平整，平底。红褐色胎，质地疏松。直径 4、内径 1、高 0.9 厘米（图九，2；彩版四四）。

三　小结

新窑窑址位于竹口镇新窑村西山坡，后门山 24 号门口，烧造于明代中期，属龙泉窑系。1982 年被公布为县级文物保护单位。1 号窑址面积约 1 万平方米。窑床朝东，窑壁砖砌，堆积层较厚。产品有碗、盘、碟、高足杯、盏等。胎骨厚重，呈灰白色。釉色青绿、青灰、有少量为豆青。纹饰以印花草为主。窑具有匣钵、垫饼。此窑产品以各式碗为主，施青绿、青灰釉，有的内底印花，圈足内外施釉，外底多无釉，大部分内底大于圈足。

新窑地交闽浙，是重要的交通枢纽，陆路可通往福建松溪、浙江龙泉、庆元三县，水路顺竹口溪流经松溪进入闽江，窑产品的输出极为便利。

第三节　新窑 2 号窑址

一　调查概况

位于新窑村 Y1 西 100 米高地上。中心地理坐标为北纬 27°38′58″，东经 118°54′13″，海拔高度 247 米。现地貌略成三角形，呈三级台阶状，地表种植蔬菜。

窑头位于坡地南端，窑床残段裸露可见，为龙窑形制，方向 145°。窑床宽 2.15 米，长度不明。窑壁以砖坯顺砌，壁残高 0.20、厚 0.16 米。砖坯长 30、宽 13、厚 5 厘米。窑床底部烧结面厚 2.5 厘米，其下铺垫黄沙，厚约 20 厘米（彩版四五）。

残品堆积呈南北向带状分布，长约 25、宽约 15、厚 2.2 米。

窑具以 M 型匣钵为主，常见规格两种：其一口径 26、高 10 厘米，其二口径 21、高 8 厘米。地表可见少量小型圆形垫饼、垫圈。

产品多为灰胎青瓷，器形有碗、盘（彩版四六）。

此窑产品以碗为主。年代判定为明代。

彩版四五　新窑 Y2 近景（自东南向西北）

1.新窑Y2残次品堆积　　　　　　　　　　　　　　　　　　　　　　2.新窑Y2采集遗物

彩版四六　新窑 Y2 残次品堆积与采集遗物

二　采集标本

共 11 件。

（一）瓷器

青瓷碗

新窑 Y2：6，碗。残，可复原。侈口，圆唇，斜弧腹壁，圈足，足外壁较直、内壁微外撇，足端外缘经过旋削。浅灰色胎，质地细密，胎体较厚有气孔。足端及足内无釉，余皆施青绿釉，有流釉现象，釉面有细密开片。口径 17.2、足径 6、高 8 厘米（图一○，1；彩版四七）。

新窑 Y2：7，碗。残，可复原。侈口，圆唇，斜弧腹壁，圈足，足外壁较直、内壁微外撇，足端外缘旋削。浅灰色胎，胎体较厚，中有气孔。足端及足内无釉，余皆施青绿釉，有流釉现象，釉层干涩浑浊。口径 18、足径 7、高 7.6 厘米（图一○，2；彩版四八）。

新窑 Y2：8，碗。残，可复原。侈口，圆唇，斜弧腹壁，圈足，足外壁较直、内壁微外撇，足端外缘旋削。足外壁划一道凹弦纹。浅灰色胎，质地细密有气孔。足端及足内无釉，余皆施青绿釉，有流釉现象。口径 13.6、足径 5、高 6.5 厘米（图一○，3；彩版四九）。

新窑 Y2：9，碗。残，可复原。直口，圆唇，斜弧腹壁，圈足，足外壁较直、内壁微外撇，足端外缘旋削。红褐色胎，质地细密。足端及足内无釉，余皆施青绿釉，釉面干涩呈橘皮状。属生烧器。口径 12.4、足径 4.8、高 6.5 厘米（图一○，4；彩版五○）。

新窑 Y2：10，碗。残，可复原。侈口，圆唇，斜弧腹壁，圈足，底心凸起，足外壁较直、内壁微外撇，足端外缘旋削。腹外壁可见明显轮旋痕。浅灰色胎，质地细密。足端及足内无釉，余皆施青灰釉。口径 14.2、足径 4.6、高 6.2 厘米（图一○，5；彩版五一）。

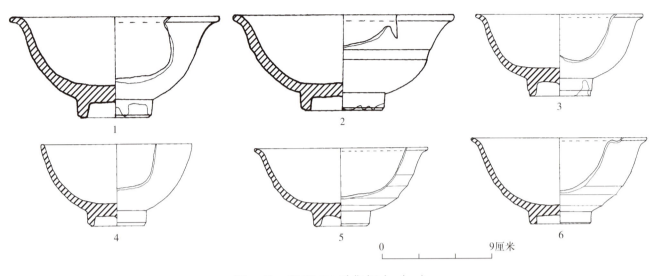

图一〇　新窑 Y2 采集标本（一）
1~6.青瓷碗新窑 Y2：6~11

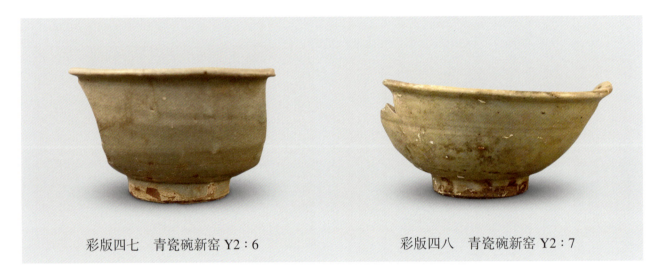

彩版四七　青瓷碗新窑 Y2：6　　　　　　　　彩版四八　青瓷碗新窑 Y2：7

新窑 Y2：11，碗。残，可复原。侈口，圆唇，斜弧腹壁，圈足，足壁较直，足端外缘经过旋削。腹外壁可见明显拉坯痕。浅灰色胎，质地细密有气孔。足端及足内无釉，余皆施青釉泛黄，釉色莹润，釉面有细密开片。口径 14.2、足径 5、高 6.8 厘米（图一〇，6；彩版五二）。

（二）窑具

1. 匣钵

新窑 Y2：1，匣钵。残，可复原。纵截面呈 M 型。深灰色胎体，质地疏松。口径 19.7、底径 21.6、高 8.6 厘米（图一一，1；彩版五三）。

2. 垫饼

新窑 Y2：3，泥垫饼。托面平整，有碗足压痕，弧底。红褐色胎，质地疏松。托径 5.4、高 2.7 厘米（图一一，2；彩版五四）。

新窑 Y2：4，泥垫饼。略呈圆饼状，托面平整，弧底。红褐色胎，质地粗疏。托径 3.6、高 1.4 厘米（图

彩版四九　青瓷碗新窑 Y2：8　　　　　　　彩版五〇　青瓷碗新窑 Y2：9

彩版五一　青瓷碗新窑 Y2：10

彩版五二　青瓷碗新窑 Y2：11

彩版五四　泥垫饼新窑 Y2：3　　　　　　彩版五三　匣钵新窑 Y2：1

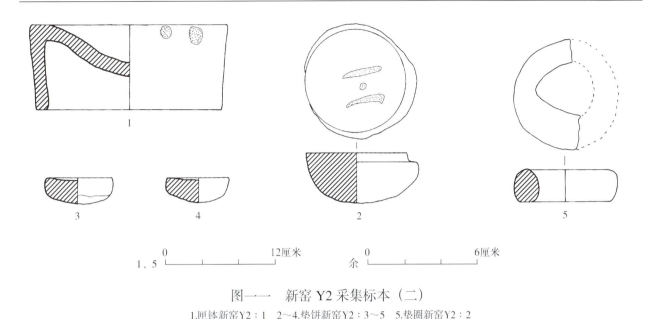

1、5 ⊢————————⊣ 12厘米

余 ⊢————————⊣ 6厘米

图一一　新窑 Y2 采集标本（二）

1.匣钵新窑Y2：1　2～4.垫饼新窑Y2：3～5　5.垫圈新窑Y2：2

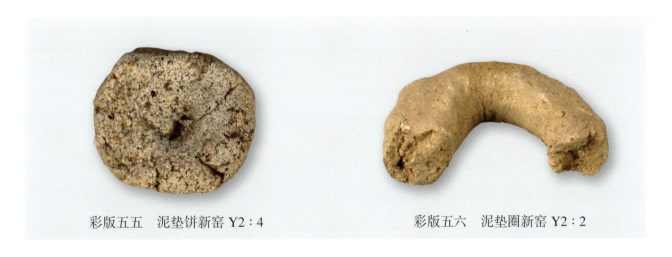

彩版五五　泥垫饼新窑 Y2：4　　　　　　　彩版五六　泥垫圈新窑 Y2：2

一一，3；彩版五五）。

　　新窑 Y2：5，泥垫饼。略呈圆饼状，托面平整，弧底。灰褐色胎，质地粗疏。托径 3.5、高 1.4 厘米（图一一，4）。

3. 垫圈

　　新窑 Y2：2，泥垫圈。残，可复原。呈圆环形。托面平整。浅灰色胎，质地疏松。高 3.4、直径 11.6、孔径 5.5 ～ 6.2 厘米（图一一，5；彩版五六）。

三　小结

　　新窑 2 号窑址位于新窑 1 号窑址西 100 米高地上。1982 年被公布为县级文物保护单位。2 号窑址面积约 1 万平方米。堆积较厚，主要产品为各式碗，敞口居多，内底大于圈足，灰白胎，浑浊青釉，圈足内未施釉。窑具有匣钵、垫饼。

　　新窑 1 号、2 号窑址位于庆元县竹口镇新窑村，烧造于明代中期，属龙泉窑系。据 1990 年《庆元县地名志》记载，新窑村古称黄处坛，青瓷产地，约明嘉靖年间（1522～1566年）龙泉县大窑人来此兴建新瓷窑，始更今名[1]。据调查资料可知，新窑1号、2号窑址位置相邻，产品类型、风格基本一致，烧造年代一致，推断其属于同一个家族或同一个窑主。此外，新窑村地交浙闽，水陆交通便利，两处窑址均邻近闽江支流竹口溪，其产品沿闽江流域南下输出较为便利。

第四节　黄坛1号窑址

一　调查概况

位于竹口镇黄坛村缸钵窑山南麓，水果山路北侧。中心地理坐标为北纬27°39′32″，东经118°54′23″，海拔高度256米。

窑床尾段裸露可见，系在原地面挖槽而成，方向210°。宽2.1米，长度不明。窑侧壁有烧结面及窑汗，侧壁残高0.55、烧结面厚0.05米，烧结面外侧为红烧土，厚0.18米。窑底部为红烧土面。窑后壁以土坯、灰砖混砌而成，残高55、宽13～20厘米；土坯长26、宽20、厚13厘米；灰砖分两种规格，均残断，长度不明，其一宽13、厚2.5厘米，其二宽15、厚5厘米。后壁开设有二个烟道，呈长方形，宽0.37、进深0.40米，烟道内有窑汗。

此窑窑体大部分被水果山路破坏，仅存窑尾0.80米残段，窑床形制不明（彩版五七）。

残品堆积丰富，呈东西向条带状分布，长45、厚1.6米，宽度不明。

1.黄坛Y1（自西向东）

2.黄坛Y1窑壁（自南向北）

彩版五七　黄坛Y1

[1]　庆元县地名委员会：《庆元县地名志》，杭州大学出版社，1990年。

地表多见柱形垫圈，残断，口径 19 厘米，长度不明。

产品多为红胎青黄釉粗瓷器，器形有缸、罐。

此窑产品以缸为主。主要烧制年代为清代。

二　采集标本

共 8 件。

（一）瓷器

1. 青瓷罐

黄坛 Y1：1，罐。口及上腹部缺失，不可复原。下腹壁斜弧收，平底，饼足，足端外缘斜削。内外壁有明显拉坯痕迹。灰胎，胎体厚重，胎质粗疏多气孔。无釉。底径 9.6、残高 6.2 厘米（图一二，1；彩版五八）。

黄坛 Y1：3，罐。下腹及底部缺失，不可复原。圆唇，直口微侈，短束颈，丰肩。灰白胎，胎体厚重，胎中多见气孔及沙粒。器内外施青黄釉，有细密开片。口径 10、残高 3.8 厘米（图一二，2；彩版五九）。

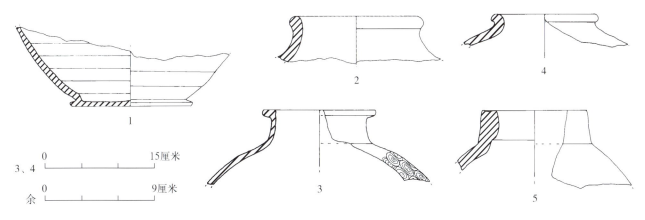

图一二　黄坛 Y1 采集标本（一）

1~5.青瓷罐黄坛Y1：1、3、6~8

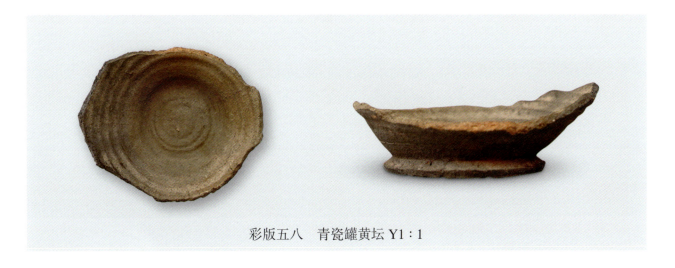

彩版五八　青瓷罐黄坛 Y1：1

黄坛 Y1：6，罐。下腹及底部缺失，不可复原。外折平沿，短束颈微外斜，丰肩。自肩部以下密布戳印同心圆纹。红褐色胎，胎体厚重，胎质疏松多气孔。器内外施灰褐色釉。口径 15.2、残高 9.8 厘米（图一二，3；彩版六〇）。

黄坛 Y1：7，罐。下腹及底部缺失，不可复原。圆唇外翻，口微侈，短束颈，丰肩。灰黑色胎，胎体厚重，胎质疏松、有气孔和沙粒。器内外施灰褐色釉，釉层脱落严重。口径 14.8、残高 4.2 厘米（图一二，4；彩版六一）。

黄坛 Y1：8，罐。下腹及底部缺失，不可复原。器物略变形，方唇，直口，溜肩。灰褐色胎，胎体厚重，胎质粗梳有气孔。口径 8.6、残高 6.2 厘米（图一二，5；彩版六二）。

2. 青瓷缸

黄坛 Y1：2，缸。下腹及底部缺失，不可复原。圆唇，直口，直腹。口外饰 2 道凹弦纹。黄褐色胎，胎体厚重，胎质粗疏。仅器表施青褐色釉，脱落严重。口径 54、残高 14 厘米（图一三，1；彩版六三）。

黄坛 Y1：5，缸。下腹及底部缺失，不可复原。内折平沿，直口，圆唇微敛，直腹略外鼓。口外饰 4 道凹弦纹。灰胎，胎体厚重，胎质粗疏、多见气孔及沙粒。器内外施青黄釉，脱釉严重。口径 101、残高 17 厘米（图一三，2；彩版六四）。

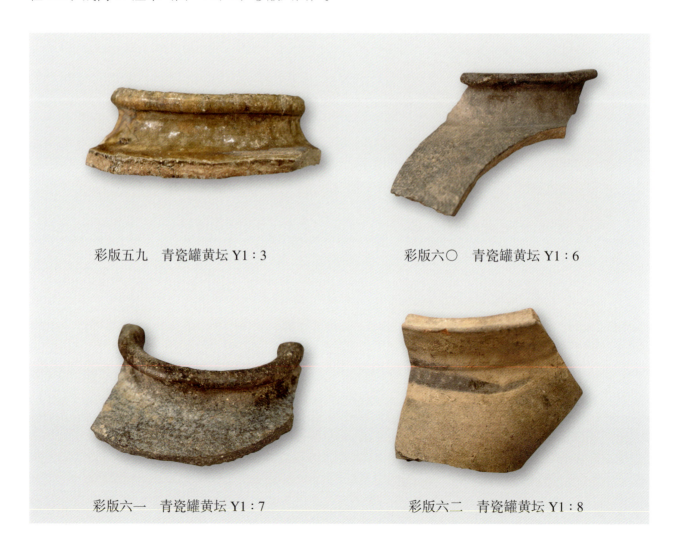

彩版五九　青瓷罐黄坛 Y1：3　　　　　　　彩版六〇　青瓷罐黄坛 Y1：6

彩版六一　青瓷罐黄坛 Y1：7　　　　　　　彩版六二　青瓷罐黄坛 Y1：8

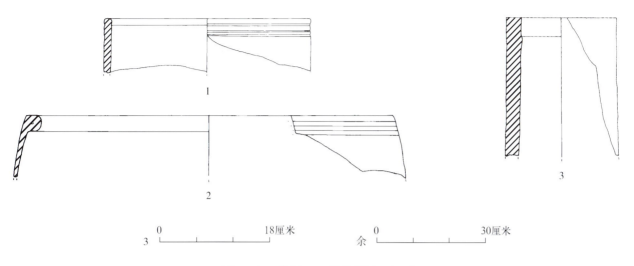

0　　　　　　　　　　　18厘米
3

0　　　　　　　　　　　30厘米
余

图一三　黄坛 Y1 采集标本（二）
1、2.青瓷缸黄坛Y1：2、5　3.筒形支具黄坛Y1：4

彩版六三　青瓷缸黄坛 Y1：2　　　　　　彩版六四　青瓷缸黄坛 Y1：5

彩版六五　支具黄坛 Y1：4

（二）窑具

支具

黄坛 Y1：4，筒形支具。残，不可复原。直口，方唇，筒腹，中空。灰胎，胎体厚重，质地粗疏多气孔。无釉。口径 18、残高 22 厘米（图一三，3；彩版六五）。

三　小结

　　黄坛缸钵窑面积约 2500 平方米，有窑床，朝南，主要烧制缸、钵，烧造年代为清代，中华人民共和国成立后曾烧制板瓦。现地表多见素面缸、钵残片，器形硕大，残次品堆积厚 1 ~ 5 米。在康庄公路边残存砖砌窑壁一小段，窑址上方土质、土色较杂。

第五节　黄坛 2 号窑址

一　调查概况

　　位于竹口镇黄坛村 29 号民居门前，旧乡村公路西侧。中心地理坐标为北纬 27° 39′ 55″，东经 118° 54′ 08″，海拔高度 259 米。1982 年公布为县级文物保护单位。现地貌为三角台地。由于抗战时期建设公路以及以后公路拓宽、村民建房，窑址遭到严重破坏，保存较差（彩版六六、六七）。

　　未见窑体，其形制不明。

彩版六六　黄坛 Y2（自北向南）　　　　　　　　　　　彩版六七　黄坛 Y2 残次品堆积

　　残品堆积呈带状分布，长约 10、宽 6、厚 1.5 米。
　　窑具中柱形支具多见，圆形垫饼少见。
　　产品多为灰胎青瓷器，器形有盘口壶、盘、平底碗、碾轮、平底罐等。
　　此窑产品以碗、盘口壶为主。年代判定为唐代中晚期。

二　采集标本

共 11 件。

（一）瓷器

1. 青瓷碗

黄坛 Y2：1，碗。残，可复原。圆唇，敞口，斜直腹壁，饼足略内凹，足端斜削，内底心凸起。灰胎，胎质较粗。器内满釉，腹外壁施釉不及底，釉色青黄，釉面有细密开片。内底部残存 4 个泥点支钉。口径 14.6、足径 6.6、高 5.2 厘米（图一四，1；彩版六八）。

黄坛 Y2：2，碗。残，可复原。尖圆唇，敞口，斜直腹壁，饼足略内凹，足端斜削。灰褐色胎，胎质粗疏。腹内外壁施青黄釉，因生烧而釉色泛白。口径 18.6、足径 8.6、高 6.9 厘米（图一四，2；彩版六九）。

黄坛 Y2：4，碗。1 组 2 件，分上下两层，碗间垫以 5 个泥支钉。上部为 A 件，下部为 B 件，通高 6.6 厘米（图一四，3；彩版七〇）。

黄坛 Y2：4A，残，可复原。尖圆唇，敞口，斜直腹壁，饼足微凹，足端斜削。灰色胎，胎体较粗疏，中有气孔。内满釉，腹外壁施釉不及底，釉色青黄。内底部残存 5 个泥支钉。口径 14、足径 6、高 5.2 厘米。

黄坛 Y2：4B，残，可复原。尖圆唇，敞口，斜直腹壁，饼足略内凹，足端斜削。灰色胎，胎体较粗疏。内满釉，腹外壁施釉不及底，釉色青黄。内底部残存 5 个泥支钉。口径 13.4、足径 6.2、高 5.7 厘米。

2. 青瓷盘

黄坛 Y2：5，盘。尖圆唇，敞口，上腹壁斜直，近底部缓折收，饼足略内凹，足端斜削。内壁与底分界明显。灰色胎。施青黄色釉，釉层脱落殆尽。足底有 4 个支钉痕迹。口径 15、足径 7、高 3.5 厘米（图一五，1；彩版七一）。

3. 青瓷壶

黄坛 Y2：3，壶。腹底部残片，不可复原。下腹壁斜弧，饼足略内凹，足端斜削，内底心凸起。灰色胎。青黄釉脱落殆尽，腹外壁近底部有流釉现象，受沁严重。器内外有明显拉坯痕迹。残高 14、足径 8.2 厘米（图一五，2；彩版七二）。

黄坛 Y2：7，壶。口腹部残片，不可复原。束颈较长，丰肩。灰色胎，质地较粗疏。内外壁施青黄釉，

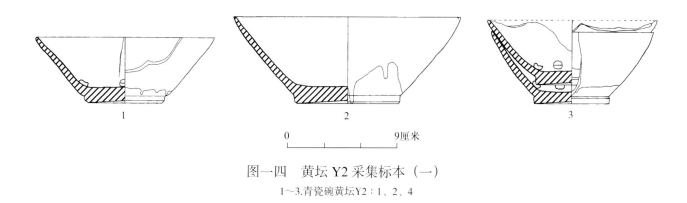

图一四　黄坛 Y2 采集标本（一）

1～3.青瓷碗黄坛 Y2：1、2、4

彩版六八　青瓷碗黄坛 Y2：1　　　　　　　　彩版六九　青瓷碗黄坛 Y2：2

彩版七〇　青瓷碗黄坛 Y2：4　　　　　　彩版七一　青瓷盘黄坛 Y2：5

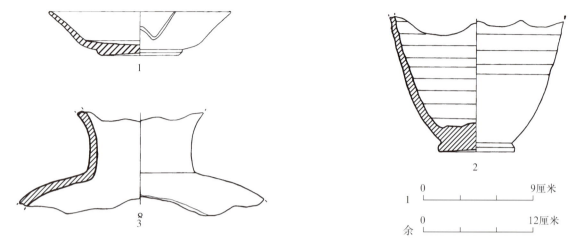

图一五　黄坛 Y2 采集标本（二）
1.青瓷盘黄坛Y2：5　2、3.青瓷壶黄坛Y2：3、7

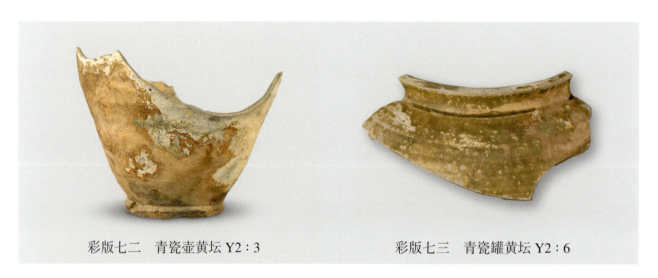

彩版七二　青瓷壶黄坛 Y2：3　　　　　　彩版七三　青瓷罐黄坛 Y2：6

釉层剥落、斑驳不均，釉面有细密开片。残高 10.7 厘米（图一五，3）。

4. 青瓷罐

黄坛 Y2：6，罐。口腹部残片，不可复原。方唇，直口微侈，短颈，丰肩。灰色胎，质地粗疏有气孔。内外壁施青黄釉，釉层剥落、斑驳不均，釉面有细密开片。口径 19、残高 7.2 厘米（图一六，1；彩版七三）。

黄坛 Y2：10，罐。肩腹部残片，不可复原。肩部贴附竖向双泥条系。灰色胎。内外壁施青黄色釉，釉层脱落、斑驳不均，釉面有细密开片。残高 9.4 厘米（图一六，2）。

黄坛 Y2：11，罐。肩腹部残片，不可复原。肩部贴附半环形泥条横系。灰色胎。内外壁施青黄釉，釉层局部脱落，釉面有细密开片。残高 10.7 厘米（图一六，3；彩版七四）。

5. 碾轮

黄坛 Y2：8，碾轮。残，可复原。平面呈玉璧形，顶面隆凸，底面较平，轮缘齐直，剖面略呈梭子形。器表有轮旋纹。白色胎体略泛黄，无釉素烧。直径 14.8、孔径 2.1、厚 2.1 厘米（图一七，1；彩版七五）。

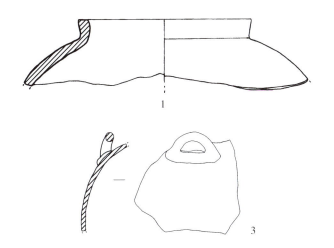

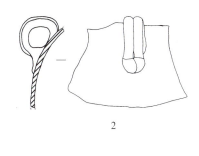

0   12厘米

图一六　黄坛 Y2 采集标本（三）

1～3.青瓷罐黄坛Y2：6、10、11

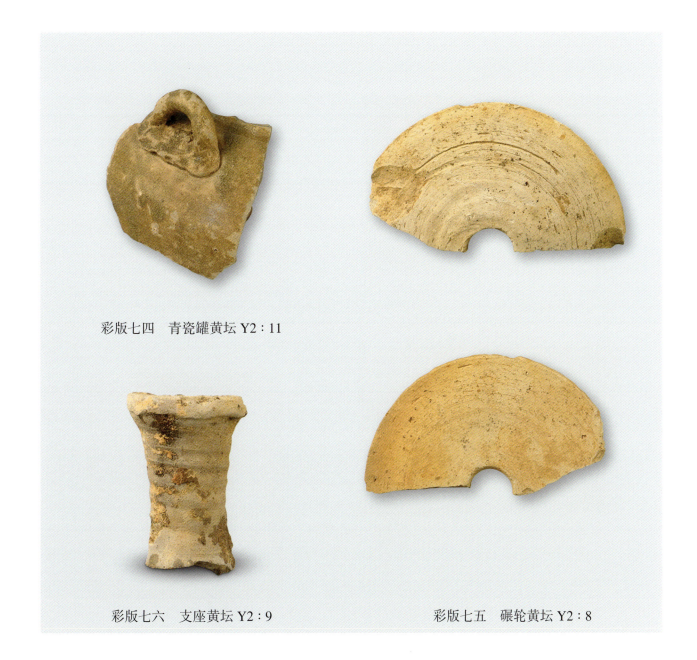

彩版七四　青瓷罐黄坛 Y2：11

彩版七六　支座黄坛 Y2：9

彩版七五　碾轮黄坛 Y2：8

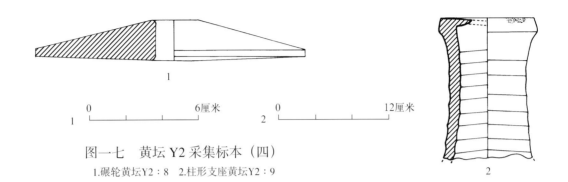

图一七　黄坛 Y2 采集标本（四）
1.碾轮黄坛Y2：8　2.柱形支座黄坛Y2：9

（二）窑具

支座

黄坛 Y2：9，柱形支座。残，不可复原。平顶微内凹，束腰，中空。灰色胎，质地粗疏，中有气孔。托径 10、残高 15 厘米（图一七，2；彩版七六）。

三　小结

黄坛 2 号窑址烧造于唐代，未见窑床。残次品堆积暴露于地面，器形有瓶、罐、碗等。窑址早年遭到严重破坏，保存较差。

2014 年 10 ～ 11 月，浙江省文物考古研究所与庆元县文物管理委员会办公室联合对黄坛 2 号窑址进行了抢救性考古发掘，清理出唐代残窑炉 1 座、灰坑 1 处，出土大量瓷片和窑具标本，为黄坛窑址及与周边地区窑址对比研究提供了宝贵资料。详见本书附录（附录一　浙江省庆元县唐代黄坛窑址发掘简报）。

第六节　竹中 1 号窑址

一　调查概况

位于竹中村后窑陈五官殿东侧坡地上，中心地理坐标为北纬 27°42′04″，东经 118°55′00″，海拔高度 308 米。2011 年陈五官殿的修建对窑址造成严重破坏。

现山体断面尚能观察到残品堆积和窑壁残段。残品堆积丰富，范围不明，厚约 2 米。窑壁为双层，内层以砖坯顺砌，外层为匣钵包边。砖坯略呈方形，长 15、宽 14.5、厚 7 厘米。窑床为龙窑形制，方向 295°（彩版七七）。

窑具多见 M 型匣钵，规格分两种：其一口径 20、高 8 厘米，其二口径 24、高 8.5 厘米。陶质垫饼多为不规则形，亦有少量呈圆形。

产品多为灰胎青瓷器，器形有碗、炉、擂钵、灯盏、菱口盘、八角盘等（彩版七八）。

此窑产品以碗为主。年代判定为明代。

1.竹中Y1近景

2.竹中Y1窑壁

彩版七七 竹中 Y1

1.竹中Y1残次品堆积

2.竹中Y1遗物

彩版七八 竹中 Y1 遗物

二 采集标本

共 27 件。

（一）瓷器

1. 青瓷碗

竹中 Y1：5，碗。残，可复原。直口微敛，圆唇，弧腹壁，矮圈足，足心凸起，足端斜削。深灰色胎，质地细密有气孔。足端及足内无釉，余皆施青绿釉，釉色莹润，釉面有细密开片。口径 11.2、足径 4.1、高 5.2 厘米（图一八，1；彩版七九）。

竹中 Y1：6，碗。残，可复原。直口，圆唇，弧腹壁，圈足，足端外缘斜削。腹外壁刻一周竖划线。灰褐色胎，质地细密有气孔。足内无釉，余皆施青灰釉，釉面有细密开片。口径 10.8、足径 4.2、高 5.8 厘米（图一八，2；彩版八〇）。

竹中 Y1：7，碗。残，可复原。直口，圆唇，深弧腹壁，圈足，足端外缘斜削。腹外壁刻饰一

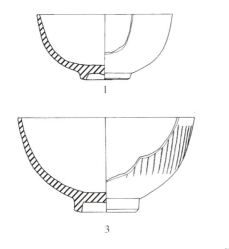
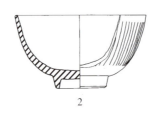
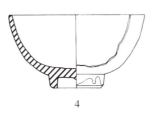

0   9厘米

图一八　竹中 Y1 采集标本（一）

1~5.青瓷碗竹中Y1：5~9

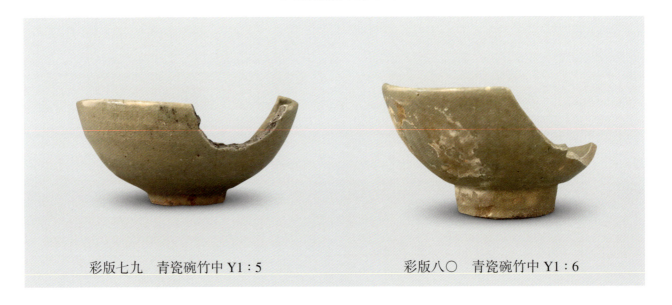

彩版七九　青瓷碗竹中 Y1：5   彩版八〇　青瓷碗竹中 Y1：6

周菊瓣纹。灰褐色胎，质地细密。足内无釉，余皆施青釉泛黄。外壁釉面呈橘皮状，有细密开片。口径14.6、足径5.3、高7.4厘米（图一八，3；彩版八一）。

　　竹中Y1：8，碗。残，可复原。直口，圆唇，弧腹壁，圈足，足心凸起，足端外缘斜削。灰色胎，质地细密有气孔。足端及足内无釉，余皆施青釉泛绿，釉色莹润，釉面有细密开片。口径11.2、足径4.4、高5.8厘米（图一八，4；彩版八二）。

　　竹中Y1：9，碗。残，可复原。直口，圆唇，弧腹壁，圈足，足端外缘斜削。内底心阴印菊花纹，腹外壁刻饰一周菊瓣纹。浅灰色胎，质地细密。外底刮釉一圈，余皆施青绿釉，釉色滋润，釉面有细密开片。外腹部粘有一块窑渣。口径15.2、足径4.8、高8.1厘米（图一八，5；彩版八三）。

　　竹中Y1：10，碗。残，可复原。直口，圆唇，深弧腹壁，圈足。内底阴印大朵花纹及"太"字，腹外壁刻一周菊瓣纹，圈足上饰一周凹弦纹。浅灰色胎，质地细密有气泡。足内无釉，余皆施青釉泛绿，釉色莹润，釉面有细密开片。外腹部粘有两小块窑渣。口径14.8、足径5.1、高7.4厘米（图一九，1；彩版八四）。

　　竹中Y1：11，碗。残，可复原。直口微敛，圆唇，浅弧腹壁，圈足，足端外缘斜削。灰色胎，质地细密有气孔。足端及足内无釉，余皆施青釉泛黄，玻质感强，釉面有细密开片。口径13.2、足径4.5、

彩版八一　青瓷碗竹中 Y1：7　　　　　　彩版八二　青瓷碗竹中 Y1：8

彩版八三　青瓷碗竹中 Y1：9

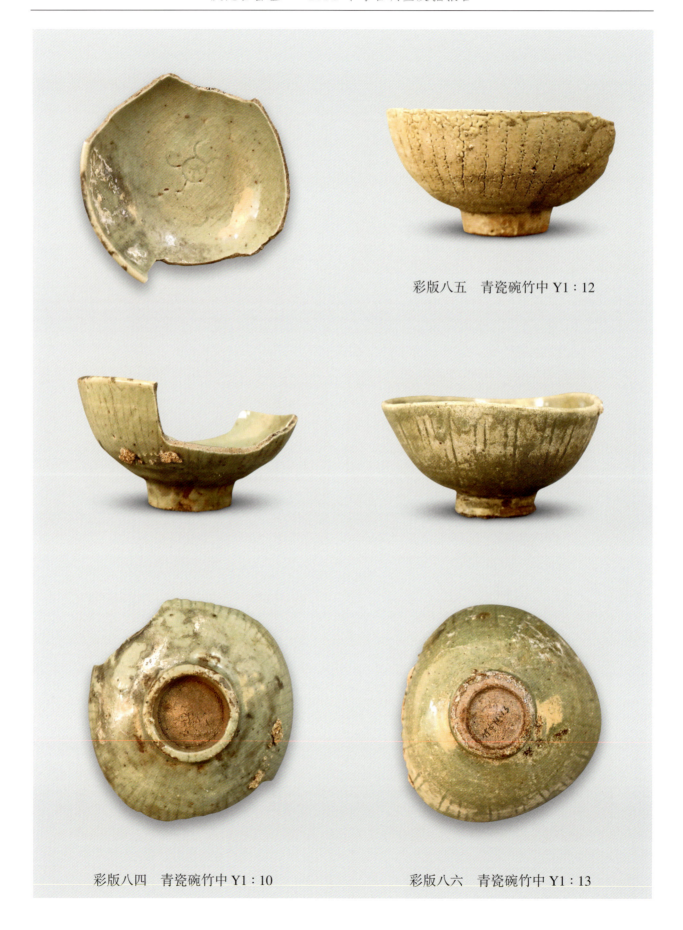

彩版八五　青瓷碗竹中 Y1：12

彩版八四　青瓷碗竹中 Y1：10　　　　　彩版八六　青瓷碗竹中 Y1：13

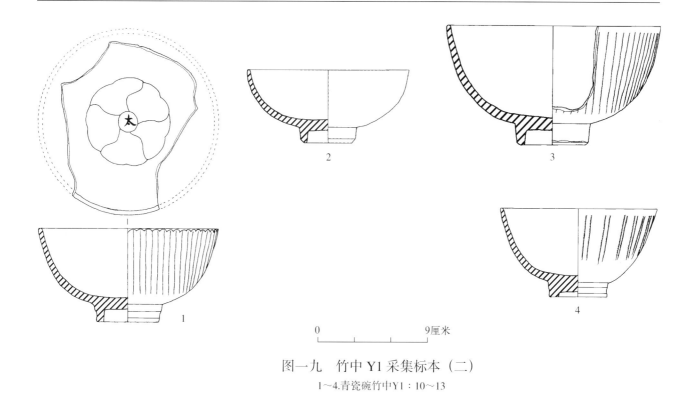

图一九 竹中 Y1 采集标本（二）
1～4.青瓷碗竹中 Y1：10～13

高 5.8 厘米（图一九，2）。

竹中 Y1：12，碗。残，可复原。直口，圆唇，深弧腹壁，圈足，足端外缘斜削。腹外壁刻饰一周菊瓣纹。红褐色胎体，中有气孔。足端及足内无釉，余皆施青釉，釉较干涩，属生烧器。口径 17.6、足径 4.6、高 7.3 厘米（图一九，3；彩版八五）。

竹中 Y1：13，碗。略变形。直口，圆唇，深弧腹壁，圈足，足端外缘斜削。腹外壁刻饰一周菊瓣纹，圈足外壁饰一周凹弦纹。深灰色胎，质地细密有气孔。足端及足内无釉，余皆施青釉泛绿，釉面有细密开片。外壁近口沿处粘有少量窑渣。口径 13、足径 4.8、高 7 厘米（图一九，4；彩版八六）。

竹中 Y1：14，碗。残，不可复原。斜弧腹壁，圈足，足心凸起，足端斜削。内底心阴印朵花及"福"字。浅灰色胎体，中有气孔。足内无釉，余皆施青釉泛黄，釉面有细密开片。足径 4.7、残高 2 厘米（图二〇，1）。

竹中 Y1：15，碗。残，不可复原。斜弧腹壁，圈足，足端外缘旋削。内底心阴印朵花及"福"字。浅灰色胎，质地细密。足内无釉，余皆施青绿釉，釉面开片稀疏。足径 4.2、残高 2.8 厘米（图二〇，2；彩版八七）。

竹中 Y1：16，碗。残，不可复原。斜弧腹壁，圈足，足心凸起，足外壁较直、内壁微外撇，足端外缘旋削。内底心阴印菊瓣纹及一"吉"字。浅灰色胎，质地细密有气孔。足内无釉，余皆施青黄釉，釉面有细密开片。足径 4、残高 3.1 厘米（图二〇，3；彩版八八）。

竹中 Y1：17，碗。残，不可复原。斜弧腹壁，圈足，足心凸起，足外壁较直、内壁微外撇，足端外缘旋削。内底心阴印一"福"字。灰白色胎，质地细密有气孔。内底部刮釉，余皆施青釉泛黄，釉面有细密开片。圈足底部粘有少量窑渣。足径 4.8、残高 2 厘米（图二〇，4；彩版八九）。

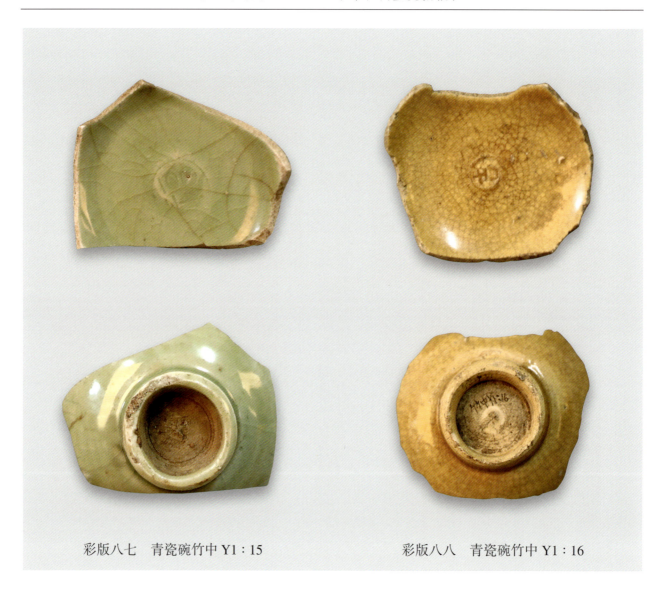

彩版八七　青瓷碗竹中 Y1：15　　　　　彩版八八　青瓷碗竹中 Y1：16

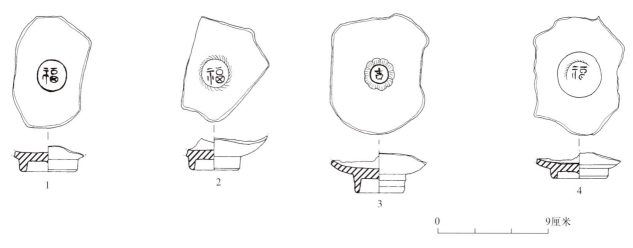

0　　　　　　　　　　　9厘米

图二〇　竹中 Y1 采集标本（三）

1～4.青瓷碗竹中Y1：14～17

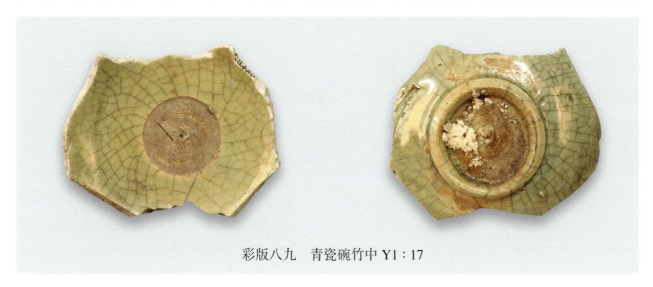

彩版八九　青瓷碗竹中 Y1：17

2. 青瓷盘

竹中 Y1：18，盘。残，可复原。八角形敞口，方唇，斜弧腹壁，矮圈足，足心凸起，足外壁较直、内壁微外撇，足端外缘旋削。口内刻双线八角纹。深灰色胎体，中有气孔。内底心及足部无釉，余皆施青釉泛绿，釉色莹润，釉面有细密开片。内、外壁釉下含有少量铁锈斑点。内底心粘有一块垫饼。口径 16、边长 5.9、足径 4.8、高 2.7 厘米（图二一，1；彩版九〇）。

竹中 Y1：19，盘。残，可复原。敞口，圆唇，斜弧腹壁，矮圈足，足外壁较直，足内旋挖明显，足端外缘旋削。口内刻双线旋纹。灰色胎，质地细密有气孔。内底心及足部无釉，余皆施青釉泛绿，釉色莹润，釉面有细密开片。内、外壁釉下含有少量铁锈斑点。口径 11.6、足径 5.8、高 3.6 厘米（图二一，2；彩版九一）。

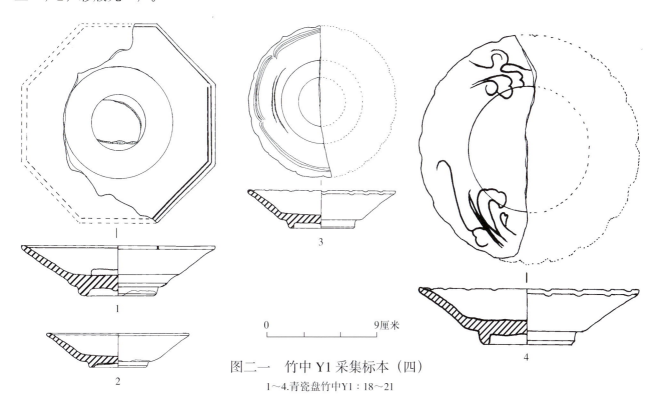

0　　　　　　　9厘米

图二一　竹中 Y1 采集标本（四）

1～4.青瓷盘竹中 Y1：18～21

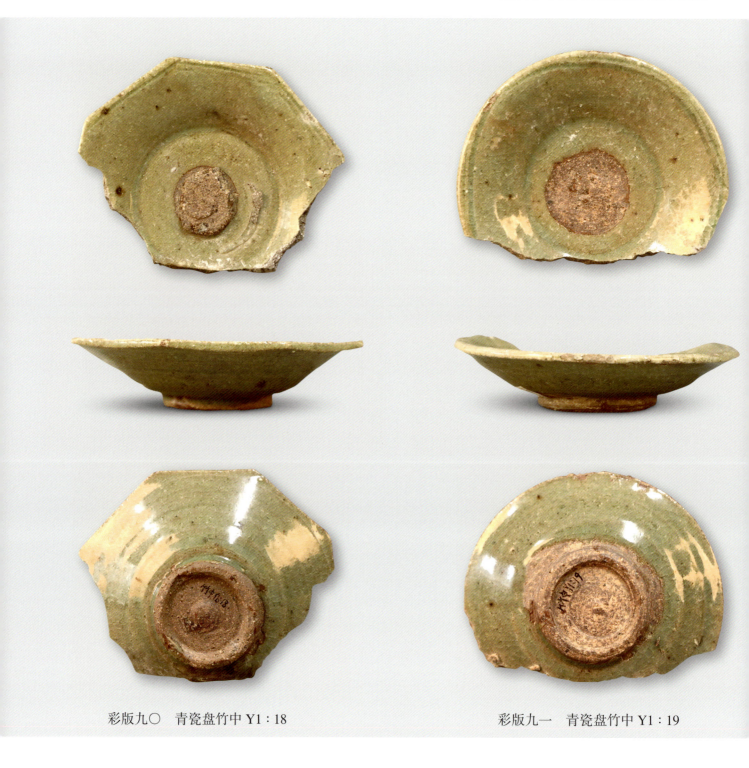

彩版九〇　青瓷盘竹中 Y1：18　　　　　　　　　彩版九一　青瓷盘竹中 Y1：19

　　竹中 Y1：20，盘。残，可复原。菱口，圆唇，上腹斜内弧，下腹近底部折收，矮圈足，足心凸起，足外壁较直、内壁微外撇，足端外缘旋削。口内刻三线菱纹。灰色胎，质地细密有气孔。内底心及足内无釉，余皆施青釉泛绿，釉面有细密开片。口径 12、足径 5.2、高 3 厘米（图二一，3；彩版九二）。

　　竹中 Y1：21，盘。残，可复原。菱口，圆唇，上腹部斜内弧，下腹部折收，矮圈足，足壁较直，

彩版九二　青瓷盘竹中 Y1：20　　　　　　　彩版九三　青瓷盘竹中 Y1：21

足端外缘旋削。腹内壁刻画简洁卷草纹。灰色胎，质地细密有气孔。足内无釉，余皆施青釉泛绿，釉色莹润，釉层有细密小气孔。口径 18.2、足径 8、高 4.4 厘米（图二一，4；彩版九三）。

3. 青瓷夹层碗

竹中 Y1：22，夹层碗。残，不可复原。圜底近平。内底心刻画花朵纹，花心刻几何纹。灰白色胎，质地细密有气孔。腹内釉层较厚，腹外釉层稀薄，斑驳不均。釉色粉青、莹润，釉面开片稀疏。底径 5、残高 1.8 厘米（图二二，1；彩版九四）。

4. 青瓷炉

竹中 Y1：24，鼎式炉。仅存底部，不可复原。小平底，下腹近底部附三个兽蹄足。胎体浅灰色，质地细密。外壁施青釉泛绿，釉色滋润，釉面有细密开片。足径 3.2、残高 4.1 厘米（图二二，2）。

竹中 Y1：25，樽式炉。仅存底部，不可复原。外底心小饼底着地，三蹄足悬空。灰白色胎，质地细密、中有细密气孔。外壁施青釉泛黄，釉面有细密开片。足径 3.6、残高 4.1 厘米（图二二，3）。

5. 青瓷灯

竹中 Y1：23，灯。残。盘口残缺，竹节形柄，底盘残缺，平底。胎体灰白色，质地细密。灯盘内底心及底外一圈无釉，余皆施青黄釉，釉面有细密开片。足径 5.1、残高 9.4 厘米（图二二，4；彩版九五）。

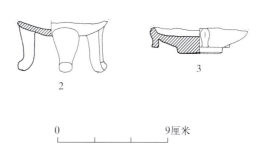

0　　　　　　9厘米

图二二　竹中 Y1 采集标本（五）

1.青瓷夹层碗竹中 Y1：22　2、3.青瓷炉竹中 Y1：24、25　4.青瓷灯竹中 Y1：23

彩版九五　青瓷灯竹中 Y1：23

彩版九四　青瓷夹层碗竹中 Y1：22　　　　　彩版九六　青瓷擂钵竹中 Y1：26

6. 青瓷擂钵

竹中 Y1：26，擂钵。残，可复原。直口，口沿外卷，圆唇，斜弧腹壁，饼底微凹，足端外缘旋削。腹内自底心向外刻划放射状弧线纹。浅灰色胎，质地细密。口内及腹外壁施青绿釉，釉面有细密开片。口径 13.6、足径 4.4、高 5.2 厘米（图二三，1；彩版九六）。

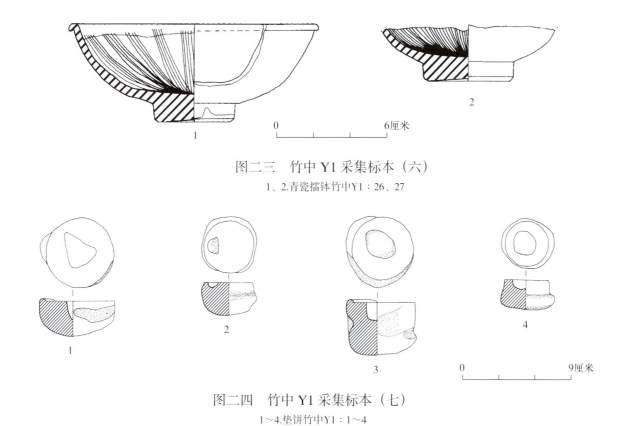

图二三　竹中 Y1 采集标本（六）

1、2.青瓷擂钵竹中Y1：26、27

图二四　竹中 Y1 采集标本（七）

1～4.垫饼竹中Y1：1～4

彩版九七　垫饼竹中 Y1：1　　　　　彩版九八　垫饼竹中 Y1：3

　　竹中 Y1：27，擂钵。残，不可复原。斜弧腹壁，饼足底微凹，足端外缘旋削。腹内自底心向外刻划放射状弧线纹。深灰色胎，质地较细密。腹外壁施釉及底，釉色青灰。足径 5、残高 3 厘米（图二三，2）。

（二）窑具

垫饼

　　竹中 Y1：1，垫饼。呈圆饼形，托面平整，中部下凹，底面较弧。灰褐色胎，质地粗疏。托径 5.5、高 2.8 厘米（图二四，1；彩版九七）。

　　竹中 Y1：2，垫饼。呈圆饼形，托面平整，底部较弧，托面中间内凹。灰褐色胎，质地粗疏。托径 4.2、高 2.6 厘米（图二四，2）。

　　竹中 Y1：3，垫饼。略呈圆柱形，托面平整，底部较弧，托面中间内凹。腰部有手指窝痕。灰褐色胎，质地粗疏，内含碎石子。托径 5、高 4.2 厘米（图二四，3；彩版九八）。

　　竹中 Y1：4，垫饼。呈圆饼形，托面平整，底部较弧，托面中间内凹。腰部有手捏指窝痕。浅灰色胎，质地粗糙。托径 3.5、高 2.4 厘米（图二四，4）。

三　小结

　　2011 年 11 月 12 日，在调查竹中 1 号窑址时，地面采集遗物中多见小型泥质陶垫饼，制作随意，用于垫烧碗、盘类器物。未见瓷质垫饼。采集瓷器以直口、深弧腹、圈足碗为大宗，底外均以泥质垫饼垫烧；腹外壁多刻划一周菊瓣纹（或为窄莲瓣纹），底内心印朵花或印“太”“福”“吉”等文字。盘类产品占比亦较高，多见花口盘、八角盘。部分碗、盘类产品底内有露胎现象。竹中 Y1 采集的菊瓣纹碗（Y1：7、9、10、11、12、13、16），花口盘（Y1：20、21），与庆元廊桥博物馆藏明代同类产品形制一致[1]。采集青瓷器的胎质、釉色、做工均差于大窑枫洞岩窑址所出明代早中期青瓷器，由此判断，竹中 Y1 盛烧于明代中期，属于龙泉窑青瓷生产的衰落期。

第七节　竹中 2 号窑址

一　调查概况

　　位于竹中村后窑陈陈五官殿西北 30 米，中心地理坐标为北纬 27°42′04″，东经 118°54′58″，海拔高度 290 米。窑址被上山水泥道路破坏，现地貌略成斜角形（彩版九九）。

彩版九九　竹中 Y2 近景

[1]　庆元廊桥博物馆编：《土火遗粹：庆元廊桥博物馆藏瓷器精品集》，西泠印社出版社，2016年，第164、169页。

残品堆积丰富，呈西南—东北走向，带状分布，长约25、宽约10、厚约1.5米。

多见 M 型匣钵，规格不等，以口径37、高13厘米和口径22、高9厘米的两种规格为主。垫饼丰富，大小不一，基本呈圆形。亦有少量小型垫柱。

产品绝大多数为灰胎青釉瓷器，亦见少量青花瓷器。器形有碗、杯、灯盏、鬲式炉、洗式炉、花盆、盘、碟、钵、瓶、器盖等（彩版一○○）。

此窑产品以碗、盘、炉为主。年代判定为明代。

彩版一○○ 竹中 Y2 残次品堆积

二 采集标本

共 55 件。

（一）瓷器

1. 青瓷碗

竹中 Y2：9，碗。1组2件，上部为A件，下部为B件，两者之间粘有匣钵顶部残片（图二五，1；彩版一○一）。

竹中 Y2：9A，敞口，斜弧腹壁，圈足。内底部阴印"银锭"图案及"富贵长命"四字，腹外壁饰一周竖划纹。灰白胎，质地细密。内、外壁施青绿釉。口径10、高4.9厘米。

竹中 Y2：9B，敞口，斜弧腹壁，圈足，足端斜削。腹外壁饰一周竖划纹。灰色胎，质地细密。足端及足内无釉，余皆施青绿釉，釉面开片。腹外壁粘有较多的窑渣。口径12.4、足径4.4、高6厘米。

竹中 Y2：10，碗。残，可复原。敞口微变形，斜弧腹壁，圈足，足心微凸。腹外壁饰一周竖线纹。灰色胎，质地细密。足端及足底内无釉，余皆施青釉泛黄，釉面有细密开片。口部粘附少量窑渣，外壁粘有较多的窑渣。口径12.4、足径4.4、高5.9厘米（图二五，2；彩版一○二）。

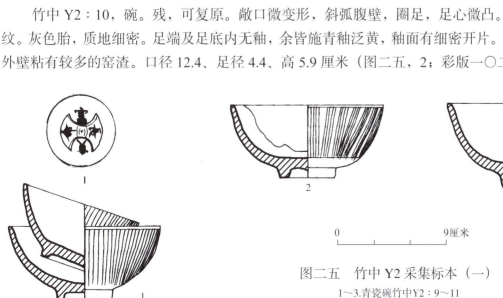

0   9厘米

图二五 竹中 Y2 采集标本（一）

1～3.青瓷碗竹中Y2：9～11

彩版一〇一　青瓷碗竹中 Y2：9

彩版一○二 青瓷碗竹中 Y2：10

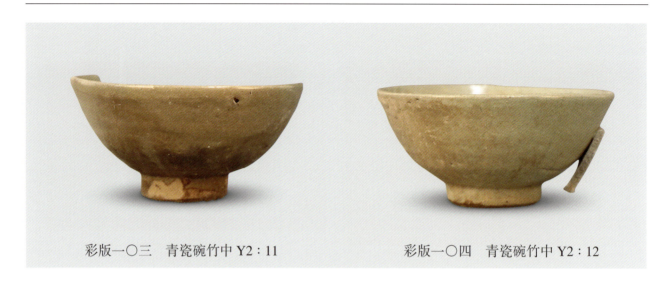

彩版一〇三　青瓷碗竹中 Y2：11　　　　　　　彩版一〇四　青瓷碗竹中 Y2：12

　　竹中 Y2：11，碗。残，可复原。敞口，斜弧腹壁，圈足微高，足心凸起。足端斜削。深灰色胎，质地细密有气孔。足端及足内无釉，余皆施青灰釉，釉层浑浊，有细密开片。口径 13.4、足径 4.4、高 6.8 厘米（图二五，3；彩版一〇三）。

　　竹中 Y2：12，碗。敞口，斜弧腹壁，圈足微高，足心凸起，足端斜削。腹外壁饰一周竖线纹。深灰色胎，质地细密。足端及足内无釉，余皆施青绿釉，釉层干涩浑浊，釉面有细密开片。腹外壁粘附瓷碗口部残片。口径 13.5、足径 5.4、高 6.4 厘米（图二六，1；彩版一〇四）。

　　竹中 Y2：13，碗。残，可复原。敞口，斜弧腹壁，圈足，足心凸起，足端斜削。腹外壁饰一周竖划纹。浅灰色胎，质地细密有气孔。足端及足内无釉，余皆施青黄釉，釉面有细密开片。口径 10.5、足径 3.8、高 5.1 厘米（图二六，2；彩版一〇五）。

　　竹中 Y2：14，碗。残，不可复原。斜弧腹壁，圈足，足心凸起，足端斜削。灰色胎，质地细密有气孔。内底心阴印朵花及"吉"字。内底刮釉一周，足部无釉，余皆施青绿，釉面开片。足径 5.6、

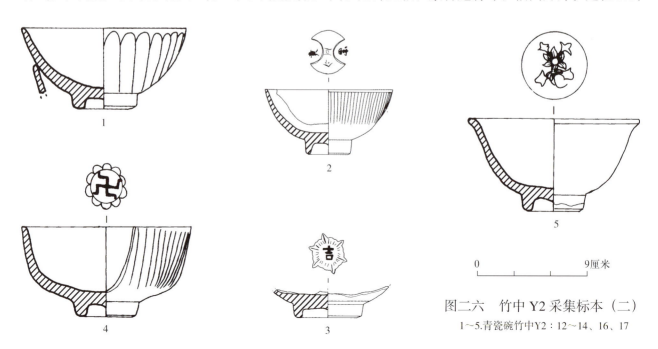

0　　　　　　　　　　9 厘米

图二六　竹中 Y2 采集标本（二）

1~5.青瓷碗竹中 Y2：12~14、16、17

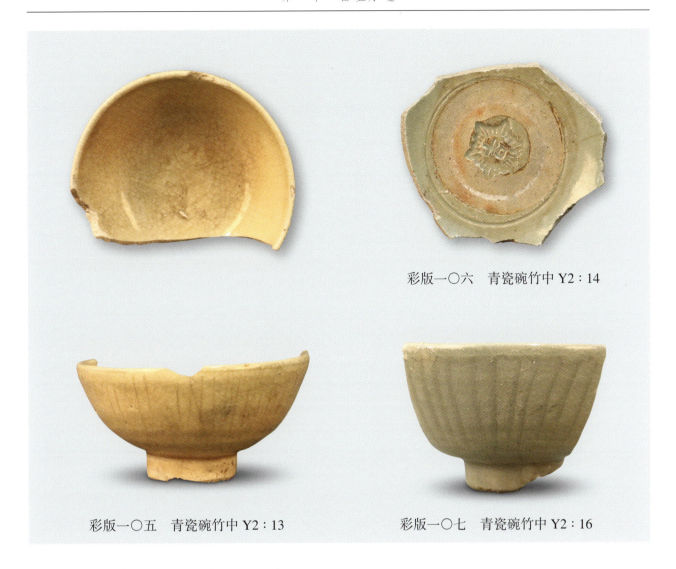

彩版一〇六 青瓷碗竹中 Y2：14

彩版一〇五 青瓷碗竹中 Y2：13   彩版一〇七 青瓷碗竹中 Y2：16

残高 2.4 厘米（图二六，3；彩版一〇六）。

竹中 Y2：16，碗。残，可复原。直口，圆唇，深弧腹壁，圈足。内底心阴印一朵菊花纹及"卍"符号，腹外壁饰一周竖划纹。灰色胎，质地较细密。足心无釉，余皆施青黄釉，釉面有细密开片。口径 13.8、足径 5.2、高 7.2 厘米（图二六，4；彩版一〇七）。

竹中 Y2：17，碗。残，可复原。侈口，深弧腹壁，圈足，足心凸起，足端斜削。内底外缘划一周弦纹，内底心阴印一折枝牡丹纹。灰色胎，质地较细密。足端及足内无釉，余皆施青灰釉，釉面有细密开片。口径 14、足径 5.2、高 7.4 厘米（图二六，5；彩版一〇八）。

2. 青瓷杯

竹中 Y2：31，杯。残，口部微变形，可复原。直口微敛，圆唇，弧腹壁，隐圈足。浅灰色胎，质地细密有气孔。腹内壁满釉，外壁施釉不及底，釉色浅青，釉面开片。内底部粘有一块窑渣。口径 6、足径 3、高 3.2 厘米（图二七，1）。

竹中 Y2：32，杯。残，口部略变形，可复原。直口微敞，

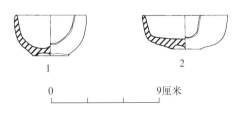

图二七 竹中 Y2 采集标本（三）
1、2. 青瓷杯竹中 Y2：31、32

圆唇，上腹壁斜直，下腹壁斜折内收，隐圈足，足心尖凸。浅灰胎，质地细密。足内无釉，余皆施浅青釉，釉面有开片。口沿处粘有少量窑渣。口径 7、足径 2.4、高 2.6 厘米（图二七，2）。

3. 青瓷盘

竹中 Y2：18，盘。残，可复原。菱口，腹壁斜内弧，近底处折收，圈足。口内划三线菱纹，腹内壁刻卷草纹。灰褐色胎，质地较细密有气孔。足内无釉，余皆施青黄釉，釉面有细密开片。口径 14、足径 4.8、高 3.2 厘米（图二八，1）。

竹中 Y2：19，盘。残，可复原。菱口，腹壁斜内弧，近底处折收，圈足。口内划三线菱纹，腹内壁刻卷草纹。灰褐色胎，质地较细密有气孔。足内无釉，余皆施青灰釉，釉面有细密开片。口径 11.8、足径 5.4、高 3 厘米（图二八，2；彩版一〇九）。

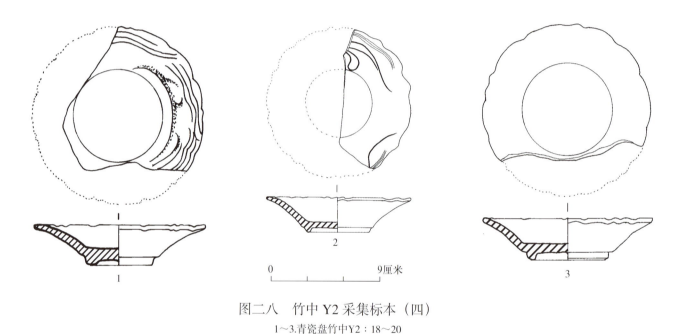

0　　　　　　　　9厘米

图二八　竹中 Y2 采集标本（四）
1～3.青瓷盘竹中 Y2：18～20

彩版一〇八　青瓷碗竹中 Y2：17　　　　　　彩版一〇九　青瓷盘竹中 Y2：19

竹中 Y2：20，盘。残，可复原。菱口，腹壁斜内弧，近底部折收，圈足。灰色胎，质地较细密。器内施釉，内底刮釉一周，外壁施釉及底，釉色青黄，釉面有细密开片。口径 14、足径 4.8、高 3.2 厘米（图二八，3；彩版一一〇）。

竹中 Y2：21，盘。敞口，圆唇，浅斜弧腹壁，圈足，足心凸起。浅灰胎，质地较细密。内底心刮釉，足端及足内无釉，余皆施青釉，局部窑变泛黄色，釉面有细密开片。口径 11、足径 4.8、高 2.6 厘米（图二九，1；彩版一一一）。

竹中 Y2：22，盘。残，可复原。菱口，圆唇，腹壁斜内弧，近底部折收，器底崩裂，圈足。灰色胎，质地较细密。足端及足内无釉，余皆施青绿釉，釉层浑浊、多细密气孔。口径 14、足径 4.8、高 3.2 厘米（图二九，2）。

竹中 Y2：23，盘。残，可复原。菱口，圆唇，上腹壁斜内弧，下腹壁折收，圈足。口内划双线菱纹，腹内壁刻划简洁卷草纹，内底心阴印"卍"符号及折枝团花纹。浅灰色胎，质地较细密。足端及足内无釉，余皆施青黄釉，釉面有细密开片。口径 13.2、足径 6、高 3.6 厘米（图二九，3；彩版一一二）。

竹中 Y2：25，盘。残，可复原。敞口，圆唇，腹壁斜内弧，近底部折收，圈足，足心微凸，足端斜削。深灰色胎，质地较细密有气孔。足端及足内无釉，余皆施青灰釉，釉面有细密开片。内壁近口沿处粘有窑渣。口径 13.2、底径 5.4、高 3.3 厘米（图二九，4）。

竹中 Y2：26，盘。残，可复原。敞口，圆唇，浅弧腹壁，隐圈足。灰白胎，质地较细密。内底阴印"金"字并刮釉。足内无釉，余皆施浅青绿釉。口径 10、足径 3.8、高 2.7 厘米（图三〇，1；彩版一一三）。

竹中 Y2：27，盘。残，可复原。菱口，圆唇，腹壁斜内弧，近底部折收，圈足，足心凸起，足端外缘斜削。口内刻四线菱纹，腹内壁刻卷草纹。灰色胎，质地较细密、中有气孔。内底心刮釉，足端及足内无釉，余皆施青绿釉，釉层玻质感强、有细密开片。内底心粘有一垫饼。口径 12.2、底径 5.6、高 2.9 厘米（图三〇，2；彩版一一四）。

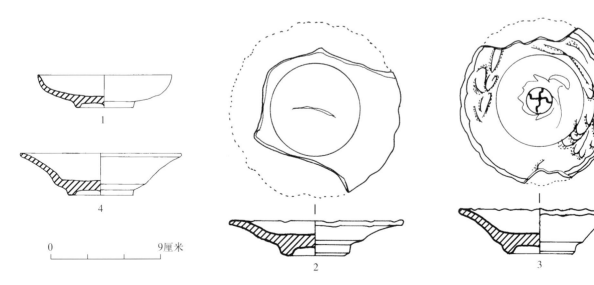

0　　　　　　　　9厘米

图二九　竹中 Y2 采集标本（五）

1～4.青瓷盘竹中 Y2：21～23、25

彩版一一○　青瓷盘竹中 Y2：20

　　竹中 Y2：29，盘。残，可复原。口、腹略变形。菱口，圆唇，腹壁斜内弧，近底部折收，圈足，足端斜削。口内划三线菱纹。深灰色胎，质地较细密。足端及足内无釉，余皆施青灰釉，釉层浑浊、有细密开片。器内粘有少量窑渣。口径 12、足径 5.6、高 3.2 厘米（图三○，3）。

　　竹中 Y2：30，盘。残，可复原。1 组 2 件，上部为 A 件，下部为 B 件，两者粘连在一起（图三○，4；彩版一一五）。

　　竹中 Y2：30A，敞口，圆唇，腹壁斜内弧，近底部折收，圈足。深灰色粗胎体，质地细密有气孔。足端及足内无釉，余皆施青灰釉。器内粘有一匣钵残片。足内粘有一泥垫饼，与 B 件粘为一体。

彩版一一一　青瓷盘竹中 Y2：21

口径 13、底径 6、高 3.2 厘米。

　　竹中 Y2：30B，敞口，圆唇，腹壁斜内弧，近底部折收，圈足。深灰色粗胎体，质地细密有气孔。足端及足内无釉，余皆施青灰釉。足内粘连一泥质陶垫饼。口径 12.4、足径 5.8、高 3.8 厘米。

　　竹中 Y2：39，盘。残，不可复原。仰折宽沿，方圆唇，浅斜弧腹壁。沿面划水波纹，腹内壁刻饰寿山福海纹。胎体较厚，呈浅灰色，质地细密有小孔。内、外壁施青绿釉，釉面开片。口径 62.2、残高 6.8 厘米（图三〇，5；彩版一一六）。

彩版一一二　青瓷盘竹中 Y2：23　　　　　　　　　　彩版一一三　青瓷盘竹中 Y2：26

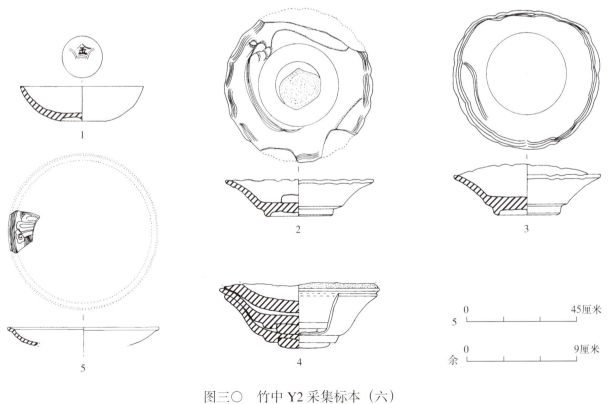

图三〇　竹中 Y2 采集标本（六）

1～5.青瓷盘竹中Y2：26、27、29、30、39

彩版一一四 青瓷盘竹中 Y2：27

彩版一一五 青瓷盘竹中 Y2：30

彩版一一六 青瓷盘竹中 Y2：39

4. 青瓷瓶

竹中 Y2：37，瓶。残，不可复原。溜肩，垂鼓腹壁，圈足，足端斜削。腹外壁饰数道凹弦纹。浅灰色胎，质地细密。足内无釉，余皆施浅青釉，釉面开片。足径 7、腹径 10、残高 7.6 厘米（图三一，1）。

竹中 Y2：38，瓶。仅存颈肩部残片，不可复原。颈、肩部饰对称龙耳衔环。耳上部与颈部卯合拼接，下部与肩部粘附，现仅存一耳衔环。颈部刻划莲瓣纹，肩部刻划卷草纹。浅灰胎，质地细密。施青绿釉，釉面有细密开片。残高 7.4 厘米（图三一，2；彩版一一七）。

5. 青瓷钵

竹中 Y2：36，钵。残，可复原。敛口，内折窄沿，弧腹壁，饼足内凹。腹外壁饰一周凹弦纹。灰色胎，质地细密有气孔。口部、外腹壁施青灰釉，釉面有细密开片。口径 16、底径 6.2、高 6 厘米（图三一，3；彩版一一八）。

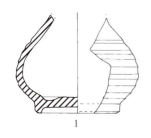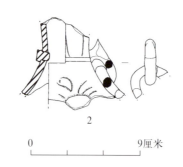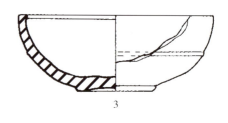

0　　　　　　　9厘米

图三一　竹中 Y2 采集标本（七）

1、2.青瓷瓶竹中 Y2：37、38　3.青瓷钵竹中 Y2：36

彩版一一七　青瓷瓶竹中 Y2：38

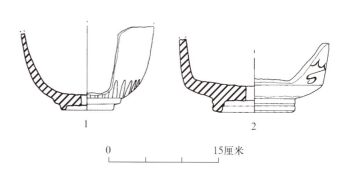

0　　　　　　　15厘米

图三二　竹中 Y2 采集标本（八）

1、2.青瓷花盆竹中 Y2：40、42

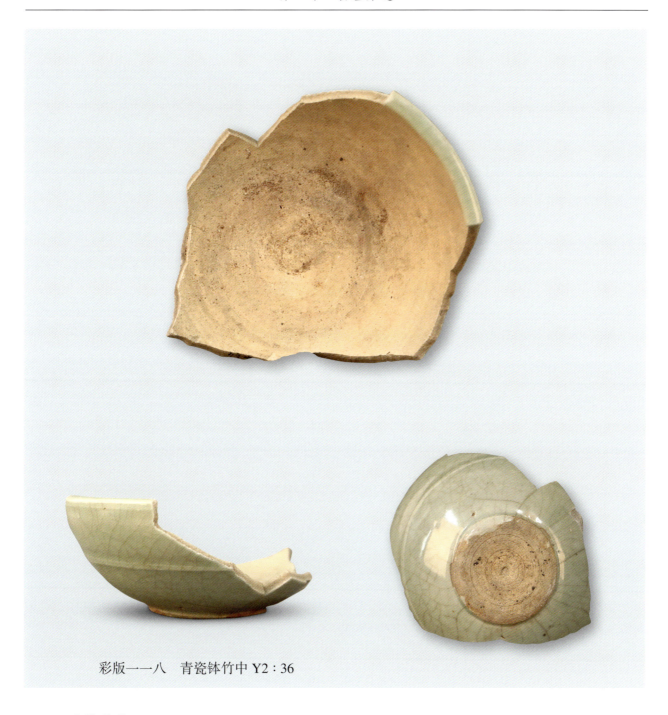

彩版一一八　青瓷钵竹中 Y2：36

6. 青瓷花盆

竹中 Y2：40，花盆。残，不可复原。深弧腹壁，圈足二出，器底中部有一圆孔。腹外壁近底处刻饰双弦纹及一周窄莲瓣纹。胎体较厚，呈浅灰色，质地细密有气孔。足端及足内无釉，余皆施青黄釉，釉面有细密开片。足径 7.4、残高 11、底部孔径 1.8 厘米（图三二，1；彩版一一九）。

竹中 Y2：42，花盆。残，不可复原。腹壁斜直，近底部折收，圈足，器底中部有一圆孔。足壁外划一周凹弦纹，腹外壁刻划有卷草纹。胎体厚重，呈浅灰色，质地细密有气孔。内底、足无釉，余皆施青绿釉，釉面有细密开片。器底内、外呈火石红色。足径 11.2、残高 9、底部孔径 2 厘米（图三二，2）。

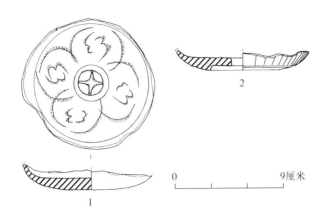

图三三　竹中 Y2 采集标本（九）

1、2.青瓷夹层碗竹中Y2：28、33

彩版一一九　青瓷花盆竹中 Y2：40

彩版一二〇　青瓷夹层碗竹中 Y2：28

7. 青瓷夹层碗

竹中 Y2：28，夹层碗。仅存上层碗底，不可复原。圜底近平。内底刻划简洁花草纹及弦纹。浅灰色胎，质地较细密。内壁满釉，外壁施釉不均，局部露胎，釉色浅青。足径 4、残高 2 厘米（图三三，1；彩版一二〇）。

竹中 Y2：33，夹层碗。仅存碗底，不可复原。斜弧腹壁，隐圈足，底部有一圆孔。灰褐色胎，质地细密有气孔。足内无釉，余皆施粉青釉，釉面开片。足径 5.4、残高 1.5、碗底孔径 2 厘米（图三三，2）。

8. 青瓷炉

竹中 Y2：50，鼎式炉。残，不可复原。直口，折沿，圆唇，短直颈，鼓腹，底侧斜，下腹近底部附三个方柱足、中空。沿面贴附对称环形立耳 1 对，耳残。颈、腹交接处饰一周凸弦纹及乳丁纹，腹外壁饰剔地八卦纹。浅灰色胎，质地细密有气孔。内、外壁施青绿釉，釉面有细密开片。口径 20.2、通高 9.5 厘米（图三四，1；彩版一二一）。

竹中 Y2：54，鼎式炉。仅存口腹部残片，不可复原。直口，圆唇，平折沿，短直颈，沿、颈部粘附片状竖耳，鼓腹。耳面阳印简洁花草纹。浅灰色胎，质地细密。器内、外施釉，釉色青中泛绿，

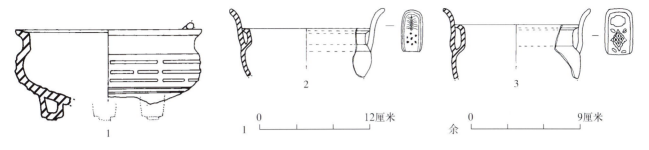

图三四　竹中 Y2 采集标本（一〇）

1~3.青瓷鼎式炉竹中Y2：50、54、55

彩版一二一　青瓷鼎式炉竹中 Y2：50　　　　　　　　彩版一二二　青瓷鼎式炉竹中 Y2：55

釉面开片稀疏。口径 10.4、残高 5.7 厘米（图三四，2）。

竹中 Y2：55，鼎式炉。仅存口腹残片，不可复原。直口，圆唇，平折沿，短直颈，鼓腹。沿、颈部粘附片状竖耳，耳面阴印菱花纹。浅灰色胎，质地细密。器内外施釉，釉色青绿，釉面开裂。口径 10.2、残高 5.6 厘米（图三四，3；彩版一二二）。

竹中 Y2：41，樽式炉。残，不可复原。内折平沿，腹壁斜直。腹外壁饰凹弦纹、花卉纹。胎体厚重，呈浅灰色，质地细密有气孔。内、外壁施青绿釉，釉层玻质感强，有细密开片。口径 24.2、残高 11.8 厘米（图三五，1；彩版一二三）。

竹中 Y2：52，樽式炉。残，不可复原。腹壁斜直，底部折收，饼底微凹，下腹近底部附三蹄足。胎体厚重，呈浅灰色，质地细密有气孔。内底、器足无釉，余皆施青绿釉，釉层干涩浑浊、有细密开片。足径 8.8、残高 9.6 厘米（图三五，2；彩版一二四）。

竹中 Y2：45，洗式炉。残，可复原。敛口，圆唇，内折窄平沿，弧腹壁，底侧斜，饼底微凹，下腹近底部附三个兽面足。口外饰有乳丁纹，下腹部饰一周凹弦纹。浅灰色胎，质地细密。内底、足无釉，余皆施青黄釉，釉面有细密开片。口径 19.8、足径 6.8、通高 5.2 厘米（图三六，1；彩版一二五）。

竹中 Y2：46，洗式炉。残，可复原。敛口，圆唇，内折窄平沿，鼓腹壁，底侧斜，饼底微凹，下腹近底部附三个兽面足。口外饰一周凸弦纹及乳丁纹，腹外壁饰二周凸弦纹。浅灰色胎，质地细密有气孔。内底、足无釉，余皆施青绿釉，釉层玻质感强，有细密开片。口径 20.1、足径 7.9、通高

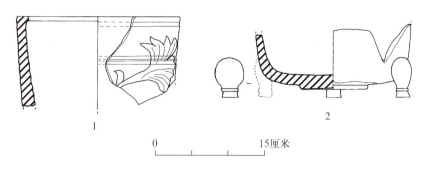

0   15厘米

图三五　竹中Y2采集标本（一一）

1、2.青瓷樽式炉竹中Y2：41、52

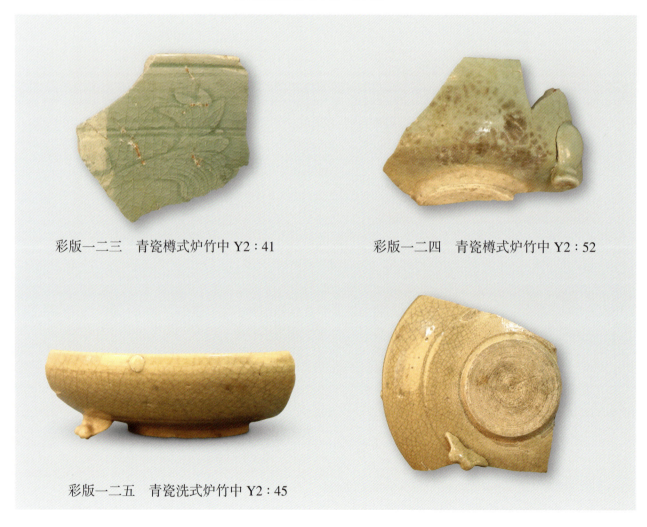

彩版一二三　青瓷樽式炉竹中Y2：41　　　　彩版一二四　青瓷樽式炉竹中Y2：52

彩版一二五　青瓷洗式炉竹中Y2：45

5.6厘米（图三六，2；彩版一二六）。

　　竹中Y2：47，洗式炉。残，不可复原。敛口，圆唇，内折窄平沿，鼓腹壁，底侧斜，下腹近底部附三个兽面足。腹外壁饰剔地八卦纹及凸弦纹。灰褐色胎，质地细密有气孔。内底、足无釉，余皆施浅青绿釉，釉层干涩、有细密开片。口径21.6、通高7.8厘米（图三六，3；彩版一二七）。

　　竹中Y2：48，洗式炉。残，不可复原。直口微敛，折沿，圆唇，短直径，斜弧腹壁。颈部饰一周卷草纹；颈、腹交界处饰乳丁纹及一周凸弦纹；腹外壁刻卷草纹；腹、底交界处饰两道凸弦纹，

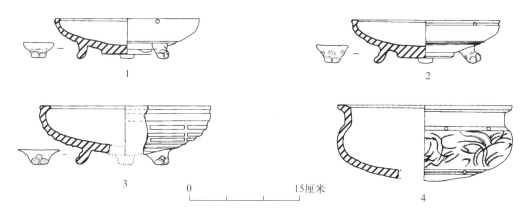

图三六 竹中 Y2 采集标本（一二）

1~4.青瓷洗式炉竹中Y2：45~48

彩版一二六 青瓷洗式炉竹中 Y2：46　　　　彩版一二七 青瓷洗式炉竹中 Y2：47

弦纹间贴附一周乳丁纹。浅灰色胎，质地细密有气孔。内底无釉，余皆施青绿釉，釉面有细密开片。口径 24、残高 10 厘米（图三六，4；彩版一二八）。

竹中 Y2：49，洗式炉。敛口，内折窄平沿，腹壁斜弧，饼底微凹，下腹近底部附三个兽面足。口外饰有乳丁纹及一周凸弦纹，腹底处饰两周凹弦纹。浅灰色胎，质地细密有气孔。内底及足部不施釉，余皆施青釉，有缩釉现象，釉色不匀，自青绿向青黄渐变，釉面有细密开片。口径27.5、足径 8.8、通高 8.9 厘米（图三七，1；彩版一二九）。

竹中 Y2：51，洗式炉。残，可复原。敛口，

彩版一二八 青瓷洗式炉竹中 Y2：48

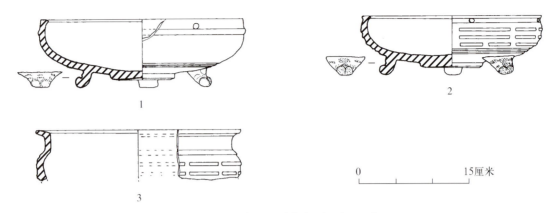

图三七　竹中 Y2 采集标本（一三）

1～3.青瓷洗式炉竹中Y2：49、51、53

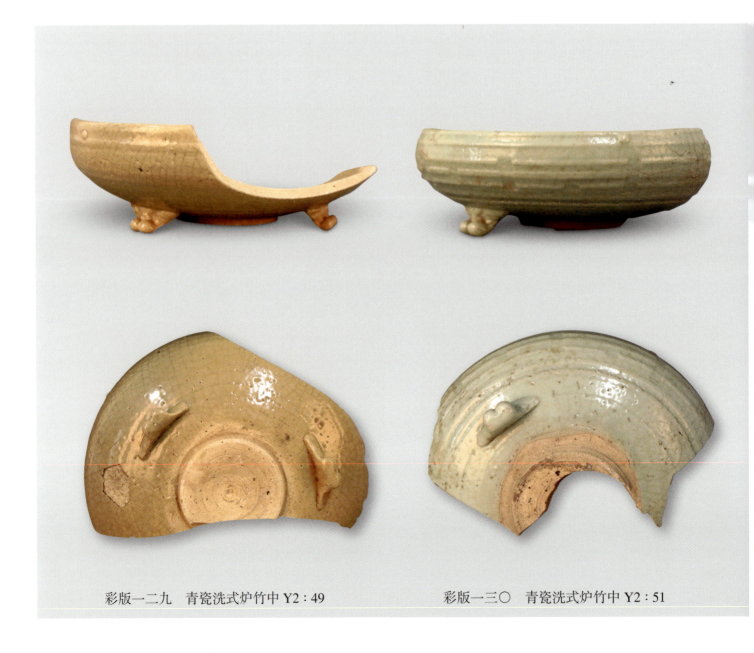

彩版一二九　青瓷洗式炉竹中 Y2：49　　　　彩版一三〇　青瓷洗式炉竹中 Y2：51

圆唇，内折窄平沿，鼓腹，饼底侧斜微凹，下腹近底部附三个兽面足。口外饰乳丁纹、凸弦纹，腹外壁饰一周剔地八卦纹。浅灰褐色胎、质地细密有气孔。内底、足部无釉，余皆施青绿釉，釉面开片。口径24.2、底径8.3、通高7.8厘米（图三七，2；彩版一三〇）。

竹中 Y2：53，洗式炉。残，不可复原。直口，圆唇，折平沿，矮直颈。颈、腹交界处饰一周凸弦纹及乳丁纹，腹外壁饰剔地八卦纹。浅灰色胎，质地细密。内、外壁施青绿釉，釉层玻质感强，有细密开片。口径28、残高6.6厘米（图三七，3）。

9. 青瓷灯

竹中 Y2：24，灯盘。残，不可复原。直口微敞，圆唇，上腹壁斜直，下腹折收，小平底微内凹。浅灰色胎，质地较细密。内壁施釉，外壁施釉及底，釉色浅青，釉面有细密开片。此器物可能为瓷灯承盘，盘内灯柱无存，仅留断痕。口径10、底径4.6、高3厘米（图三八，1；彩版一三一）。

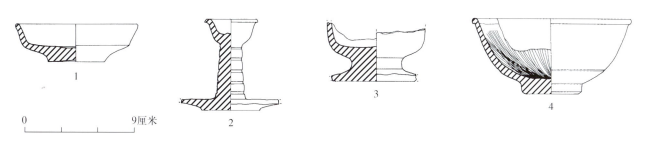

0　　　　　　　9厘米

图三八　竹中 Y2 采集标本（一四）

1～3.青瓷灯竹中Y2：24、34、35　　4.青瓷擂钵竹中Y2：15

彩版一三一　青瓷灯竹中 Y2：24

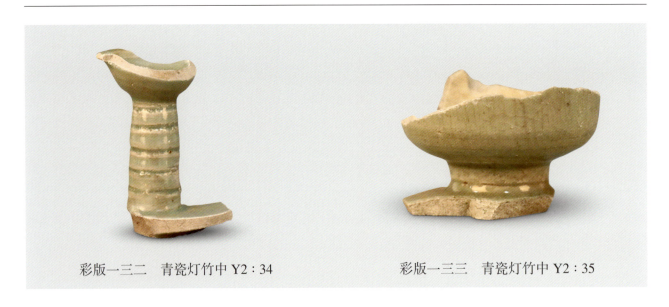

彩版一三二　青瓷灯竹中 Y2：34　　　　　　彩版一三三　青瓷灯竹中 Y2：35

竹中 Y2：34，灯。残。灯盘窄折沿，弧腹壁；竹节型灯柱；承盘残，平底。灰色胎，质地细密。盘心及底无釉，余皆施青绿釉，釉面开裂。盘口径 4.3、足径 4.8、通高 7.2 厘米（图三八，2；彩版一三二）。

竹中 Y2：35，灯。残，不可复原。承盘腹壁坦收，平底。盘内灯柱断缺，覆碗形底座，盘与底座连为一体。灰色胎，质地细密。器表施青灰釉，釉面开裂。残高 4.6 厘米（图三八，3；彩版一三三）。

10. 青瓷擂钵

竹中 Y2：15，擂钵。残，可复原。敞口，口沿外卷，圆唇，斜弧腹壁，饼足。器内自底心向外刻划细密放射线纹，腹外壁近底部划一道凹弦纹。浅灰色胎，质地较细密有气孔。仅口部、腹外壁施青釉泛黄，釉面有细密开片。口径 13、足径 5、高 6 厘米（图三八，4；彩版一三四）。

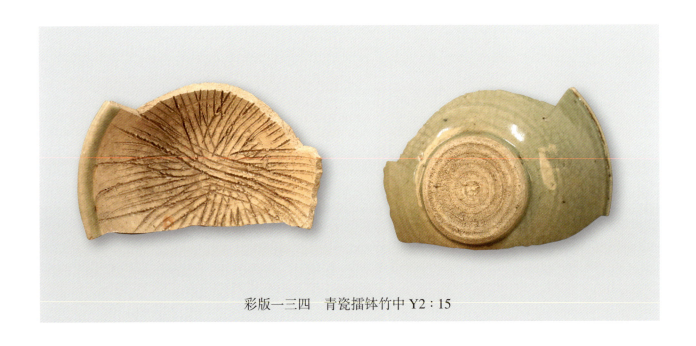

彩版一三四　青瓷擂钵竹中 Y2：15

（二）窑具

1. 支座

竹中 Y2：8，泥质陶柱形支座。呈圆柱形。托面较平整，底面微弧，托面有指窝痕，腰部有手捏痕迹。灰褐色胎，质地较粗糙。托径 3.8～4.1、高 9.1 厘米（图三九，1；彩版一三五）。

2. 垫饼

竹中 Y2：1，泥质陶垫饼。呈圆饼形。托面及底部平整。深灰色胎，质地粗糙。直径 3.6、高 0.8 厘米（图三九，2；彩版一三六）。

竹中 Y2：2，泥质陶垫饼。呈不规则圆饼形。托面平整，底部微弧，托面中间有一指窝痕。深灰色胎，质地较粗糙。托径 3.2～3.6、高 1.6 厘米（图三九，3）。

竹中 Y2：3，泥质陶垫饼。呈不规则圆饼形。托面平整，底部微弧，托面中间有一指窝痕。红褐色胎，质地较粗糙。托径 3、高 1.6 厘米（图三九，4）。

竹中 Y2：5，泥质陶垫饼。呈不规则圆饼形。托面平整，底部微弧，托面中间有一指窝痕。红褐色胎，质地较粗糙。托径 4.6、高 2.5 厘米（图三九，5；彩版一三七）。

竹中 Y2：6，泥质陶垫饼。呈不规则圆饼形。托面平整，底面微弧，托面中间有一指窝痕。红褐色胎，

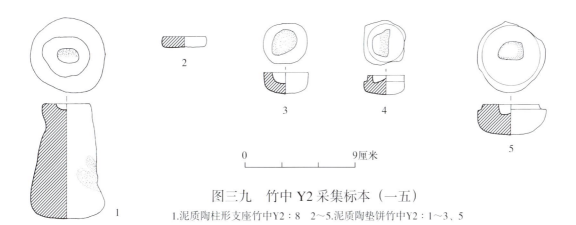

图三九　竹中 Y2 采集标本（一五）

1.泥质陶柱形支座竹中 Y2：8　2～5.泥质陶垫饼竹中 Y2：1～3、5

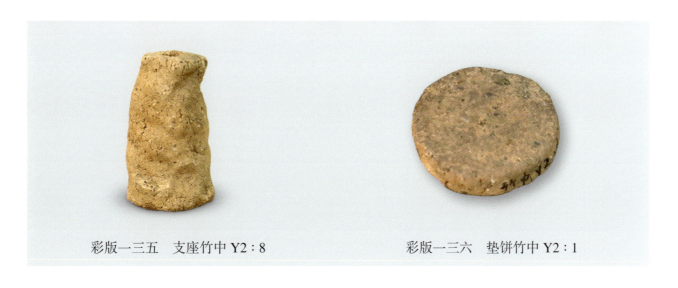

彩版一三五　支座竹中 Y2：8　　　　　彩版一三六　垫饼竹中 Y2：1

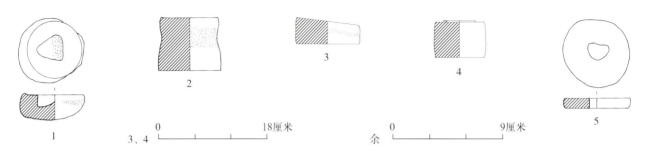

图四〇　竹中 Y2 采集标本（一六）

1～4.泥质陶垫饼竹中Y2∶6、7、43、44　5.泥质陶垫圈竹中Y2∶4

彩版一三七　垫饼竹中 Y2∶5　　　　彩版一三八　垫饼竹中 Y2∶7　　　　彩版一三九　垫圈竹中 Y2∶4

质地较粗糙。托径 4.4、高 2.1 厘米（图四〇，1）。

竹中 Y2∶7，泥质陶垫饼。呈圆柱形。托面及底部平整，腰部有手捏痕迹。红褐色胎，质地较粗糙。托径 4.7、底径 5.2、高 4.2 厘米（图四〇，2；彩版一三八）。

竹中 Y2∶43，泥质陶垫饼。呈圆饼形，饼体有多处崩痕。托面及底部平整。红褐色胎，质地粗糙。直径 10.5、高 3 ～ 4.2 厘米（图四〇，3）。

竹中 Y2∶44，泥质陶垫饼。呈圆鼓形。托面及底面平整，托面上残留有圈足残迹。红褐色胎，质地粗糙。托面和底径 8、腹径 8.5、高 5.5 厘米（图四〇，4）。

3. 垫圈

竹中 Y2∶4，泥质陶垫圈。呈圆环状。托面及底部平整。红褐色胎，质地较粗糙。直径 5.4、孔径 1.2 ～ 1.6、高 0.8 厘米（图四〇，5；彩版一三九）。

三　小结

2011 年 11 月 12 日，在调查竹中 2 号窑址时，地面采集遗物中多见小型泥质陶垫饼，制作随意，用于垫烧中小型器物。未见瓷质垫饼。采集瓷器多为碗、盘、炉等民间日用器。直口、深弧腹、圈足碗多见，底外均以泥质垫饼垫烧；腹外壁多刻划一周菊瓣纹（部分简化为竖划纹），部分碗底内心印朵花、折枝牡丹或印"卍""吉"等文字。花口盘、洗式炉占比亦较高。部分碗、盘类产品底内有露胎现象。竹中 Y2 采集的菊瓣纹碗（竹中 Y2：9、10、12、13、16），花口盘（竹中 Y2：19、20、23、27、29），洗式炉（竹中 Y2：45～49、51），与庆元廊桥博物馆藏明代同类产品形制一致 [1]。采集青瓷器的胎质粗疏、釉色浊暗、做工拙劣，装烧草率，品质均差于大窑枫洞岩窑址所出明代早期青瓷器，由此判断，竹中 Y2 盛烧于明代中期，属于龙泉窑青瓷生产的衰落期。

第八节　竹中 3 号窑址

一　调查概况

位于竹口镇竹中村后窑陈 43 号民居西北侧，西距竹口溪约 250 米。中心地理坐标为北纬 27°41′59″，东经 118°54′55″，海拔高度 291 米。现地貌呈阶梯状，窑址上方生长蔬菜、丛草（彩版一四〇）。

未见窑炉。

彩版一四〇　竹中 Y3 近景

[1] 庆元廊桥博物馆编：《土火遗粹：庆元廊桥博物馆藏瓷器精品集》，西泠印社出版社，2016 年，第 142～144、146、147、164、169 页。

1.竹中Y3残次品堆积　　　　　　　　　　　　　　　　　2.竹中Y3采集遗物

彩版一四一　　竹中 Y3 近景

残品堆积稀少，人为扰动严重。堆积略成正方形，边长约 20、厚 1.5 米。

M 型匣钵常见规格 3 种：其一口径 23、高 9 厘米，其二口径 19、高 8 厘米，其三口径 10、高 6 厘米。平底匣钵仅见 1 种，口径 15、高 8 厘米。圆形瓷垫饼、小型泥质陶垫饼多见。锥形垫柱少见。

产品分灰胎青釉瓷器和白胎青花瓷两类。器形有碗、盘、壶、炉、擂钵、瓶、花盆、器盖、杯等（彩版一四一）。

此窑产品以碗为主。年代判定为明清时期。

二　采集标本

共 75 件。

（一）瓷器

1. 青瓷碗

竹中 Y3：1，碗。残，可复原。直口，斜弧腹，圈足，足心凸起，足外壁较直、内壁微外撇，足端外缘旋削。内底心阴印一盘坐僧人，右侧为方胜纹，纹饰较模糊。腹外壁饰一周竖划线。浅灰色胎，质地细密。足端及足内无釉，余皆施青黄釉，釉层浑浊，有细密开片。口径 10.5、足径 3.8、高 5.5 厘米（图四一，1）。

竹中 Y3：2，碗。残，可复原。直口，斜弧腹，圈足，足心凸起，足壁较直，足端外缘旋削。内底心阴印一"田"字，腹外壁饰一周竖划纹。浅灰色胎，质地细密有气孔。足端及足内无釉，余皆施青黄釉，釉层浑浊，有细密开片。口径 11、足径 4.4、高 5.3 厘米（图四一，2；彩版一四二）。

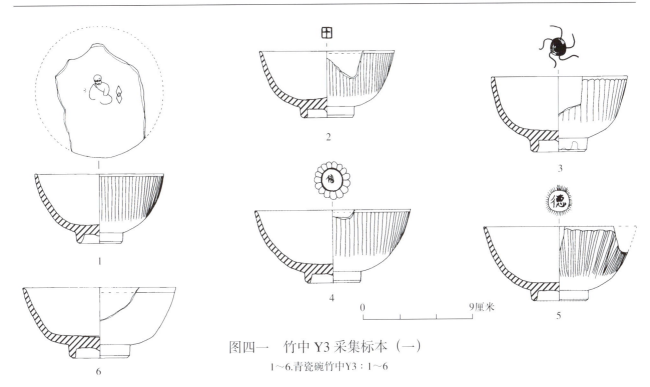

图四一 竹中 Y3 采集标本（一）

1～6.青瓷碗竹中Y3：1～6

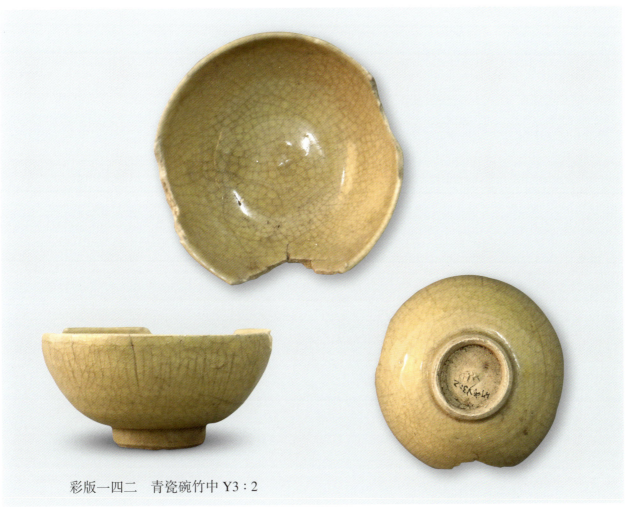

彩版一四二 青瓷碗竹中 Y3：2

　　竹中 Y3：3，碗。残，可复原。直口，上腹壁近直，下腹壁弧收，圈足，足心凸起，足外壁较直、内壁微外撇，足端外缘斜削。底心阴印火轮纹及"王"字，腹外壁刻划一周菊瓣纹。灰色胎，质地细密。足端及足内无釉，余皆施青绿釉，釉面开片。口径 11.2、足径 4.6、高 5.9 厘米（图四一，3；彩版一四三）。

　　竹中 Y3：4，碗。残，可复原。直口，圆唇，斜弧腹，圈足，足心凸起，足外壁较直、内壁微外撇，足端外缘旋削。内底阴印楷书体"信"字及一朵菊花纹，腹外壁饰一周竖划纹。灰色胎，质地细密有气孔。足端及足内无釉，余皆施浅青绿釉，釉层浑浊，有细密开片。口沿处粘有少量窑渣。口径 12.6、足径 4.6、高 5.8 厘米（图四一，4；彩版一四四）。

　　竹中 Y3：5，碗。残，可复原。直口微敞，圆唇，斜弧腹，圈足，足心凸起，足外壁较直、内壁微外撇，足端外缘旋削。内底心阳印楷书体"德"字及菊花纹，腹外壁饰一周竖划线。浅灰色胎，质地细密有气孔。足端及足内无釉，余皆施青绿釉，釉层浑浊，釉面有细密开片。口径 12.6、足径 4.6、高 5.9 厘米（图四一，5）。

　　竹中 Y3：6，碗。残，可复原。敞口，圆唇，斜弧腹壁，圈足，足心凸起，足外壁较直、内壁微外撇，

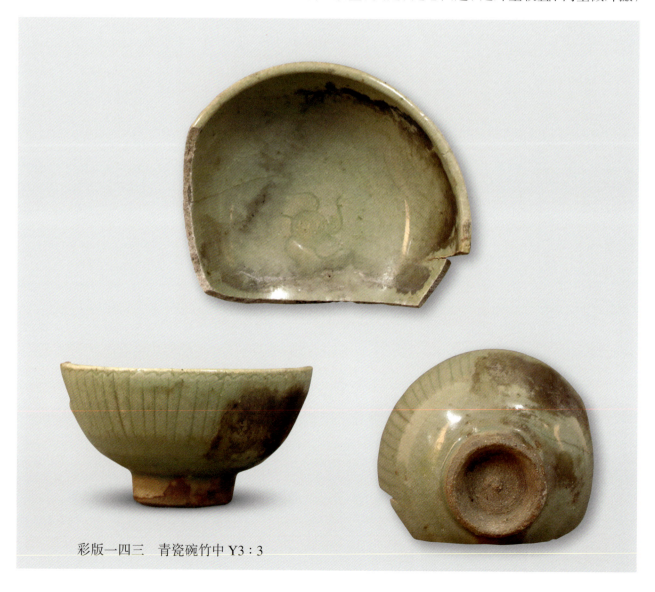

彩版一四三　青瓷碗竹中 Y3：3

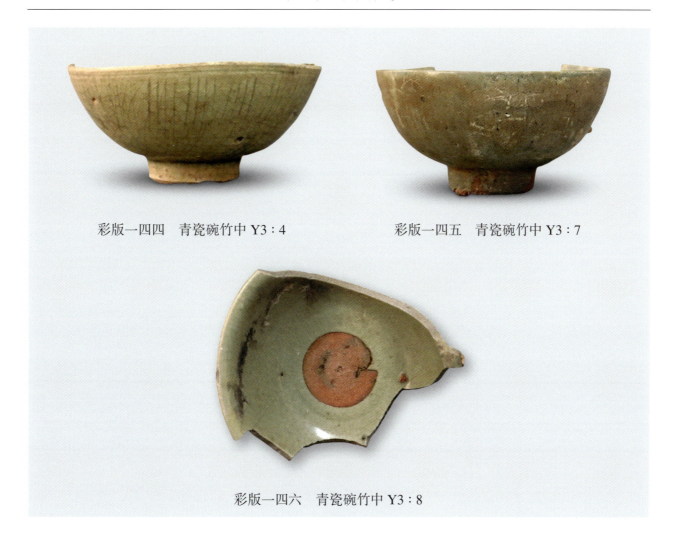

彩版一四四 青瓷碗竹中 Y3：4   彩版一四五 青瓷碗竹中 Y3：7

彩版一四六 青瓷碗竹中 Y3：8

足端外缘旋削。浅灰色胎，质地细密有气孔。内底心刮釉，足内无釉，余皆施青黄釉，釉层浑浊、有细密气泡，釉面开片。口径 12.5、足径 5、高 5.6 厘米（图四一，6）。

竹中 Y3：7，碗。残，可复原。直口，圆唇，斜弧腹壁，圈足，足心凸起，足外壁较直、内壁微外撇，足端外缘旋削。腹外壁饰一周竖划纹。深灰色胎，质地细密。足端及足内无釉，余皆施青灰釉，釉层浑浊、干涩。腹内、外粘有少量窑渣。口径 13.8、足径 5、高 6.8 厘米（图四二，1；彩版一四五）。

竹中 Y3：8，碗。残，可复原。侈口，圆唇，斜弧腹壁，圈足，足外壁较直、内壁微外撇，足端外缘斜削。灰褐色胎，质地细密有气孔。足端及足内无釉，内底心刮釉，余皆施青灰釉，釉面开片。圈足内粘有一块泥质红褐色陶垫饼。口径 14、足径 5、高 6 厘米，垫饼直径 3.5、厚 1 厘米（图四二，2；彩版一四六）。

竹中 Y3：9，碗。残，可复原。敞口，圆唇，斜弧腹壁，圈足，足心凸起，足外壁较直、内壁微外撇，足端外缘旋削。足壁外有一道凹弦纹。灰褐色胎，质地细密有气孔。内壁施满釉，外壁施釉及底，釉色青灰，釉面有细密开片。口径 11.4、足径 4.5、高 5.6 厘米（图四二，3）。

竹中 Y3：10，碗。残，可复原。敞口，圆唇，斜弧腹壁，浅挖圈足，足心微凹，足端外缘斜削。灰白色胎，质地细密。底内有涩圈，足端及足内无釉，余皆施浅青釉，露胎处呈火石红色。足内粘

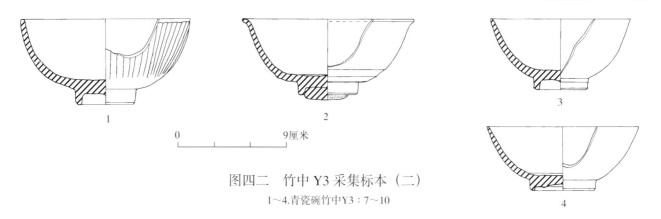

图四二　竹中 Y3 采集标本（二）

1～4.青瓷碗竹中Y3：7～10

附少量稻糠。口径 12.4、足径 5.4、高 5.1 厘米（图四二，4）。

竹中 Y3：11，碗。残，可复原。敞口，圆唇，斜弧腹壁，圈足，足心凸起，足外壁较直、内壁微外撇，足端外缘斜削。灰白色胎，质地细密。底内有涩圈，足端及足内无釉，余皆施浅青釉，釉面开片。口径 12.2、足径 4.2、高 4.6 厘米（图四三，1；彩版一四七）。

竹中 Y3：12，碗。残，可复原。共 11 件碗粘连一体，通高 18.7 厘米。各碗形制相同，敞口，圆唇，斜弧腹壁，圈足，足心凸起，足外壁较直、内壁微外撇。浅灰色胎，质地细密。底内有涩圈，腹内、外壁施釉不及底，釉色青绿，釉面玻质感强、有细密开片。口径 13.6、足径 5.4、高 5 厘米（图四三，2；彩版一四八）。

竹中 Y3：16，碗。残，可复原。敞口，圆唇，斜弧腹壁，矮圈足，足心微凹，足端外缘斜削。浅灰色胎，质地细密。底内有涩圈，足端及足内无釉，余皆施浅青灰釉，釉层浑浊、干涩。底内、外粘附少量稻糠。口径 13.6、足径 5.2、高 4.6 厘米（图四三，3；彩版一四九）。

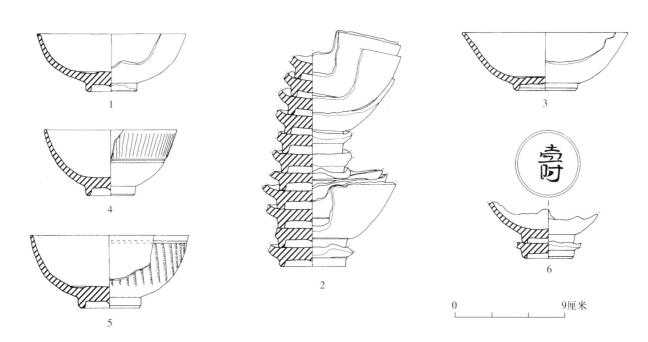

图四三　竹中 Y3 采集标本（三）

1～6.青瓷碗竹中Y3：11、12、16、54、55、59

彩版一四七　青瓷碗竹中 Y3：11

竹中 Y3：54，碗。残，可复原。直口微敞，圆唇，斜弧腹，圈足，足心凸起，足外壁较直、内壁微外撇，足端外缘旋削。腹外壁饰一周竖划纹，中部划两周凹弦纹。灰褐色胎，质地细密。足端及足内无釉，余皆施青灰釉，釉层干涩、浑浊。口径 11、足径 4、高 5.2 厘米（图四三，4；彩版一五〇）。

竹中 Y3：55，碗。残，可复原。直口，圆唇，斜弧腹壁，圈足，足心凸起，足外壁较直、内壁微外撇，足端外缘旋削。腹外壁饰一周竖划纹。

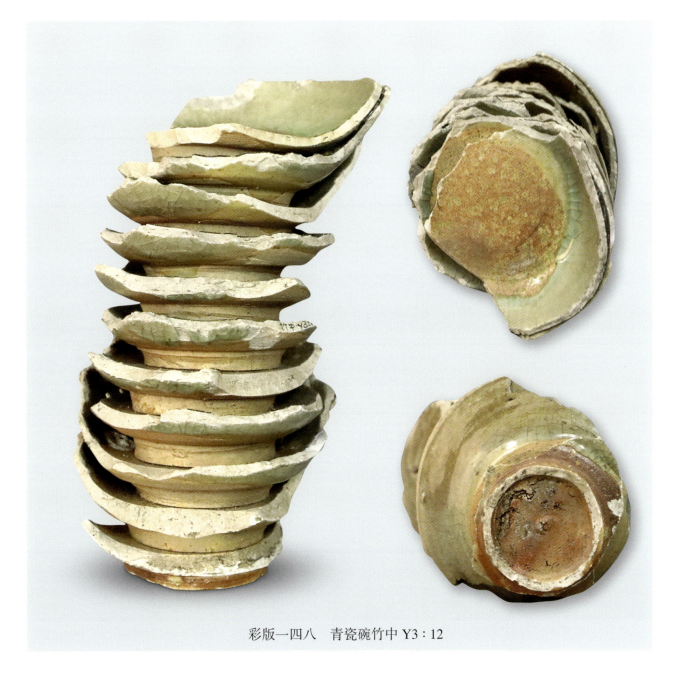

彩版一四八　青瓷碗竹中 Y3：12

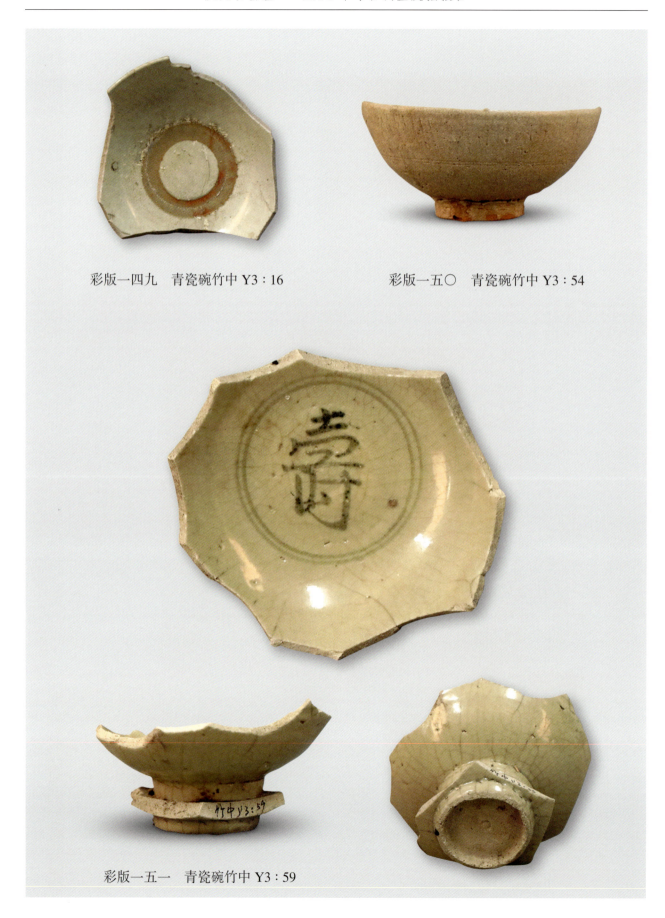

彩版一四九　青瓷碗竹中 Y3：16　　　　　彩版一五〇　青瓷碗竹中 Y3：54

彩版一五一　青瓷碗竹中 Y3：59

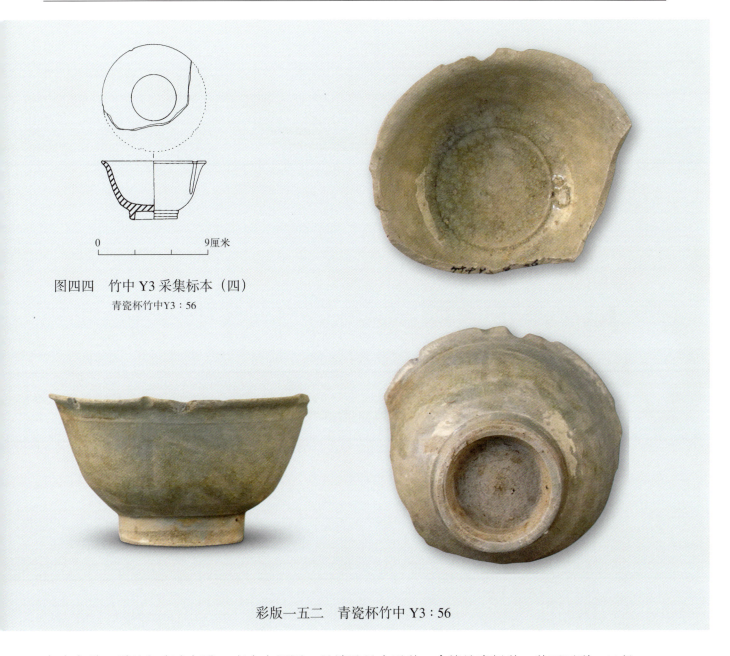

图四四　竹中 Y3 采集标本（四）
青瓷杯竹中 Y3：56

彩版一五二　青瓷杯竹中 Y3：56

灰白色胎，质地细密有气孔。底内有涩圈，足端及足内无釉，余皆施青绿釉，釉面开裂。口径 13、足径 5.2、高 5.8 厘米（图四三，5）。

竹中 Y3：59，碗。腹底部残片，不可复原。1 组 2 件，叠烧粘连成一体，残高 4.5 厘米。

以上层碗为例，斜弧腹壁，圈足。底内绘两周弦纹，底内心书写"寿"字。浅灰色胎，质地细密。内壁施满釉，外壁施釉及底，釉色青中泛黄。足径 4.2、残高 3.4 厘米（图四三，6；彩版一五一）。

2. 青瓷杯

竹中 Y3：56，杯。残，可复原。葵口、尖唇，斜弧腹壁，圈足，足心凸起，足外壁较直、内壁微外撇，足端外缘旋削。腹外壁压印 6 道竖线纹与葵口对齐。浅灰色胎，质地细密。足内无釉，余皆施浅青釉，釉面有细密开片。口径 8.5、足径 3.9、高 4.6 厘米（图四四；彩版一五二）。

3. 青瓷盘

竹中 Y3：25，盘。残，可复原。敞口，圆唇，浅弧腹壁，隐圈足，足心凸起。灰白胎，质地细密有气孔。底内心、足内刮釉，余皆施青绿釉，釉面有细密开片。口径 10.2、足径 3.2、高 2.9 厘米（图四五，1；彩版一五三）。

竹中 Y3：33，盘。残，可复原。八边形敞口，方唇，上腹壁斜内弧，下腹壁近底斜内收，圈足，足外壁较直，内壁微外撇，足端外缘斜削。口内划 4 周弦纹，腹内壁刻划简洁卷草纹，底内阴印折枝菊花纹。灰色胎，质地细密有气孔。足端及足内无釉，余皆施青绿釉，釉层浑浊、干涩、有细密开片。口内粘有一块窑渣。口径 16.4、边长 6.5、足径 5.5、高 4.4 厘米（图四五，2；彩版一五四）。

竹中 Y3：34，盘。口腹部残片，不可复原。仰折沿，圆唇，浅斜弧腹壁，圈足。胎体厚重，呈灰白色，质地细密有气孔。内外壁施青绿釉。口径 29.8、足径 14.8、高 7.2 厘米（图四五，3）。

竹中 Y3：60，盘。残，可复原。侈口，尖圆唇，浅斜弧腹壁，圈足，足心凸起，足外壁较直、内壁微外撇，足端外缘斜削。浅灰色胎，质地细密。底内刮釉，足端及足内无釉，余皆施青绿釉，釉层浑浊、有细密开片。口径 10.8、足径 5.2、高 2.6 厘米（图四五，4）。

竹中 Y3：61，盘。残，可复原。侈口，尖圆唇，浅斜弧腹壁，矮圈足，外足壁较直、内壁微外撇。口沿上划水波纹，内壁刻划波涛纹、云纹。胎体厚重，呈灰白色，质地细密有气孔。足端及足内无釉，余皆施青绿釉，釉面开片。底内粘有一瓷器残片。口径 22.6、足径 9.6、高 5.6 厘米（图四五，5；彩版一五五）。

竹中 Y3：62，盘。残，可复原。敞口，圆唇，浅斜弧腹壁，矮圈足，足端外缘斜削。浅灰色胎，质地细密。底内有涩圈，足端及足心无釉，余皆施浅青釉，釉层干涩。足底粘有稻糠。口径 12.4、足径 4.8、高 3.8 厘米（图四六，1）。

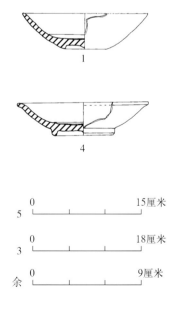

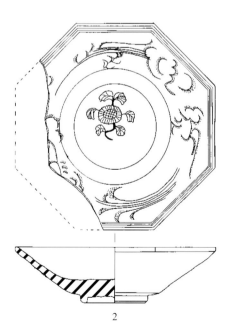

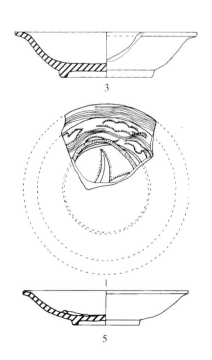

图四五　竹中 Y3 采集标本（五）

1～5.青瓷盘竹中 Y3：25、33、34、60、61

彩版一五三　青瓷盘竹中 Y3：25

彩版一五四　青瓷盘竹中 Y3∶33

竹中 Y3：63，盘。残，可复原。侈口，圆唇，浅斜弧腹壁，浅挖圈足。深灰色胎，质地细密。底内刮釉，足端及足内无釉，余皆施青灰釉，釉面浑浊、有细密开片。底内粘有一圆形灰褐色泥质粗陶垫饼。盘口径 10.4、足径 4.8、高 2.6 厘米。垫饼直径 2.5、厚 0.4 厘米（图四六，2）。

竹中 Y3：64，盘。残，可复原。菱口，圆唇，上腹壁斜内收，下腹近底部折收，圈足较大，足心凸起，足壁较直，足端外缘斜削。胎体粗厚，呈灰色。足内刮釉一圈，余皆施青灰釉，釉层浑浊、干涩、有缩釉现象。口径 14.2、足径 7.2、高 3.7 厘米（图四六，3；彩版一五六）。

竹中 Y3：65，盘。残，可复原。仰折沿，圆唇，浅斜弧腹壁，圈足，足心微凹，足外壁较直、内壁微外撇，足端外缘旋削。底内阴印朵花纹。灰白胎，质地细密有气孔。底内刮釉，腹外壁施釉及底，釉色青绿，釉面开片。口径 14、足径 5、高 3.2 厘米（图四六，4）。

4. 青瓷壶

竹中 Y3：74，壶。口腹部残片，不可复原。盘口，短束颈，溜肩。口、肩部贴附条带状把手，把手高于口部，已残缺。灰白胎，质地较细密有气孔。内、外壁施青绿釉，釉面开片。口径 9.6、残高 8 厘米（图四七，1；彩版一五七）。

5. 青瓷梅瓶

竹中 Y3：73，梅瓶。口腹部残片，不可复原。敛口，丰肩，鼓腹。肩部刻划 2 方连续花草纹、弦纹，腹部剔刻牡丹花叶纹。胎体厚重，呈浅灰色，质地细密。内外施釉，釉色青绿，釉面开片。残高 14.3 厘米（图四七，2；彩版一五八）。

6. 青瓷凤尾瓶

竹中 Y3：75，凤尾瓶。口径部残片，不可复原。喇叭口，束颈。口外饰 4 周凹弦纹，颈部刻饰牡丹花叶纹。胎体厚重，呈灰白色，质地较细密有气孔。内、外壁施青绿釉，釉层青绿，釉面开片。口径 18.6、残高 14.8 厘米（图四七，3；彩版一五九）。

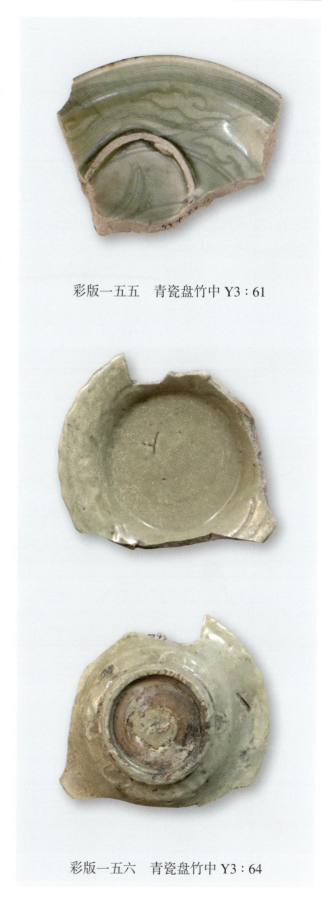

彩版一五五　青瓷盘竹中 Y3：61

彩版一五六　青瓷盘竹中 Y3：64

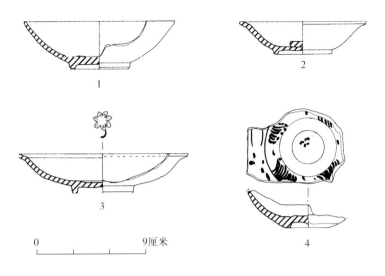

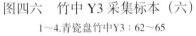

图四六　竹中 Y3 采集标本（六）

1～4.青瓷盘竹中 Y3：62～65

彩版一五七　青瓷壶竹中 Y3：74

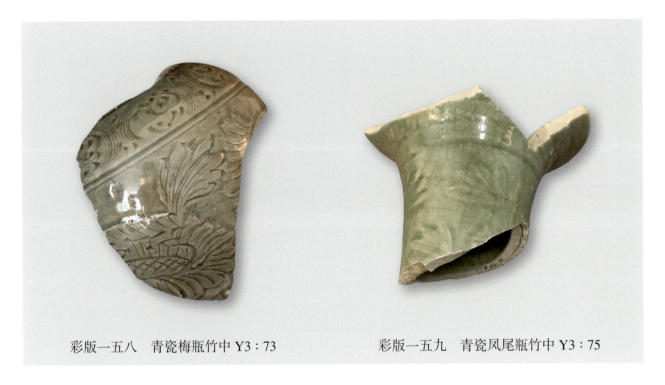

彩版一五八　青瓷梅瓶竹中 Y3：73　　　　　彩版一五九　青瓷凤尾瓶竹中 Y3：75

7. 青瓷瓶

竹中 Y3：38，瓶。口颈部残片，不可复原。盘口，长束颈，双耳以榫卯与颈部套接，已残缺。颈外壁刻饰莲瓣纹，近肩部饰两道凸弦纹。灰色胎，质地细密。器内外饰青绿釉，釉面有细密开片。口径 8、残高 9 厘米（图四七，4；彩版一六〇）。

8. 青瓷花盆

竹中 Y3：39，花盆。腹底部残片，不可复原。斜弧腹壁，圈足。腹外壁刻饰一周竖划纹，底中部有一圆孔。浅灰色胎，质地细密。器内及足端无釉，余皆施青绿釉，釉面有细密开片。足端粘有少量稻糠。足径 6.2、残高 4.1 厘米。孔径为 1.6～2.5 厘米（图四八，1；彩版一六一）。

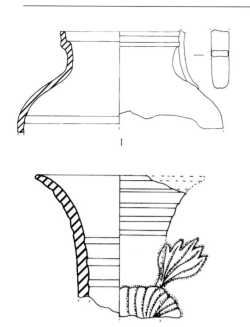

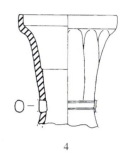

1、4 ├ 0 ─────────── 9厘米 ┤

余 ├ 0 ─────────── 12厘米 ┤

图四七　竹中 Y3 采集标本（七）

1.青瓷壶竹中Y3：74　2.青瓷梅瓶竹中Y3：73　3.青瓷凤尾瓶竹中Y3：75
4.青瓷瓶竹中Y3：38

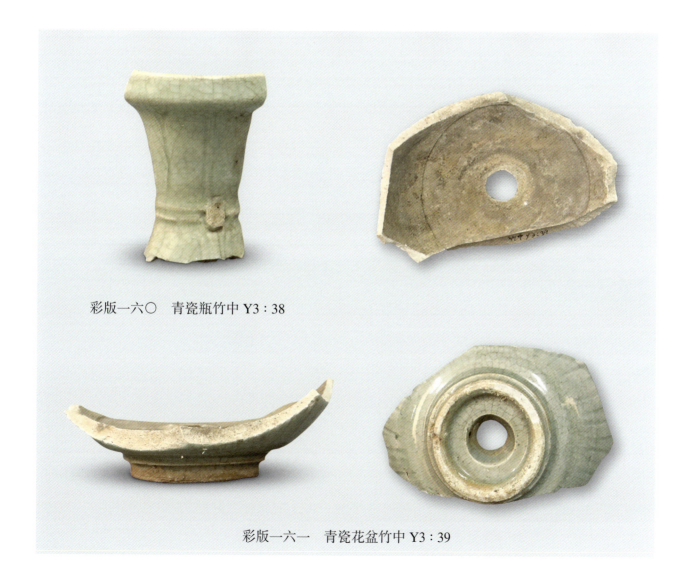

彩版一六〇　青瓷瓶竹中 Y3：38

彩版一六一　青瓷花盆竹中 Y3：39

　　竹中 Y3：67，花盆。腹底部残片，底部崩裂，不可复原。斜弧腹壁，平底中部有一圆孔，圈足，外足壁较直、内壁微外撇，足端外缘斜削。腹外壁近底部饰一周莲瓣纹。浅灰色胎，质地细密。底内外及圈足无釉，露胎处呈火石红色，余皆施青绿釉，釉面开片。足径 8、残高 5 厘米。孔径为 2 厘米（图四八，2；彩版一六二）。

0　　　　　　　　9厘米

图四八　竹中 Y3 采集标本（八）

1、2.青瓷花盆竹中 Y3：39、67

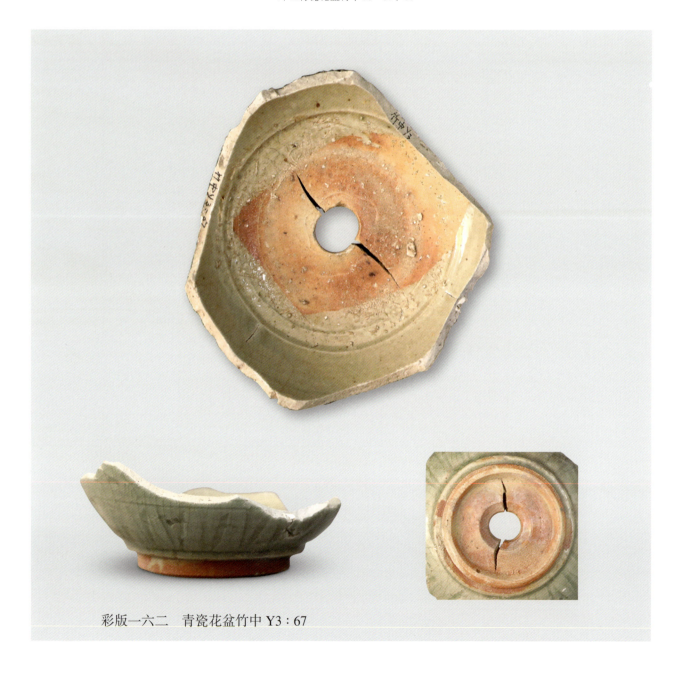

彩版一六二　青瓷花盆竹中 Y3：67

9.青瓷炉

竹中Y3：37，樽式炉。残，不可复原。直口微敛，直腹，平底，三足残缺。腹外壁划数周凹弦纹。灰白胎，质地细密。底内、外刮釉，余皆施青绿釉，釉面有细密开片。口径7.8、底径7.8、残高6.1厘米（图四九，1；彩版一六三）。

竹中Y3：69，樽式炉。腹底部残片，不可复原。直腹，近底部折收，饼底，三个兽蹄形足着地。下腹部饰两道弦纹。胎体厚重，呈灰白色，质地细密多气孔。底内刮釉，腹外壁施釉不及底，釉色青绿，釉面开片。腹径23、底径11.2、残高7.8厘米（图四九，2；彩版一六四）。

竹中Y3：71，樽式炉。腹底部残片，不可复原。直腹，近底部折收，平底微内凹，如意云头形三足。腹外壁近足处饰一周凹弦纹。灰白胎，质地细密有气孔。底内外无釉，余皆施釉，内壁釉色青黄，外壁釉色青绿，釉面开片。腹径9、底径4.4、残高3厘米（图四九，3；彩版一六五）。

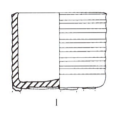
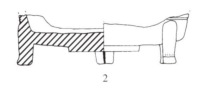
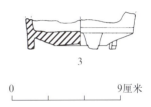

图四九 竹中 Y3 采集标本（九）

1~6.青瓷樽式炉竹中Y3：37、69、71

彩版一六三 青瓷樽式炉竹中 Y3：37

彩版一六四 青瓷樽式炉竹中 Y3：69

彩版一六五 青瓷樽式炉竹中 Y3：71

　　竹中 Y3：36，洗式炉。残，可复原。窄折平沿，圆唇，束短颈，弧腹，饼底侧斜、微内凹，下腹壁近底部附三个兽面足，足未着地。腹外壁饰乳丁纹、菱格纹、凹弦纹。灰白色胎，质地细密。底内外无釉，余皆施青绿釉，釉面开片。口径 22.8、底径 9.1、通高 6.8 厘米（图五〇，1；彩版一六六）。

　　竹中 Y3：68，洗式炉。残，可复原。敛口，圆唇，窄平沿，短束颈，鼓腹，饼底侧斜、微内凹，下腹壁近底部附三个兽面足，足着地。肩颈部饰凹弦纹、乳丁纹，腹外壁饰菱格纹、内填云纹。灰白色胎，质地细密有气孔。饼底无釉，呈火石红色，余皆施青黄釉，釉面有细密开片。底内粘有少量窑渣。口径 20.4、腹径 20.5、底径 8.6、通高 6.5 厘米（图五〇，2；彩版一六七）。

　　竹中 Y3：70，洗式炉。腹底部残片，不可复原。斜弧腹壁，饼底，三个兽面足着地。腹外壁饰一周八卦纹。胎体厚重，呈灰白色，质地细密有气孔。底内外无釉，余皆施青绿釉，釉面有细密开片。底径 12.4、残高 11 厘米（图五〇，3）。

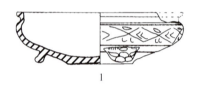
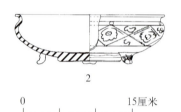
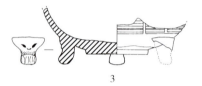

0　　　　　　　　　　15厘米

图五〇　竹中 Y3 采集标本（一〇）
1～3.青瓷洗式炉竹中 Y3：36、68、70

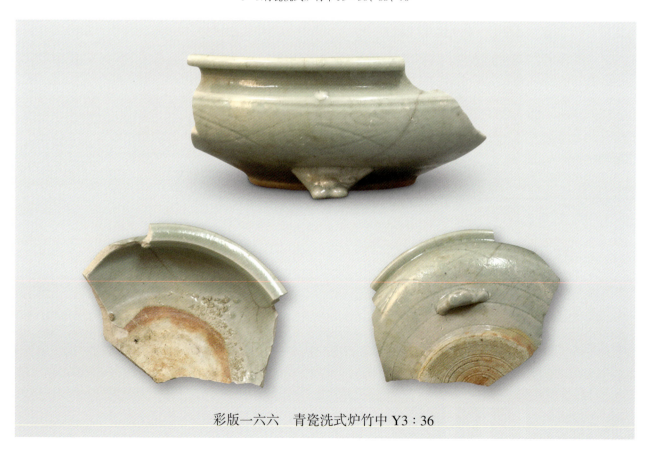

彩版一六六　青瓷洗式炉竹中 Y3：36

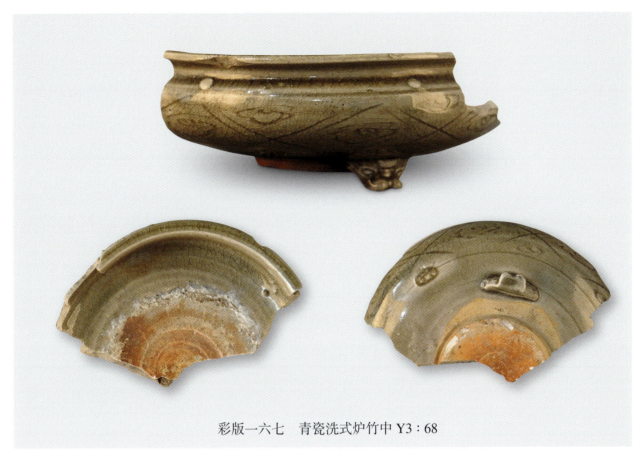

彩版一六七　青瓷洗式炉竹中 Y3：68

10. 青瓷擂钵

竹中 Y3：72，擂钵。腹底部残片，不可复原。斜弧腹壁，饼足微凹。深灰色胎，质地较细密。器内自底心向外刻划放射状弧线纹。腹外壁施青灰色釉不及底。足径 4.8、残高 4.2 厘米（图五一；彩版一六八）。

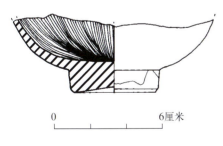

图五一　竹中 Y3 采集标本（一一）
青瓷擂钵竹中Y3：72

彩版一六八　青瓷擂钵竹中 Y3：72

11. 青花碗

竹中 Y3：13，碗。残，可复原。敞口，圆唇，斜弧腹壁，圈足，足外壁较直、内壁微外撇，足端外缘斜削。底内心饰四点纹；口内、内底外缘各绘一周弦纹；口外绘两周弦纹，内填散点纹；腹外壁有轮旋痕。灰胎，质地细密。底内有涩圈，足端及足内无釉，余皆施浅青釉，釉层干涩。口径11.6、足径 5.2、高 4.8 厘米（图五二，1；彩版一六九）。

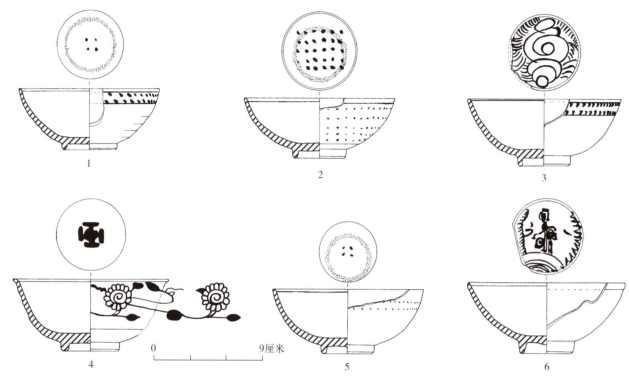

图五二　竹中 Y3 采集标本（一二）
1～6.青花碗竹中 Y3：13～15、17～19

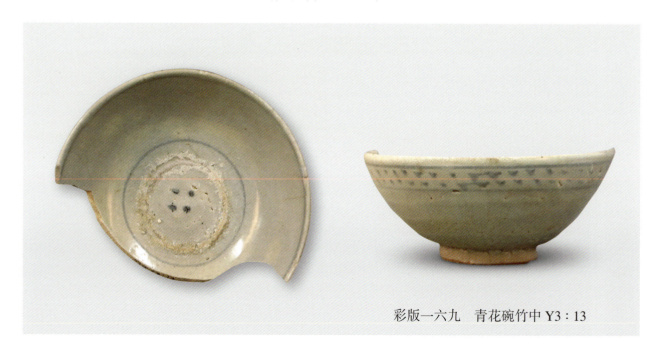

彩版一六九　青花碗竹中 Y3：13

竹中 Y3：14，碗。残，可复原。敞口，圆唇，斜弧腹壁，圈足，足外壁较直、内壁微外撇，足端外缘斜削。口、底内绘三周弦纹，底内心绘散点纹，腹外壁绘双弦纹、内填散点纹。浅灰色胎，质地细密。足端及足内无釉，余皆施黄褐釉，釉层浑浊、干涩，釉面有细密开片。口径 12.4、足径 4.4、高 4.7 厘米（图五二，2；彩版一七○）。

竹中 Y3：15，碗。残，可复原。敞口，圆唇，斜弧腹壁，圈足，足壁较直，足端外缘斜旋削。口内绘一周弦纹；底内绘两周弦纹，其内填绘法螺、波涛纹；口外绘三周弦纹，内填散点纹。灰白色胎，质地细密。足端及足内无釉，余皆施青白釉。腹内壁粘附少量窑渣。口径 12.8、足径 4.4、高 5.3 厘米（图五二，3；彩版一七一）。

竹中 Y3：17，碗。残，可复原。侈口，尖唇，斜弧腹壁，圈足，足心微凹，足外壁较直、内壁微外撇，足端外缘斜削。口内绘一周弦纹，底内绘一周弦纹，底内心绘"⚏"符号，腹外壁绘弦纹、连枝花纹。灰白色胎，质地细密。足端及足内无釉，余皆施青白釉，釉面开片。口径 12.8、足径 4.8、高 5.7 厘米（图五二，4；彩版一七二）。

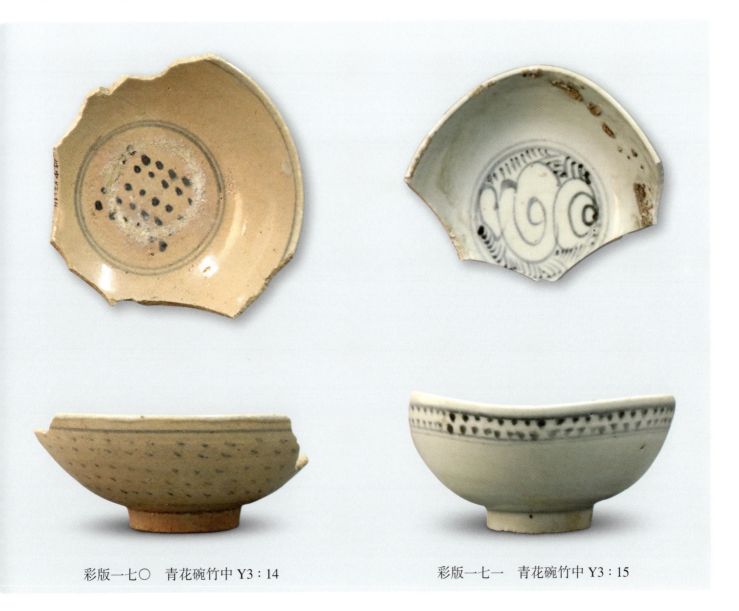

彩版一七○　青花碗竹中 Y3：14　　　　　彩版一七一　青花碗竹中 Y3：15

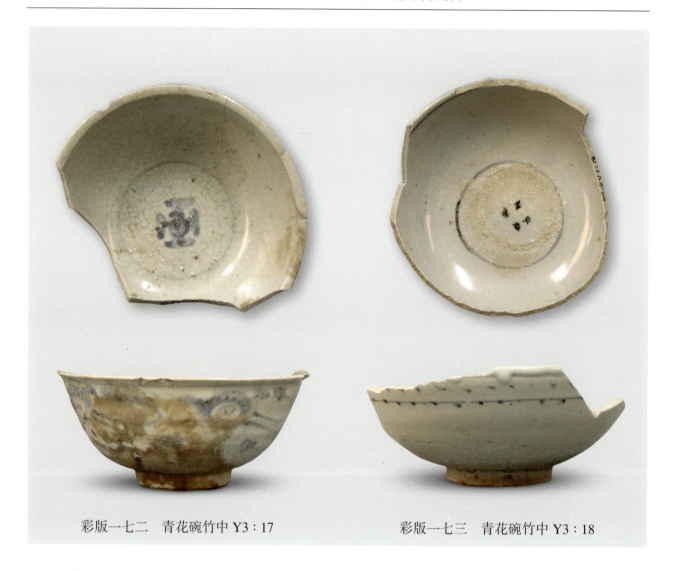

彩版一七二　青花碗竹中 Y3∶17　　　　　　　彩版一七三　青花碗竹中 Y3∶18

　　竹中 Y3∶18，碗。残，可复原。敞口，圆唇，斜弧腹壁，圈足，足心凸起，足壁较直，足端外缘斜削。口内绘一周弦纹；底内绘一周弦纹，其内绘四个点纹；口外绘弦纹、散点纹。浅灰色胎，质地细密。足端及足内无釉，余皆施青白釉，釉面开片。口径 12.4、足径 4.4、高 5.1 厘米（图五二，5；彩版一七三）。

　　竹中 Y3∶19，碗。残，可复原。敞口，圆唇，斜弧腹壁，圈足，足心凸起，足外壁较直、内壁微外撇，足端外缘斜削。口内、外各绘一周弦纹，底内绘双弦纹、水波纹，外壁近口处绘弦纹一周。灰白色胎，质地细密有气孔。足端及足内无釉，余皆施青白釉。口径 13、足径 4.4、高 5.6 厘米（图五二，6；彩版一七四）。

　　竹中 Y3∶20，碗。残，可复原。敞口，圆唇，斜弧腹壁，圈足，足外壁较直、内壁微外撇，足端外缘斜削。底内绘一周弦纹，其内填法螺、波涛纹；口内绘一周弦纹；口外绘弦纹、散点纹。灰白色胎，质地细密有气孔。足端及足内无釉，余皆施青白釉，釉面有细密开片。口径 12.8、足径 5.1、高 5.6 厘米（图五三，1；彩版一七五）。

　　竹中 Y3∶21，碗。残，可复原。敞口，圆唇，斜弧腹壁，圈足，足壁较直，足端外缘斜削。底内绘一周弦纹，底内心绘散点纹，口内绘一周弦纹，腹外壁绘弦纹、散点纹。灰白色胎，质地细密。

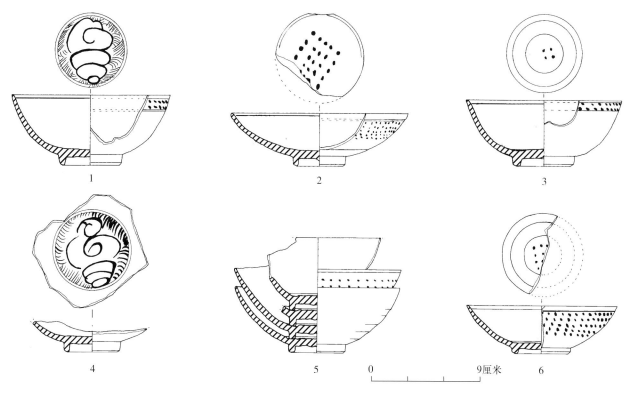

图五三　竹中 Y3 采集标本（一三）

1～6.青花碗竹中Y3：20～24、26

足端及足内无釉，余皆施浅青釉。口径 14.4、足径 4.2、高 4.2 厘米（图五三，2）。

竹中 Y3：22，碗。残，可复原。敞口，圆唇，斜弧腹壁，圈足，足壁较直，足端外缘斜削。底内绘一周弦纹，底内心绘 4 个点纹，口内绘一周弦纹，口外绘弦纹、散点纹。灰白色胎，质地细密有气孔。底内有涩圈，足端及足内无釉，余皆施淡青釉。口径 12.8、足径 5、高 5.2 厘米（图五三，3；彩版一七六）。

竹中 Y3：23，碗。腹底部残片，不可复原。斜弧腹壁，圈足，足外壁较直、内壁微外撇，足端外缘斜削。底内绘两周弦纹，其内填绘法螺纹、水波纹。灰白色胎，质地细密。足端及足内无釉，余皆施青白釉。足径 4.6、残高 2.4 厘米（图五三，4；彩版一七七）。

竹中 Y3：24，碗。残，可复原。1 组 4 件，最下件为 A 件，倒数第二件为 B 件。通高 9.2 厘米（图五三，5；彩版一七八）。

竹中 Y3：24A，敞口，圆唇，斜弧腹，圈足，足壁较直，足端外缘斜削。灰白色胎，质地细密。足端及足内无釉，余皆施浅青釉。腹外壁粘有一瓷片。口径 13.4、足径 4.6、高 5.2 厘米。

竹中 Y3：24B，敞口，圆唇，斜弧腹，圈足。口外绘两周弦纹，内填散点纹。灰白色胎，质地细密。底内有涩圈，外壁施浅青釉及底。口径 13.4、足径 4.6、高 5.4 厘米。

竹中 Y3：26，碗。残，可复原。敞口，圆唇，浅斜弧腹壁，矮圈足。口内绘一周弦纹，底内绘一周弦纹，底心绘散点纹，腹外壁绘弦纹、散点纹。灰色胎，质地细密。足端及足内无釉，余皆施青灰釉，釉面有细密开片。露胎处呈火石红色。口径 12.4、足径 4.8、高 3.8 厘米（图五三，6）。

竹中 Y3：40，碗。残，可复原。直口微敛，圆唇，斜弧腹壁，圈足，足壁较直。底内绘两周弦

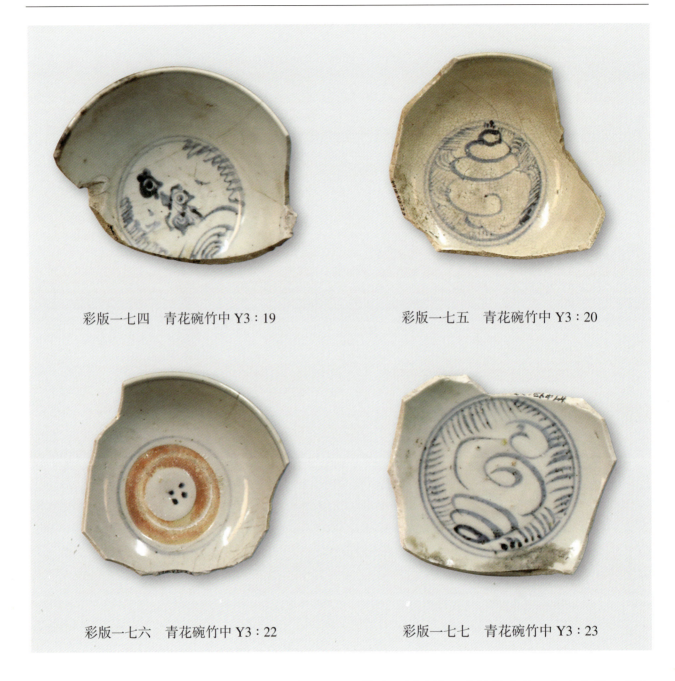

彩版一七四　青花碗竹中 Y3：19　　　　彩版一七五　青花碗竹中 Y3：20

彩版一七六　青花碗竹中 Y3：22　　　　彩版一七七　青花碗竹中 Y3：23

纹，其内填绘花卉纹、波涛纹；口内绘一周弦纹；口外绘三周弦纹，内填散点纹。灰白色胎，质地细密。足端及足内无釉，余皆施浅青灰釉。腹外壁粘有少量窑渣。口径 11.4、足径 4.2、高 5.8 厘米（图五四，1；彩版一七九）。

　　竹中 Y3：57，碗。腹底部残片，不可复原。斜弧腹壁，圈足，足壁较直。底内绘两周弦纹，底内心绘飞马、波涛纹，腹外壁近足部绘弦纹、花草纹。灰白色胎，质地细密。足端无釉，余皆施浅青釉，釉面有细密开片。足径 5.2、残高 2.1 厘米（图五四，2；彩版一八〇）。

　　竹中 Y3：58，碗。腹底部残片，不可复原。斜弧腹壁，圈足，足心微凹。底内饰一周弦纹及一"福"字。灰褐色胎，质地细密。足端及足内无釉，余皆施浅青釉，釉面有细密开片。足径 4.2、残高 3.9 厘米（图五四，3；彩版一八一）。

彩版一七八　青花碗竹中 Y3：24

彩版一七九　青花碗竹中 Y3：40

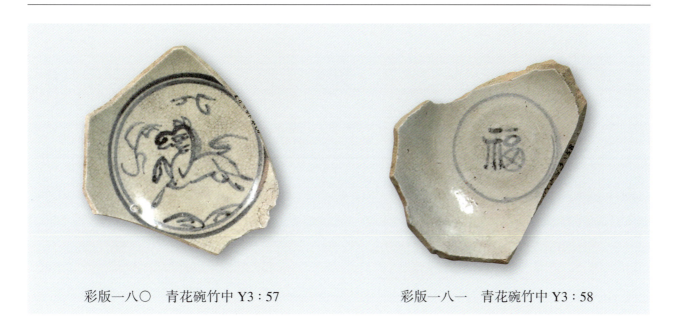

彩版一八〇　青花碗竹中 Y3：57　　　　　　彩版一八一　青花碗竹中 Y3：58

12. 青花杯

竹中 Y3：35，杯。残，可复原。侈口，尖圆唇，深弧腹壁，隐圈足。口内绘一周弦纹，底内绘一周弦纹，底内心绘 7 个点纹，腹外壁绘弦纹、草叶纹。灰白色胎，质地细密。足端无釉，余皆施浅青釉。口径 7、足径 3、高 4.2 厘米（图五四，4）。

13. 青花盘

竹中 Y3：27，盘。残，可复原。敞口，圆唇，浅斜弧腹壁，隐圈足，足心微凹。口内底部绘两周弦纹，其内填绘水草纹。灰白色胎，质地细密。足端及足内无釉，余皆施青白釉。器内粘附匣钵残片。口径 11、足径 3.6、高 2.3 厘米（图五五，1；彩版一八二）。

竹中 Y3：28，盘。残，可复原。敞口，圆唇，浅斜弧腹壁，矮圈足，足外壁较直、内壁微外撇，足端外缘斜削。底内隆起，口内及底部绘三周弦纹，底内心绘"🐟"纹，口外绘花果纹。浅灰色胎，质地细密。足端及足内无釉，余皆施青白釉。口径 12.6、足径 5.4、高 3.9 厘米（图五五，2；彩版一八三）。

竹中 Y3：29，盘。残，可复原。敞口，圆唇，浅斜弧腹壁，矮圈足，足端外缘斜削。口、底内

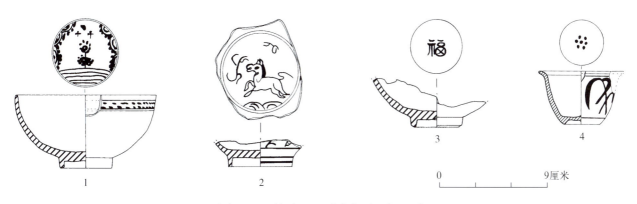

0　　　　　　9厘米

图五四　竹中 Y3 采集标本（一四）

1～3.青花碗竹中 Y3：40、57、58　4.青花杯竹中 Y3：35

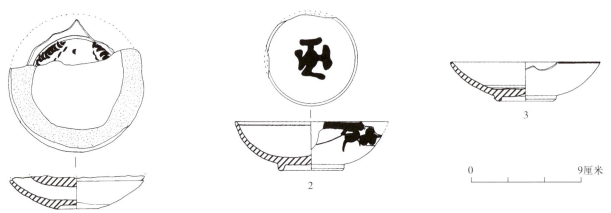

图五五　竹中 Y3 采集标本（一五）

1~3.青花盘竹中Y3：27~29

彩版一八二　青花盘竹中 Y3：27

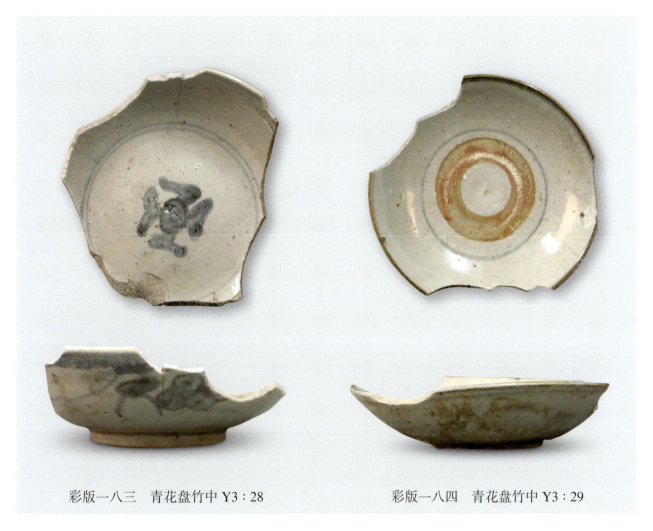

彩版一八三　青花盘竹中 Y3：28　　　　　　彩版一八四　青花盘竹中 Y3：29

各饰一周弦纹，口外绘两周弦纹。浅灰色胎，质地细密。底内有涩圈，足端及足心无釉，余皆施青白釉。腹外壁近圈足处粘有少量稻糠。口径 12.2、足径 5、高 3.1 厘米（图五五，3；彩版一八四）。

竹中 Y3：30，盘。残，略变形，可复原。敞口，圆唇，浅斜弧腹壁，隐圈足。口内绘一周弦纹，内底部绘双弦纹、花草纹。浅灰色胎，质地细密有气孔。底内有涩圈，足内无釉，余皆施青白釉，釉面有细密开片。口径 10.2、足径 3.8、高 2.4 厘米（图五六，1；彩版一八五）。

竹中 Y3：31，盘。残，可复原。敞口，圆唇，浅斜弧腹壁，矮圈足，足外壁较直、内壁微外撇，足端外缘斜削。口内饰一周弦纹；底内绘一周弦纹，其内填绘散点纹；腹外壁绘弦纹、散点纹。灰白色胎，质地细密。底内有涩圈，足端及足内无釉，余皆施浅青釉，有缩釉现象。口径 12.2、足径 4.8、高 3.7 厘米（图五六，2；彩版一八六）。

竹中 Y3：32，盘。残，可复原。敞口，圆唇，浅弧腹壁，隐圈足。口腹内绘弦纹、草叶纹。灰白色胎，质地细密。底内有涩圈，足端及足心无釉，余皆施浅青灰釉。口径 10、足径 3.4、高 2.3 厘米（图五六，3；彩版一八七）。

竹中 Y3：66，盘。腹底部残片，不可复原。斜弧腹壁，隐圈足，足心凸起。底内绘弦纹、草叶纹及散点纹。灰白色胎，质地细密。底内有涩圈，足端及足内无釉，余皆施青白釉。足径 3.6、残高 2.9 厘米（图五六，4）。

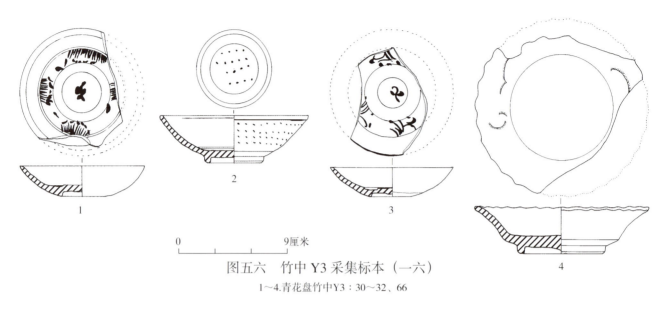

图五六　竹中 Y3 采集标本（一六）

1～4.青花盘竹中Y3：30～32、66

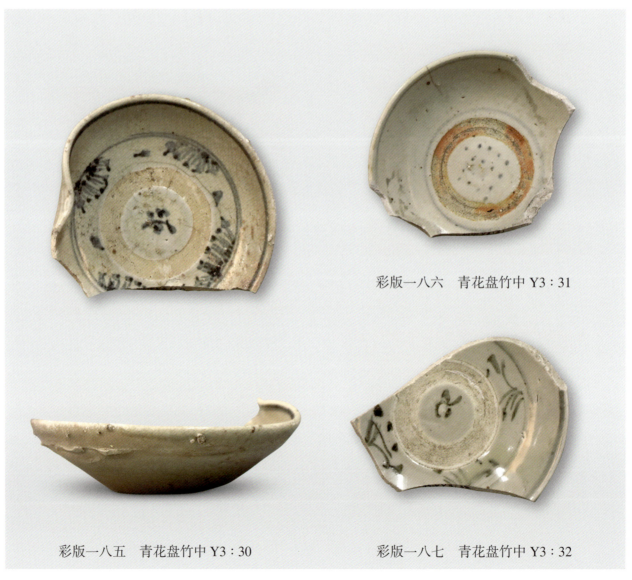

彩版一八五　青花盘竹中 Y3：30

彩版一八六　青花盘竹中 Y3：31

彩版一八七　青花盘竹中 Y3：32

（二）窑具

1. 匣钵

竹中 Y3∶41，匣钵。1 组 3 件，形制相同，叠粘成一体，其中最上一件残缺，另两件完好，通高 26.5 厘米。以最下层一件为例：直口，近直腹，平底。深灰色胎，质地疏松。口径 14、底径 14.6、高 11 厘米（图五七，1；彩版一八八）。

竹中 Y3∶42，匣钵。残，可复原。直口，近直腹，平顶。深灰色胎，质地疏松有气孔。口径 10.4、顶径 10.4、高 5.6 厘米（图五七，2）。

竹中 Y3∶43，匣钵。直口微敛，腹壁微鼓，顶面内凹。深灰色胎，质地疏松。内粘少量窑渣。口径 10.8、顶径 10.8、高 5.5 厘米（图五七，3；彩版一八九）。

2. 支座

竹中 Y3∶44，泥质陶支座。呈圆柱形。托面、底面平整，腰部有三个手指窝痕。红褐色胎，质地疏松。托径 4.4、底径 5.6、高 8.8 厘米（图五七，4；彩版一九〇）。

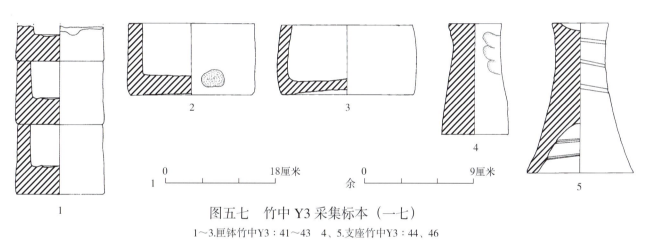

1　　　　　　　　　　　0　　　　　18厘米　　　　余　0　　　　9厘米
2　　　　　　　　　　　　　　　　　3　　　　　　　　　　　　4　　　　　5

图五七　竹中 Y3 采集标本（一七）

1～3.匣钵竹中 Y3∶41～43　4、5.支座竹中 Y3∶44、46

彩版一八八　匣钵竹中 Y3∶41　　　彩版一八九　匣钵竹中 Y3∶43　　　彩版一九〇　支座竹中 Y3∶44

竹中 Y3：46，支座。残，可复原。呈喇叭状。顶部内凹，底面略平。腰部有弦纹。质地疏松。托径 4.6、底径 8.8、高 11.8 厘米（图五七，5；彩版一九一）。

3. 垫饼

竹中 Y3：45，垫饼。呈圆饼形。顶部残留有圈足痕迹。红褐色胎，质地疏松。托径 10.8、底径 10.8、高 5.5 厘米（图五八，1；彩版一九二）。

竹中 Y3：47，泥质陶垫饼。呈圆柱形。微束腰，有手捏痕迹。顶部平整。红褐色胎。质地疏松。托径 5.6、底径 6、高 5.1 厘米（图五八，2；彩版一九三）。

竹中 Y3：48，泥质陶垫饼。呈圆饼形。顶面内凹，底面平。红褐色胎，质地疏松。托径 5.6、底径 6、高 2.2 厘米（图五八，3）

竹中 Y3：49，瓷垫饼。纵截面呈"T"形。顶部平整，底部内凹。浅灰色胎，质地细密。托径 6、

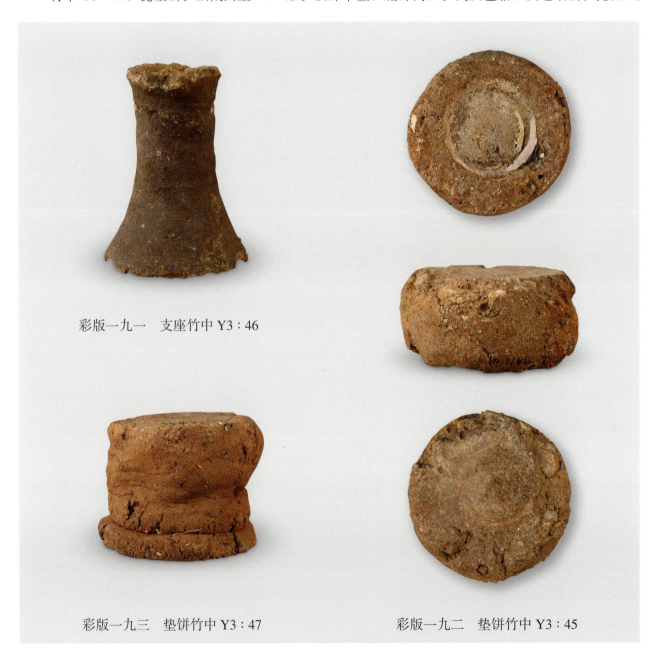

彩版一九一　支座竹中 Y3：46

彩版一九三　垫饼竹中 Y3：47

彩版一九二　垫饼竹中 Y3：45

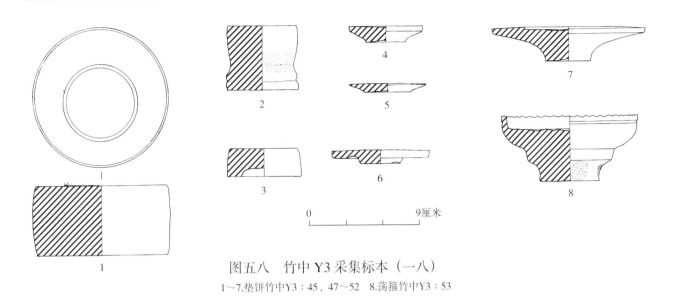

图五八　竹中 Y3 采集标本（一八）

1~7.垫饼竹中Y3：45、47~52　8.荡箍竹中Y3：53

底径 3.2、厚 1.3 厘米（图五八，4）。

竹中 Y3：50，瓷垫饼。纵截面呈"T"形。顶部微鼓，底部内凹。浅灰色胎，质地细密。托径 6.3、底径 3.8、厚 0.7 厘米（图五八，5）。

竹中 Y3：51，瓷垫饼。纵截面呈"T"形。顶部微鼓。浅灰色胎，质地细密。托径 8、底径 3.2、厚 1.1 厘米（图五八，6；彩版一九四）。

竹中 Y3：52，瓷垫饼。纵截面呈"T"形。顶部平整内凹，底面微凹。浅灰色胎，质地细密。托径 12.6、底径 3.6、高 2.7 厘米（图五八，7；彩版一九五）。

4. 荡箍

竹中 Y3：53，荡箍底盘。残，可复原。形如盏托，沿面与荡箍连接处呈锯齿形，曲腹，平底，外腹壁近底部有三个指窝痕。胎体厚重，呈浅灰色，质地细密。口部滴釉，釉色青绿。口径 11.2、底径 5.8、高 5.2 厘米（图五八，8；彩版一九六）。

彩版一九四　垫饼竹中 Y3：51

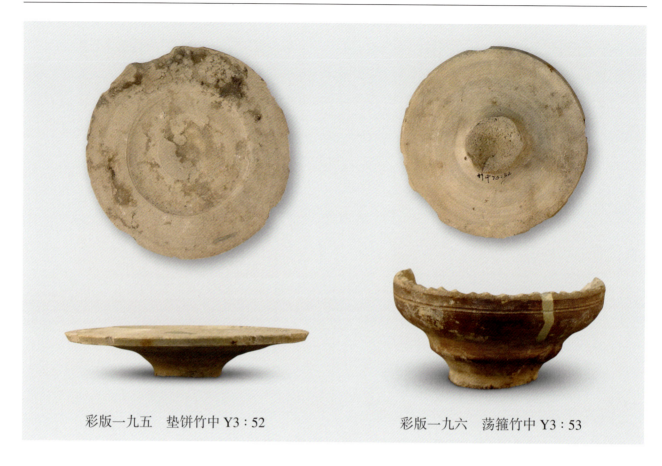

彩版一九五　垫饼竹中 Y3：52　　　　　　彩版一九六　荡箍竹中 Y3：53

三　小结

2011 年 12 月 6 日，在调查竹中 3 号窑址时，地面采集遗物中多见小型泥质陶垫饼、支座，制作随意，用于垫烧、支烧中小型器物。瓷质圆形垫饼少见。结合残次品堆积、窑具、产品观察，竹中 Y3 兼烧青瓷器和青花瓷器，生产规模较大。窑产品采用支烧、垫烧、叠烧三种方式。叠烧方式主要运用于碗类产品（其中青花瓷碗均采用叠烧方式），碗底内部施薄釉或有涩圈，撒以谷壳、米糠垫隔。采集瓷器多为碗、炉、盘、瓶等民间日用器。直口、深弧腹、圈足青瓷碗腹外壁多刻划一周菊瓣纹（部分简化为竖划纹），部分碗底内心印菊花或印"王""信"等文字。青花瓷碗圈足端多有斜削现象，足端及足内无釉，釉下彩绘纹饰较简单且疏朗有致，纹样有散点、成组点纹、弦纹、法螺[1]、波涛、花卉、连枝花、飞马等，部分碗底内书写"福""寿"等文字。竹中 Y3 采集的菊瓣纹碗（竹中 Y3：2、3、4、7），花口盘（竹中 Y3：64），洗式炉（竹中 Y3：36、68），与庆元廊桥博物馆藏明代同类产品形制一致[2]。青瓷凤尾瓶（竹中 Y3：75）与台北故宫所藏十五至十六

---

[1]　法螺纹是明代青花瓷器中最常见的一种纹饰，其以碗内底部单绘螺蛳为特征。"螺"是佛教"八瑞相"之一，又称法螺或右旋白螺，其原身是古印度战神手中的号角，是驱除邪恶、使人避开自然灾祸的吉祥瑞物。自然界中真实的螺壳壳口一般为左旋，因右旋白螺十分罕见，为此而被视为佛教祭祀仪式中的吉祥瑞物，象征着施颂佛法、祈福吉祥之意。在中国，螺与"长寿""安康"相对应，有"福寿螺""吉祥螺"之称，是祈福健康长寿、平安吉祥之瑞象，因此被民窑青花瓷绘大量运用。

[2]　庆元廊桥博物馆编：《土火遗粹：庆元廊桥博物馆藏瓷器精品集》，西泠印社出版社，2016 年，第 142～144、146、147、164、169 页。

世纪龙泉窑划花花卉凤尾瓶形态一致[1]。青瓷八角盘（竹中 Y3：33）与台北故宫所藏十六世纪龙泉窑划花花卉八方盘近似[2]。青花瓷碗法螺纹与景德镇湖田窑"大明正德秋月吉日造"青花瓷碗纹饰[3]相同。青花碗底内成组点纹见于日本骏府城出土中国瓷器中，其年代为 1617 年[4]，与竹中 Y3 点纹青花碗年代应相当。部分品质粗陋的青瓷碗（如竹中 Y3：12）、口外饰成组点纹的青花碗（如竹中 Y3：24）采用了叠烧方式，意在提高产品质量，其烧制方式与樟坑 Y1 清代青花碗相同，故推测其年代可能晚至明末至清早期。

　　总之，竹中 Y3 所采集青瓷器的胎质粗疏、釉色浊暗、做工拙劣，装烧草率，品质均差于大窑枫洞岩窑址所出明代早期青瓷器。综合判断，竹中 Y3 盛烧于明代中晚期，沿用至清代早期衰败。

第九节　竹中 4 号窑址

一　调查概况

　　位于竹口镇竹中村后窑陈 45 号民居与后窑许 6 号民居之间。西距竹口溪约 250 米。中心地理坐标为北纬 27°41′58″，东经 118°54′56″，海拔高度 292 米。现地貌呈阶地状，窑址上方种植蔬菜、竹木。后窑许 6 号民居的修建对窑址造成严重破坏。

　　窑炉残段可见，券顶，窑床内宽 2.1 米，长度不明，方向 10°。窑壁以砖坯叠砌，砖坯长 20、宽 15、厚 7 厘米（彩版一九七）。

1.竹中 Y4 近景　　　　　　　　　　　　2.竹中 Y4 窑壁砖

彩版一九七　竹中 Y4

[1] 蔡玫芬主编：《碧绿：明代龙泉窑青瓷》，台北故宫博物院，2010年，第167页。

[2] 蔡玫芬主编：《碧绿：明代龙泉窑青瓷》，台北故宫博物院，2010年，第101页。

[3] 景德镇陶瓷历史博物馆（刘新园、白焜）：《景德镇湖田窑考察纪要》，《文物》1980年第11期。

[4] 〔日〕伊藤寿夫、冈村涉：《骏府城跡三ノ丸SX01出土の输入磁器について》，《贸易陶瓷研究》第10辑，日本贸易陶瓷研究会出版，1990年。

残品堆积稀少，主要堆积于窑炉西侧，多处经人为扰动。堆积呈南北向带状分布于坡地上，长约 20、宽 15、厚 1.5 米。

M 型匣钵常见规格有 2 种：其一口径 31、高 13 厘米，其二口径 26、高 10.5 厘米。

喇叭形瓷支钉、圆形瓷垫饼多见，制作精良。筒形垫柱少见。小型泥质陶垫饼制作较随意。

产品多为灰胎青瓷，器形有碗、盘、擂钵、洗等（彩版一九八）。

此窑产品以大口碗为主。年代判定为元明时期。

彩版一九八　竹中 Y4 采集遗物

二　采集标本

共 32 件。

（一）瓷器

1. 青瓷碗

竹中 Y4：13，碗。残，可复原。直口微敞，尖圆唇，斜弧腹壁。深灰色胎，质地细密。通体施青绿釉，釉面有细密开片。口径 12.2、高 3.7 厘米（图五九，1）。

竹中 Y4：16，碗。残，可复原。敞口，斜弧腹壁，小圈足。口外划三周弦纹，弦纹带以数组斜线隔断；下腹部划莲瓣纹，莲瓣肥硕。灰色胎，质地细密。足端及足内无釉，余皆施青绿釉，釉面有细密开片。口径 20.8、足径 5.2、高 8.6 厘米（图五九，2；彩版一九九）。

竹中 Y4：19，碗。残，可复原。口微侈，斜弧腹壁，圈足，足心凸起，足端外缘斜削。灰色胎，质地细密。内、外壁施半釉，釉色青灰，釉面开片。口径 17、足径 5.4、高 5.2 厘米（图五九，3；彩版二〇〇）。

竹中 Y4∶20，碗。残，可复原。口微敛，斜弧腹壁，圈足，足心凸起。腹外壁刻双层莲瓣纹，瓣体瘦长。胎体轻薄，呈灰色，质地细密。足端刮釉，余皆施青绿釉，釉色莹润，釉层多气泡、有细密开片。口径 17.2、足径 4.6、高 6.5 厘米（图五九，4）。

竹中 Y4∶21，碗。残，可复原。敞口，尖圆唇，斜弧腹壁，小圈足。腹内壁刻划曲茎荷花纹；口外划 5 道弦纹，以数组斜线隔断；外壁近底部刻单层莲瓣纹，瓣面肥硕。灰色胎，质地细密。足端刮釉，余皆施青绿釉，釉层玻质感强。口径 21.6、足径 5.4、高 9.6 厘米（图五九，5；彩版二○一）。

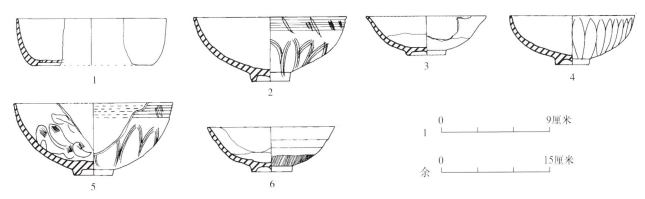

图五九　竹中 Y4 采集标本（一）
1~6.青瓷碗竹中 Y4∶13、16、19~22

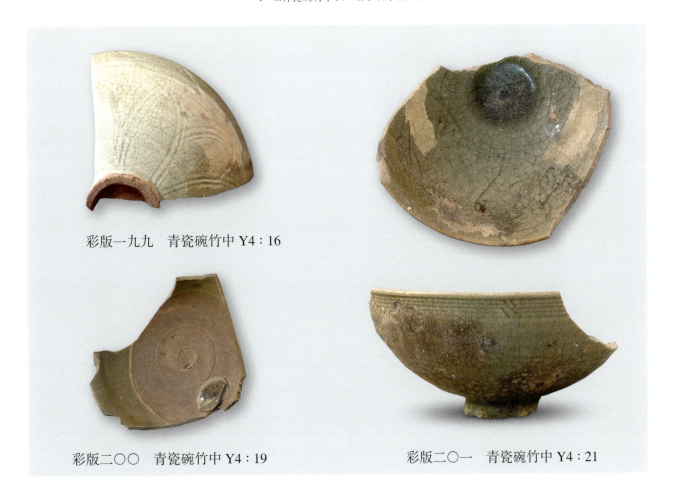

彩版一九九　青瓷碗竹中 Y4∶16

彩版二○○　青瓷碗竹中 Y4∶19

彩版二○一　青瓷碗竹中 Y4∶21

　　竹中 Y4：22，碗。残，可复原。敞口，斜弧腹壁，圈足，足心凸起，足端较平。胎体较薄，呈灰色，质地细密。内、外壁施半釉，釉色青灰，釉层干涩、浑浊，釉面有细密开片。口径 17.2、足径 5.4、高 5.9 厘米（图五九，6；彩版二○二）。

　　竹中 Y4：23，碗。残，可复原。直口，斜弧腹壁，圈足，足端外缘斜削。腹外壁饰一周竖线纹。深灰色胎，质地细密。足端及足内无釉，余皆施青灰釉，釉面干涩、多气泡。口径 11.9、足径 4.8、高 6.5 厘米（图六○，1）。

　　竹中 Y4：24，碗。残，可复原。敞口，斜弧腹壁，圈足，足心微凸。腹外壁刻单层莲瓣纹，瓣面瘦长，中脊凸出。胎体轻薄，呈灰色，质地细密。足端刮釉，余皆施青绿釉，釉面有细密开片、莹润。口径 20.6、足径 5、高 8.8 厘米（图六○，2；彩版二○三）。

　　竹中 Y4：25，碗。腹底部残片，不可复原。斜弧腹壁，小圈足，足心凸起。腹内阴印上下两周菊瓣纹。深灰色胎，质地细密。足端刮釉，余皆施青绿釉，釉面有细密开片。足径 5.2、残高 6 厘米（图六○，3；彩版二○四）。

　　竹中 Y4：27，碗。残，可复原。侈口，斜弧腹壁，圈足。腹内壁饰卷草纹、弦纹。胎体轻薄，呈灰色，质地细密。足端刮釉，余皆施青黄釉，釉层玻质感强、有细密开片。碗内粘有一匣钵残块。

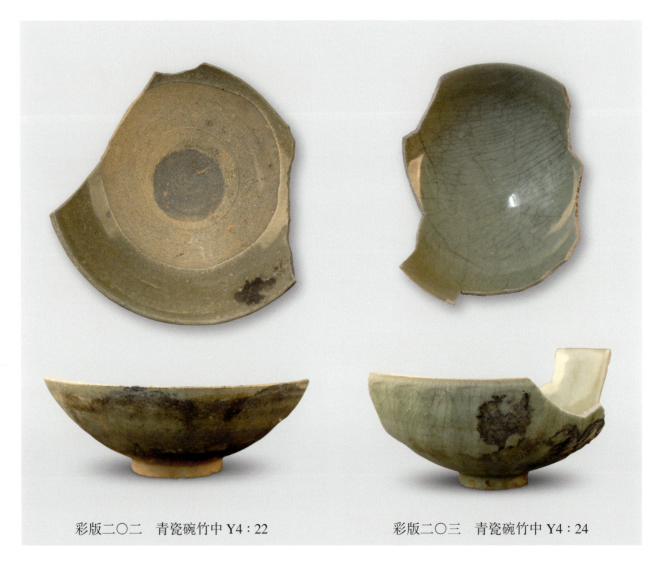

彩版二○二　青瓷碗竹中 Y4：22　　　　　　彩版二○三　青瓷碗竹中 Y4：24

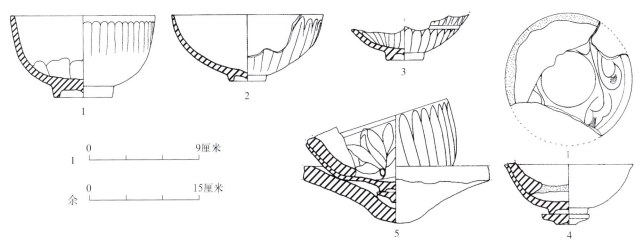

图六〇 竹中 Y4 采集标本（二）

1~6.青瓷碗竹中Y4：23~25、27、31

足端粘一圆形垫饼，托面平整，底面微凹，灰褐色胎，质地细密。碗口径 17.1、足径 5.2、高 6.6 厘米。垫饼托径 6.7、底径 2.9、高 1.4 厘米（图六〇，4；彩版二〇五）。

竹中 Y4：31，碗与匣钵粘连成一体（图六〇，5）。

竹中 Y4：31A，青瓷碗。略变形。敞口，尖圆唇，斜弧腹壁，圈足。腹内壁刻划曲茎荷花纹、弦纹；外壁刻单层莲瓣纹，瓣面瘦长。胎体轻薄，呈深灰色，质地细密。足端刮釉，余皆施青绿釉，釉层玻质感强，有细密开片。碗内外粘有匣钵残片。口径 21、足径 4.8、高 8.5 厘米。

竹中 Y4：31B，匣钵。残。截面呈 M 型。灰褐色粗陶胎。匣钵顶心置泥质陶垫饼，其上依次放置瓷垫饼、碗。最大径 25.5、高 7.5、厚 2.1 厘米。

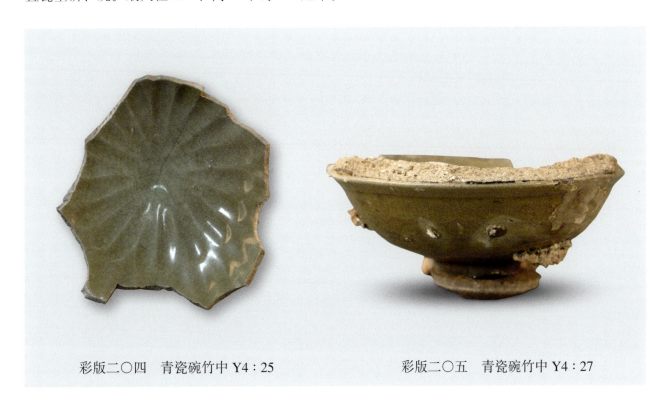

彩版二〇四 青瓷碗竹中 Y4：25　　　　彩版二〇五 青瓷碗竹中 Y4：27

2. 青瓷盏

竹中 Y4：12，盏。残，可复原。直口微敞，尖圆唇，上腹壁直，下腹壁折收，小圈足，底心凸起。红褐色胎，质地细密。施青绿色釉，釉面有开片，内、外壁缩釉严重。口径 10、足径 3、高 3.6 厘米（图六一，1）。

竹中 Y4：14，盏。残，可复原。束口，斜弧腹壁，小圈足。灰色胎，质地细密。内、外壁施釉及底，釉色青绿，釉层玻质感强、有细密开片。足端粘有一红褐色泥质陶垫饼，质地粗糙。口径 11.4、足径 3.5、高 4 厘米（图六一，2；彩版二○六）。

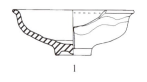 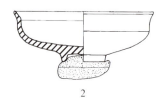 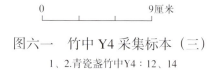

图六一　竹中 Y4 采集标本（三）
1、2.青瓷盏竹中 Y4：12、14

彩版二○六　青瓷盏竹中 Y4：14　　　　　彩版二○七　青瓷盘竹中 Y4：15

3. 青瓷盘

竹中 Y4：15，盘。盘腹底部残片。圈足。底内心阴印双鱼纹。灰色胎，质地细密。足端及足内无釉，余皆施青灰釉，釉面开片。足径 7.2、残高 3.9 厘米（图六二，1；彩版二○七）。

竹中 Y4：17，盘底。腹底部残片。斜弧腹壁，圈足。内底心贴饰双鱼纹。灰色胎，质地细密。足端刮釉，余皆施青绿釉，釉面玻璃质感强、有细密开片。足端粘有一瓷垫饼，截面略呈"T"形，托面平整，中间内凹，灰褐色胎体，质地较坚密。盘足径 7、残高 2.5 厘米。垫饼托径 7、底径 2.2、高 2.1 厘米（图六二，2；彩版二○八）。

竹中 Y4：18，盘。残，可复原。仰折沿，斜弧腹壁，圈足。底内贴饰一鱼纹。灰色胎，质地细密。足端刮釉，余皆施青黄釉，釉面有细密开片。口径 15、足径 5.1、高 4.6 厘米（图六二，3）。

竹中 Y4：30，盘与匣钵粘连成一体（图六二，4；彩版二○九）。

竹中 Y4：30A，盘。仰折沿，斜弧腹壁，圈足。灰色胎体。足端刮釉，余皆施青黄釉，釉层玻

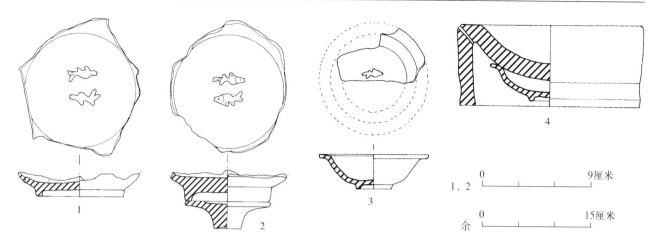

图六二　竹中 Y4 采集标本（四）

1～4.青瓷盘竹中Y4：15、17、18、30

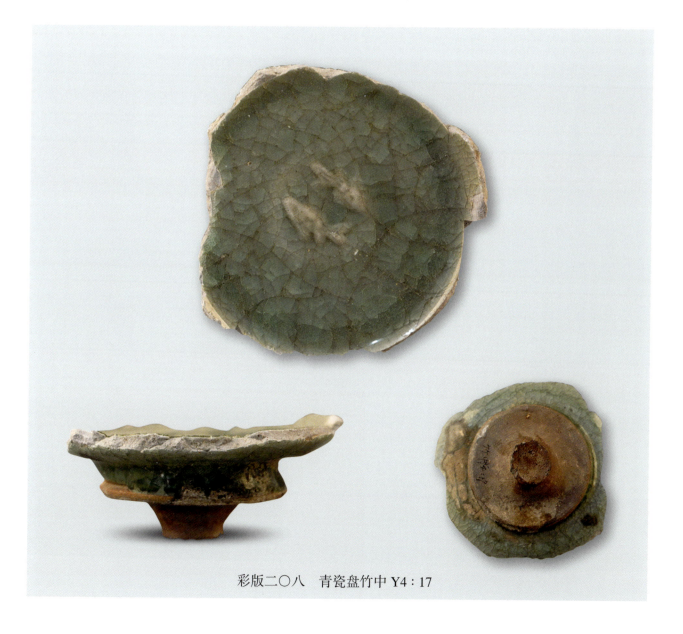

彩版二〇八　青瓷盘竹中 Y4：17

彩版二○九　青瓷盘竹中 Y4：30

质感强，有细密开片。盘口与匣钵粘连。口径 17.2、足径 6.1、高 5 厘米。

　　竹中 Y4：30B，匣钵。截面呈 M 型。灰褐色胎，质地粗疏。口径 24.8、顶径 25.6、高 10.7、厚 2.2 厘米。

4. 青瓷擂钵

　　竹中 Y4：28，擂钵。残，可复原。侈口，圆唇外凸，斜弧腹壁，圈足，足心凸起，足端外缘斜削。器内自底心向外刻划交叉弧线纹，腹外壁近底部划两周凹弦纹。胎体呈红褐色，中有气孔。仅口沿施青灰釉。口径 16.8、足径 6.1、高 6.8 厘米（图六三，1；彩版二一○）。

　　竹中 Y4：29，擂钵。残，可复原。侈口，斜弧腹壁，圈足，足端外缘斜削。腹内自底心向外刻划交叉弧线纹。胎体呈红褐色，中有气孔。口内外施青灰釉。口径 18、足径 5.6、高 6.6 厘米（图六三，2；彩版二一一）。

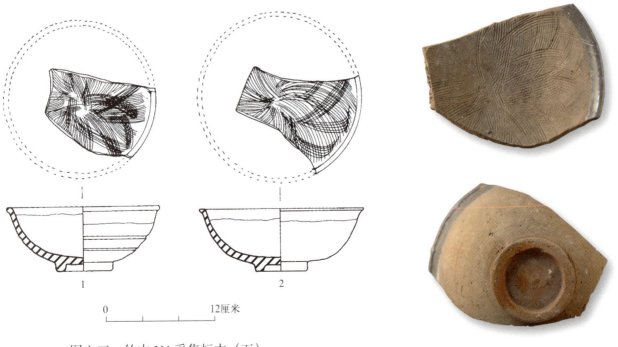

0 ⎯⎯⎯⎯⎯⎯ 12厘米

图六三　竹中 Y4 采集标本（五）

1、2.青瓷擂钵竹中Y4：28、29

彩版二一○　青瓷擂钵竹中 Y4：28

（二）窑具

1. 匣钵

竹中 Y4：32，匣钵。纵截面呈 M 型。灰褐色粗陶胎。匣钵顶面粘有一垫饼，其上粘有一变形的碗。碗敞口，深弧腹壁，小圈足；腹外壁刻单层莲瓣纹，瓣面瘦长；胎体轻薄，呈灰色，质地细密；内、外壁施釉及底，釉色青绿。碗内粘有一块匣钵残片，匣钵残高 6.6、厚 2 厘米。匣钵内置有一垫饼，托径 6.1、高 1.4 厘米。垫饼上置一碗底残片，圈足，灰色胎，内外壁施青灰釉及底，釉面开片，足径 4.6 厘米。匣钵口径 24.4、顶径 25.6、高 10.6、厚 2.1 厘米（图六四，1；彩版二一二）。

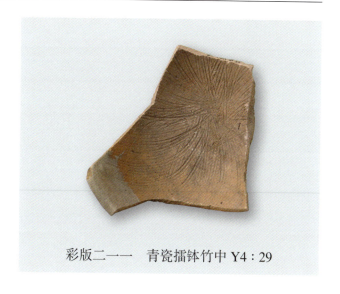

彩版二一一　青瓷擂钵竹中 Y4：29

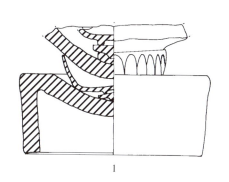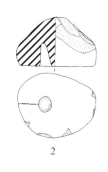

图六四　竹中 Y4 采集标本（六）

1.匣钵竹中Y4：32　2.支座竹中Y4：26　3.窑塞竹中Y4：1

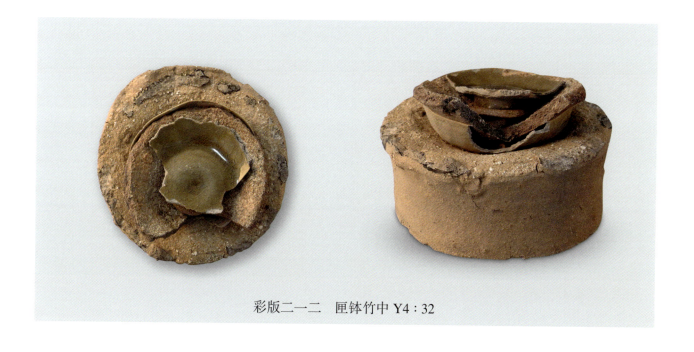

彩版二一二　匣钵竹中 Y4：32

2. 支座

竹中 Y4：26，支座。残，不可复原。呈空心柱状，托面平整。红褐色胎，质地粗疏。残高 12.3、托径 10.4 厘米（图六四，2；彩版二一三）。

3. 垫饼

竹中 Y4：2，泥质陶垫饼。呈圆饼形，托面平整，底面微弧。底面有 5 个指窝痕。灰褐色胎，质地粗糙。直径 6.7、厚 0.6～1.1 厘米（图六五，1；彩版二一四）。

竹中 Y4：3，瓷垫饼。呈圆饼形，托面平整，底面微弧。灰色胎，质地坚密。直径 6.8、厚 0.6～0.9 厘米（图六五，2；彩版二一五）。

竹中 Y4：4，瓷垫饼。呈喇叭形，托面平整，中间内凹。灰褐色胎，质地较致密。高 2.4、托径 7.2、底径 2.1 厘米（图六五，3）。

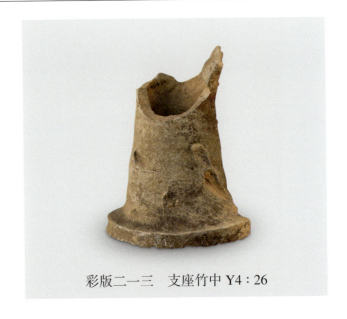

彩版二一三　支座竹中 Y4：26

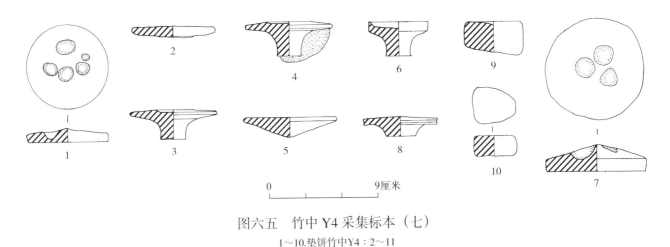

0 　　　　　　　 9厘米

图六五　竹中 Y4 采集标本（七）

1～10.垫饼竹中 Y4：2～11

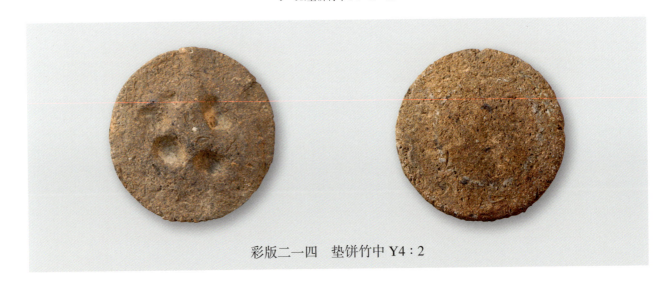

彩版二一四　垫饼竹中 Y4：2

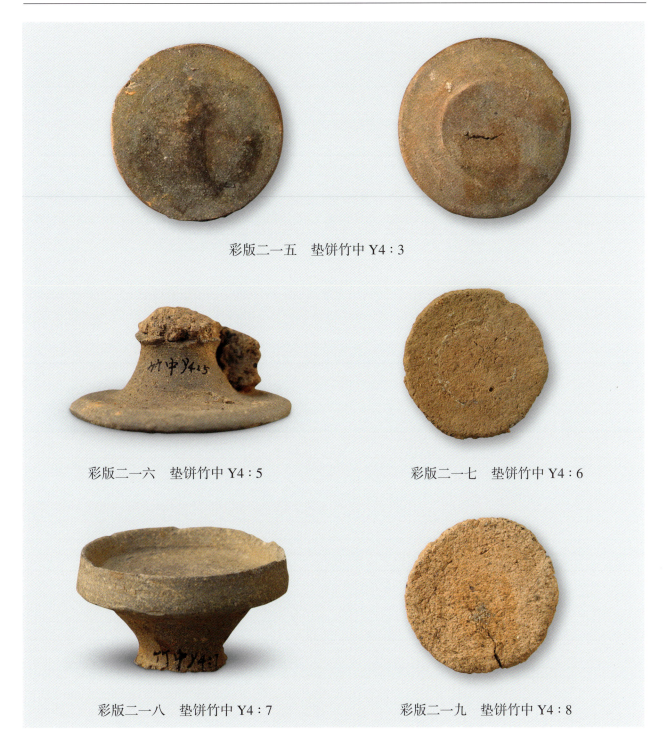

彩版二一五　垫饼竹中 Y4：3

彩版二一六　垫饼竹中 Y4：5

彩版二一七　垫饼竹中 Y4：6

彩版二一八　垫饼竹中 Y4：7

彩版二一九　垫饼竹中 Y4：8

竹中 Y4：5，瓷垫饼。呈喇叭形，托面平整，中间内凹。灰色胎，质地较粗疏。底部粘有炼泥块。高 2.8、托径 7.2、底径 2.1 厘米（图六五，4；彩版二一六）。

竹中 Y4：6，泥质陶垫饼。呈圆饼形，托面平整，底面微弧。灰褐色胎，质地粗糙。直径 7.8、厚 3.6 厘米（图六五，5；彩版二一七）。

竹中 Y4：7，瓷垫饼。纵截面呈"T"形。灰褐色胎，质地较坚密。托径 2.8、底径 2.2、高 2.7 厘米（图六五，6；彩版二一八）。

竹中 Y4：8，泥质陶垫饼。呈圆饼形，托面平整，底面微弧。底面有 3 个指窝痕。红褐色胎，质地粗糙。直径 6.7、厚 0.6～1.1 厘米（图六五，7；彩版二一九）。

竹中 Y4：9，瓷垫饼。纵截面微呈"T"形，托面微鼓。灰色胎，质地较细密。托径 6、底径 2.4、高 1.6 厘米（图六五，8；彩版二二〇）。

竹中 Y4：10，垫饼。呈圆饼形，托面平整，底面斜直。红褐色胎，质地粗糙。直径 5.6、厚 2～2.7 厘米（图六五，9）。

竹中 Y4：11，泥质陶垫饼。略呈圆饼形，托面微凹，底面微弧。灰褐色胎，质地粗糙。径 3～3.5、厚 1.6 厘米（图六五，10）。

4. 窑塞

竹中 Y4：1，泥质粗陶窑塞。略呈馒头形，底面有一指窝纹。红褐色胎，质地粗糙，胎体崩裂。底径长 8.6～10.7、高 6.5 厘米（图六四，3；彩版二二一）。

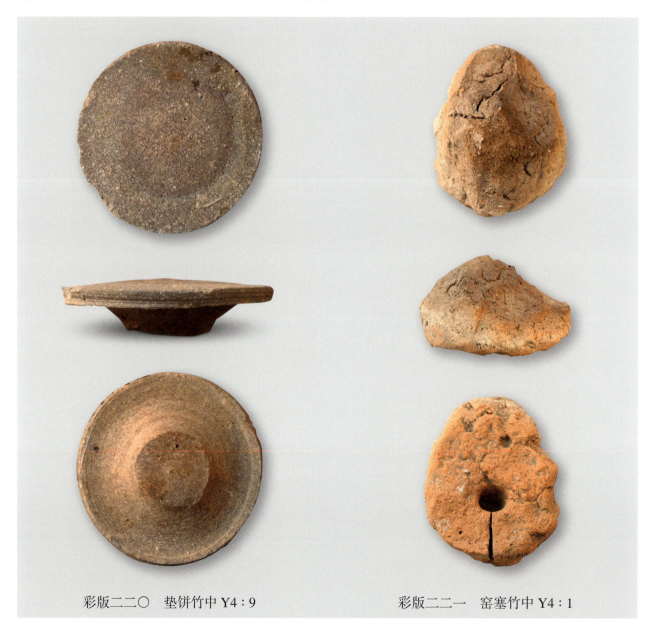

彩版二二〇　垫饼竹中 Y4：9　　　　　　　　彩版二二一　窑塞竹中 Y4：1

三　小结

据庆元县第三次全国文物普查资料，竹中 4 号窑址位于竹中村后窑许后北侧山坡，烧造于元至明，面积 1.5 万平方米。堆积层厚度达 4 米，地表采集瓷器有碗、盘、碟、盏、炉等。胎色灰。施青灰、青绿、粉青釉。纹饰有花草、动物、水波、几何纹等。有的碗内底贴饰双鱼纹。部分器物有冰裂纹。窑具有匣钵、垫饼等。

2011 年 12 月 6 日，在调查竹中 Y4 时，所见窑址规模远小于庆元县第三次全国文物普查登记的规模。采集遗物种类、器物装饰纹样亦不及普查时丰富。推测与村民建房、生产活动、盗掘古窑址等有较大关系。地面采集小型泥质陶垫饼与圆形瓷质垫饼数量相当。竹中 Y4 采集的窄体莲瓣纹大口碗（竹中 Y4：16、21、24、31、32）与大窑枫洞岩窑址出土元代早期莲瓣纹碗相似[1]。宽体莲瓣纹大口碗（竹中 Y4：16、21）的莲瓣系平面刻划而成，瓣体无中脊，口外刻划"五线谱"纹，是元代中晚期龙泉青瓷的典型纹饰[2]。束口盏（竹中 Y4：14）与太仓樊村泾遗址所出元代中晚期小碗形态相同[3]。双鱼盘（竹中 Y4：15、17、18）与龙泉大窑枫洞岩窑址出土元代中晚期印花双鱼纹折沿盘相同[4]。极少量的菊瓣纹直口碗（竹中 Y4：23）与竹中 Y2、Y3 所见菊瓣纹碗相同，年代亦应为明代中期。综合调查结果判断，竹中 Y4 盛烧于整个元代，沿用至明代中期衰败。

第一〇节　竹中 5 号窑址

一　调查概况

位于竹口镇竹中村镇前弄 9 号民居西南侧，白泥山西麓，西北距竹口溪约 300 米。中心地理坐标为北纬 27°41′51″，东经 118°54′52″，海拔高度 276 米。现地貌为坡地，窑址上方种植蔬菜、杂木。据镇前弄 9 号民居户主吴帮荣讲，屋舍修建时曾挖毁一段窑炉，窑壁以砖坯叠砌，窑床西北—东南走向，宽约 2 米（彩版二二二）。

残品堆积丰富，呈西北—东南走向，带状分布，长约 30、宽 25、厚 1.5 米。

M 型匣钵常见规格有 3 种：其一口径 36、高 8.5 厘米，其二口径 22、高 9 厘米，其三口径 19、高 11 厘米。大型平底匣钵少见。圆形泥质陶垫饼、垫圈多见，制作较随意。

产品以灰胎青釉瓷器为主，灰胎青黄釉瓷器少见。器形有碗、高足杯、盘、小杯等（彩版二二三）。

此窑产品以高足杯为主。年代判定为明代。

---

[1] 浙江省文物考古研究所、北京大学考古文博学院、龙泉青瓷博物馆编：《龙泉大窑枫洞岩窑址出土瓷器》，文物出版社，2009 年，第 46、47 页。

[2] 沈岳明：《向洋而生　无问西东——从圣杯屿沉船看元代龙泉青瓷的外销》，《故宫博物院院刊》2023 年第 2 期。

[3] 苏州市考古研究说、太仓博物馆：《大元·仓：太仓樊村泾元代遗址出土瓷器精粹》，上海古籍出版社，2018 年，第 22 页。

[4] 浙江省文物考古研究所、北京大学考古文博学院、龙泉青瓷博物馆编：《龙泉大窑枫洞岩窑址出土瓷器》，文物出版社，2009 年，第 75 页。

彩版二二二　竹中 Y5 近景

彩版二二三　竹中 Y5 采集遗物

二　采集标本

共 77 件。

（一）瓷器

1. 青瓷碗

竹中 Y5：30，碗。残，可复原。直口，圆唇，斜弧腹壁，底内心凸起，高圈足，足壁较直，足端外缘斜削。底内刻一周弦纹，底心阴印折枝花卉纹。灰褐色胎，质地细密有气孔。外底刮釉一圈，余皆施青绿釉，釉层有细密气孔、开片稀疏。口径 17.2、足径 6、高 7.8 厘米（图六六，1；彩版二二四）。

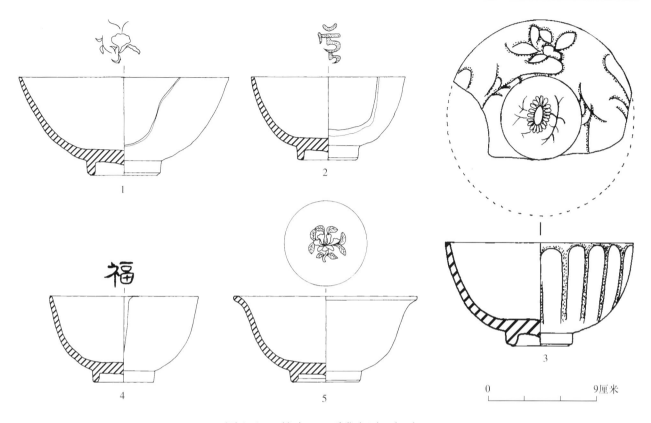

图六六　竹中 Y5 采集标本（一）
1～5.青瓷碗竹中Y5：30、32～35

竹中 Y5：32，碗。残，可复原。直口，圆唇，斜弧腹壁，圈足，足心微凸，足壁较直，足端外缘经过旋削。内底部阴印一"ꝏ"字。浅灰色胎，质地细密有气孔。底外刮釉一圈，余皆施青绿釉，釉面开片稀疏。口径 12.5、足径 5、高 6.6 厘米（图六六，2；彩版二二五）。

竹中 Y5：33，碗。残，可复原。直口，圆唇，斜弧腹壁，高圈足，足心微凸起，足外壁较直、内壁微外撇，足端外缘经过旋削。底内有明显轮旋纹，底心阴印折枝菊花纹，腹内壁刻缠枝莲纹，外壁刻划一周菊瓣纹。浅灰色胎，质地细密。外底无釉，余皆施青绿釉，釉色莹润，釉面开片。口径 15.6、足径 5.4、高 8.2 厘米（图六六，3；彩版二二六）。

竹中 Y5：34，碗。残，可复原。直口，圆唇，斜弧腹壁，圈足，足心凸起，足壁较直。底内心阴印一"福"字。浅灰色胎，质地细密有气孔。底外刮釉一圈，余皆施青黄釉，釉面有细密开片。口径 12.2、足径 5、高 6.8 厘米（图六六，4；彩版二二七）。

竹中 Y5：35，碗。残，可复原。侈口，圆唇，斜弧腹壁，高圈足，足心凸起，足外壁较直、内壁微外撇。底内划一周凹弦纹，底心阴印折枝牡丹纹。浅灰色胎，质地细密有气孔。足端及足内无釉，余皆施青绿釉，釉色莹润，釉面有细密气泡。口径 15、足径 5.8、高 6.8 厘米（图六六，5；彩版二二八）。

竹中 Y5：36，碗。残，可复原。侈口，圆唇，斜弧腹壁，高圈足，足心微凸，足外壁较直、内壁微外撇，足端外缘斜削。底内刻一周弦纹，底心阴印一"福"字。灰褐色胎，质地细密有气孔。底外刮釉，余皆施青绿釉，釉色莹润，釉面开片细密。口径 14.6、足径 5.6、高 6.8 厘米（图六七，1；

彩版二二四　青瓷碗竹中 Y5：30　　　　　　　　彩版二二五　青瓷碗竹中 Y5：32

彩版二二七　青瓷碗竹中 Y5：34

彩版二二六　青瓷碗竹中 Y5：33

彩版二二九　青瓷碗竹中 Y5：36

彩版二二八　青瓷碗竹中 Y5：35

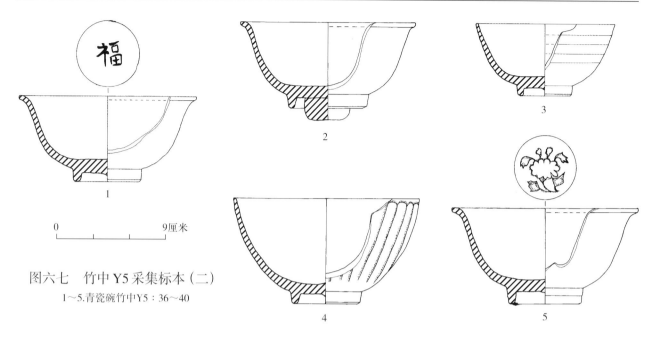

0 ———————— 9厘米

图六七　竹中 Y5 采集标本（二）
1~5.青瓷碗竹中 Y5：36~40

彩版二二九）。

竹中 Y5：37，碗。残，可复原。侈口，圆唇，斜弧腹壁，高圈足，足外壁较直、内壁微外撇。灰褐色胎，质地细密有气泡。内壁施满釉，外壁施釉及底，足端裹釉，釉色浅青灰，釉面干涩、呈橘皮纹。足内粘一圆形垫饼，深灰色胎，质地粗疏。碗口径 14.4、足径 6.4、高 6.8 厘米。垫饼直径 3.6、高 1.8 厘米（图六七，2；彩版二三〇）。

竹中 Y5：38，碗。残，可复原。直口，圆唇，斜弧腹壁，圈足略高，足心凸起，足外壁较直、内壁微外撇。底内心有一周明显的轮旋痕。浅灰色胎，质地细密。足端及足内无釉，余皆施青绿釉。口径 11.4、足径 4.4、高 5.7 厘米（图六七，3；彩版二三一）。

竹中 Y5：39，碗。残，可复原。直口，圆唇，斜弧腹壁，圈足略高，底内、外心凸起。足外壁较直，内壁微外撇。腹外壁刻划一周菊瓣纹。浅灰色胎，质地细密有气孔。足内无釉，余皆施青绿釉，釉色莹润。器内底部粘有一块窑渣。口径 15.2、足径 5.6、高 8.4 厘米（图六七，4；彩版二三二）。

竹中 Y5：40，碗。残，可复原。侈口，圆唇，斜弧腹壁，圈足，足心凸起，足壁较直。底内阴印折枝菊花纹。灰白色胎，质地细密。足内无釉，余皆施青绿釉，釉色莹润。腹外壁粘有一块窑渣。口径 15.2、足径 6.1、高 7.5 厘米（图六七，5；彩版二三三）。

竹中 Y5：41，碗。腹底部残片，不可复原。斜弧腹壁，底内、外心凸起，圈足，足外壁较直、内壁微外撇。底内刻一周弦纹，底心阴印折枝牡丹纹。灰白色胎，质地细密有气孔。足心无釉，余皆施青绿釉，釉色莹润，釉面开片。足径 6、残高 5.6 厘米（图六八，1；彩版二三四）。

竹中 Y5：42，碗。腹底部残片，不可复原。弧腹壁，圈足，足心凸起，足外壁较直、内壁微外撇。底内刻一周弦纹，底心阴印折枝菊花纹及一"仁"字。灰白色胎，质地细密有气孔。底外中部无釉，余皆施青绿釉，釉色莹润。足径 6.2、残高 3 厘米（图六八，2；彩版二三五）。

竹中 Y5：43，碗。残，可复原。侈口，圆唇，斜弧腹壁，高圈足，足心微凸，足外壁较直、内壁微外撇。底内刻一周凹弦纹，底心阴印一"**昌**"字。灰白色胎，质地细密有气孔。足内无釉，余皆施青绿釉，釉面开片。口径 14.3、足径 5.6、高 7.7 厘米（图六八，3；彩版二三六）。

彩版二三〇　青瓷碗竹中 Y5：37　　　　彩版二三一　青瓷碗竹中 Y5：38

彩版二三二　青瓷碗竹中 Y5：39　　　　彩版二三三　青瓷碗竹中 Y5：40

彩版二三四　青瓷碗竹中 Y5：41　　　　彩版二三五　青瓷碗竹中 Y5：42

　　竹中 Y5：44，碗。腹底部残片，不可复原。斜弧腹壁，高圈足，足心凸起，足外壁较直、内壁微外撇。底内刻一周凹弦纹，底心阴印飞马海涛纹，海涛纹较模糊。腹内、外壁刻缠枝莲纹。灰白色胎，质地细密。足心无釉，余皆施青绿釉，釉色莹润，釉面开片。腹外部粘有一块匣钵残片。足径 6.2、残高 3 厘米（图六八，4；彩版二三七）。

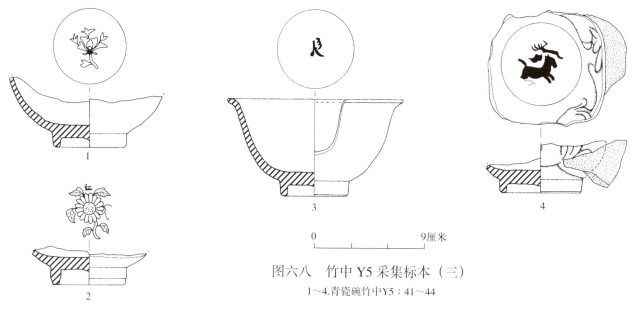

图六八　竹中 Y5 采集标本（三）
1～4.青瓷碗竹中 Y5：41～44

彩版二三六　青瓷碗竹中 Y5：43　　　　　　彩版二三七　青瓷碗竹中 Y5：44

2. 青瓷杯

竹中 Y5：31，杯。残，可复原。直口，圆唇，上腹壁斜内弧，下腹壁近底处折收，底内径略大于外径，圈足，足心凸起，足外壁较直、内壁微外撇，足端外缘斜削。灰褐色胎，质地细密有气孔。底外刮釉，余皆施青绿釉，釉面有细密开片。口径 12.5、足径 4.6、高 6.6 厘米（图六九，1；彩版二三八）。

竹中 Y5：45，杯。残，可复原。侈口，近直腹壁，圈足，足心凸起，足壁较直，足端外缘斜削。灰褐色胎，质地细密。足端及足内无釉，余皆施青黄釉，釉面有细密开片。口径 7、底径 3.2、高 4.5 厘米（图六九，2；彩版二三九）。

竹中 Y5：46，杯。残，可复原。直口，上腹壁较直，下腹弧收，圈足，足心凸起，足壁较直。腹外壁刻一周竖条纹。浅灰色胎，质地细密。足端及足内无釉，余皆施青绿釉。口径 7、足径 3.2、高 4.5 厘米（图六九，3；彩版二四〇）。

竹中 Y5：47，杯。残，可复原。侈口，弧腹壁，圈足，足心微凸，足壁较直，足端外缘经过旋

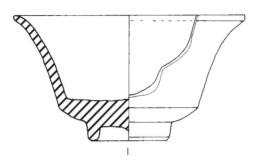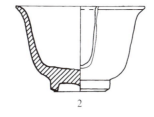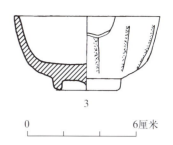

图六九 竹中 Y5 采集标本（四）

1～3.青瓷杯竹中 Y5：31、45、46

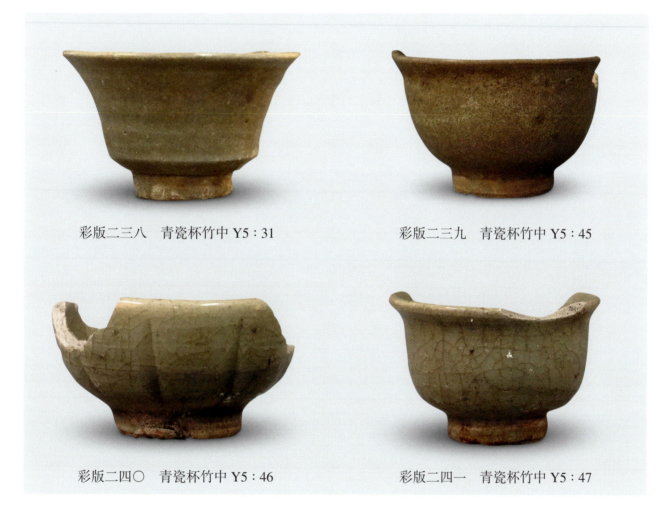

彩版二三八 青瓷杯竹中 Y5：31   彩版二三九 青瓷杯竹中 Y5：45

彩版二四〇 青瓷杯竹中 Y5：46   彩版二四一 青瓷杯竹中 Y5：47

削。浅灰色胎，质地细密。足端及足内无釉，余皆施青灰釉，釉色莹润，釉面开片。口径 6、足径 2.8、高 4.2 厘米（图七〇，1；彩版二四一）。

竹中 Y5：48，杯。残，可复原。侈口，弧腹壁，圈足，足心凸起，足外壁较直、内壁微外撇。浅灰色胎，质地细密有气孔。足端及足内无釉，余皆施青绿釉，釉色莹润，釉面开片。口径 6.1、足径 3.3、高 3.6 厘米（图七〇，2；彩版二四二）。

竹中 Y5：49，杯。残，可复原。直口，上腹壁直，下腹壁弧收，隐圈足，足心凸起。浅灰色胎，质地细密有气孔。足内无釉，余皆施青绿釉，釉色莹润。底内部粘有两块瓷片。口径 6.1、足径 3、高 3.4 厘米（图七〇，3；彩版二四三）。

　　竹中 Y5：50，杯。残，可复原。直口微侈，上腹壁较直，下腹壁弧收，圈足，足心凸起，足壁较直。浅灰色胎，质地细密。足端及足内无釉，余皆施青灰釉，釉色莹润，釉面开片。口径 6.2、足径 2.4、高 4.2 厘米（图七一，1；彩版二四四）。

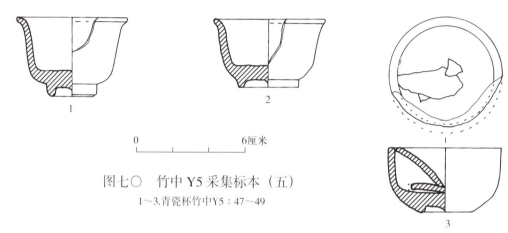

0 　　　　　　　　6厘米

图七〇　竹中 Y5 采集标本（五）

1~3.青瓷杯竹中 Y5：47~49

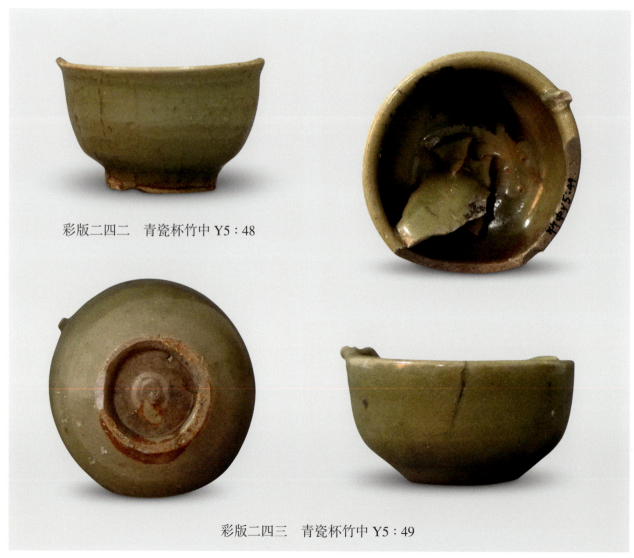

彩版二四二　青瓷杯竹中 Y5：48

彩版二四三　青瓷杯竹中 Y5：49

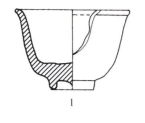  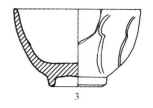

0　　　　　　6厘米

图七一　竹中Y5采集标本（六）
1～3.青瓷杯竹中Y5：50～52

彩版二四四　青瓷杯竹中Y5：50　　　彩版二四五　青瓷杯竹中Y5：51　　　彩版二四六　青瓷杯竹中Y5：52

　　竹中Y5：51，杯。残，可复原。侈口，上腹壁较直，下腹弧收，圈足，足心凸起，足壁较直。浅灰色胎，质地细密。足端及足内无釉，余皆施青釉泛黄，釉色莹润，釉面开片。口径6.2、足径3.6、高3.6厘米（图七一，2；彩版二四五）。

　　竹中Y5：52，杯。残，可复原。直口，弧腹壁，圈足，足壁较直，足端外缘斜削。腹外壁刻一周竖向双曲线纹。浅灰色胎，质地细密有气孔。足端及足内无釉，余皆施青绿釉，釉色莹润。口径7、足径3.3、高4.1厘米（图七一，3；彩版二四六）。

　　竹中Y5：53，杯。残，可复原。侈口，弧腹壁，底内、外心凸起，圈足，足壁较直。腹外壁饰一周细密竖线纹。灰白色胎，质地细密有气孔。足端及足内无釉，余皆施粉青釉，釉色莹润。口径8、足径3.8、高4.4厘米（图七二，1）。

　　竹中Y5：54，杯。残，可复原。侈口，弧腹壁，圈足，足心凸起，足壁较直，足端外缘经过旋削。灰褐色胎，质地细密有气孔。足端及足内无釉，余皆施青黄釉，釉面有细密开片。口径6.9、足径4、高4.1厘米（图七二，2）。

　　竹中Y5：55，杯。残，可复原。方形口腹。侈口，上腹壁较直，下腹壁近底部弧收，圈足，足心凸起，足壁较直，足端外缘经过旋削。红褐色胎，质地细密有气孔。足内无釉，余皆施青绿釉，釉面有细密开片。外壁粘有少量窑渣。口径13.2～13.4、足径5.6、高6.8厘米（图七二，3；彩版二四七）。

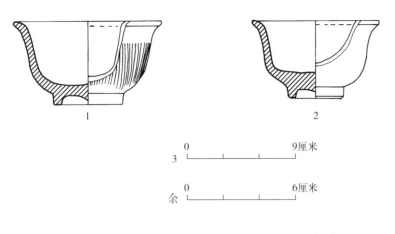
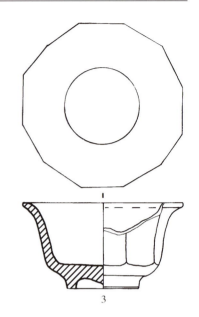

图七二　竹中 Y5 采集标本（七）

1~3.青瓷杯竹中Y5：53~55

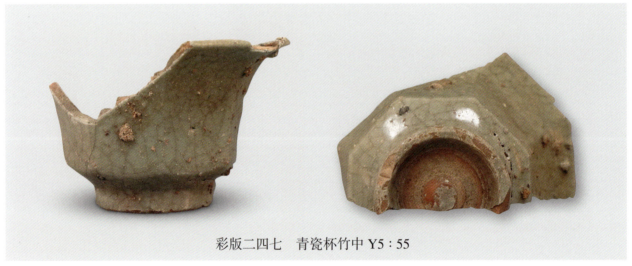

彩版二四七　青瓷杯竹中 Y5：55

3. 青瓷高足杯

竹中 Y5：1，高足杯。残，可复原。侈口，圆唇，弧腹壁，喇叭形足上部实心、下部旋空，足端外缘经过修削。柄足上部饰两周凸弦纹。浅灰色胎，质地细密。足端未施釉，余皆施青绿釉，釉面开片，釉色莹润。口径 7.2、足径 3.4、高 8.8 厘米（图七三，1；彩版二四八）。

竹中 Y5：2，高足杯。残，可复原。侈口，圆唇，上腹壁近直，下腹近底部折收，喇叭形足上部实心、下部旋空，足端外缘经过修削。柄足上部饰两周凸弦纹。浅灰色胎，质地细密有气泡。足端未施釉，余皆施青绿釉，釉色莹润，釉面开片。口径 6.8、足径 3.4、高 8.9 厘米（图七三，2；彩版二四九）。

竹中 Y5：3，高足杯。残，可复原。六边形口腹，侈口，圆唇，上腹壁近直，下腹壁近底部折收，喇叭形足上部实心、下部旋空，足端外缘经过修削。柄足上部饰两周凸弦纹。浅灰色胎，质地细密。足端未施釉，余皆施青绿釉，釉色莹润，釉面开片。柄足上粘有一块瓷片。口径 7.4～7.8、足径 3.4、高 9.2 厘米（图七三，3；彩版二五〇）。

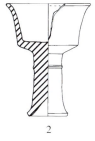

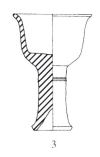
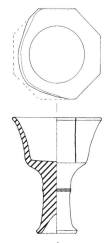

0　　　　　　9厘米

图七三　竹中 Y5 采集标本（八）

1~4.青瓷高足杯竹中Y5：1~4

彩版二四八　青瓷高足杯竹中 Y5：1

彩版二四九　青瓷高足杯竹中 Y5：2

彩版二五〇　青瓷高足杯竹中 Y5：3

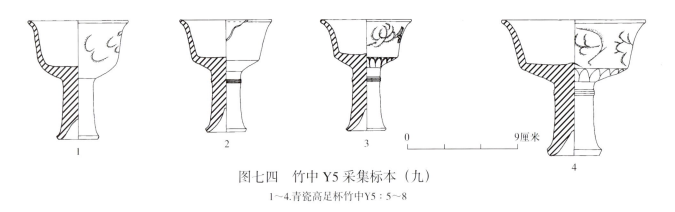

图七四　竹中 Y5 采集标本（九）

1～4.青瓷高足杯竹中Y5：5～8

彩版二五一　青瓷高足杯竹中 Y5：4　　　彩版二五二　青瓷高足杯竹中 Y5：5　　　彩版二五三　青瓷高足杯竹中 Y5：6

　　竹中 Y5：4，高足杯。残，可复原。侈口，圆唇，深弧腹壁，喇叭形足上部实心、下部旋空，足端外缘经过修削。柄足上部饰两周凸弦纹。浅灰色胎，质地细密。足端未施釉，余皆施青黄釉，釉色莹润，釉面开片。口径 6.4、足径 3.4、高 9.2 厘米（图七三，4；彩版二五一）。

　　竹中 Y5：5，高足杯。残，可复原。侈口，圆唇，圆弧腹壁，喇叭形足上部实心、下部旋空，足端外缘经过修削。外腹部饰简洁刻花纹。灰白色胎，质地细密。足端未施釉，余皆施青绿釉，釉色莹润，釉面开片。口径 8.2、足径 3.2、高 9.4 厘米（图七四，1；彩版二五二）。

　　竹中 Y5：6，高足杯。残，可复原。侈口，圆唇，上腹壁近直，下腹壁近底部折收，喇叭形足上部实心、下部旋空，足端外缘经过修削。柄足上部饰两周凸弦纹。浅灰色胎，质地细密。足端未施釉，余皆施青黄釉，釉色莹润，釉面开片。柄足及外壁上各粘有一瓷片。口径 7.6、足径 3.4、高 8.9 厘米（图七四，2；彩版二五三）。

　　竹中 Y5：7，高足杯。残，可复原。侈口，圆唇，上腹壁近直，下腹壁近底部折收，喇叭形足上部实心、下部旋空，足端外缘经过修削。外腹部饰简洁刻花纹，腹下部近柄足处刻划一周仰莲纹，柄足上部饰两周凸弦纹。灰白色胎，质地细密。足端未施釉，余皆施青绿釉，釉色莹润，釉面开片。口径 7.4、足径 3.2、高 8.8 厘米（图七四，3；彩版二五四）。

　　竹中 Y5：8，高足杯。残，可复原。侈口，圆唇，上腹壁近直，下腹壁近底部折收，喇叭形足

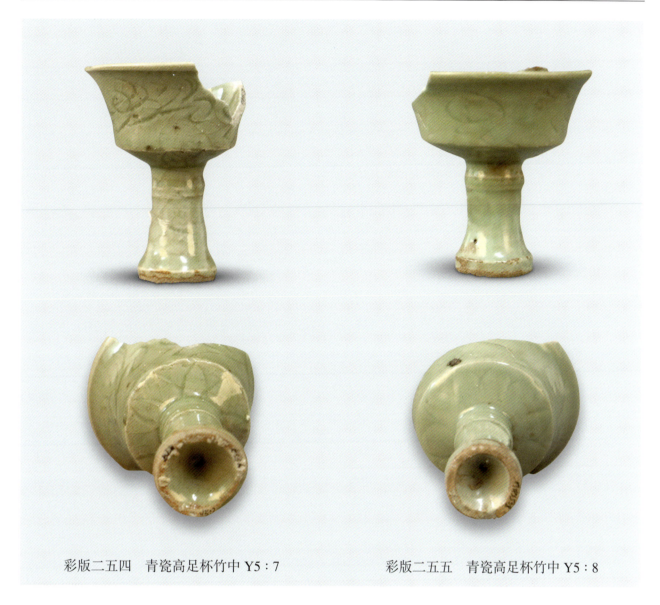

彩版二五四　青瓷高足杯竹中 Y5：7　　　　　　彩版二五五　青瓷高足杯竹中 Y5：8

上部实心、下部旋空，足端外缘经过修削。外腹刻划简洁花卉纹，腹下部近柄足处刻划一周仰莲纹，柄足上部饰两周凸弦纹。灰白色胎，质地细密。足端未施釉，余皆施青绿釉，釉色莹润。内壁近口沿处粘有一块窑渣。口径 11.8、足径 4.4、高 10.7 厘米（图七四，4；彩版二五五）。

　　竹中 Y5：9，高足杯。残，不可复原。上腹壁近直，下腹壁近底部折收，喇叭形足上部实心、下部旋空，足端外缘经过修削。底内阴印折枝花卉纹，模糊不清。腹外壁刻划简洁卷草纹，近柄足处刻划一周仰莲纹，柄足上部饰两周凸弦纹。灰白色胎，质地细密。足端未施釉，余皆施青绿釉，釉色莹润，釉面开片。足径 4.5、残高 9.5 厘米（图七五，1；彩版二五六）。

　　竹中 Y5：10，高足杯。残，可复原。侈口，圆唇，圆弧腹壁，喇叭形足，上部实心，下部旋空，足外缘经过修削。灰白色胎。质地细密。内壁施满釉，外壁施釉及底。足内施釉。釉色青绿、滋润。釉面开片。口径 10.6、足径 4.4、高 10.2 厘米（图七五，2；彩版二五七）。

　　竹中 Y5：11，高足杯。可复原。侈口，圆唇，上腹壁近直，下腹壁近底部折收，喇叭形足上部实心、下部旋空，足端外缘经过修削。柄足上部饰两周凸弦纹。浅灰色胎，质地细密。足端未施釉，余皆

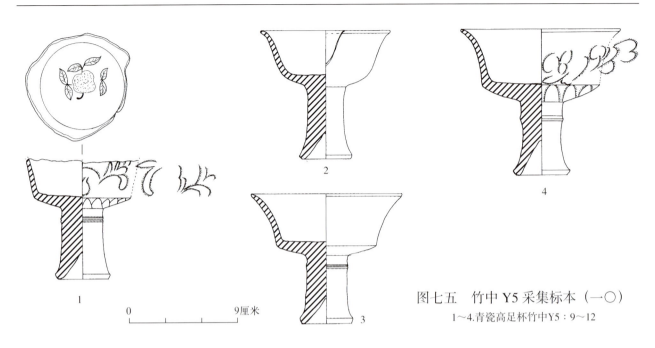

0   9厘米

图七五 竹中Y5采集标本（一〇）
1~4.青瓷高足杯竹中Y5：9~12

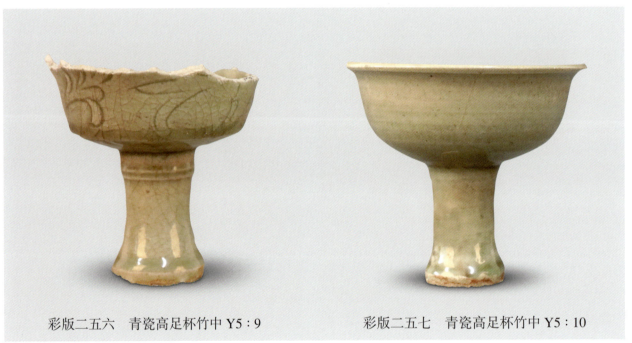

彩版二五六 青瓷高足杯竹中Y5：9   彩版二五七 青瓷高足杯竹中Y5：10

施青绿釉，釉色莹润，釉面开片。口径12.4、足径4.2、高10.3厘米（图七五，3；彩版二五八）。

竹中Y5：12，高足杯。残，可复原。侈口，圆唇，上腹壁斜直，下腹壁近底部折收，喇叭形足上部实心、下部旋空，足端外缘经过修削。腹外壁刻划简洁卷草纹，近柄足处刻划一周仰莲纹，柄足上部饰一周凸弦纹。浅灰色胎，质地细密。足端未施釉，余皆施青绿釉，釉色莹润，釉面开片。口径13、足径4.5、高11.6厘米（图七五，4；彩版二五九）。

竹中Y5：13，高足杯。残，可复原。侈口，圆唇，弧腹壁，喇叭形足上部实心、下部旋空，足端外缘经过修削。器内阴印花卉纹，模糊不清；柄足上部饰两周凸弦纹。灰白色胎，质地细密。足端未施釉，余皆施青绿釉，釉色莹润，釉面开片。口径11.6、足径4.2、高9.9厘米（图七六，1；

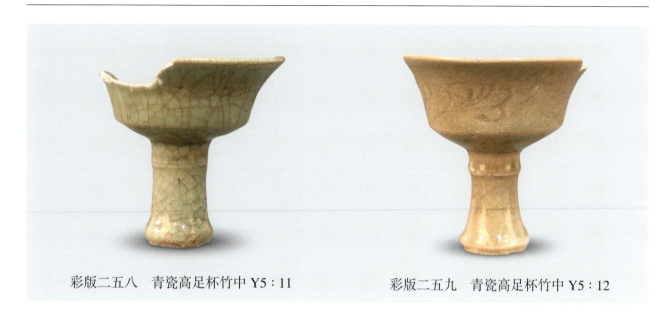

彩版二五八 青瓷高足杯竹中 Y5：11　　　彩版二五九 青瓷高足杯竹中 Y5：12

彩版二六〇）。

竹中 Y5：14，高足杯。残，可复原。侈口，圆唇，上腹壁斜直，下腹壁近底部折收，喇叭形足上部实心、下部旋空，足端外缘经过修削。柄足上部饰两周凸弦纹。灰白色胎，质地细密。通体施青绿釉，釉面开片。口径 12、足径 4.1、高 10 厘米（图七六，2；彩版二六一）。

竹中 Y5：15，高足杯。残，可复原。撇口，圆唇，弧腹壁，喇叭形足上部实心、下部旋空，足端外缘经过修削。柄足上部饰一周凸弦纹。浅灰色胎，质地细密。足端未施釉，余皆施青灰釉，釉面开片。器内底部粘有一块窑渣。口径 11.6、足径 4.2、高 10.9 厘米（图七六，3；彩版二六二）。

竹中 Y5：16，高足杯。残，可复原。侈口，圆唇，圆弧腹壁，喇叭形足上部实心、下部旋空，足端外缘经过修削。内壁近口沿处刻划一周分段卷草纹，腹外壁刻划缠枝莲纹。浅灰色胎，质地细密。足端未施釉，余皆施青釉，釉色莹润。柄足上粘有一块瓷片。口径 11.4、足径 4.2、高 10.9 厘米（图

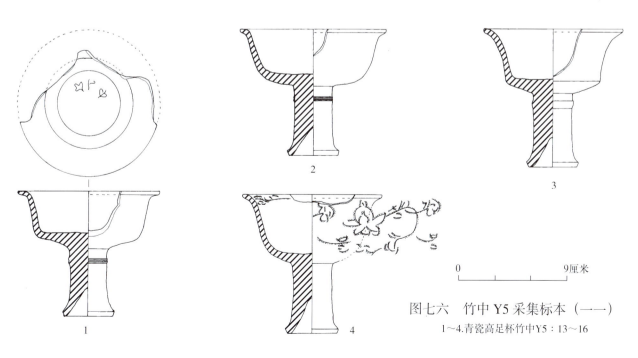

0　　　　　　9厘米

图七六　竹中 Y5 采集标本（一一）
1～4.青瓷高足杯竹中 Y5：13～16

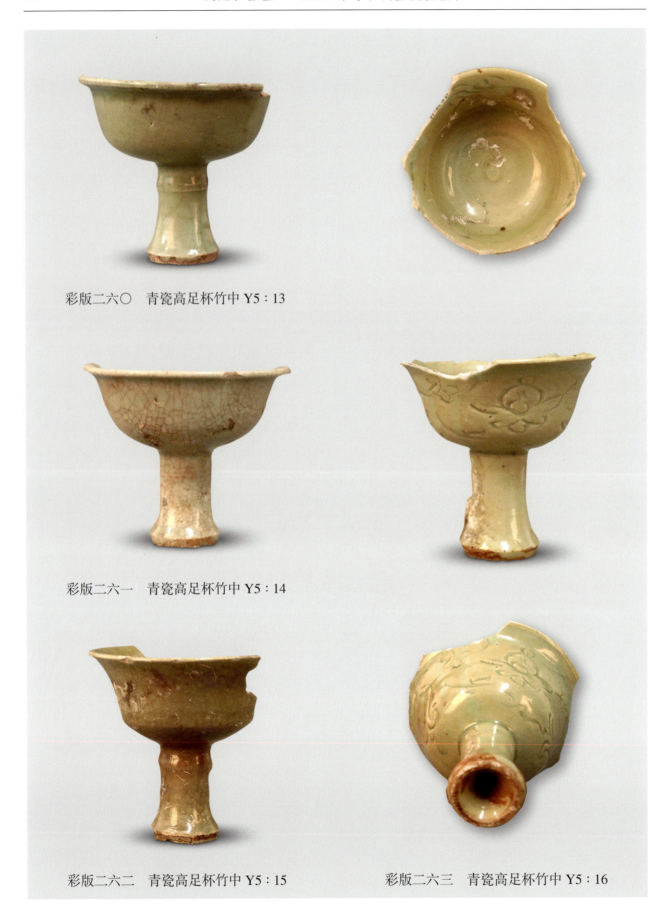

彩版二六〇　青瓷高足杯竹中 Y5：13

彩版二六一　青瓷高足杯竹中 Y5：14

彩版二六二　青瓷高足杯竹中 Y5：15　　　　　彩版二六三　青瓷高足杯竹中 Y5：16

七六，4；彩版二六三）。

竹中 Y5：17，高足杯。残，可复原。侈口，圆唇，上腹壁斜直，下腹壁近底部折收，喇叭形足上部实心、下部旋空，足端外缘经过修削。腹外壁刻划卷草纹，近柄足处刻划一周仰莲纹，柄足上饰一周凸弦纹。浅灰色胎，质地细密。足端未施釉，余皆施青绿釉，釉色莹润，釉面开片。器内壁近口沿处粘附有窑渣。口径13、足径4.3、高12厘米（图七七，1；彩版二六四）。

竹中 Y5：18，高足杯。残，可复原。侈口，圆唇，上腹壁斜直，下腹壁近底部折收，喇叭形足上部实心、下部旋空，足端外缘经过修削。柄足上饰两周弦纹。浅灰色胎，质地细密。足端未施釉，余皆施青绿釉，釉色莹润，釉面开片。口径11.8、足径4.2、高10.8厘米（图七七，2；彩版二六五）。

竹中 Y5：19，高足杯。残，可复原。侈口，圆唇，上腹壁斜直，下腹壁近底部折收，喇叭形足上部实心、下部旋空，足端外缘经过修削。柄足上饰一周凸弦纹。浅灰色胎，质地细密。足端未施釉，余皆施青黄釉，釉色莹润，釉面开片。口径12、足径4.3、高11.2厘米（图七七，3；彩版二六六）。

竹中 Y5：20，高足杯。残，可复原。侈口，圆唇，上腹壁斜直，下腹壁近底部折收，喇叭形足上部实心、下部旋空，足端外缘经过修削。柄足上饰一周凸弦纹。浅灰色胎，质地细密。足端未施釉，余皆施青绿釉，釉色莹润。口径11.8、足径4.2、高10.6厘米（图七七，4；彩版二六七）。

竹中 Y5：21，高足杯。残，可复原。侈口，圆唇，圆弧腹壁，喇叭形足上部实心、下部旋空，足端外缘经过修削。红褐色胎，质地细密。足端未施釉，余皆施青黄釉，釉色莹润，釉面开裂。器内底部有"十"字形裂痕。口径12.4、足径4.4、高11.2厘米（图七七，5；彩版二六八）。

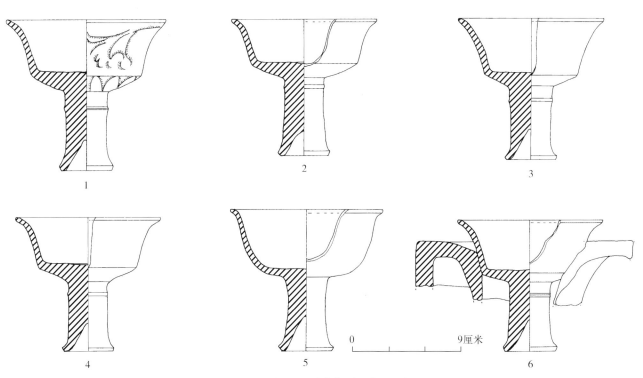

图七七　竹中 Y5 采集标本（一二）

1～6.青瓷高足杯竹中Y5：17～22

彩版二六四　青瓷高足杯竹中 Y5：17

彩版二六五　青瓷高足杯竹中 Y5：18

彩版二六六　青瓷高足杯竹中 Y5：19

彩版二六七　青瓷高足杯竹中 Y5：20

彩版二六八　青瓷高足杯竹中 Y5：21

彩版二六九　青瓷高足杯竹中 Y5：22

竹中 Y5：22，高足杯。残，可复原。侈口，圆唇，上腹壁斜直，下腹壁近底部折收，喇叭形足上部实心、下部旋空，足端外缘经过修削。柄足上饰两周凸弦纹。浅灰色胎，质地细密。足端未施釉，余皆施青灰釉，釉色莹润，釉面开片。腹外壁粘有匣钵残片。口径 12、足径 4.3、高 10.4 厘米（图七七，6；彩版二六九）。

4. 青瓷盘

竹中 Y5：56，盘。残，可复原。敞口，浅弧腹壁，底内有明显的轮旋纹，平底微凹。浅灰色胎，质地细密。仅器内及唇部施釉，釉色青灰。口径 7.6、底径 3.5、高 3.5 厘米（图七八，1）。

竹中 Y5：57，盘。残，可复原。敞口，浅弧腹壁，底内、外心凸起，圈足，足端外缘斜削。腹外壁刻饰两周弦纹。灰白色胎，质地细密有气孔。底内刮釉一周，底外无釉，余皆施粉青釉，釉色莹润，釉面有稀疏开片。口径 10、足径 5.8、高 3.6 厘米（图七八，2；彩版二七〇）。

竹中 Y5：58，盘。残，可复原。菱口，上腹壁较斜，下腹壁近底处折收，圈足，足心凸起，足端外缘经过旋削。底内部模印一"**马**"字，腹内壁刻划卷草纹，外壁素面。灰白色胎，质地细密。底外刮釉一圈，余皆施粉青釉，釉色莹润，釉面开片。口径 10、足径 5.8、高 3.6 厘米（图七八，3；彩版二七一）。

竹中 Y5：59，盘，1 组 2 件。残，可复原。两件盘粘连成一体，通高 3.6 厘米。上部一件完整，敞口，上腹壁斜内弧，下腹壁近底处折收，底内部大于外部，圈足，足心凸起。口内饰三周弦纹，腹内壁刻波浪纹，底内刻一周弦纹，底内心阴印双鱼纹。浅灰色胎，质地细密有气孔。足内刮釉，余皆施青灰釉，釉面开片。口径 11.6、足径 5.4、高 2.4 厘米（图七九，1；彩版二七二）。

竹中 Y5：60，盘。残，可复原。菱口，上腹壁弧斜，下腹壁近底处折收，底内部大于外部，圈足，足心凸起。口内刻双线菱纹；腹、底刻缠枝花卉纹，较模糊；腹外壁刻卷草纹；下腹与圈足相接处刻莲瓣纹一周。灰白色胎，质地细密有细小气孔。底外刮釉一周，余皆施青绿釉，釉色莹润。器内及外壁均粘有窑渣。口径 13、足径 6、高 3.7 厘米（图七九，2；彩版二七三）。

竹中 Y5：61，盘。残，可复原。花口，上腹壁斜内弧，下腹壁近底处折收，底内部大于外部，圈足，足心凸起。内壁近口沿处饰两周弦纹，腹内壁刻缠枝花卉纹，底内刻弦纹一周，底内心刻花卉纹。

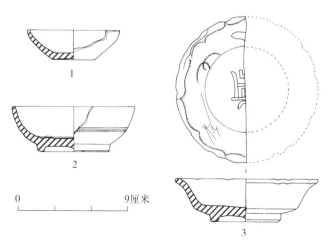

0　　　　　　9厘米

图七八　竹中 Y5 采集标本（一三）

1～3.青瓷盘竹中 Y5：56～58

彩版二七〇　青瓷盘竹中 Y5：57

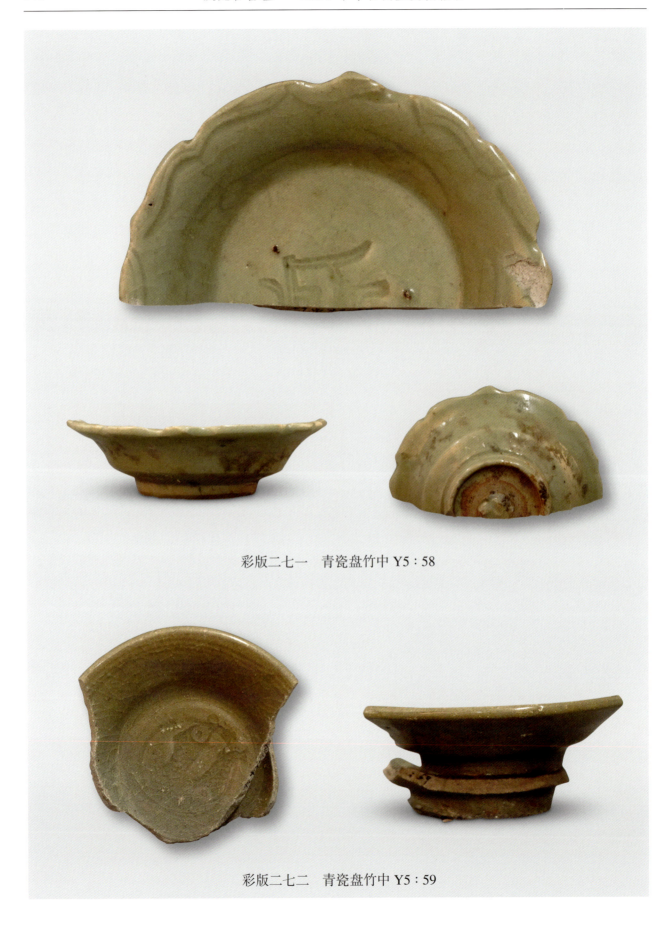

彩版二七一　青瓷盘竹中 Y5：58

彩版二七二　青瓷盘竹中 Y5：59

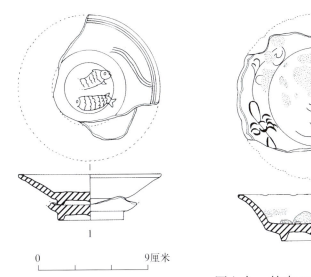
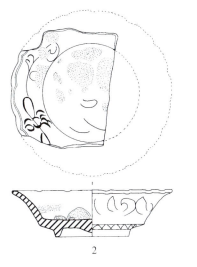
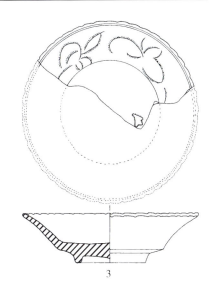

图七九　竹中 Y5 采集标本（一四）

1~3.青瓷盘竹中Y5：59~61

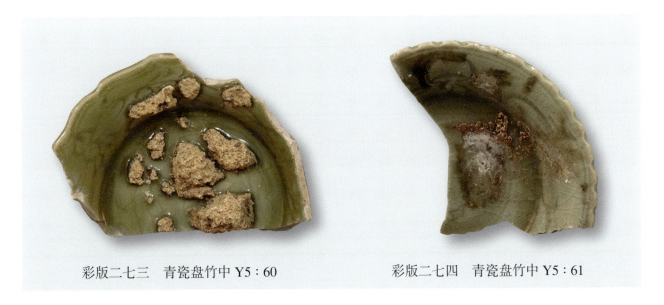

彩版二七三　青瓷盘竹中 Y5：60　　　　　　　彩版二七四　青瓷盘竹中 Y5：61

灰白色胎，质地细密有气孔。底外刮釉一圈，余皆施青绿釉，釉色莹润，釉面开片。口径 14.4、足径 5.8、高 3.9 厘米（图七九，3；彩版二七四）。

竹中 Y5：62，盘。残，可复原。敞口，上腹壁斜内弧，下腹壁近底处折收，底内部大于外部，圈足，足心凸起，足端外缘斜削。腹内壁刻简洁花卉纹，腹外壁下部刻一周仰莲纹。浅灰色胎，质地细密有气孔。底外刮釉一圈，余皆施青黄釉，釉面有细密开片。口径 12、足径 6、高 3.4 厘米（图八〇，1）。

竹中 Y5：63，盘。残，可复原。菱口，上腹壁斜弧，下腹壁近底处折收，底内部大于外部，圈足，足心凸起。口内刻双线菱纹，腹内壁刻卷草纹，底内刻一周弦纹，底内心阴印折枝菊花纹。浅灰色胎，质地细密有气孔。底外部刮釉一圈，余皆施粉青釉，釉色莹润，釉面有细密开片。口内及底外心粘有少量窑渣。口径 12.2、足径 6、高 3.2 厘米（图八〇，2；彩版二七五）。

竹中 Y5：64，盘。残，可复原。侈口，上腹壁较斜，下腹壁近底处折收，底内部大于外部，

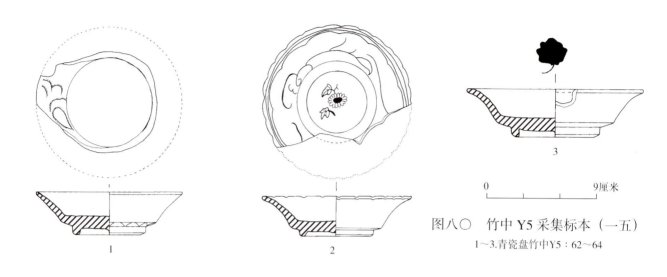

图八○　竹中 Y5 采集标本（一五）

1~3.青瓷盘竹中 Y5：62~64

彩版二七五　青瓷盘竹中 Y5：63

圈足，足心凸起，足端外缘经过修削。底内部阴印折枝花卉纹，模糊不清。浅灰色胎，质地细密有气泡。足内无釉，余皆施青灰釉，釉面开片。口径 14.4、足径 7.2、高 3.8 厘米（图八○，3；彩版二七六）。

竹中 Y5：65，盘。残，可复原。菱口，上腹壁斜内弧，下腹壁近底处折收，底内部大于外部，圈足，足心凸起，足端外缘斜削。口内刻双线菱纹，腹内壁刻缠枝莲纹，底内刻一周弦纹，底内心阴印折枝菊花纹，腹外壁素面。灰白色胎，质地细密有气泡。底外刮釉一圈，余皆施青绿釉，釉色莹润，釉面开片。口径 14.2、足径 6.8、高 3.7 厘米（图八一，1；彩版二七七）。

竹中 Y5：66，盘。残，可复原。菱口，斜弧腹壁，圈足，足端外缘斜削。浅灰色胎，质地细密有细密气孔。底外刮釉一圈，余皆施粉青釉，釉面开片有气泡。口径 19.2、足径 9.2、高 4.4 厘米（图

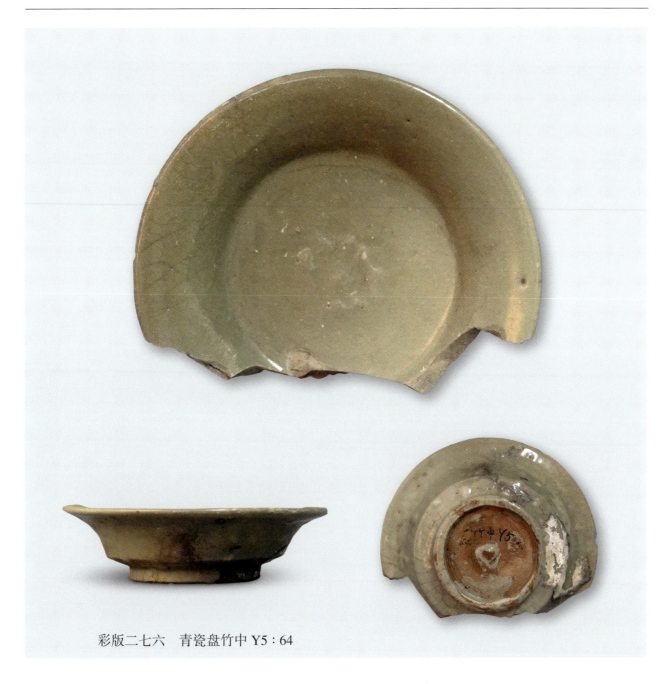

彩版二七六　青瓷盘竹中 Y5：64

八一，2）。

竹中 Y5：67，盘。残，可复原。菱口，斜弧腹壁，圈足，足心凸起，足端外缘斜削。口内刻三线菱纹，腹内壁刻卷草纹，底内刻一周弦纹，底内心阴印折枝牡丹纹、鹿纹。浅灰色胎，质地细密。底外刮釉一圈，余皆施青灰釉，釉面有细密开片。口径 22.8、足径 9.4、高 5.3 厘米（图八一，3；彩版二七八）。

竹中 Y5：68，盘。残，可复原。菱口，仰折沿，斜弧腹壁，圈足，足心微凸，足端外缘斜削。口内刻三线菱纹，腹内壁刻一周卷草纹，底内刻一周菱线纹。浅灰色胎，质地细密有气孔。底外刮釉，余皆施青灰釉，釉面有细密开片。口径 21.6、足径 8.8、高 4.6 厘米（图八二，1；彩版二七九）。

竹中 Y5：69，盘。残，可复原。菱口，斜弧腹壁，底内心微凸，圈足，足端外缘斜削。口内刻

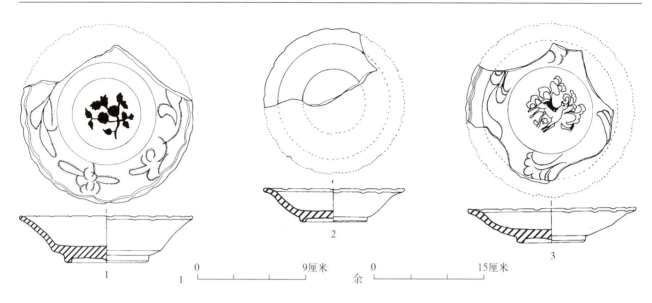

图八一　竹中 Y5 采集标本（一六）

1～3.青瓷盘竹中Y5：65～67

彩版二七七　青瓷盘竹中 Y5：65

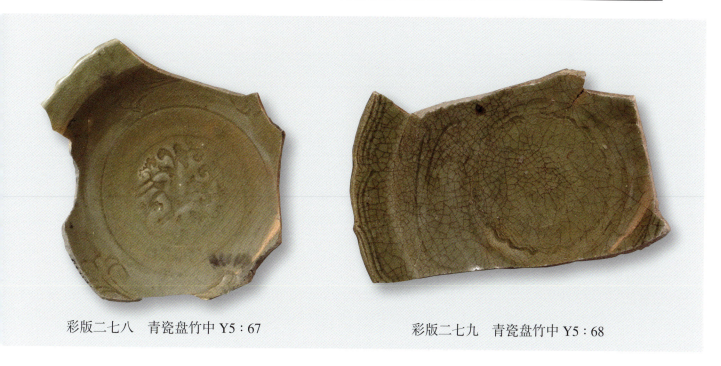

彩版二七八　青瓷盘竹中 Y5：67　　　　　　彩版二七九　青瓷盘竹中 Y5：68

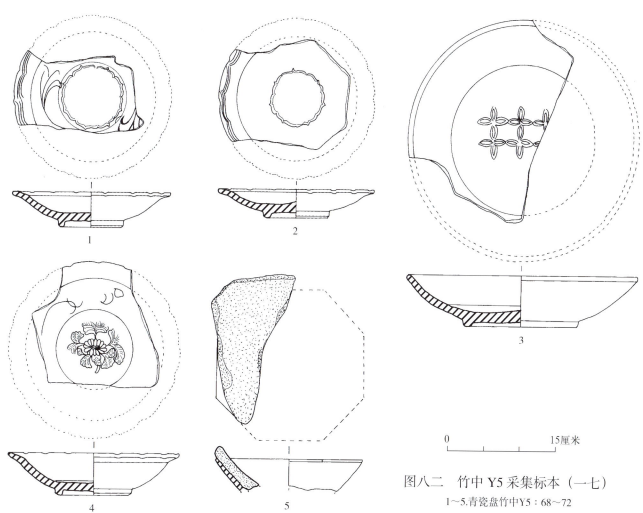

0　　　　　　　　　　15厘米

图八二　竹中 Y5 采集标本（一七）

1～5.青瓷盘竹中Y5：68～72

三线菱纹，底内刻双线菱纹。浅灰色胎，质地细密有细密气孔。底外刮釉一圈，余皆施青灰釉，釉色莹润，釉面有细密开片。口径 21.2、足径 8.9、高 3.8 厘米（图八二，2）。

　　竹中 Y5：70，盘。残，可复原。敞口，斜弧腹壁，内底微凸，圈足。底内阴印菱锦纹。浅灰色胎，质地细密有细密气孔。底外刮釉一圈，余皆施青灰釉，釉色莹润，釉面有细密开片。口径 32、足径 15.8、高 6.7 厘米（图八二，3）。

　　竹中 Y5：71，盘。残，可复原。菱口，仰折沿，斜弧腹壁，圈足，足端外缘斜削。口内刻双线菱纹，底内饰一周凹弦纹，底内心阴印折枝菊花纹。红褐色胎体，质地细密。釉层脱落，属生烧器。口径 23.2、足径 10.4、高 5.6 厘米（图八二，4；彩版二八〇）。

　　竹中 Y5：72，盘。口腹部残片，不可复原。八角形敞口，上腹壁斜内弧。浅灰色胎，质地细密。施青绿釉，釉色莹润，釉面开裂。器内粘有一匣钵残块。口径 20 ～ 22、残高 4 厘米（图八二，5）。

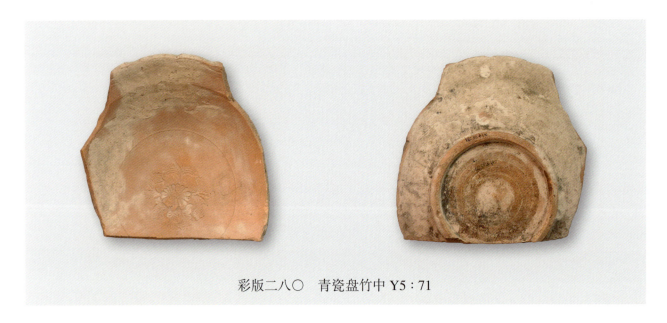

彩版二八〇　青瓷盘竹中 Y5：71

5. 青瓷擂钵

　　竹中 Y5：73，擂钵。腹底部残片，不可复原。斜弧腹壁，浅挖圈足，足心凸起，足端外缘斜削。腹内自底心向外刻划细密弧线纹。浅灰色胎，质地细密。外壁施青黄釉不及底，釉面开片。足径 5.5、残高 4 厘米（图八三，1；彩版二八一）。

　　竹中 Y5：74，擂钵。腹底部残片，不可复原。斜弧腹壁，高圈足，足端外缘斜削。腹内自底心向外刻划细密弧线纹。浅灰色胎，质地细密有细密气孔。足端及足内无釉，余皆施青绿釉，釉面开片。足径 6.2、残高 5.4 厘米（图八三，2；彩版二八二）。

　　竹中 Y5：75，擂钵。腹底部残片，不可复原。斜弧腹壁，饼足微内凹。足端外缘斜削。腹内自底心向外刻划交叉弧线纹。浅灰色胎，质地细密有气孔。足底无釉，余皆施青绿釉，釉面开片。足径 6.2、残高 6 厘米（图八三，3）。

　　竹中 Y5：76，擂钵。腹底部残片，不可复原。斜弧腹壁，圈足，足心凸起。腹内自底心向外刻划放射弧线纹。浅灰色胎，质地细密有气孔。外壁施青绿釉不及底，釉面开片。足径 5.2、残高 3.9 厘米（图八四，1；彩版二八三）。

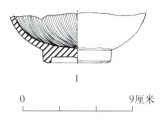 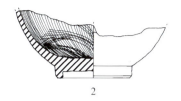 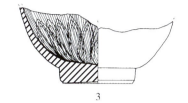

图八三　竹中 Y5 采集标本（一八）
1～3.青瓷擂钵竹中Y5：73～75

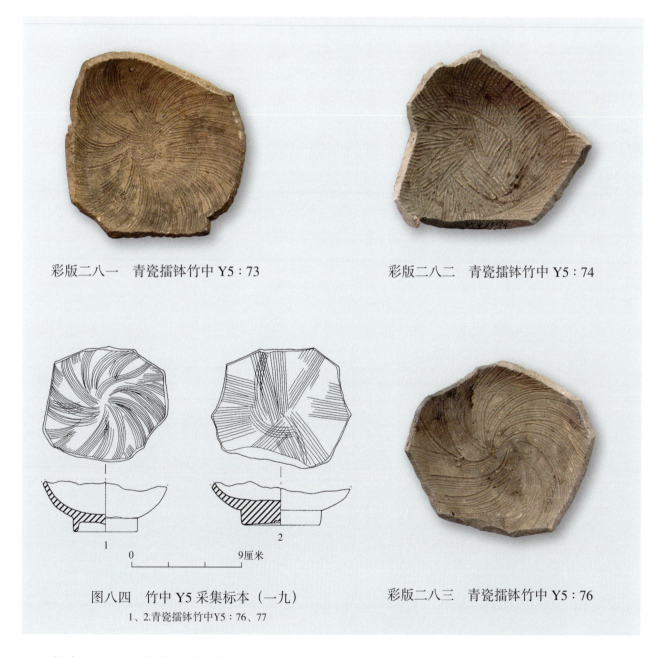

彩版二八一　青瓷擂钵竹中 Y5：73

彩版二八二　青瓷擂钵竹中 Y5：74

图八四　竹中 Y5 采集标本（一九）
1、2.青瓷擂钵竹中Y5：76、77

彩版二八三　青瓷擂钵竹中 Y5：76

　　竹中 Y5：77，擂钵。腹底部残片，不可复原。斜弧腹壁，饼足内凹，足端外缘斜削。腹内自底心向外刻划放射状弧线纹。灰褐色胎，质地细密有气孔。外壁施青黄釉及底，釉面有细密开片。足径6.4、残高 3.4 厘米（图八四，2）。

（二）窑具

1. 匣钵

竹中 Y5：23，匣钵。残，可复原。纵剖面呈 M 型。灰褐色粗砂质胎体，质地疏松。口径 17.8、底径 19、高 11.6 厘米（图八五，1；彩版二八四）。

2. 垫饼

竹中 Y5：26，垫饼。呈不规则圆形，制作随意。托面下凹，底面微弧。灰褐色胎，质地疏松。托径 6.3、底径 6.3、高 2 厘米（图八五，2；彩版二八五）。

竹中 Y5：27，垫饼。呈不规则圆形。托面下凹，底面微弧。深灰色胎，质地疏松。托径 4、底径 4、高 3.2 厘米（图八五，3；彩版二八六）。

竹中 Y5：28，垫饼。呈"凹"字形。托面下凹，底面微弧。灰褐色胎，质地疏松。托径 3.4、底径 3.9、高 2.8 厘米（图八五，4）。

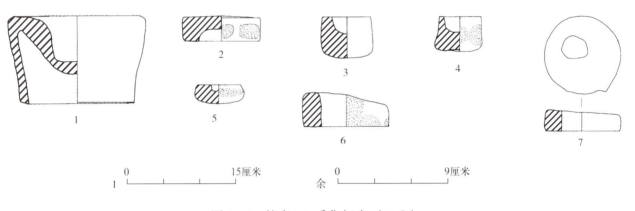

图八五　竹中 Y5 采集标本（二〇）

1.匣钵竹中Y5：23　2～5.垫饼竹中Y5：26～29　6、7.垫圈竹中Y5：24、25

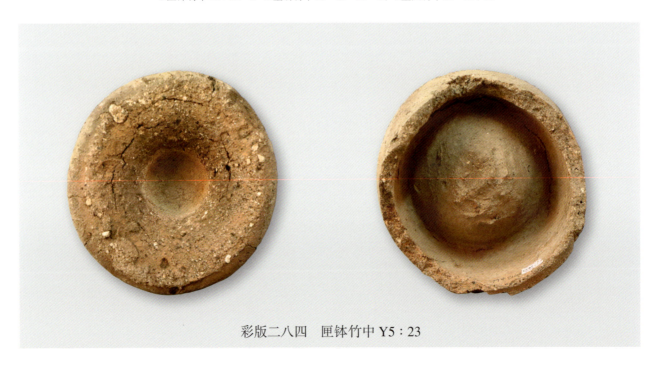

彩版二八四　匣钵竹中 Y5：23

竹中 Y5：29，垫饼。呈"凹"字形。托面下凹，底面微弧。红褐色胎，质地疏松。托径 3.6、底径 4.1、高 1.5 厘米（图八五，5）。

3. 垫圈

竹中 Y5：24，垫圈。呈不规则圆环形。红褐色胎，质地疏松。外壁上有指窝痕。直径 7、内径 4、高 1.7～2.7 厘米（图八五，6；彩版二八七）。

竹中 Y5：25，垫圈。呈不规则圆环形。红褐色胎，质地疏松。直径 6.2、内径 1.9～2.2、高 1.3～1.7 厘米（图八五，7；彩版二八八）。

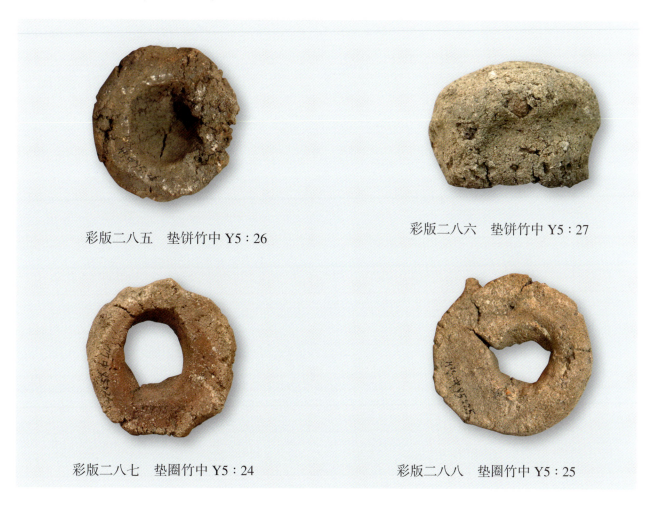

彩版二八五　垫饼竹中 Y5：26　　　　彩版二八六　垫饼竹中 Y5：27

彩版二八七　垫圈竹中 Y5：24　　　　彩版二八八　垫圈竹中 Y5：25

三　小结

2011 年 12 月 14 日，在调查竹中 5 号窑址时，地面采集遗物中多见小型泥质陶垫饼、垫圈，制作随意，用于垫烧中小型器物。未见瓷质垫饼。采集瓷器多见高足杯、碗、盘等民间日用器。高足杯杯身多呈碗形、马蹄形、八角形，竹节形长柄足，足端外缘多有斜削现象，杯身装饰纹样有花卉纹、卷草纹、缠枝莲纹、仰莲纹等。直口、深弧腹、圈足青瓷碗腹外壁多刻划一周菊瓣纹（部分简化为竖划纹），部分碗底内心印折枝菊花、折枝花卉、折枝牡丹、飞马海涛纹饰或印"仁""福"等文字。盘类产品中以菱口盘为主，装饰纹样有缠枝花卉纹、卷草纹、莲瓣纹、折枝菊花纹、缠枝莲纹、鹿纹等。竹中Y5采集的碗身竹节柄足杯（竹中Y5：10、13、14、16、21），菱口盘（竹中Y5：58、60、61、63、65、67、68、71），与庆元廊桥博物馆藏明代同类产品形制一致[1]。据调查资料可知，竹中Y5所采集杯、碗、盘类器物在胎质、釉色、装烧方式、装饰纹样方面多有相同，与邻近的竹中Y3表现出一致的时代特征。综合判断，竹中Y5盛烧于明代中晚期，属于龙泉窑青瓷生产的衰落期。

第一一节　竹下窑址（Y1）

一　调查概况

位于竹口镇竹下村车站后11号民居南侧，西北距竹口溪约300米。中心地理坐标为北纬27°41′47″，东经118°54′49″，海拔高度299米。现地貌为坡地，窑址上方种植竹木。车站后11号民居的修建对窑址造成严重破坏。

窑壁残段可见，残高0.90米，以砖坯叠砌，有匣钵修补迹象，窑壁上窑汗丰厚（彩版二八九、二九〇）。窑床长度、宽度不明，方向285°。砖坯宽13、厚5厘米，长度不明。

彩版二八九　竹下Y1近景（自西向东）　　　　　　彩版二九〇　竹下Y1窑壁（自北向南）

残品堆积多处经扰动，稀薄，主要堆积于窑炉南侧，长约25、宽15、厚1.2米。

M型匣钵可成套，规格分别为：口径31、高10厘米；口径26、高9厘米；口径24、高10厘米；口径21、高9厘米。小型泥质陶垫饼多见，制作随意。

产品以灰胎青釉瓷器为主，灰胎青黄釉瓷器少见。器形有碗、盘、高足杯、小杯等。

此窑产品以碗为主。年代判定为元至明。

---

[1]　庆元廊桥博物馆编：《土火遗粹：庆元廊桥博物馆藏瓷器精品集》，西泠印社出版社，2016年，第160、161、164页。

二 采集标本

共 44 件。

（一）瓷器

1. 青瓷碗

竹下 Y1：6，碗。残，可复原。直口，圆唇，斜弧腹壁，圈足，足壁较直，足端外缘斜削。腹外壁刻一周菊瓣纹。浅灰色胎，质地细密。足内无釉，余皆施青黄釉，釉层玻质感强、有细密开片。足内粘有一泥质浅灰色粗陶垫饼。碗口径 13.6、足径 5.2、高 7.5 厘米。垫饼直径 3.3、高 1 厘米（图八六，1；彩版二九一）。

竹下 Y1：7，碗。残，可复原。直口，圆唇，斜弧腹壁，圈足，足端外缘斜削。底内划一周弦纹；底内心阳印折枝花纹，模糊不清；腹外壁刻莲瓣纹，模糊不清。浅灰色胎，质地细密有气孔。足内无釉，余皆施浅青釉，釉层浑浊、干涩。口径 14.2、足径 5、高 7 厘米（图八六，2）。

竹下 Y1：8，碗。残，可复原。侈口，圆唇，斜弧腹壁，圈足，挖足较浅，足壁较直，足端外缘斜削。腹内壁划一周弦纹。红褐色胎，质地细密有气孔。足端及足内无釉，余皆施青黄釉。属生烧器，有缩釉现象。口径 14、足径 5、高 6.9 厘米（图八六，3；彩版二九二）。

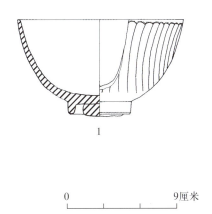 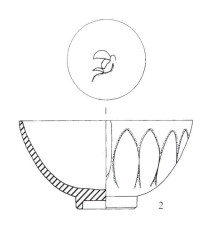 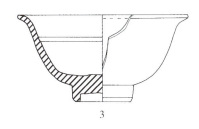

0   9厘米

图八六 竹下 Y1 采集标本（一）

1～3.青瓷碗竹下 Y1：6～8

彩版二九一 青瓷碗竹下 Y1：6

彩版二九二 青瓷碗竹下 Y1：8

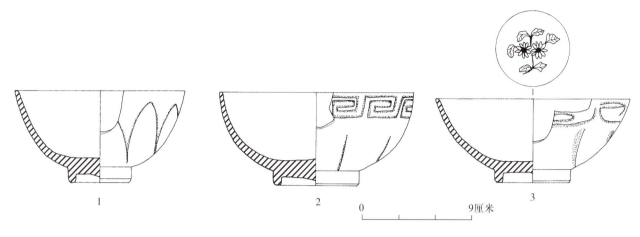

图八七　竹下 Y1 采集标本（二）

1～3.青瓷碗竹下Y1：9～11

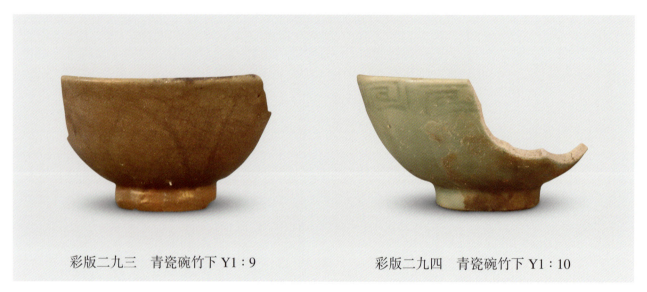

彩版二九三　青瓷碗竹下 Y1：9　　　　　　　　彩版二九四　青瓷碗竹下 Y1：10

　　竹下 Y1：9，碗。残，可复原。直口，圆唇，斜弧腹壁，浅挖圈足，足心凸起，足端外缘斜削。腹外壁刻饰单层莲瓣纹，瓣体肥硕。灰褐色胎，质地略粗，中有气孔。足内无釉，余皆施青黄釉，釉层浑浊、有细密开片。口径 14、足径 5.2、高 7.3 厘米（图八七，1；彩版二九三）。

　　竹下 Y1：10，碗。残，可复原。直口，圆唇，斜弧腹壁，圈足，挖足较浅，足心凸起，足端斜削。口外饰一周云雷纹，腹外壁饰一周竖划线。灰白色胎，质地细密。足内刮釉一圈，余皆施青绿釉，釉层浑浊。口径 16、足径 7、高 7.4 厘米（图八七，2；彩版二九四）。

　　竹下 Y1：11，碗。残，可复原。直口微敞，圆唇，斜弧腹壁，圈足，足端外缘斜削。底内划一周弦纹，底内心阴印折枝菊花纹，腹外壁刻饰一周云雷纹、竖划纹。灰白色胎，质地细密。足内无釉，余皆施青绿釉。口径 16、足径 6.2、高 6.6 厘米（图八七，3）。

　　竹下 Y1：12，碗。残，略变形，可复原。敞口，圆唇，浅斜弧腹壁，饼足内凹，足端外缘经过旋削。浅灰色胎，质地细密。腹内外壁施半釉，釉层较薄，釉色青黄，釉面开片细密。口径 17.6、足径 5.6、高 4.7 厘米（图八八，1；彩版二九五）。

　　竹下 Y1：13，碗。残，可复原。侈口，圆唇，斜弧腹壁，圈足，足心凸起，足壁较直，足端外

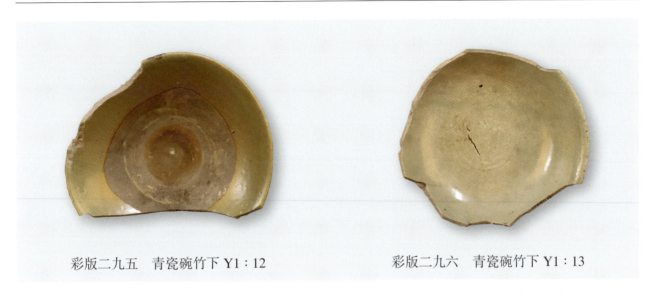

彩版二九五　青瓷碗竹下 Y1∶12　　　　　　　　　彩版二九六　青瓷碗竹下 Y1∶13

缘斜削。底内划一周弦纹；底内心阴印折枝花卉纹，模糊不清；腹外壁划数周旋纹。浅灰色胎，质地细密有气孔。足端及足内无釉，余皆施青灰釉，釉层浑浊、干涩。口径 18、足径 5.2、高 6.8 厘米（图八八，2；彩版二九六）。

竹下 Y1∶14，碗。残，可复原。侈口，圆唇，斜弧腹壁，圈足，足壁较直，足端外缘斜削。底内划一周弦纹，底心阴印折枝石榴纹。灰白色胎，质地细密。足内无釉，余皆施青绿釉，釉层乳浊、有细密气泡。口内粘有少量窑渣。口径 15.4、足径 6、高 6.6 厘米（图八八，3；彩版二九七）。

竹下 Y1∶15，碗。残，可复原。直口微敞，尖圆唇，斜弧腹壁，圈足，足壁较直，足端外缘斜削。腹外壁饰一周云雷纹、竖划纹。底内心阴印折枝花纹，因受沁而模糊不清。灰白色胎，质地细密。足内无釉，余皆施青绿釉，釉面开片稀疏。口内粘有少量窑渣。口径 15.6、足径 6、高 6.3 厘米（图八九，1）。

竹下 Y1∶16，碗。残，可复原。侈口，圆唇，斜弧腹壁，圈足，足端外缘斜削。浅灰色胎，质地细密。足内无釉，余皆施青黄釉。口径 15.2、足径 6、高 7 厘米（图八九，2；彩版二九八）。

竹下 Y1∶17，碗。残，可复原。敞口，圆唇，斜弧腹壁，圈足，足壁较直，足端外缘斜削。底

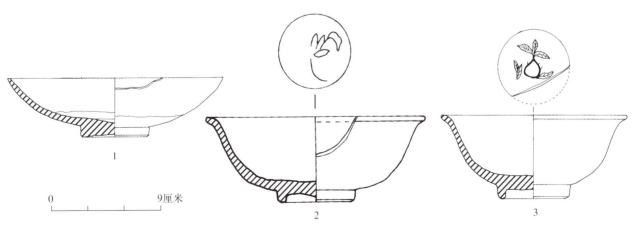

图八八　竹下 Y1 采集标本（三）

1～3.青瓷碗竹下 Y1∶12～14

彩版二九七　青瓷碗竹下 Y1：14

彩版二九八　青瓷碗竹下 Y1：16　　　　　彩版二九九　青瓷碗竹下 Y1：18

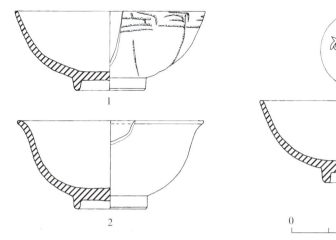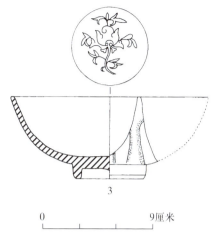

图八九　竹下 Y1 采集标本（四）

1～4.青瓷碗竹下 Y1：15～18

彩版三〇〇　青瓷碗竹下 Y1：19

内心阴印折枝牡丹纹。灰白色胎，质地细密。足内无釉，余皆施浅青灰釉。口径 16、足径 6、高 6.5
厘米（图八九，3）。

　　竹下 Y1：18，碗。腹底部残片，不可复原。斜弧腹壁，圈足，足壁较直，足端外缘斜削。底内
划一周弦纹，底内心阴印 7 组花蕾纹。灰白色胎，质地细密有气孔。足内刮釉一圈，余皆施粉青釉。
足径 6、残高 3.1 厘米（图八九，4；彩版二九九）。

　　竹下 Y1：19，碗。腹底部残片，不可复原。斜弧腹壁，圈足，足心凸起，足端外缘斜削。底内
划一周弦纹，底内心阴印鹿纹、"福"字及云气纹。灰白色胎，质地细密有气孔。足内刮釉一圈，
余皆施青绿釉，釉层玻质感强，开片稀疏。足径 6、残高 5.7 厘米（图九〇，1；彩版三〇〇）。

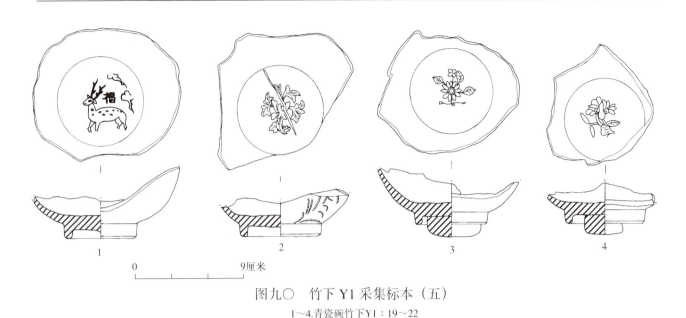

图九〇　竹下 Y1 采集标本（五）

1～4.青瓷碗竹下Y1：19～22

彩版三〇一　青瓷碗竹下 Y1：20

　　竹下 Y1：20，碗。腹底部残片，器底崩裂，不可复原。斜弧腹壁，圈足，足壁较直，足端外缘斜削。底内划一周弦纹，底内心阴印折枝牡丹纹，腹外壁刻卷草纹。灰白色胎，质地细密。足内刮釉一圈，余皆施青绿釉，釉面开裂。足径6.6、残高3.8厘米（图九〇，2；彩版三〇一）。

　　竹下 Y1：21，碗。腹底部残片，不可复原。斜弧腹壁，圈足，足壁较直，足端外缘斜削。底内划一周弦纹，底内心阴印折枝菊花纹。浅灰色胎，质地细密。足内无釉，余皆施青绿釉，釉面开片稀疏。足内粘有一泥质红褐色粗陶垫饼。碗足径6、残高4.4厘米。垫饼托径4.4、高1.6厘米（图九〇，3；彩版三〇二）。

彩版三〇二 青瓷碗竹下 Y1∶21

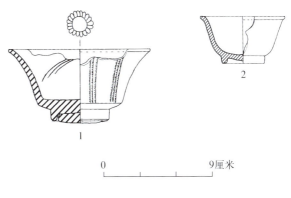

图九一　竹下 Y1 采集标本（六）

1、2.青瓷杯竹下 Y1∶23、24

竹下 Y1∶22，碗。腹底部残片，不可复原。斜弧腹壁，圈足，足壁较直，足端外缘斜削。底内划一周弦纹，底内心阴印折枝花纹。灰白色胎，质地细密有气孔。足内无釉，余皆施青绿釉，釉层玻质感强、有细密开片。足内粘有一泥质红褐色粗陶垫饼。碗足径 6、残高 4.4 厘米。垫饼托径 3.1、高 1.6 厘米（图九〇，4）。

2. 青瓷杯

竹下 Y1∶23，杯。残，可复原。侈口，圆唇，上腹壁斜内弧，下腹壁近底部折收，圈足，足端斜削。腹内壁刻简洁卷草纹，底内心阴印菊花纹，腹外壁饰一周竖划纹。深灰色胎，质地细密。足端及足内无釉，余皆施青黄釉，釉面开片细密。足内粘有一泥质红褐色粗陶垫饼，杯口径 11.6、足径 4.8、高 5.7 厘米。垫饼托径 3.6、高 0.8 厘米（图九一，1；彩版三〇三）。

竹下 Y1∶24，杯。残，可复原。侈口，圆唇，斜弧腹壁，圈足，足心凸起。浅灰色胎，质地细密有气孔。足端及足内无釉，余皆施青绿釉，釉层玻质感强、开片稀疏。口径 7、足径 3.6、高 3.7 厘米（图九一，2；彩版三〇四）。

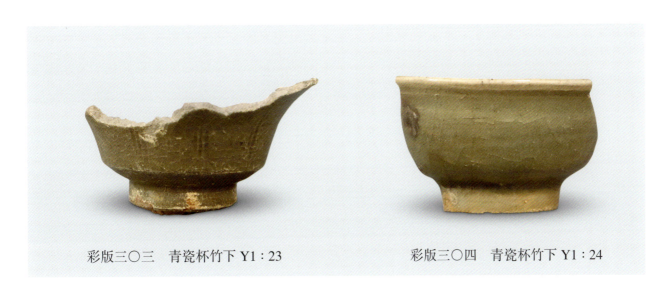

彩版三〇三　青瓷杯竹下 Y1∶23　　　　　彩版三〇四　青瓷杯竹下 Y1∶24

3. 青瓷高足杯

竹下 Y1：38，高足杯。足缺失，不可复原。侈口，圆唇，上腹壁斜内弧，下腹壁折收。红褐色胎，质地细密。内、外壁施青黄釉，釉层浑浊、干涩、有细密开片。属生烧器。口径 8、残高 4.1 厘米（图九二，1）。

竹下 Y1：39，高足杯。残，可复原。侈口，圆唇，上腹壁斜内弧，下腹壁折收，喇叭形足上部实心、下部旋空，足端外缘斜削。腹外壁近柄足处刻划一周莲瓣纹。浅灰白色胎，质地细密。足端无釉，余皆施青绿釉，釉色浑浊、干涩，釉面受沁发黑。口径 11、足径 4.4、高 11.4 厘米（图九二，2）。

竹下 Y1：40，高足杯。残，可复原。侈口，圆唇，上腹壁斜内弧，下腹壁折收，喇叭形足上部实心、下部旋空，足端外缘斜削。灰褐色胎，质地细密有气孔。足端无釉，余皆施青灰釉，釉层浑浊、干涩。属生烧器，有缩釉现象。口径 13、足径 4.4、高 11.6 厘米（图九二，3；彩版三〇五）。

竹下 Y1：41，高足杯。残，可复原。侈口，圆唇，圆弧腹壁，喇叭形足上部实心、下部旋空，足端外缘斜削。浅灰色胎，质地细密有气孔。足端无釉，余皆施青绿釉，釉面开片细密。口径 12、足径 4.6、高 10.5 厘米（图九三，1；彩版三〇六）。

竹下 Y1：42，高足杯。口部缺失，不可复原。上腹壁斜内弧，下腹壁折收，喇叭形足上部实心、下部旋空，足端外缘斜削。腹内、外壁刻有简洁花卉纹，足柄中部饰两周凸弦纹。灰白色胎，质地

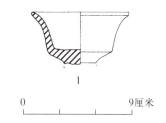
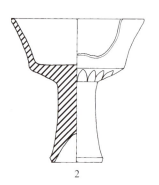
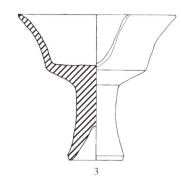

0　　　　　　　9厘米

图九二　竹下 Y1 采集标本（七）

1~3.青瓷高足杯竹下 Y1：38~40

彩版三〇五　青瓷高足杯　　　彩版三〇六　青瓷高足杯　　　彩版三〇七　青瓷高足杯
　　竹下 Y1：40　　　　　　　　竹下 Y1：41　　　　　　　　竹下 Y1：42

细密。足端无釉，余皆施青绿釉，釉层玻质感强、开片稀疏。足径 3.6、残高 8.5 厘米（图九三，2；彩版三○七）。

竹下 Y1：43，高足杯。残，可复原。侈口，圆唇，圆弧腹壁，喇叭形足上部实心、下部旋空，足端外缘斜削。底内心阴印折枝花纹，模糊不清。灰白色胎，质地细密有气孔。足端无釉，余皆施青绿釉，釉层浑浊、开片细密，釉面受沁发黑。口内及底部粘有少量窑渣。口径 13.2、足径 4.2、高 8.5 厘米（图九三，3）。

竹下 Y1：44，高足杯。残，可复原。侈口，圆唇，圆弧腹壁，喇叭形足上部实心、下部旋空，足端外缘旋削。底内心阴印四叶花蕾纹。浅灰色胎，质地细密。足端及足内无釉，余皆施青黄釉，釉层玻质感强、开片稀疏。釉面受沁发黑。口径 12、足径 3.8、高 9.1 厘米（图九三，4）。

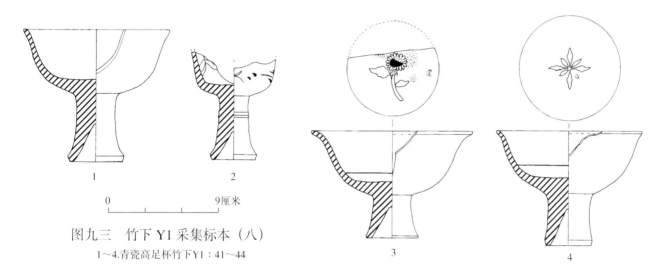

图九三　竹下 Y1 采集标本（八）

1～4.青瓷高足杯竹下Y1：41～44

4. 青瓷盘

竹下 Y1：25，盘。残，器底崩裂，可复原。侈口，圆唇，上腹壁斜内弧，下腹壁近底处斜收，圈足，足壁较直，足端斜削。底内心阴印折枝花纹。浅灰色胎，质地细密有气孔。足端及足内无釉，余皆施青绿釉，釉面受沁发黑。口径 12.4、足径 6.8、高 3.2 厘米（图九四，1）。

竹下 Y1：26，盘。残，可复原。菱口，上腹壁斜内弧，下腹壁近底处折收，圈足，足壁较直，足端外缘斜削。口内划三周菱形纹。浅灰色胎，质地细密有气孔。底内心刮釉，足内无釉，余皆施

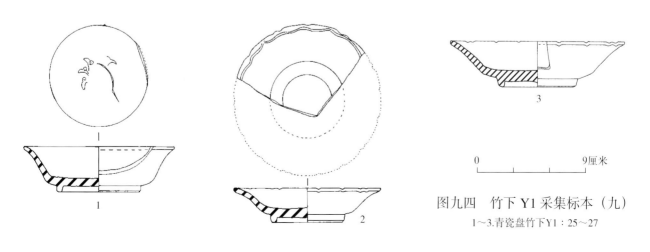

图九四　竹下 Y1 采集标本（九）

1～3.青瓷盘竹下Y1：25～27

青灰釉，釉面开片细密。口径 12、足径 6、高 2.7 厘米（图九四，2；彩版三〇八）。

竹下 Y1：27，盘。残，可复原。菱口，上腹壁斜内弧，下腹壁近底处折收，圈足，足心凸起，足端外缘斜削。浅灰色胎，质地细密有气孔。足内刮釉一圈，余皆施粉青釉，釉层浑浊、气泡密集、开片细密。口径 14.4、足径 6.6、高 3.6 厘米（图九四，3；彩版三〇九）。

竹下 Y1：28，盘。残，可复原。敞口，尖圆唇，浅斜弧腹壁，圈足。足端外缘斜削。浅灰色胎。质地细密，中有气孔。足内刮釉一圈，余皆施釉。釉色青绿。釉层玻质感强，有细密开片。口径 12.6、足径 7、高 3.3 厘米。（图九五，1）。

竹下 Y1：29，盘。残，可复原。折沿，圆唇，浅斜弧腹壁，圈足，足心凸起。灰白色胎，质地细密有气孔。足内刮釉一圈，余皆施浅青灰釉。属过烧器，釉面多气泡。口径 17.9、足径 7、高 4.8 厘米（图九五，2）。

竹下 Y1：30，盘。残，可复原。敞口，圆唇，浅斜弧腹壁，圈足，足端外缘斜削。腹内壁刻划简洁卷草纹，底内心阴印折枝花纹。灰白色胎，质地细密。足内刮釉一圈，余皆施青釉泛黄，釉层浑浊、有细密气泡。足端粘有少量窑渣。口径 18、足径 7.8、高 4.8 厘米（图九五，3；彩版三一〇）。

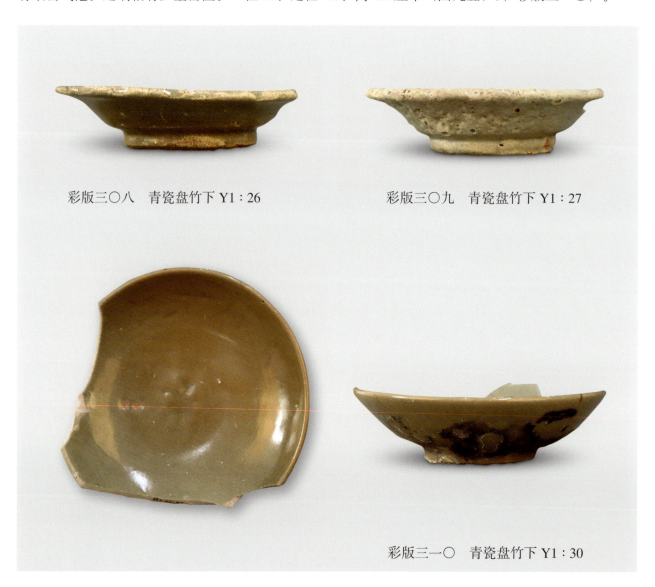

彩版三〇八　青瓷盘竹下 Y1：26　　　　　　　彩版三〇九　青瓷盘竹下 Y1：27

彩版三一〇　青瓷盘竹下 Y1：30

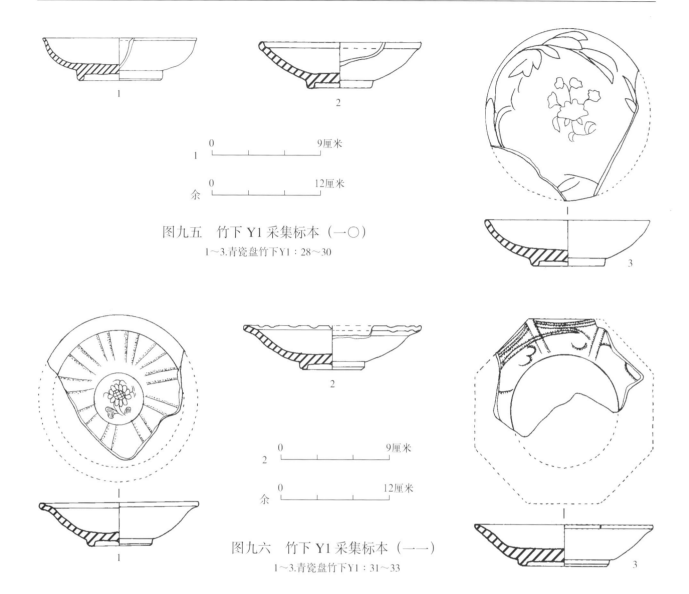

图九五　竹下 Y1 采集标本（一○）
1～3.青瓷盘竹下Y1：28～30

图九六　竹下 Y1 采集标本（一一）
1～3.青瓷盘竹下Y1：31～33

　　竹下 Y1：31，盘。残，可复原。方唇，仰折沿，浅斜弧腹壁，圈足，足心凸起，足端外缘斜削。底内心阴印折枝菊花纹。红褐色胎，质地细密有气孔。底内心刮釉，足内无釉，余皆施青黄釉，釉层浑浊、开片细密。口径 17.6、足径 7.2、高 4.6 厘米（图九六，1；彩版三一一）。

　　竹下 Y1：32，盘。残，可复原。菱口，圆唇，仰折沿，浅斜弧腹壁，圈足，足心微凸，足端外缘斜削。灰褐色胎，质地细密。足内刮釉一圈，余皆施青黄釉，釉面开片。口径 14.4、足径 6.6、高 3.6 厘米（图九六，2）。

　　竹下 Y1：33，盘。残，可复原。八边形敞口，方唇，上腹壁斜内弧，下腹壁斜内收，圈足，足端斜削。口内划三周弦纹；腹内壁刻简洁卷草纹，与八角对应处饰双竖划纹。浅灰色胎，质地略粗，中有气孔。足内刮釉一圈，余皆施青绿釉，釉层玻质感强、有细密开片。口径 18 ～ 19.4、足径 9、高 4 厘米（图九六，3；彩版三一二）。

　　竹下 Y1：34，盘。残，可复原。菱口，方唇，仰折沿，浅斜腹壁，底内部微鼓，圈足，足端外缘斜削。口内刻三周菱形纹，腹内壁刻简洁卷草纹，底内划一周弦纹。浅灰色胎，质地细密有气孔。

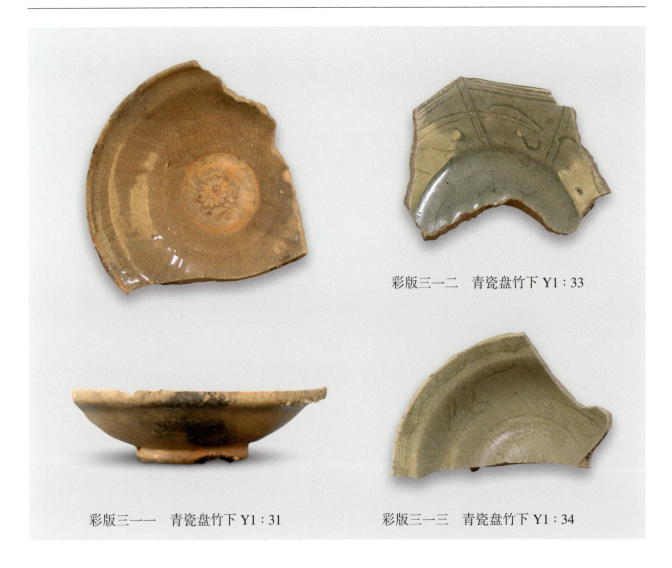

彩版三一二　青瓷盘竹下 Y1∶33

彩版三一一　青瓷盘竹下 Y1∶31　　　　　　彩版三一三　青瓷盘竹下 Y1∶34

足端及足内无釉，余皆施青绿釉，釉面开片细密。口径 16、足径 8、高 3.9 厘米（图九七，1；彩版三一三）。

　　竹下 Y1∶35，盘。残，可复原。菱口，圆唇，仰折沿，浅斜弧腹壁，圈足，足壁较直，足端斜削。口内划三周菱形纹，腹内壁划简洁卷草纹，底内划一周弦纹，底内心阴印折枝花纹。浅灰色胎，质地细密有气孔。足内无釉，余皆施青绿釉，釉层玻质感强、有细密开片。圈足内粘有一泥质红褐色粗陶垫饼。盘口径 19.2、足径 8、高 4 厘米。垫饼托径 4.2、高 1.2 厘米（图九七，2；彩版三一四）。

　　竹下 Y1∶36，盘。残，可复原。菱口，圆唇，仰折沿，浅斜弧腹壁，圈足，足壁较直，足端外缘斜削。口内划三周菱形纹，腹内壁刻划简洁卷草纹，底内刻划一周弦纹、团花纹，模糊不清。浅灰色胎，质地细密有气孔。足内刮釉一圈，余皆施青绿釉，釉面开片。口径 20.8、足径 8.2、高 4 厘米（图九七，3；彩版三一五）。

　　竹下 Y1∶37，盘。腹底部残片，不可复原。浅斜弧腹壁，圈足，足壁较直，足端斜削。底内阳印一对折枝菊花纹。灰白色胎，质地细密有气孔。足内刮釉一圈，余皆施青绿釉，釉面开片。足径 12、残高 2.5 厘米（图九七，4；彩版三一六）。

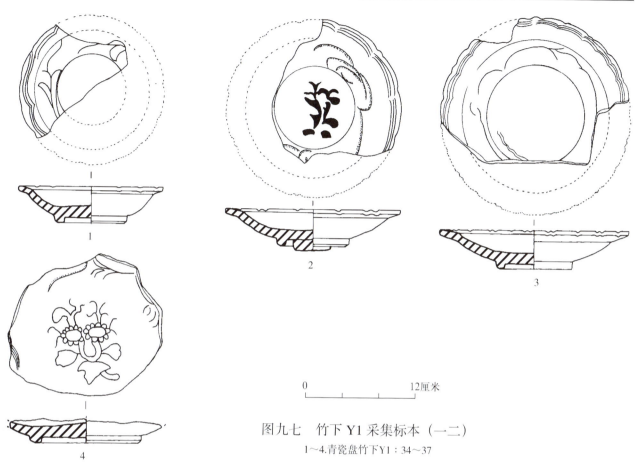

0   12厘米

图九七　竹下 Y1 采集标本（一二）

1~4.青瓷盘竹下Y1：34~37

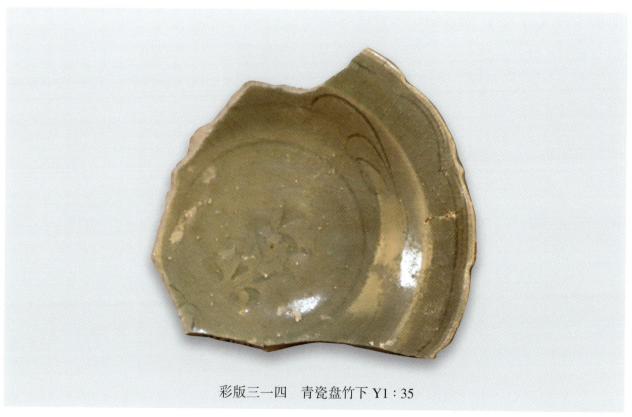

彩版三一四　青瓷盘竹下 Y1：35

彩版三一五　青瓷盘竹下 Y1：36　　　　　　　彩版三一六　青瓷盘竹下 Y1：37

（二）窑具

1. 垫饼

竹下 Y1：2，泥质陶垫饼。呈圆柱形。托面平整，上有圈足印痕，底面微弧。深灰色粗胎体。托径4.7、高4.2厘米（图九八，1；彩版三一七）。

竹下 Y1：3，泥质陶垫饼。呈饼形。托面平整，底面微弧。红褐色粗胎体。托径3.6、高2.2厘米（图九八，2；彩版三一八）。

竹下 Y1：4，泥质陶垫饼。略呈圆饼形。托面平整，底部微弧。红褐色粗胎体。托径3～3.8、高2厘米（图九八，3）。

2. 垫圈

竹下 Y1：5，泥质陶垫圈。呈圆环形。托面较平，底面较弧。红褐色粗胎体。直径5.2、孔径2.6、高1.2厘米（图九八，4；彩版三一九）。

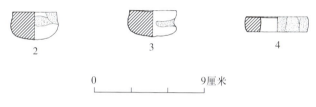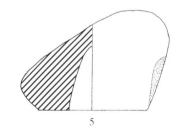

0 ——— 9厘米

图九八　竹下 Y1 采集标本（一三）

1～3.垫饼竹下Y1：2～4　4.垫圈竹下Y1：5　5.窑塞竹下Y1：1

彩版三一七　垫饼竹下 Y1：2

彩版三一八　垫饼竹下 Y1：3

彩版三一九　垫圈竹下 Y1：5

彩版三二〇　窑塞竹下 Y1：1

3. 窑塞

竹下 Y1∶1，泥质陶窑塞。塞面呈椭圆形，背面隆鼓，中心有一指窝痕。红褐色粗胎体，器身多处烧裂。直径 9.5～12、厚 6.8 厘米（图九八，5；彩版三二〇）。

三　小结

据庆元县第三次全国文物普查资料，竹下窑址（Y1）原编号为竹口 5 号窑，位于竹下村后门山中段，烧造于元至明，面积 1 万平方米。地表采集瓷器有碗、盘、高足杯、盏等，灰白胎，施青釉，有的略呈褐色。纹饰有水波、花卉、莲瓣等。碗、盘有的内底印花或"八思巴"文字。窑具有匣钵、垫饼。

2011 年 12 月 14 日，在调查竹下 Y1 时，地面采集遗物与庆元县第三次全国文物普查采集遗物特征基本相同。小型泥质陶垫饼多见，制作随意，用于垫烧碗、盘、杯类器物。未见瓷垫饼。采集瓷器以碗为大宗，底外均以泥质垫饼垫烧；元代晚期碗特征为侈口、弧腹、圈足，底内心多印有纹饰，题材有花蕾、鹿、云气、折枝菊花、折枝牡丹、折枝石榴等；明代早中期碗多为直口碗，腹外壁多刻饰云雷纹、菊瓣纹。元代高足杯器身宽大，足柄较矮，足端较平；明代高足杯器身瘦高，足柄亦较高，竹节足柄较常见，足端外缘斜削。据本次调查结果判断，竹下 Y1 年代为元代晚期至明代中期。

第一二节　桥头山窑址（Y1）

一　调查概况

位于竹上村对面山东麓，龙（龙泉）庆（庆元）公路西侧，东距竹口溪约 100 米。1982 年被公布为县级文物保护单位。中心地理坐标为北纬 27°42′11″，东经 118°54′46″，海拔高度 281 米。桥头山窑址现地貌为坡地，坡下部为断崖。山脚民房、菜园早年对窑址保护范围造成严重破坏。

该窑残品堆积稀疏浅薄，范围不明，未见窑体（彩版三二一）。

彩版三二一　桥头山 Y1（自南向北）

M 型匣钵规格分三种：其一口径 24、高 10 厘米，其二口径 19、高 7 厘米，其三口径 28、高 11 厘米。圆形垫饼、柱形支座、手捏泥垫柱多见。柱形支座顶部凹陷。

产品多为灰胎青釉瓷器，器形有碗、研钵、罐等。

此窑产品以碗为主。年代判定为南宋。

二　采集标本

共 8 件。

（一）瓷器

1. 青瓷碗

桥头山 Y1 : 7，碗。腹底部残片，不可复原。斜弧腹壁，圈足。腹外壁刻莲瓣纹。灰色胎，质地较致密有气孔。足端刮釉，余皆施青灰釉，釉面开片。足径 4.7、残高 1.9 厘米（图九九，1）。

桥头山 Y1 : 8，碗。腹底部残片，器底崩裂，不可复原。斜弧腹壁，近底部缓收，圈足。灰色胎，质地较致密有气孔。内、外壁施青灰釉及底，釉面有细密开片。足径 6.4、残高 4 厘米（图九九，2；彩版三二二）。

2. 青瓷罐

桥头山 Y1 : 5，罐。口肩部残片，不可复原。敛口，窄折沿，短颈，溜肩。颈部饰一周凸弦纹，内壁有数周轮旋纹。灰褐色胎，质地粗疏有气孔。内、外壁施青釉泛黄，釉面有细密开片。口径 8.4、残高 6.1 厘米（图一〇〇，1）。

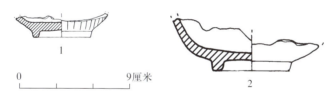

0　　　　　9厘米

图九九　桥头山 Y1 采集标本（一）

1、2.青瓷碗桥头山Y1 : 7、8

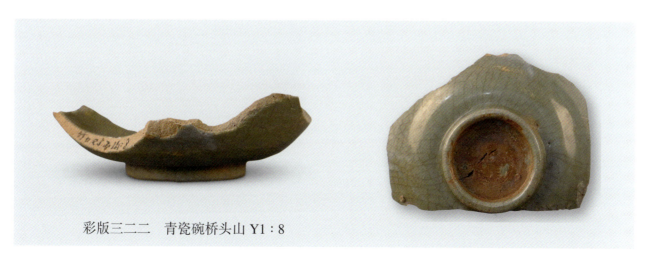

彩版三二二　青瓷碗桥头山 Y1 : 8

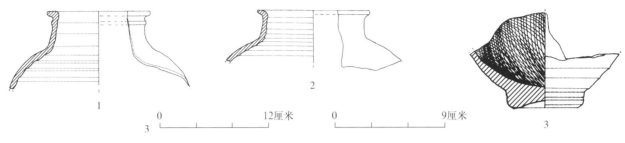

图一〇〇　桥头山 Y1 采集标本（二）

1、2.青瓷罐桥头山 Y1：5、6　3.擂钵桥头山 Y1：2

桥头山 Y1：6，罐。口肩部残片，不可复原。敛口，窄折沿，短颈，溜肩。内壁有数周轮弦纹。灰褐色胎，质地较粗疏有气孔。内、外壁施青釉泛黄，釉面有细密开片。口径 9.2、残高 4.7 厘米（图一〇〇，2）。

3. 擂钵

桥头山 Y1：2，擂钵。残。斜弧腹壁，饼足内凹，足端外缘斜削。底内自底心向四周刻划较深的交叉弧线。外壁饰数道刮削痕迹。深灰色胎，质地较细密。足径 8、残高 10 厘米（图一〇〇，3；彩版三二三）。

（二）窑具

1. 支座

桥头山 Y1：3，柱形支座。平顶，束腰，喇叭形足，足内中空。顶面粘附器物痕，器壁外近顶部有指窝痕。灰褐色胎，质地粗疏。托径 9、足径 13、高 14.5 厘米（图一〇一，1；彩版三二四）。

桥头山 Y1：4，柱形支座。平顶，束腰，底部外撇，中空。器壁外近顶部有指窝痕，腰部刻划"吴□"字，其中下面一字残缺，仅存一点。灰褐色胎，质地粗糙。托径 10.5、残高 12 厘米（图一〇一，2；彩版三二五）。

2. 垫饼

桥头山 Y1：1，垫饼。纵截面微呈"T"形，托面平整，中间内凹。灰胎，质地细密。底部粘有一个灰褐色泥质粗陶饼，失形。托径 7、底径 3、高 2 厘米（图一〇一，3；彩版三二六）。

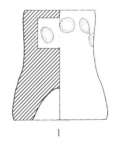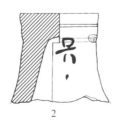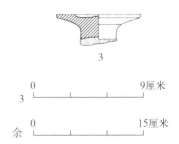

图一〇一　桥头山 Y1 采集标本（三）

1、2.支座桥头山 Y1：3、4　3.垫饼桥头山 Y1：1

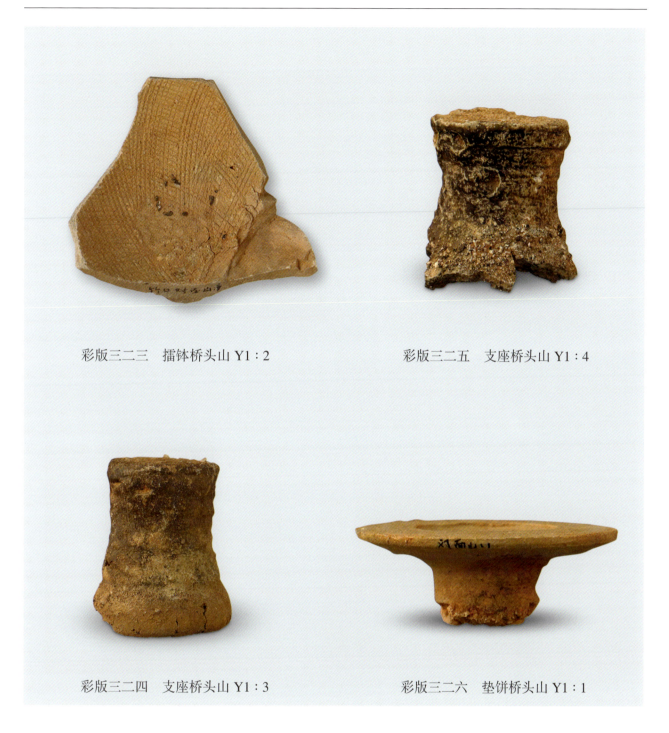

彩版三二三　擂钵桥头山 Y1：2　　　　彩版三二五　支座桥头山 Y1：4

彩版三二四　支座桥头山 Y1：3　　　　彩版三二六　垫饼桥头山 Y1：1

三　小结

　　桥头山窑址位于竹口镇竹上村，龙（龙泉）庆（庆元）公路西侧的对面山东麓，东邻竹口溪。桥头山窑址的 M 型匣钵、瓷质垫饼、柱形支烧具、擂钵、罐与潘里垄 1 号、2 号窑址出土对应器形相同。青瓷碗底外普遍不施釉，有一部分碗腹外壁刻莲瓣纹，均以匣钵装烧，以泥质垫饼垫烧。柱形支具主要用于支烧擂钵、罐等器形较大的产品。这些制瓷特点与潘里垄窑址一致，它们应同属于南宋民窑。

第一三节　潘里垄 1 号窑址

一　调查概况

位于竹口镇竹上村西北 1 千米潘里垄山东麓，龙（泉）庆（元）高速公路西侧，中心地理坐标为北纬 27°42′37″，东经 118°54′41″，海拔高度 288 米。2011 年被公布为省级文物保护单位。护林屋舍对窑址造成破坏，窑址上方种植有竹林、果树。

残品堆积丰富，呈南北向条带状分布，长约 40、宽 10、厚 1.2 米。

未见窑床，据地表堆积残品走向判断，窑床似为龙窑形制，南北走向（彩版三二七）。

匣钵分 3 型。

A 型　M 型匣钵。占绝大多数，常见规格有 3 种：其一口径 17、高 8 厘米，其二口径 20、高 8 厘米，其三口径 26、高 10 厘米。

B 型　漏斗型匣钵。口径 16、通高 11 厘米（斗身高 7、斗尖高 4 厘米）。

C 型　盆型匣钵。数量较少。口径 21、高 9 厘米。

支垫窑具分圆形垫饼、筒形支座、喇叭形支钉和不规则形垫泥块 4 种。其中圆形垫饼数量最多，制作规整，径 5、厚 0.5 厘米；不规则形垫泥块多有手捏痕迹。

产品分灰胎黑釉瓷器和灰白胎青釉瓷器两类。器形有盏、擂钵、钳埚、碗等。

此窑产品以黑釉瓷盏为主。年代判定为南宋。

彩版三二七　潘里垄 Y1（自北向南）

二　采集标本

共 20 件。

（一）瓷器

1. 黑釉盏

潘里垄 Y1∶12，盏。束口，尖圆唇，斜弧腹壁，浅挖足。黑胎，质地坚密。器内满釉，腹外壁施黑褐釉不及底，有流釉现象，釉层有较多的疵斑。口径 10.4、足径 4、高 6.2 厘米（图一〇二，1；彩版三二八）。

潘里垄 Y1∶13，盏。残，可复原。束口，尖圆唇，斜弧腹壁，浅挖足。黑胎，胎骨紧密有气孔。器内满釉，腹外壁施黑釉不及底。足外粘有一块垫饼。口径 11、足径 4、高 5.8 厘米（图一〇二，2；彩版三二九）。

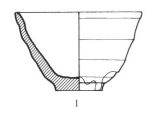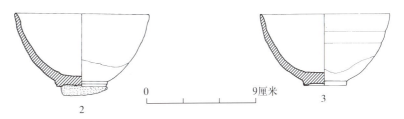

0　　　　　　　9厘米

图一〇二　潘里垄 Y1 采集标本（一）

1~3.黑釉盏潘里垄Y1∶12~14

彩版三二八　黑釉盏潘里垄 Y1∶12

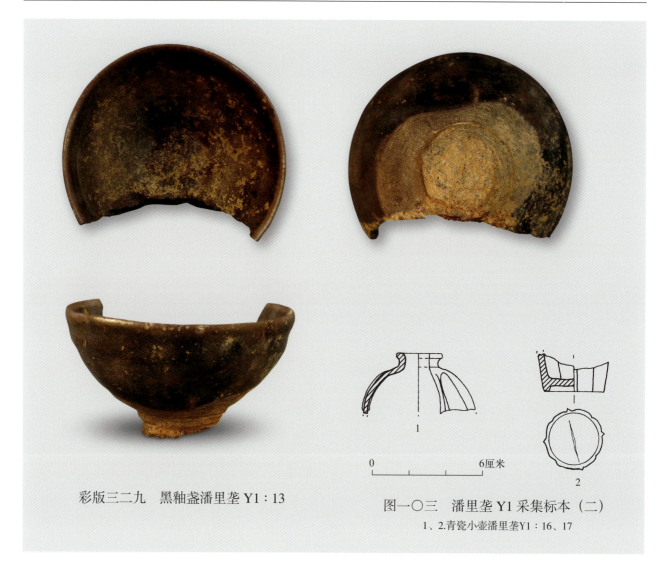

彩版三二九　黑釉盏潘里垄 Y1：13

图一〇三　潘里垄 Y1 采集标本（二）

1、2.青瓷小壶潘里垄 Y1：16、17

　　潘里垄 Y1：14，盏。残，可复原。口微敞，斜弧腹壁，浅挖足。深灰色胎，质地紧密。器内满釉，腹外壁施黑釉不及底，釉层干涩、多气泡。属过烧器。口径 10.7、足径 3.6、高 5.7 厘米（图一〇二，3；彩版三三〇）。

2. 青瓷小壶

　　潘里垄 Y1：16，小壶。口腹部残片，不可复原。口微侈，窄折沿，短束颈，溜肩，鼓腹壁。腹外壁模印瓜棱纹。灰色胎，质地细密。内、外壁施粉青釉。口径 2.4、残高 3.2 厘米（图一〇三，1；彩版三三一）。

　　潘里垄 Y1：17，小壶。腹底部残片，不可复原。斜直腹壁，隐圈足。腹外壁模印瓜棱纹。器身左右两半模印粘合而成，底内有明显接胎痕。底径 3.7～4.2、残高 2 厘米（图一〇三，2；彩版三三二）。

彩版三三〇　黑釉盏潘里垄 Y1：14

彩版三三一　青瓷小壶潘里垄 Y1∶16　　　　　　彩版三三二　青瓷小壶潘里垄 Y1∶17

3. 青瓷盆

　　潘里垄 Y1∶15，盆。残，可复原。敛口，平折沿，斜直腹壁，平底微凹。灰色陶胎，质地疏松。口径 17、底径 12.6、高 4.8 厘米（图一○四，1；彩版三三三）。

4. 擂钵

　　潘里垄 Y1∶19，擂钵。口腹部残片，不可复原。平折沿，方唇，敛口，深弧腹壁。腹内壁刻三周竖划线纹。红褐色陶胎，质地较粗糙。口径 20、残高 10 厘米（图一○四，2）。

彩版三三三　青瓷盆潘里垄 Y1∶15

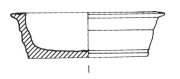 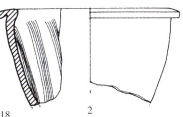 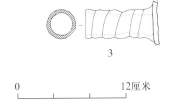

图一○四　潘里垄 Y1 采集标本（三）

1.青瓷盆潘里垄Y1∶15　2.擂钵潘里垄Y1∶19　3.器柄潘里垄Y1∶18

5. 器柄

　　潘里垄 Y1∶18，器柄。圆形柄中空。灰褐色胎，质地较粗糙。长 8、外径 3.4、内径 2.5 厘米（图一○四，3）。

（二）窑具

1. 匣钵

　　潘里垄 Y1∶7，漏斗形匣钵。残，可复原。深灰色胎，质地粗糙。内壁粘有一块黑釉盏残片。口径 15.4、通高 11.5 厘米（图一○五，1；彩版三三四）。

2. 支座

潘里垄 Y1：5，柱形支具。残，不可复原。平顶微内凹，束腰，中空。器壁上近顶部一周有 4 个指窝痕。深灰色胎，质地致密。托径 9、残高 6.5 厘米（图一〇五，2；彩版三三五）。

潘里垄 Y1：6，柱形支具。残，不可复原。顶面斜平微凹，束腰，中空。深灰色胎，质地粗糙。托径 10.7、底径 10.8、高 7.5～8.5 厘米（图一〇五，3；彩版三三六）。

潘里垄 Y1：8，泥质陶支柱。呈不规则圆柱形，实心。器表有手捏痕迹。灰褐色胎，质地粗糙。直径 6～7、高 4～6 厘米（图一〇五，4）。

潘里垄 Y1：10，泥质陶支柱。略呈不规则圆柱形，实心。器表有手捏痕迹。灰褐色胎，质地粗糙。直径 5.8、高 7～7.8 厘米（图一〇五，5）。

潘里垄 Y1：11，泥质陶支柱。略呈不规则圆柱形，实心。器表有手捏痕迹。灰褐色胎，质地粗

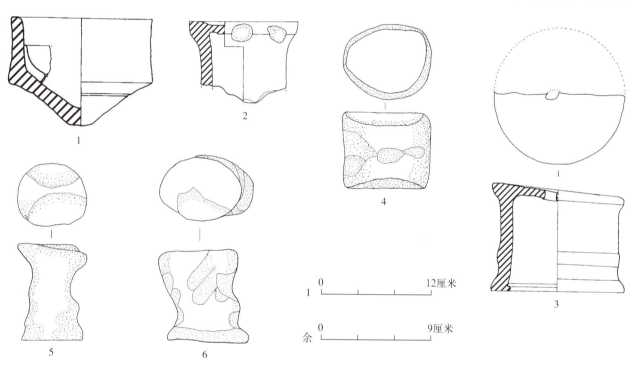

图一〇五　潘里垄 Y1 采集标本（四）

1.匣钵潘里垄Y1：7　2～6.支柱潘里垄Y1：5、6、8、10、11

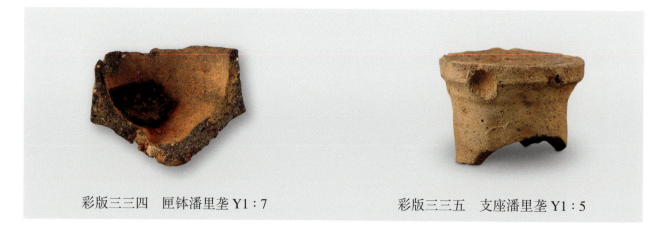

彩版三三四　匣钵潘里垄 Y1：7　　　　　　彩版三三五　支座潘里垄 Y1：5

糙。直径 5 ～ 6.7、高 7.3 厘米（图一〇五，6）。

3. 垫饼

潘里垄 Y1∶1，瓷垫饼。纵截面微呈"T"形，托面平整。灰色胎，质地细密。托径 5.8、底径 2.9、高 1.1 厘米（图一〇六，1）。

潘里垄 Y1∶2，瓷垫饼。纵截面微呈"T"形，托面平整。灰褐色胎，质地细密。托径 5.2、底径 3、高 1.1 厘米（图一〇六，2）。

潘里垄 Y1∶3，瓷垫饼。纵截面微呈"T"形，托面平整。灰褐色胎，质地细密。托径 5.4、底径 3、高 0.9 厘米（图一〇六，3）。

潘里垄 Y1∶4，瓷垫饼。纵截面微呈"T"形，托面平整。灰褐色胎，质地细密。托径 5.5、底径 2.8、高 0.8 厘米（图一〇六，4；彩版三三七）。

潘里垄 Y1∶9，泥垫饼。托面平整，中间内凹，底面微弧。红褐色胎，质地较粗糙。托径 5.5、高 2.7 厘米（图一〇六，5）。

潘里垄 Y1∶20，垫饼。呈倒喇叭形，托面平整，中间内凹。灰色胎，质地坚密。托面上有器足痕迹。托径 6.8、底径 2.8、高 2.3 厘米（图一〇六，6；彩版三三八）。

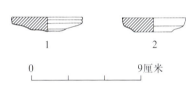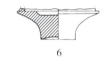

图一〇六　潘里垄 Y1 采集标本（五）

1~6.垫饼潘里垄Y1∶1~4、9、20

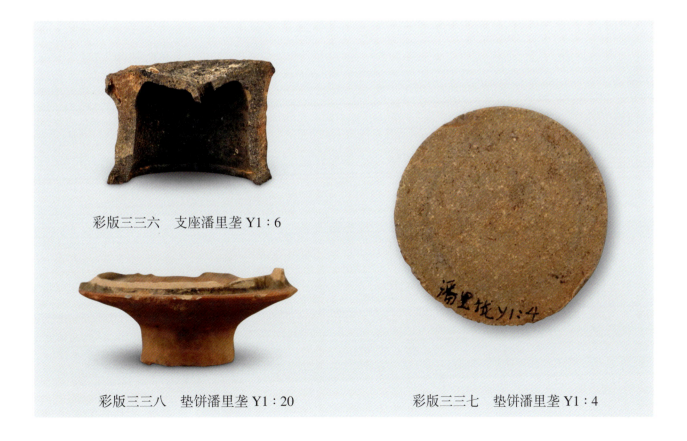

彩版三三六　支座潘里垄 Y1∶6

彩版三三八　垫饼潘里垄 Y1∶20

彩版三三七　垫饼潘里垄 Y1∶4

三　小结

　　潘里垄 1 号窑址的黑釉盏风格、特征一致，时代跨度应不长。从福建地区的建窑窑址看，其产品自北宋中晚期已经开始流行，北宋晚期还出产供御的"进盏"。南宋时期，建盏的生产规模持续扩大，几乎遍布闽北地区，从南方地区纪年墓出土的建盏看，更多的也是南宋墓葬。由此判断，南宋是建盏生产的鼎盛时期，其生产的规模较大，地域分布最广。至宋元之交，建盏逐渐退出历史舞台。

　　潘里垄 1 号、2 号窑址均为浙江境内为数较少的以烧制黑釉瓷茶盏为主的窑址，其产品仿建窑风格明显，时代判定为南宋。潘里垄窑址的发掘对研究建窑的分布地域、生产工艺及浙闽毗邻地区的窑业、文化交流具有重要价值。

第一四节　潘里垄 2 号窑址

一　发掘概况

　　潘里垄 2 号窑址位于竹口镇政府正北 1 千米的潘里垄山东麓，龙（泉）庆（元）高速公路西侧，东距竹口溪 800 米，西距下济溪 250 米，中心地理坐标为北纬 27°42′43″，东经 118°54′41″，海拔高度 290 米。2011 年被公布为省级文物保护单位。同年 9 ～ 12 月，为配合竹口工业园区瓦窑山区块低山缓坡开发工程，由浙江省文物考古研究所、庆元县文物管理委员会办公室联合对该窑址进行了发掘。

　　本次发掘的窑址编号 Y2（彩版三三九～三四四），发掘面积 800 平方米。窑址早前因开发区施工而造成严重破坏，窑址上方文化层堆积无存，窑头部分遗存遭破坏无存，窑址中段被南北向挖掘机沟槽破坏，窑尾端被晚期墓葬（编号 M1）打破，整个窑址上方现堆放工程渣土厚约 7.5 米。因渣土层宽广深厚，土方量大，考古发掘过程中渗水、蓄水、垮塌现象时有发生，发掘难度和安全隐患较大，故放弃对山下作坊遗址的发掘。据村民口述，在窑炉西南侧，即窑头前方的山下农田内，早年曾有两块约 600 平方米的长方形平坦台地，常见黑釉瓷片和窑具，推测为 Y2 的作坊区所在。

彩版三三九　潘里垄 Y2 早年地貌环境

一号窑址

二号窑址

彩版三四〇 潘里垄窑址远景（2011 年 11 月摄）

彩版三四一 潘里垄 Y2 发掘时地貌环境

彩版三四二　潘里垄 Y2 发掘时地貌环境

彩版三四三　潘里垄 Y2 近景（自东向西）

彩版三四四 潘里垄 Y2 遗迹分布图

清理出窑炉一处，为龙窑形制，方向120°。残长26（据庆元县第三次全国文物普查资料，窑炉原长约40米）、宽1.42～1.56、残高0.3～0.75米（图一○七）。窑壁以土坯砖和匣钵混砌而成，多处窑壁底部为土坯砖，上部以匣钵叠砌，窑壁厚约0.2、残高0.2～0.6米，土坯砖长17、宽8.5、厚4.5厘米；窑壁内侧多处可见黑褐色窑汗，玻璃质感强，厚度均在1厘米以下。窑炉前段坡度约10°；中段较长，坡度约15°；尾段较短，坡度约11°。

残存窑门4个：窑门1，位于窑炉前段南侧，宽0.55、残高0.33米，门外以匣钵铺地。窑门2，位于窑炉中后段南侧，宽0.41、残高0.26米。窑门3，位于窑炉中后段北侧，宽0.4、残高0.3米，门外以土坯残砖块铺地。窑门4，位于窑炉尾段北侧，宽0.38、残高0.33米。

窑床设于潘里垄山体基岩之上，呈长斜坡状，底部堆积两层黄褐色砂土，下层厚约12厘米，上层厚约44厘米。两层砂土上均有红烧土烧结面，据此推断窑炉的使用可分两期；又从窑床堆积性状和窑址残次品堆积情况判断，两期窑床及其所对应窑产品的年代应比较接近。窑床前部窑门1附近散落有大量窑砖，堆积范围长2.6、宽1、厚0.21米；窑砖呈红褐色，质地较松软，尺寸与窑壁砖相同；窑砖中见有少量柱形支具，由此判断此处窑砖堆积为窑壁和窑顶垮塌所致。窑床后段散见漏斗形匣钵和柱形支具，漏斗形匣钵成排端正摆放，装烧黑釉盏；柱形支具放置于窑尾部，用于支烧大中型窑产品。总体观察判断，窑炉空间的利用有所规划，窑炉中间部位以匣钵装烧黑釉茶盏，窑头、窑尾部位主要以支烧具支烧大中型窑产品，即与茶盏配套使用的其他茶具（彩版三四五～三五一）。

彩版三四五　潘里垄 Y2 窑炉（自东向西）　　　　彩版三四六　潘里垄 Y2 窑炉（自西向东）

彩版三四七　潘里垄 Y2 窑炉窑壁

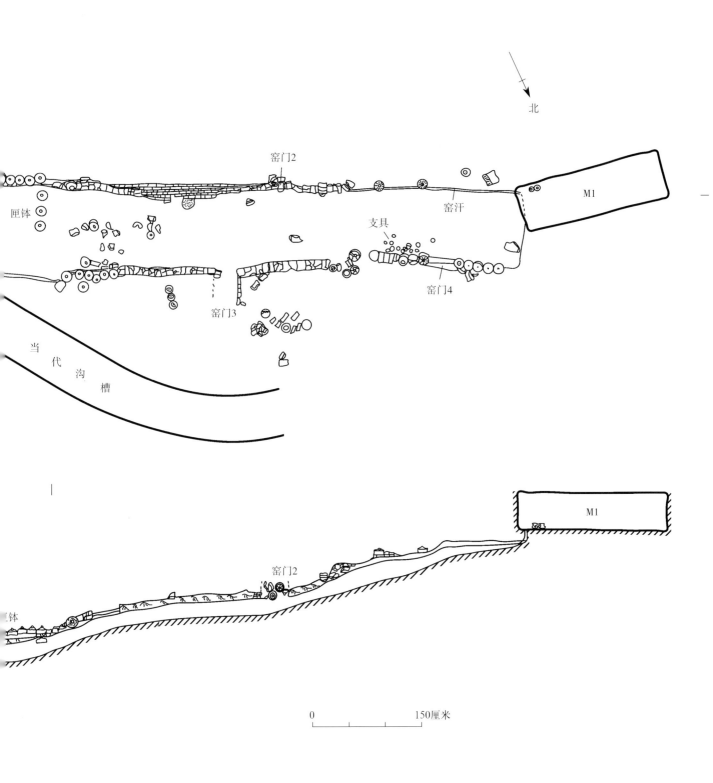

北

窑门2

匣钵

窑汗

支具

窑门4

窑门3

当代沟槽

窑门2

钵

0　　　　　　　150厘米

垄 Y2 平、剖面图

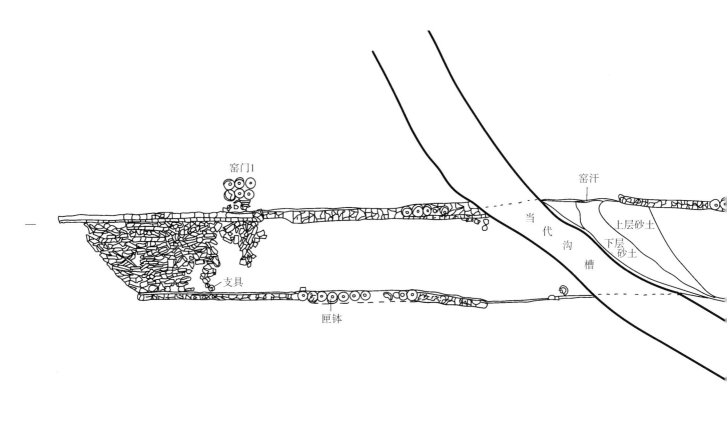

窑门1

窑汗

当代沟槽

上层砂土

下层砂土

支具

匣钵

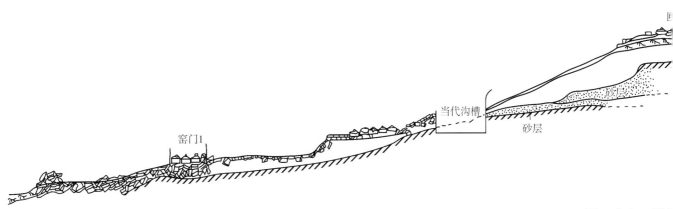

窑门1

当代沟槽

砂层

砂层

图一〇七　潘

彩版三四八　潘里垄 Y2 窑炉前段倒塌窑壁

彩版三四九　潘里垄 Y2 窑床底部堆积

彩版三五〇　潘里垄 Y2 窑门 3

彩版三五一　潘里垄 Y2 窑尾

彩版三五二　潘里垄 Y2 残次品堆积

　　残次品堆积位于窑炉南侧，已遭严重破坏，呈不规则形，堆积较薄。出土窑具有漏斗型匣钵、M 型匣钵、柱形支具、镯形支具、手捏泥支具、泥垫饼等（彩版三五二），详见窑具统计表（表二）。据采集的标本，黑釉盏的装烧法大致为：一个匣钵内装盛一个建盏，盏的外底垫以垫饼，然后匣钵依次叠压成一"匣钵柱"。换言之，即以"一匣一器"的方式套叠，其工艺特征与建窑类同。

表二　潘里垄 Y2 窑具统计表

名称	漏斗型匣钵	M 型匣钵	柱形支具	镯形支具	手捏泥支具	泥垫饼	总计
数量	148	18	24	14	391	76	671
百分比	22.1%	2.7%	3.6%	0.2%	58.3%	11.3%	98.2%

　　产品以黑胎黑釉瓷盏为主，兼有少量擂钵、执壶、坩埚、罐、青瓷器等。黑釉瓷盏分束口、敞口、直口三种类型，品优者有兔毫纹。烧成温度分生烧、正烧、过烧三类，详见窑产品烧制形态统计表。
　　Y2 尾端西南角被明代墓葬打破，墓葬编号 M1。

二　采集标本

共 167 件。

（一）瓷器

1. 青瓷碗

潘里垄 Y2：48，碗。残，可复原。葵口外侈，斜弧腹壁，圈足，修足较规整，足外壁划一周弦纹，足端外缘斜削。胎骨紧密，呈黑灰色。内满釉、外壁施青釉不及底。因过烧而釉色显黑灰，釉面有细密气泡。口径 12、足径 5.2、高 5.5 厘米（图一〇八，1）。

潘里垄 Y2：86，碗。口腹部残片，不可复原。敞口，圆唇，深弧腹壁。腹外壁刻莲瓣纹，中脊凸出。灰白胎，质地细密。内、外壁施青釉。口径 13.4、残高 5.2 厘米（图一〇八，2；彩版三五三）。

潘里垄 Y2：87，碗。口腹部残片，不可复原。敞口，尖圆唇，斜弧腹壁。腹外壁刻双层莲瓣纹，中脊凸出。胎体呈灰白色，中有气孔。外壁施青釉，釉色莹润，釉面开片。口径 13.1、残高 3.1 厘米（图一〇八，3；彩版三五四）。

潘里垄 Y2：88，碗。残，可复原。敞口，圆唇，斜弧腹壁，圈足。腹外壁刻莲瓣纹，足内刻划"金"字并墨书一"吴"字。灰色胎，质地较细密有气孔。足内无釉，余皆施青灰釉。口径 8.8、足径 5.2、高 7 厘米（图一〇九，1；彩版三五五）。

潘里垄 Y2：89，碗。残，可复原。侈口，圆唇，斜弧腹壁，圈足。腹内壁刻蔓枝荷花纹，底内心刻莲花纹。灰褐色胎，质地细密有气孔。足端及足内无釉，余皆施青灰釉，釉层浑浊、干涩，釉面开片。口径 8.9、足径 6.2、高 6.4 厘米（图一〇九，2；彩版三五六）。

潘里垄 Y2：90，碗残片。口部残片，不可复原。敞口，尖圆唇，斜弧腹壁。浅灰色胎，质地细密。内、外壁施粉青釉，釉层玻质感强、有细密开片。腹外壁粘连浅灰色粗陶匣钵残块，直口，直腹微内收，腹外壁有拉坯痕，底残，残长 11、高 10.4 厘米（图一〇九，3）。

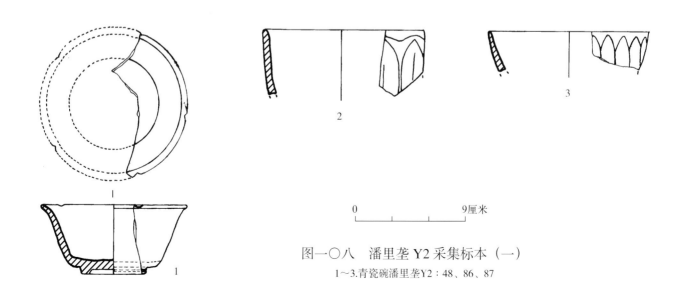

0　　　　　　　　　　9厘米

图一〇八　潘里垄 Y2 采集标本（一）

1～3.青瓷碗潘里垄 Y2：48、86、87

彩版三五三　青瓷碗潘里垄 Y2：86

彩版三五四　青瓷碗潘里垄 Y2：87

彩版三五五　青瓷碗潘里垄 Y2：88　　　　　彩版三五六　青瓷碗潘里垄 Y2：89

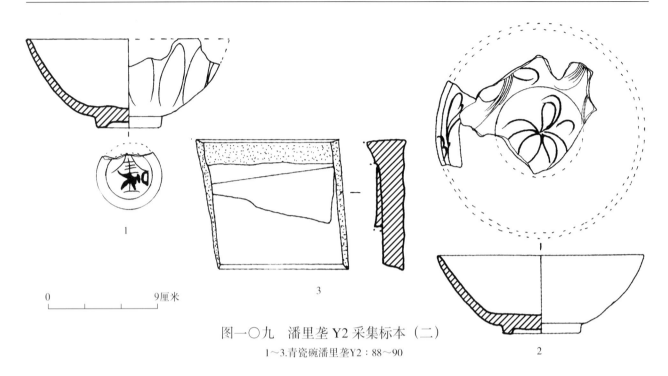

图一○九　潘里垄 Y2 采集标本（二）

1～3.青瓷碗潘里垄Y2：88～90

2.青瓷杯

潘里垄 Y2：91，杯。口腹部残片，不可复原。直口，圆唇，深直腹壁。腹外壁饰篦划纹、莲瓣纹，莲瓣中脊凸出。胎体匀薄，呈灰色，质地较细密。口内及腹外壁施青釉，釉层玻质感强、有细密开片。口径 8.3、残高 4.5 厘米（图一一○，1；彩版三五七）。

3.擂钵

潘里垄 Y2：85，青瓷擂钵。口腹部残片，不可复原。直口，窄重沿，深弧腹壁。胎体匀薄，呈灰色，质地较细密。腹内壁划交叉弧线纹。口内、外施青釉，釉层较薄、开片稀疏。口径 18.8、残高 5.6 厘米（图一一○，2；彩版三五八）。

潘里垄 Y2：109，擂钵。残，可复原。敛口，深腹，平底，外底内凹。内、外壁有数周轮旋纹，内壁刻划一周放射状弧线纹。灰褐色胎，质地较粗糙。口径 12.2、底径 6、高 13.9 厘米（图一一○，3）。

潘里垄 Y2：110，擂钵。敛口，平唇外凸，深腹，腹壁斜弧，平底微凹。器内自底心向外刻划放射状弧线纹。腹外壁有拉坯痕。深灰色胎，质地较粗糙。口径 23.4、底径 10、高 14 厘米（图一一○，4；彩版三五九）。

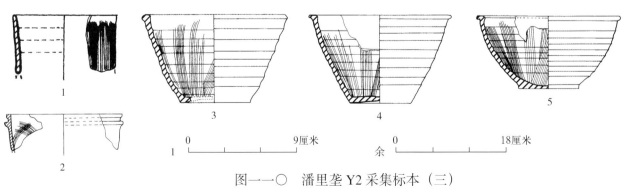

图一一○　潘里垄 Y2 采集标本（三）

1.青瓷杯潘里垄Y2：91　2.青瓷擂钵潘里垄Y2：85　3～5.擂钵潘里垄Y2：109～111

彩版三五七　青瓷杯潘里垄 Y2：91

彩版三五八　青瓷擂钵潘里垄 Y2：85

彩版三五九　擂钵潘里垄 Y2：110

潘里垄 Y2：111，擂钵。残，可复原。敛口，窄折沿，斜弧腹壁，平底微凹。器内自底心向外刻划放射状弧线纹。腹部有拉坯痕。深灰色胎，质地较粗糙。口径 23.6、底径 10、高 11.7 厘米（图一一〇，5）。

4. 酱釉壶

潘里垄 Y2：1，单耳执壶。残，不可复原。侈口，方唇，短颈，溜肩，鼓腹，平底微内凹。肩、腹部饰四周凹弦纹；肩部贴附管状流，残缺；与流对称的肩腹部贴附竖向宽耳，残缺。灰色胎，质地较粗疏。内满釉、外壁不及底施酱黄釉，釉层干涩，脱落殆尽。口径 8.6、底径 9.5、腹径 16.2、高 14 厘米（图一一一，1；彩版三六〇）。

潘里垄 Y2：2，执壶。残，可复原。侈口，窄折沿，短束颈，溜肩，圆鼓腹，平底微凹。颈下及下腹部各饰一周凹弦纹；肩部贴附曲管状短流；与流对称之肩腹部贴附竖向宽把手，残缺。灰色胎，质地较粗疏。施酱黄色釉，脱落殆尽。口径 6.8、底径 7.2、腹径 12.4、高 11 厘米（图一一一，2；彩版三六一）。

潘里垄 Y2：4，单耳执壶。残，不可复原。侈口，圆唇，长颈，溜肩，鼓腹，平底。口部有一凹槽形流，与之对称之颈肩部贴附竖向窄耳。颈部有拉坯痕。灰黑色胎，质地坚密。口径 4.8、底径

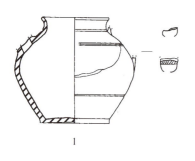
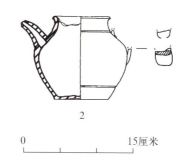

图一一一　潘里垄 Y2 采集标本（四）

1～3.酱釉壶潘里垄Y2：1、2、4

彩版三六〇　酱釉执壶潘里垄 Y2：1　　　　　彩版三六一　酱釉执壶潘里垄 Y2：2

彩版三六二　酱釉执壶潘里垄 Y2：4　　　　　彩版三六三　酱釉执壶潘里垄 Y2：5

3.7、腹径 7.2、高 8.8 厘米（图一一一，3；彩版三六二）。

潘里垄 Y2：5，单把执壶。残，不可复原。直口微敛，方唇，长颈，溜肩，鼓腹，平底内凹。肩部贴附曲管状短流及圆管形把手，把手与流呈 90°夹角，把手残缺。灰色胎，质地较粗疏。器表局部施酱黄釉，釉层干涩。口径 6.2、底径 7.2、腹径 12.4、高 14.4 厘米（图一一二，1；彩版三六三）。

潘里垄 Y2：8，单把执壶。残，不可复原。直口微敛，圆唇，直领，丰肩，鼓腹，平底微凹。流与把手呈 90°夹角，均已残缺。腹部有拉坯痕。灰黑色胎，质地较粗疏。内、外壁局部施酱黄釉，釉层干涩，脱釉严重。口径 6.3、底径 7.1、腹径 10.7、高 11.8 厘米（图一一二，2）。

潘里垄 Y2：9，单耳执壶。颈腹残片，不可复原。高领，颈壁斜直，溜肩鼓腹，颈肩部贴附竖向宽耳。灰色胎，质地较粗疏。器内外施酱黄釉，釉层干涩，脱釉严重。残宽 9.5、残高 10.8 厘米。耳高 8.3、宽 2.5、厚 0.7 厘米（图一一二，3）。

潘里垄 Y2：10，单耳执壶。颈腹部残片，不可复原。颈壁斜直，溜肩鼓腹，肩颈部贴附竖向宽耳。灰色胎，质地粗疏。器表施酱黄釉，釉层干涩。残宽 4.5、残高 9.5 厘米。耳高 7.3、宽 2.2、厚 0.8 厘米（图一一三，1）。

潘里垄 Y2：11，壶。腹部残片，不可复原。高直颈，弧鼓腹，领肩部贴附竖向宽耳。灰色胎，质地较粗疏。器内外局部施酱黄釉，釉层干涩、脱落殆尽。口径 7.8、残高 9.6 厘米（图一一三，2）。

潘里垄 Y2：12，执壶。残，可复原。微侈口，方唇，长颈，溜肩，鼓腹，平底。流、耳残缺。腹内壁有拉坯痕。灰色胎，质地粗疏。内满、外壁不及底施酱黄釉，釉层干涩，脱落严重。口径 6.5、底径 7、腹径 10.8、高 14.6 厘米（图一一三，3）。

潘里垄 Y2：13，壶。高直领，弧鼓腹，颈肩部贴附竖向宽耳。灰色胎，质地较粗疏。器内外局部施酱黄釉，釉层干涩，脱落殆尽。残宽 7.5、残高 12.4 厘米。耳高 9.3、宽 3、厚 0.5 厘米（图一一四，1）。

潘里垄 Y2：14，壶。高直领，弧鼓腹，领肩部贴附竖向宽耳。灰色胎，质地较粗疏。器内外局部施酱黄釉，釉层干涩、脱落殆尽。口径 6、残高 10.4 厘米（图一一四，2）。

潘里垄 Y2：15，单耳执壶。仅腹部残片，不可复原。高直领，弧鼓腹，领腹部贴附竖向宽耳。

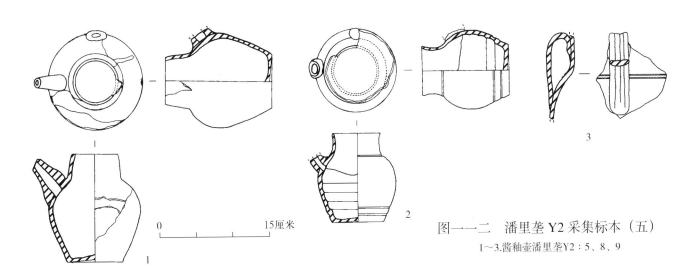

0   15 厘米

图一一二　潘里垄 Y2 采集标本（五）

1~3.酱釉壶潘里垄 Y2：5、8、9

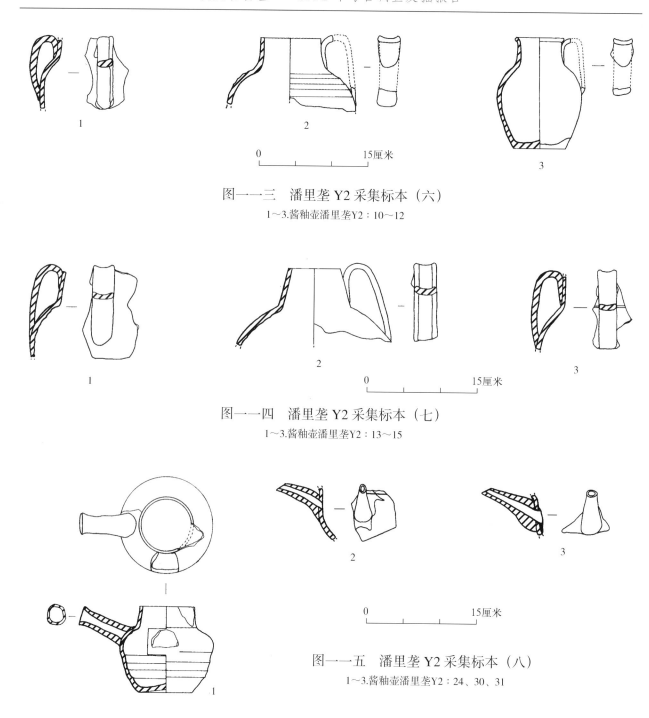

图一一三　潘里垄 Y2 采集标本（六）

1～3.酱釉壶潘里垄Y2：10～12

图一一四　潘里垄 Y2 采集标本（七）

1～3.酱釉壶潘里垄Y2：13～15

图一一五　潘里垄 Y2 采集标本（八）

1～3.酱釉壶潘里垄Y2：24、30、31

器表及内壁施酱黑釉，釉层浑浊、干涩。残宽 5.6、残高 10.2 厘米。耳高 10、宽 2.5、厚 0.6 厘米（图一一四，3）。

潘里垄 Y2：24，单把执壶。残，不可复原。直口微敛，方唇，高领，丰肩，鼓腹，平底微凹。腹部贴附圆管状把手，柄呈喇叭口，把手与流之间呈 90° 夹角，流残缺。器腹壁有拉坯痕。灰色胎，质地较粗疏。器内、外局部施酱黄釉，釉层干涩。口径 6.5、底径 7.1、腹径 12.8、高 11.4 厘米。柄长 6.2、外径 2.4、内径 1 ～ 2 厘米（图一一五，1；彩版三六四）。

潘里垄 Y2：30，执壶。流部残片。曲管状短流。灰色胎，质地粗疏。外施酱釉，脱落殆尽。残

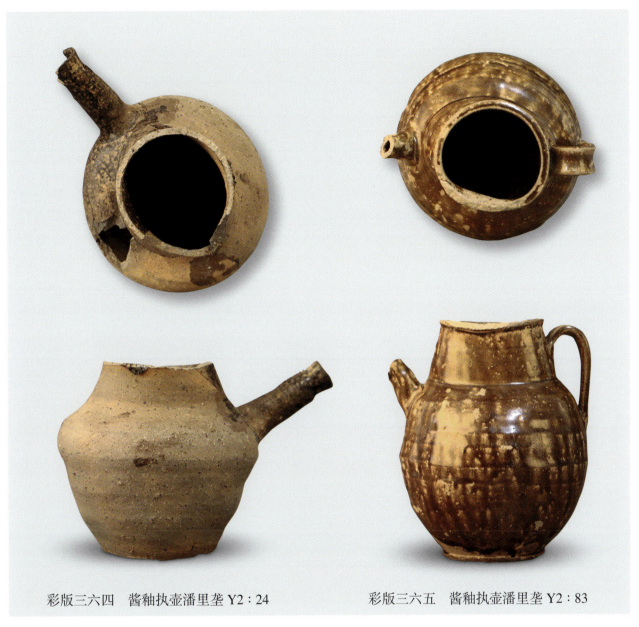

彩版三六四 酱釉执壶潘里垄 Y2：24　　　　　　彩版三六五 酱釉执壶潘里垄 Y2：83

长 5 厘米（图一一五，2）。

潘里垄 Y2：31，执壶。流部残片。曲管状流。灰色胎，质地较粗疏。表面施酱黄釉，釉层干涩、局部脱落。残长 7.4 厘米（图一一五，3）。

潘里垄 Y2：32，执壶。流部残片。曲管状短流。灰色胎，质地粗疏。表面施酱黄釉，脱釉殆尽。残长 4.5 厘米（图一一六，1）。

潘里垄 Y2：81，壶。腹底部残片，不可复原。扁鼓腹，圈足。灰黑色胎体。内、外壁施黑釉。底径 13.4、残高 4.3 厘米（图一一六，2）。

潘里垄 Y2：83，执壶。残，略变形。方唇外凸，斜直颈，溜肩，圆鼓腹壁，平底内凹。肩部贴附短流，残缺；与流对称之肩颈部贴附竖向宽把，把手上端略低于口唇。腹部有拉坯痕。灰色胎，质地紧密。内满釉、外壁不及底施酱釉。口径 8.5、底径 8.8、腹径 16、高 19.2 厘米（图一一六，3；彩版三六五）。

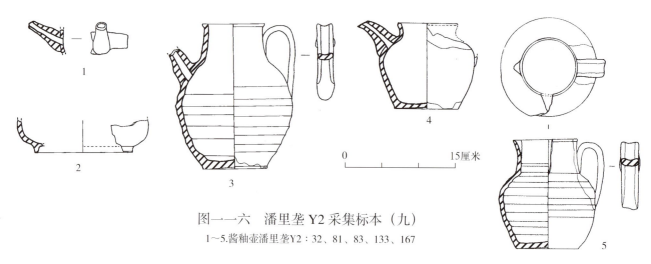

图一一六　潘里垄 Y2 采集标本（九）

1～5.酱釉壶潘里垄Y2：32、81、83、133、167

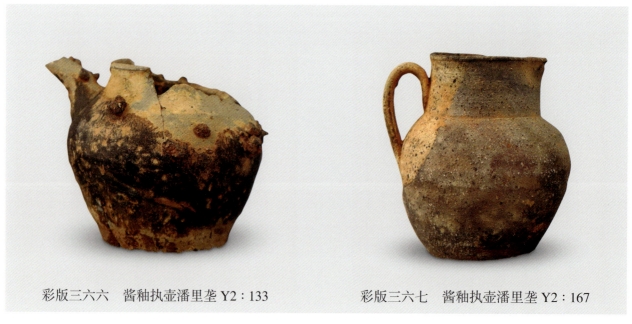

彩版三六六　酱釉执壶潘里垄 Y2：133　　　　　　彩版三六七　酱釉执壶潘里垄 Y2：167

　　潘里垄 Y2：133，执壶。残，可复原。侈口，方唇，短竖颈，溜肩，圆鼓腹，平底微内凹。肩部贴附曲管状流；与其对称之肩口部贴附竖向宽把，已残缺。浅灰色粗胎体。内满釉、外壁不及底施酱釉，釉层浑浊、干涩、开片细密，局部脱落。口径 8、底径 8.5、腹径 12.4、高 11.4 厘米（图一一六，4；彩版三六六）。

　　潘里垄 Y2：167，单耳执壶。残，可复原。略变形，直口微敛，圆唇，长颈，溜肩，鼓腹，平底微凹。口部有一凹槽形流，与之对称之颈肩部贴附竖向宽耳。腹部有拉坯痕。浅灰色胎，质地坚密。颈腹部局部施酱黄釉，脱落殆尽。口径 7.8、腹径 13、底径 8.4、高 14.3～14.7 厘米（图一一六，5；彩版三六七）。

5. 酱釉罐

　　潘里垄 Y2：16，单把罐。残，不可复原。敛口，仰折沿，丰肩，鼓腹，平底微内凹。肩部贴附圆管形把手，残长 2 厘米。腹内壁有拉坯痕。灰色胎，质地较粗疏。内满釉、外壁不及底施酱黄釉，釉层干涩，局部脱落。口径 12.2、底径 8.2、腹径 17、高 15.6 厘米（图一一七，1；彩版三六八）。

潘里垄 Y2 : 17，罐把手。残，不可复原。圆形柄中空。灰褐色胎，质地较粗疏。未施釉。长 7.6、外径 2.7 ～ 3.8、内径 1.5 厘米（图一一七，2）。

潘里垄 Y2 : 18，罐把手。残，不可复原，略变形。圆管形柄，柄端变形呈椭圆形。灰色胎，质地较粗疏。柄外壁施釉，管内局部施釉，釉色酱黄，釉层干涩、有开片。长 7.4、外径 2.4 ～ 4、内径 1.7 ～ 3.2 厘米（图一一七，3）。

潘里垄 Y2 : 19，罐把手。圆管形柄，柄呈喇叭形。灰色胎，质地较粗疏。外施酱黄釉。长 5.4、外径 1.4 ～ 2.3、内径 1.2 厘米（图一一八，1）。

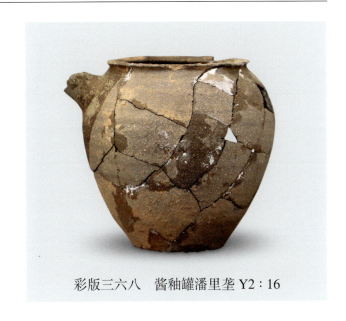

彩版三六八 酱釉罐潘里垄 Y2 : 16

潘里垄 Y2 : 20，罐把手。圆管形柄，柄呈喇叭形。灰褐色胎，质地较粗疏。器表施酱黄釉，脱落殆尽。残长 5、外径 1.4 ～ 2、内径 0.4 ～ 1.2 厘米（图一一八，2）。

潘里垄 Y2 : 21，单把罐。口腹部残片，不可复原。敛口，平窄沿，弧鼓腹，腹部贴附管状把手。灰色胎，质地较粗疏。器表施酱黄釉，釉层脱落殆尽。口径 16、腹径 14、残高 6.8 厘米。柄长 6.8、外径 3.8、内径 2 ～ 3.2 厘米（图一一八，3）。

潘里垄 Y2 : 22，罐。口腹部残片，不可复原。敛口，平折窄沿，鼓腹，腹壁贴附圆管形把手，柄内中空。灰色胎，质地较粗疏。罐内外及把手施酱黄釉，釉层干涩、脱落殆尽。口径 12.1、腹径 13、残高 6.7 厘米。柄长 6.7、外径 3.2 ～ 3.5、内径 2.4 ～ 2.8 厘米（图一一九，1）。

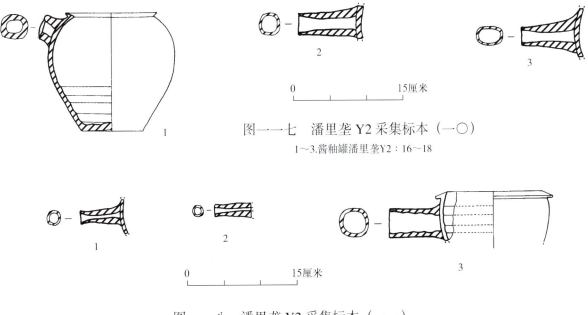

图一一七 潘里垄 Y2 采集标本（一〇）

1～3.酱釉罐潘里垄Y2：16～18

图一一八 潘里垄 Y2 采集标本（一一）

1～3.酱釉罐潘里垄Y2：19～21

　　潘里垄 Y2：23，罐把手。残，不可复原。圆管形柄，柄端呈喇叭口。灰色胎，质地粗疏。柄外施酱黄釉，柄内局部施釉。釉色酱黄，釉层干涩、局部脱落。长 7.1、外径 2.8～3.5、内径 1.2～2.9 厘米（图一一九，2）。

　　潘里垄 Y2：33，罐。残，可复原。侈口，方唇，矮领，溜肩，鼓腹，平底微内凹，肩部贴附半环状横系。红褐色胎，质地较粗疏。腹外壁施釉不及底，釉层脱尽，釉色不明。口径 10.8、底径 8.2、腹径 14.4、高 11.6 厘米（图一一九，3）。

　　潘里垄 Y2：34，罐。口腹部残片，不可复原。敛口，仰折沿，溜肩，鼓腹。灰色胎，质地较粗疏。器内外局部施酱黄釉，釉层脱落殆尽。口径 26、腹径 33.6、残高 12.6 厘米（图一二〇，1）。

　　潘里垄 Y2：35，罐。口腹部残片，不可复原。敛口，仰折沿，溜肩。鼓腹。腹部有拉坯痕。灰色胎，质地较粗疏。内外壁施酱黄釉，脱落殆尽。口径 16、残高 7 厘米（图一二〇，2）。

　　潘里垄 Y2：36，罐。口肩部残片，不可复原。敛口，平折窄沿短颈，颈壁斜直，溜肩。灰胎，质地坚密。内外壁施酱黑釉，釉面开片细密。口径 15.4、残高 6 厘米（图一二〇，3）。

　　潘里垄 Y2：37，罐。口肩部残片，不可复原。侈口，方唇，矮颈，溜肩，肩部贴附横系。红褐色胎，质地疏松。口径 10.8、残高 3.5 厘米（图一二一，1）。

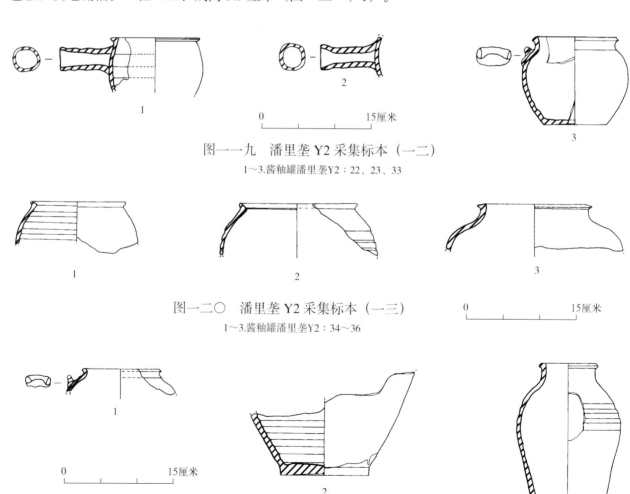

图一一九　潘里垄 Y2 采集标本（一二）

1～3.酱釉罐潘里垄Y2：22、23、33

图一二〇　潘里垄 Y2 采集标本（一三）

1～3.酱釉罐潘里垄Y2：34～36

图一二一　潘里垄 Y2 采集标本（一四）

1～3.酱釉罐潘里垄Y2：37、38、82

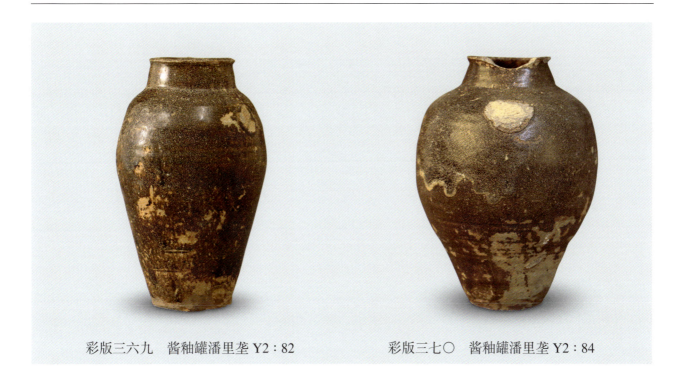

彩版三六九　酱釉罐潘里垄 Y2：82　　　　　　彩版三七〇　酱釉罐潘里垄 Y2：84

潘里垄 Y2：38，罐。腹底部残片，不可复原。下腹壁斜直，平底微凹。浅灰色胎，质地较粗疏。内满釉、外壁不及底施黑褐色釉，釉层干涩、浑浊。底径 12、残高 13.4 厘米（图一二一，2）。

潘里垄 Y2：82，罐。直口，方唇外凸，斜直领，溜肩，鼓腹，平底微凹。腹部有拉坯痕。胎体紧密，呈灰黑色。内满、外壁不及底施酱釉，釉层干涩、浑浊，局部脱釉。口径 8.1、底径 7.6、腹径 14、高 22.6 厘米（图一二一，3；彩版三六九）。

潘里垄 Y2：84，罐。残，不可复原。小口，窄平沿，矮颈斜直，丰肩，鼓腹，平底微凹。口腹部贴附竖向宽把，残缺。腹部有拉坯痕。灰色胎，质地较粗疏。底外无釉，余皆施黑褐釉。釉层局部脱釉。口径 10.6、底径 9.8、腹径 23.3、高 30.6 厘米（图一二二，1；彩版三七〇）。

潘里垄 Y2：92，罐。口腹部残片，不可复原。敛口，窄折沿，斜直短颈，溜肩，鼓腹。灰色胎，质地较粗糙。内、外壁施酱釉，釉层干涩、脱釉严重。口径 57、残高 18.5 厘米（图一二二，2）。

潘里垄 Y2：93，罐。口腹部残片，不可复原。敛口，折卷折沿，短颈，颈壁微鼓，溜肩，鼓腹。胎体较厚，呈红褐色，质地较粗疏。内、外壁施酱黄釉，釉层干涩、脱釉严重。口径 73、残高 13.8 厘米（图一二二，3）。

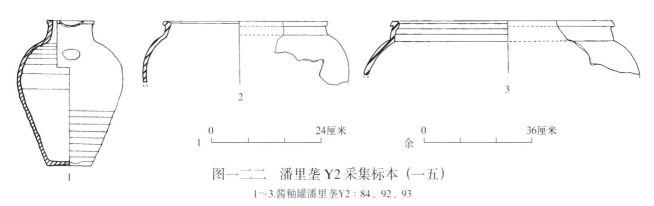

图一二二　潘里垄 Y2 采集标本（一五）

1～3.酱釉罐潘里垄 Y2：84、92、93

潘里垄 Y2：94，罐。口肩部残片，不可复原。敛口，卷折沿，短颈，颈壁斜直，短颈，溜肩。胎体厚重，呈红褐色，质地较粗疏。内、外壁施酱黄釉，釉色干涩、脱落殆尽。口径 83、残高 17 厘米（图一二三，1）。

潘里垄 Y2：95，罐。口腹部残片，不可复原。敛口，平唇，溜肩。唇面有一周凹弦纹。灰色胎，质地较细密。内、外壁施酱黄釉。口径 21.2、残高 3.2 厘米（图一二三，2）。

潘里垄 Y2：96，罐。口腹部残片，不可复原。口缘外侧设对称錾手，中部有一圆孔。敛口，宽缘外凸，深圆鼓腹。缘面有一道凹弦纹。红褐色胎，质地较细密。内、外壁施酱黄釉，釉层薄且干涩、脱釉严重。口径 64、残高 13 厘米。錾手长 7.5、宽 1.4、厚 0.9 厘米。孔径 0.3 厘米（图一二三，3）。

潘里垄 Y2：97，罐。口腹部残片，不可复原。敛口，折平沿，斜直颈，广肩。红褐色粗胎体。内、外壁施酱黄釉，釉层干涩、浑浊，脱釉严重。口径 15.6、残高 11.2 厘米（图一二四，1）。

潘里垄 Y2：98，罐。口腹部残片，不可复原。敛口，折平沿，斜直颈，广肩。浅灰色胎，质地较粗糙。内、外壁施酱黄釉，釉层浑浊、有开片。口径 20.2、残高 5.8 厘米（图一二四，2）。

潘里垄 Y2：99，罐。口腹部残片，不可复原。侈口，方唇，短束颈，广肩，鼓腹。灰色胎，质地较粗糙。内、外壁施酱黑釉。口径 9.8、残高 7.2 厘米（图一二四，3）。

潘里垄 Y2：102，罐。口腹部残片，不可复原。敛口，平唇，鼓肩。灰色胎，质地较粗糙。内、外壁施酱黄釉，釉层干涩，局部脱落。口径 21.1、残高 6.8 厘米（图一二五，1）。

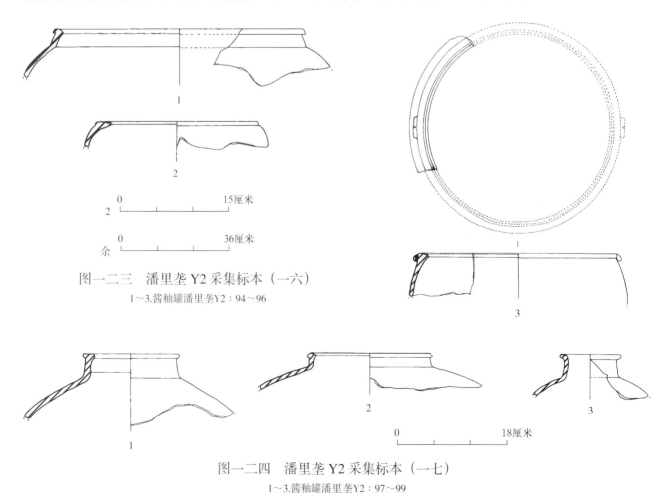

図一二三　潘里垄 Y2 采集标本（一六）

1～3.酱釉罐潘里垄Y2：94～96

図一二四　潘里垄 Y2 采集标本（一七）

1～3.酱釉罐潘里垄Y2：97～99

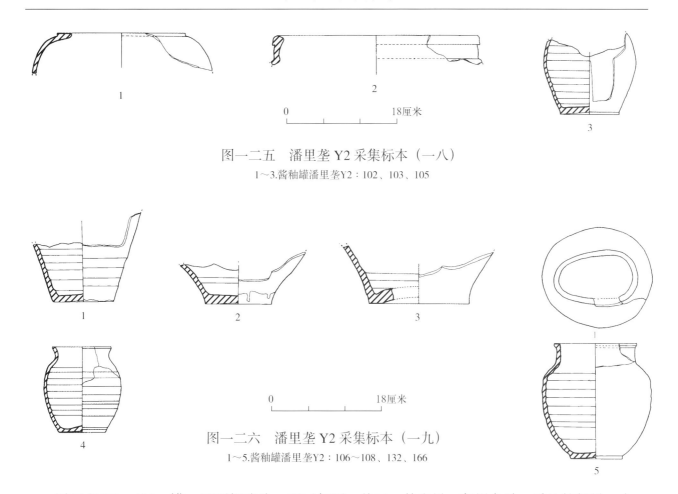

图一二五　潘里垄 Y2 采集标本（一八）

1～3.酱釉罐潘里垄 Y2：102、103、105

图一二六　潘里垄 Y2 采集标本（一九）

1～5.酱釉罐潘里垄 Y2：106～108、132、166

潘里垄 Y2：103，罐。口颈部残片，不可复原。敛口，外卷沿。灰褐色胎，质地较粗糙。内、外壁施酱釉，釉层干涩、脱落严重。口径 34、残高 5.2 厘米（图一二五，2）。

潘里垄 Y2：105，罐。腹底部残片，不可复原。鼓腹，平底内凹。灰色胎，质地较粗糙。腹部有拉坯痕。内、外壁施酱黄釉，釉层干涩，脱釉严重。底径 9.6、腹径 15.1、残高 13 厘米（图一二五，3）。

潘里垄 Y2：106，罐。腹底部残片，不可复原。下腹壁斜直收，平底微凹。灰色胎，质地较粗糙。腹部有拉坯痕。内满釉、外壁不及底施酱褐釉，釉层脱落、斑驳不均。底径 10、残高 15 厘米（图一二六，1）。

潘里垄 Y2：107，罐。腹底部残片，不可复原。下腹壁斜弧收，平底微凹。灰色胎，质地较粗糙。腹部有拉坯痕。内满釉、外壁不及底施酱黄釉，釉层干涩、局部脱落。底径 10.8、残高 8.2 厘米（图一二六，2）。

潘里垄 Y2：108，罐。腹底部残片，不可复原。下腹壁斜收，平底微凹，胎体厚重，呈灰褐色，质地较粗糙。腹部有拉坯痕。内外壁施酱黄釉，釉层脱落。底径 16.4、残高 9.2 厘米（图一二六，3）。

潘里垄 Y2：132，罐。残，口、腹部变形，可复原。直口微敛，方唇外凸，斜直领，溜肩，鼓腹，平底微内凹。腹部有拉坯痕。浅灰色胎，质地较粗疏。内满釉、外壁不及底施酱釉，釉层浑浊，局部脱落。口径 8.5 ～ 13.5、底径 8.6、腹径 18、高 18.5 厘米（图一二六，4；彩版三七一）。

潘里垄 Y2：166，罐。残，可复原。侈口，短束颈，溜肩，鼓腹，平底微内凹。内、外壁有数

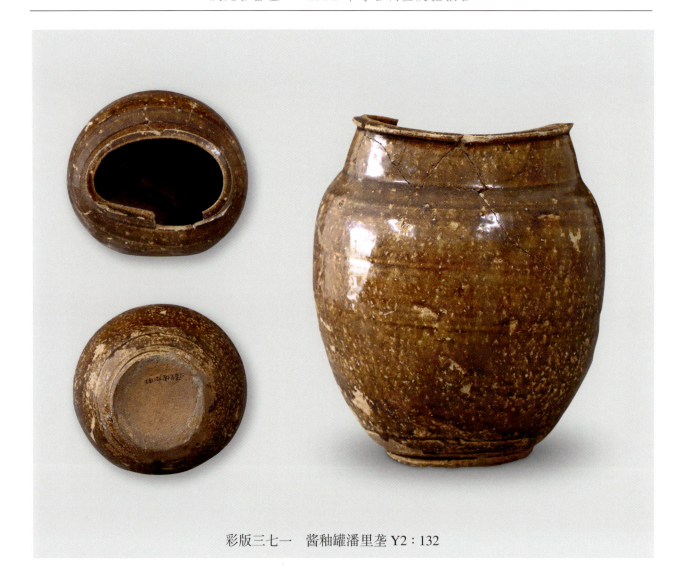

彩版三七一　酱釉罐潘里垄 Y2∶132

周轮旋痕。灰色胎，质地较粗疏。内外壁施半釉，釉色酱褐，釉层剥落严重。口径 9.5、腹径 12.5、底径 7.7、高 13.7 厘米（图一二六，5；彩版三七二）。

6. 酱釉盆

潘里垄 Y2∶100，盆。口腹部残片，不可复原。敛口，卷折沿，深腹，腹壁弧鼓。腹壁有拉坯痕。灰色胎，质地较粗糙。内、外壁施酱黑釉，釉层干涩、脱落殆尽。口径 30.4、残高 9 厘米（图一二七，1）。

潘里垄 Y2∶101，盆。口腹部残片，不可复原。敛口，平折沿，斜弧腹壁。灰黑色粗胎，质地坚硬。内、外壁施黑褐釉。口径 26.2、残高 10 厘米（图一二七，2）。

潘里垄 Y2∶104，盆。口腹部残片，不可复原。敛口，平唇外凸，斜弧腹壁。红褐胎，质地细密。内、外壁施酱黄釉，釉层干涩、局部脱落。口径 31.2、残高 7 厘米（图一二七，3）。

潘里垄 Y2∶140，盆。残，可复原。敛口，平折沿，斜直腹壁，平底。器壁有拉坯痕。深灰色胎，质地粗疏。口径 19、底径 10、高 7.3 厘米（图一二八，1）。

潘里垄 Y2∶141，盆。残，可复原。敛口，平折沿，斜弧腹壁，平底。器壁有拉坯痕。深灰色胎，

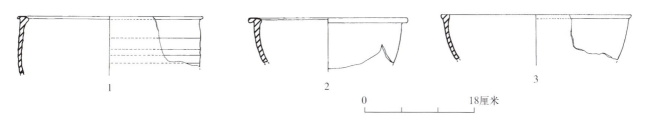

图一二七　潘里垄 Y2 采集标本（二〇）

1～3.酱釉盆潘里垄Y2：100、101、104

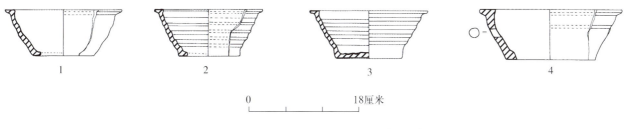

图一二八　潘里垄 Y2 采集标本（二一）

1～4.酱釉盆潘里垄Y2：140～143

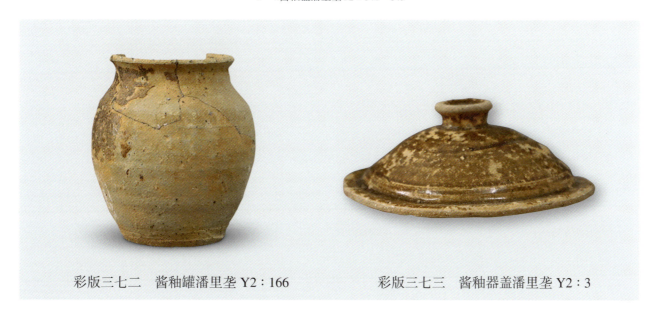

彩版三七二　酱釉罐潘里垄 Y2：166　　　　彩版三七三　酱釉器盖潘里垄 Y2：3

质地粗疏。口径 17.6、底径 10、高 7.4 厘米（图一二八，2）。

潘里垄 Y2：142，盆。残，可复原。敛口，平折沿，斜弧腹壁，平底微凹。底内心凸起，器壁有拉坯痕。深灰色胎，质地粗疏。口径 19.2、底径 11、高 7.6 厘米（图一二八，3）。

潘里垄 Y2：143，盆。残，可复原。敛口，平折沿，斜弧腹壁，平底。器壁有拉坯痕。深灰色胎，质地粗疏。口径 23.2、底径 14.8、高 8 厘米（图一二八，4）。

7. 酱釉器盖

潘里垄 Y2：3，器盖。残，可复原。平折沿，盖面圆隆，蘑菇形纽，纽面微凹。灰褐色胎，质地较粗疏。盖面施酱黄釉，釉层干涩，局部脱落。盖径 15.5、高 5.4 厘米，纽径 3.5、纽高 1.4 厘米（图一二九，1；彩版三七三）。

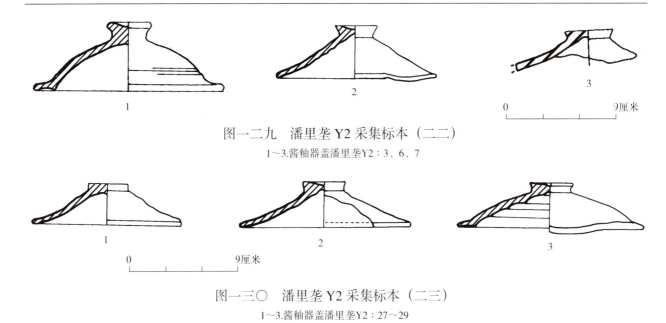

图一二九　潘里垄Y2采集标本（二二）

1～3.酱釉器盖潘里垄Y2：3、6、7

图一三○　潘里垄Y2采集标本（二三）

1～3.酱釉器盖潘里垄Y2：27～29

　　潘里垄Y2：6，器盖。残，可复原。器物略变形，斗笠形盖，盖顶设圆饼形纽，纽面内弧。灰色胎，质地较粗疏。盖面施酱黄釉，脱落殆尽。口径13、纽径3.4、纽高0.8、通高4.2厘米（图一二九，2；彩版三七四）。

　　潘里垄Y2：7，器盖。残，不可复原。斗笠形盖，盖顶设圆饼形纽。灰色胎，质地坚密。残高3.1、纽高0.6厘米（图一二九，3）。

　　潘里垄Y2：27，器盖。残，可复原。斗笠形盖，盖顶为圆饼形纽，纽面微凹，盖面粘有少量窑渣。灰色胎，质地较粗疏。口径12.1、通高3.2、纽径3.1、高0.6厘米（图一三○，1；彩版三七五）。

　　潘里垄Y2：28，器盖。残，可复原。斗笠形盖，盖顶设圆饼形纽，纽面内凹。灰色胎，质地坚密。口径14、通高3.6、纽径3.4、高0.8厘米（图一三○，2）。

　　潘里垄Y2：29，器盖。残，器体变形，可复原。斗笠形盖，盖顶设蘑菇形纽，纽面内凹。灰色胎，质地较粗疏。盖面施酱黄釉，釉层干涩、有细密开片。口径15.2、通高3.6、纽径3.2、高0.8厘米（图一三○，3）。

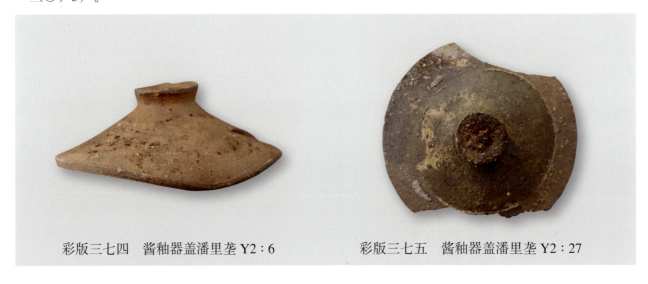

彩版三七四　酱釉器盖潘里垄Y2：6　　　　　彩版三七五　酱釉器盖潘里垄Y2：27

8. 黑釉盏

潘里垄 Y2：44，盏。口残。束口微敞，尖圆唇，弧腹壁内收，浅挖足。腹外壁近足处有旋削痕。胎体紧密，呈灰褐色，内满釉、外壁不及底施黑釉，釉层较厚，近底部积釉。口径 10.8、足径 3.6、高 5.9 厘米（图一三一，1；彩版三七六）。

潘里垄 Y2：45，盏。残，可复原。束口微敞，尖圆唇、弧腹壁内收，浅挖足。胎体紧密，呈灰褐色。内满釉、外壁不及底施黑褐色釉，釉层脱落，斑驳不均。口径 11.3、足径 3.3、高 5.6 厘米（图一三一，2；彩版三七七）。

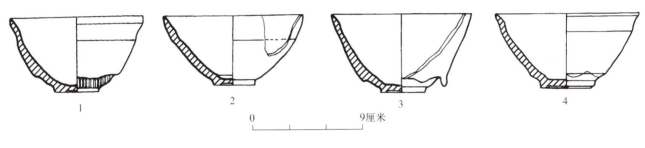

图一三一 潘里垄 Y2 采集标本（二四）

1～4.黑釉盏潘里垄Y2：44～47

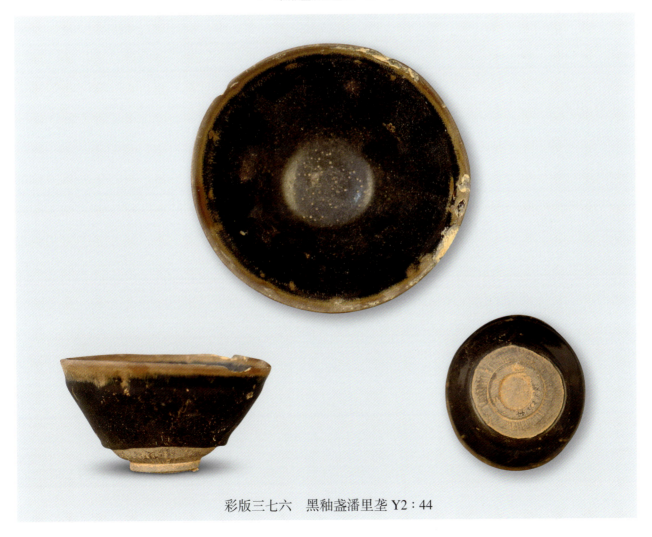

彩版三七六 黑釉盏潘里垄 Y2：44

彩版三七七　黑釉盏潘里垄 Y2：45　　　　　彩版三七八　黑釉盏潘里垄 Y2：46

彩版三七九　黑釉盏潘里垄 Y2：47

　　潘里垄 Y2：46，盏。残，可复原。束口微敞，尖圆唇，弧腹壁内收，浅挖足。胎体紧密，呈灰黑色。内满釉、外壁不及底施黑釉。口径 11.4、足径 3.6、高 6.3 厘米（图一三一，3；彩版三七八）。

　　潘里垄 Y2：47，盏。残，可复原。束口较直，尖圆唇，弧腹壁内收，浅挖足。胎体紧密，呈砖红色。内满釉、外壁不及底施釉，因生烧而釉色显灰白，釉层斑驳、干涩。口径 11.7、足径 4.3、高 6 厘米（图一三一，4；彩版三七九）。

潘里垄 Y2：49，盏。完好。束口微敞，尖圆唇，弧腹壁内收，浅挖足。胎体紧密，呈砖红色。内满釉、外壁施釉不及底，因生烧而釉色显黑灰，釉层干涩、多气泡。口径 11.8、足径 3.4、高 5.6 厘米（图一三二，1；彩版三八〇）。

潘里垄 Y2：52，盏。束口较直，弧腹内收，浅挖足。胎体紧密，呈灰黑色。腹外壁近足部有旋削痕。内满釉、外壁施釉不及底，因生烧而釉色显黑灰，釉层干涩、多气泡。口径 11.2、足径 3.7、高 5.3 厘米（图一三二，2；彩版三八一）。

潘里垄 Y2：53，盏。束口较直，弧腹内收，浅挖足。胎体紧密，呈灰黑色。腹外壁近足部有旋削痕。内满釉、外壁施釉不及底，因生烧而釉色显黑灰，釉层干涩、多气泡。口径 11.2、足径 3.6、高 5.6 厘米（图一三二，3；彩版三八二）。

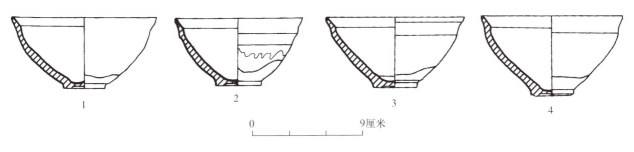

0　　　　　　　9厘米

图一三二　潘里垄 Y2 采集标本（二五）

1~4.黑釉盏潘里垄Y2：49、52~54

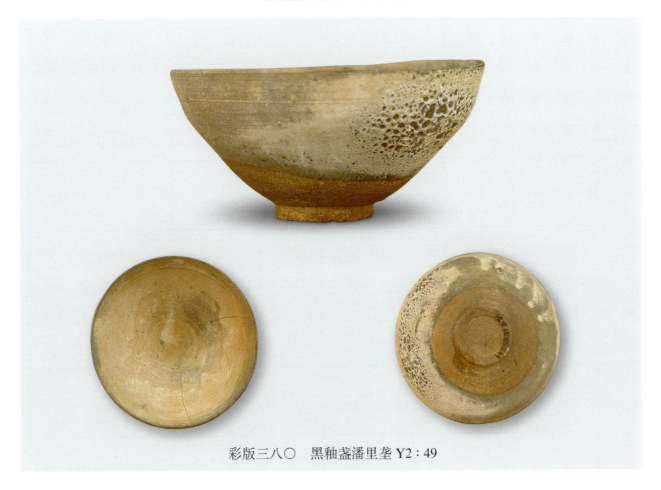

彩版三八〇　黑釉盏潘里垄 Y2：49

彩版三八一　黑釉盏潘里垄 Y2：52　　　　　　　　彩版三八二　黑釉盏潘里垄 Y2：53

潘里垄 Y2：54，盏。残，可复原。束口较直，尖圆唇，弧腹壁内收，浅挖足。胎体紧密，呈黑色。内满釉、外壁不及底施黑褐釉，釉层较薄。口径 11.3、足径 3.6、高 6.3 厘米（图一三二，4；彩版三八三）。

潘里垄 Y2：55，盏。残，可复原。束口微敞，尖圆唇，弧腹壁内收，浅挖足。胎体紧密，呈黑色。内满釉、外壁不及底施黑褐釉，釉层较薄。口径 11.6、足径 3.9、高 5.4 厘米（图一三三，1；彩版三八四）。

潘里垄 Y2：56，盏。残，可复原。束口微敞，尖圆唇，弧腹壁内收，浅挖足。胎体紧密，呈砖红色。内满、外壁不及底施黑褐釉，釉层干涩，有脱釉现象。口径 11、足径 3.2、高 5.2 厘米（图一三三，2）。

潘里垄 Y2：57，盏。口微残。束口较直，尖圆唇，弧腹内收，浅挖足，修足规整。胎体紧密，呈黑色。内满釉、外壁不及底施黑褐釉，釉层肥厚。口径 11、足径 3.6、高 5.4 厘米（图一三三，3；彩版三八五）。

潘里垄 Y2：58，盏。口残。束口微敞，尖圆唇，弧腹壁内收，浅挖足。胎体紧密，呈砖红色。腹外壁近足处有旋削痕。内满釉、外壁不及底施黑褐釉。属生烧器，脱釉严重。口径 11.3、足径 3.9、高 5.6 厘米（图一三三，4；彩版三八六）。

潘里垄 Y2：59，盏。束口较直，弧腹内收，浅挖足。胎体紧密，呈灰黑色。腹外壁近足部有旋削痕。内满釉、外壁不及底施釉，因生烧而釉色显黑灰，釉层干涩、多气泡。口径 11.3、足径 3.4、高 6 厘米（图一三四，1；彩版三八七）。

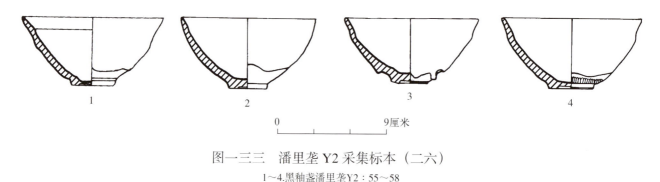

0　　　　　　　　　9厘米

图一三三　潘里垄 Y2 采集标本（二六）

1～4.黑釉盏潘里垄Y2：55～58

彩版三八三　黑釉盏潘里垄 Y2：54　　　　彩版三八四　黑釉盏潘里垄 Y2：55

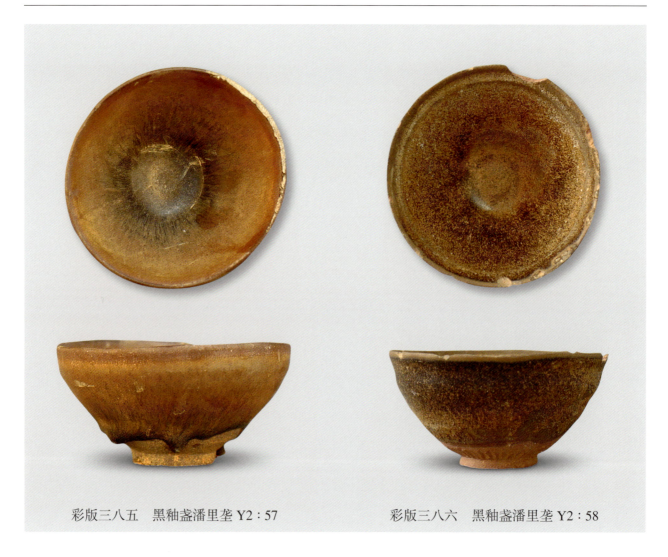

彩版三八五　黑釉盏潘里垄 Y2∶57　　　　　　　彩版三八六　黑釉盏潘里垄 Y2∶58

　　潘里垄 Y2∶60，盏。残，可复原。束口微敞，尖圆唇、弧腹壁内收，浅挖足。黑色胎，质地较紧密有小气孔。内满釉、外壁不及底施黑褐釉，局部有积釉、兔毫。口径 11.2、足径 3.6、高 6.1 厘米（图一三四，2；彩版三八八）。

　　潘里垄 Y2∶61，盏。残，可复原。束口微敞，尖圆唇，弧腹内收，浅挖足。胎体紧密，呈黑色。内满釉、外壁不及底施黑釉，釉层较厚。口径 11.5、足径 3.7、高 6.3 厘米（图一三四，3；彩版三八九）。

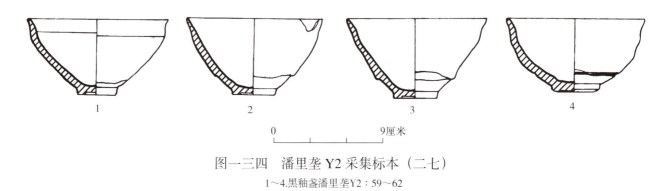

图一三四　潘里垄 Y2 采集标本（二七）

1～4.黑釉盏潘里垄Y2∶59～62

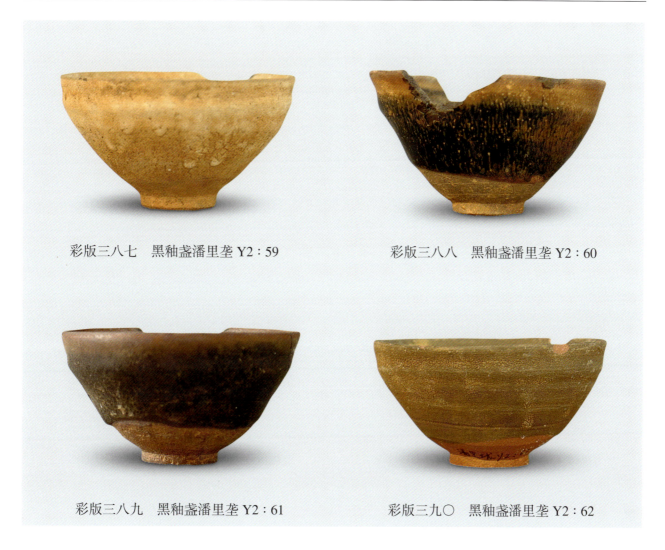

彩版三八七　黑釉盏潘里垄 Y2：59

彩版三八八　黑釉盏潘里垄 Y2：60

彩版三八九　黑釉盏潘里垄 Y2：61

彩版三九〇　黑釉盏潘里垄 Y2：62

　　潘里垄 Y2：62，盏。口残。束口较直，尖圆唇，弧腹内收，浅挖足，修足规整。胎体紧密，呈砖红色。内满釉、外壁不及底施釉，因生烧而釉色显黑灰，釉层干涩、多气泡。口径 11.2、足径 4、高 5.8 厘米（图一三四，4；彩版三九〇）。

　　潘里垄 Y2：63，盏。残，可复原。束口较直，尖圆唇，折腹，弧腹内收，浅挖足。胎体紧密，呈深灰色。内满釉、外壁不及底施黑褐色釉，釉层较薄。属生烧器。口径 10.8、足径 3.7、高 5.8 厘米（图一三五，1）。

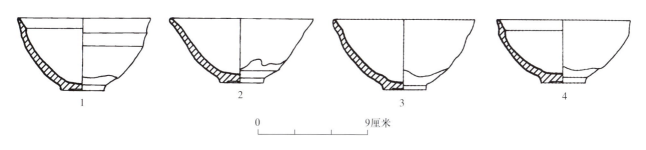

0　　　　　　　9厘米

图一三五　潘里垄 Y2 采集标本（二八）

1～4.黑釉盏潘里垄Y2：63～65、67

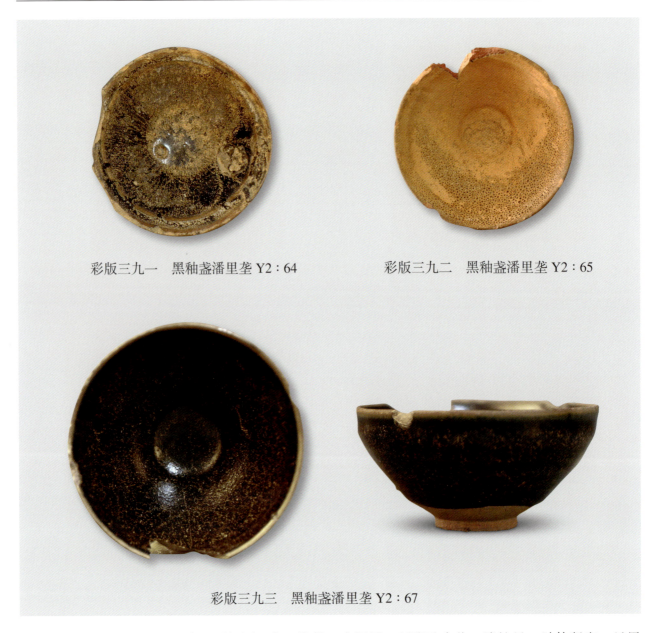

彩版三九一　黑釉盏潘里垄 Y2：64　　　　　　彩版三九二　黑釉盏潘里垄 Y2：65

彩版三九三　黑釉盏潘里垄 Y2：67

　　潘里垄 Y2：64，盏。残，可复原。束口微敞，尖圆唇，弧腹壁内收，浅挖足。胎体紧密，呈黑色。内满釉、外壁不及底施黑釉，釉面斑驳多气泡、有积釉现象。口径 11.8、足径 3.6、高 5.2 厘米（图一三五，2；彩版三九一）。

　　潘里垄 Y2：65，盏。残，可复原。束口微敞，尖圆唇，弧腹壁内收，浅挖足。胎体紧密，呈砖红色。内满、外壁不及底施黑褐色釉，釉层较薄，釉面斑驳。属生烧器。口径 11.6、足径 3.5、高 5.6 厘米（图一三五，3；彩版三九二）。

　　潘里垄 Y2：67，盏。残，可复原，束口较直，尖圆唇，弧腹壁内收，浅挖足。胎体紧密，呈黑褐色。内满釉、外壁不及底施黑褐釉，釉层较薄。口径 10.9、足径 3.7、高 4.9 厘米（图一三五，4；彩版三九三）。

　　潘里垄 Y2：69，盏。口残。束口较直，尖圆唇，弧腹壁内收，浅挖足。胎体紧密，呈黑色。内满釉、外壁不及底施黑褐釉，口外有积釉。口径 10.2、足径 3.4、高 5.4 厘米（图一三六，1；彩版

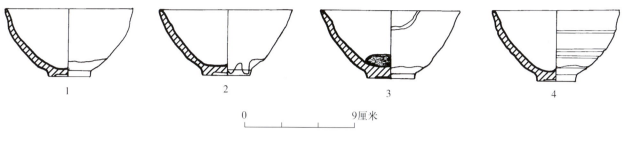

图一三六　潘里垄 Y2 采集标本（二九）
1～4.黑釉盏潘里垄 Y2：69～72

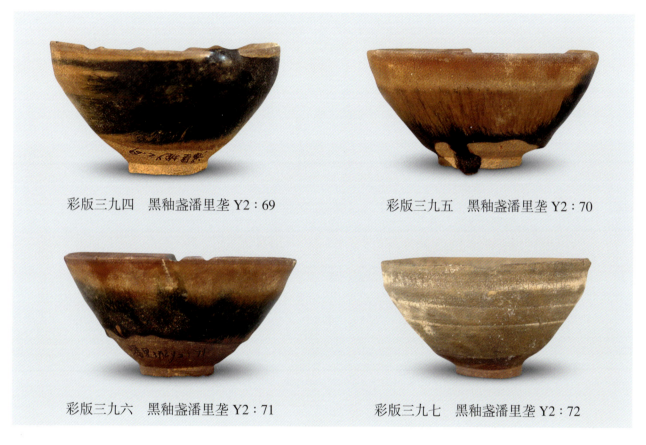

彩版三九四　黑釉盏潘里垄 Y2：69　　　　　彩版三九五　黑釉盏潘里垄 Y2：70

彩版三九六　黑釉盏潘里垄 Y2：71　　　　　彩版三九七　黑釉盏潘里垄 Y2：72

三九四）。

　　潘里垄 Y2：70，盏。残，可复原。束口微敞，尖圆唇、上腹壁斜直、下腹壁弧收，浅挖足。胎体紧密，呈黑色。内满釉、外壁不及底施黑褐釉，釉层肥厚，局部有积釉、兔毫。口径 10.8、足径 4、高 5.2 厘米（图一三六，2；彩版三九五）。

　　潘里垄 Y2：71，盏。残，可复原。束口微敞，尖圆唇、弧腹壁内收，浅挖足。胎体紧密，呈黑色。内满釉、外壁不及底施黑褐釉，釉层肥厚，局部有积釉、兔毫。底内粘有一块窑渣。口径 11.7、足径 4、高 5.4 厘米（图一三六，3；彩版三九六）。

　　潘里垄 Y2：72，盏。口微残。束口较直，尖圆唇、弧腹壁内收，浅挖足。腹外壁划两周弦纹。胎体紧密，呈深灰色。内满釉、外壁不及底施黑釉，釉层较薄、有细密气孔。属生烧器。口径 10.5、足径 3.4、高 5.7 厘米（图一三六，4；彩版三九七）。

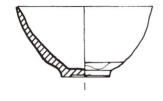 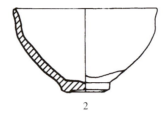 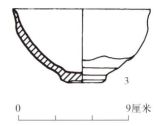

图一三七　潘里垄 Y2 采集标本（三〇）

1～3.黑釉盏潘里垄Y2：73～75

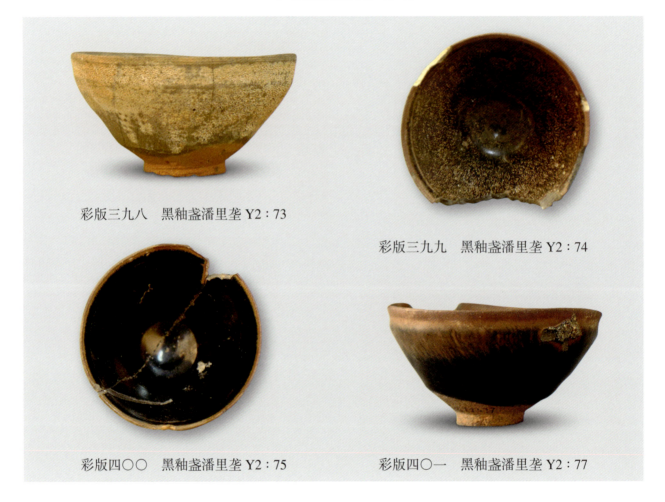

彩版三九八　黑釉盏潘里垄 Y2：73

彩版三九九　黑釉盏潘里垄 Y2：74

彩版四〇〇　黑釉盏潘里垄 Y2：75

彩版四〇一　黑釉盏潘里垄 Y2：77

　　潘里垄 Y2：73，盏。保存完好。束口较直，弧腹内收，浅挖足。腹外壁近足部有旋削痕。胎体紧密，呈灰黑色。内满釉、外壁不及底施釉，因生烧而釉色显黑灰，釉层干涩、多气泡。口径 11.2、足径 4、高 5.6 厘米（图一三七，1；彩版三九八）。

　　潘里垄 Y2：74，盏。残，可复原。束口较直，尖圆唇，弧腹壁内收，浅挖足。黑胎，质地较紧密有气孔。内满、外壁不及底施黑褐釉，釉层较薄。口径 11.7、足径 4、高 6.6 厘米（图一三七，2；彩版三九九）。

　　潘里垄 Y2：75，盏。残，可复原。束口较直，尖圆唇，弧腹壁内收，浅挖足。腹外壁近足部有旋削痕。胎体紧密，呈黑色。内满釉、外壁不及底施黑釉，釉色纯正、润泽，釉层较薄。口径 11、足径 3.6、高 5.8 厘米（图一三七，3；彩版四〇〇）。

潘里垄 Y2：76，盏。残，可复原。束口较直，尖圆唇，弧腹内收，浅挖足，修足规整。胎体紧密，呈黑色。内满釉、外壁不及底施黑褐釉，釉层较薄。口径 12、足径 4.2、高 6.2 厘米（图一三八，1）。

潘里垄 Y2：77，盏。残，可复原。束口较直，尖圆唇，弧腹壁内收，浅挖足。胎体紧密，呈黑色。内满釉、外壁不及底施黑褐釉，局部有积釉、兔毫。口径 11.4、足径 3.6、高 5.5 厘米（图一三八，2；彩版四〇一）。

潘里垄 Y2：78，盏。残，可复原。束口较直，尖圆唇，弧腹壁内收，浅挖足。胎体紧密，呈黑色。内满釉、外壁不及底施黑釉，腹内壁缩釉、有兔毫。腹外壁粘有 2 块窑渣。口径 11.2、足径 3.7、高 6.1 厘米（图一三八，3；彩版四〇二）。

潘里垄 Y2：79，盏。口残。束口较直，弧腹内收，浅挖足。胎体紧密，呈灰黑色。腹外壁近足部有旋削痕。内满釉、外壁不及底施釉，因生烧而釉色显黑灰，釉层干涩、多气泡。口径 11.2、足径 3.7、高 5.7 厘米（图一三九，1；彩版四〇三）。

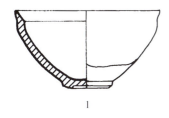
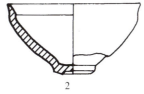
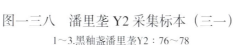
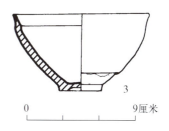

图一三八　潘里垄 Y2 采集标本（三一）

1~3.黑釉盏潘里垄Y2：76~78

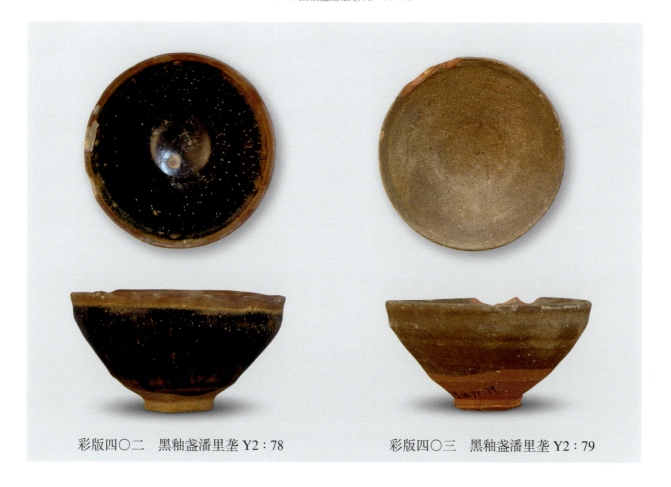

彩版四〇二　黑釉盏潘里垄 Y2：78　　　　　彩版四〇三　黑釉盏潘里垄 Y2：79

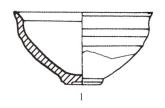
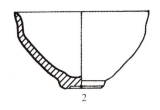
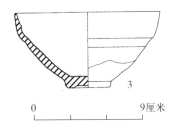

图一三九　潘里垄 Y2 采集标本（三二）

1～3.黑釉盏潘里垄Y2：79、80、112

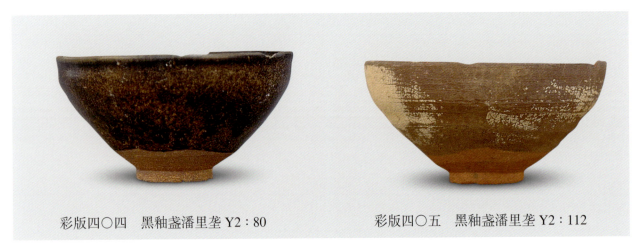

彩版四〇四　黑釉盏潘里垄 Y2：80　　　　　　　彩版四〇五　黑釉盏潘里垄 Y2：112

　　潘里垄 Y2：80，盏。残，可复原。束口较直，尖圆唇，折腹，弧腹壁内收，浅挖足。胎体紧密，呈黑色。内满釉、外壁不及底施黑褐釉，釉层较薄。口径 11.1、足径 3.6、高 6 厘米（图一三九，2；彩版四〇四）。

　　潘里垄 Y2：112，盏。残，可复原。束口较直，尖圆唇，斜弧腹壁内收，浅挖足。腹外壁近足处有旋削痕。胎体紧密，呈砖红色。内满釉、外壁不及底施釉，因生烧而釉色显灰白，釉层干涩、多细密气泡，脱釉严重。口径 12、足径 3.7、高 6 厘米（图一三九，3；彩版四〇五）。

　　潘里垄 Y2：113，盏。口残。束口较直，尖圆唇，弧腹壁内收，浅挖足。腹外壁近足部有旋削痕。胎体紧密，呈灰黑色。内满、外壁不及底黑釉。口径 11、足径 3.6、高 5.7 厘米（图一四〇，1；彩版四〇六）。

　　潘里垄 Y2：114，盏。残，可复原。束口较直，尖圆唇，弧腹壁内收，浅挖足。腹外壁近足部有旋削痕。胎体紧密，呈砖红色。内满釉、外壁不及底施釉，因生烧而釉色显黑灰，釉层干涩、多气泡。口径 12.2、足径 4.6、高 6.8 厘米（图一四〇，2；彩版四〇七）。

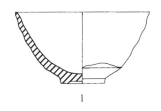
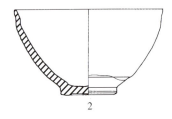
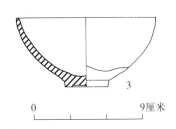

图一四〇　潘里垄 Y2 采集标本（三三）

1～3.黑釉盏潘里垄Y2：113～115

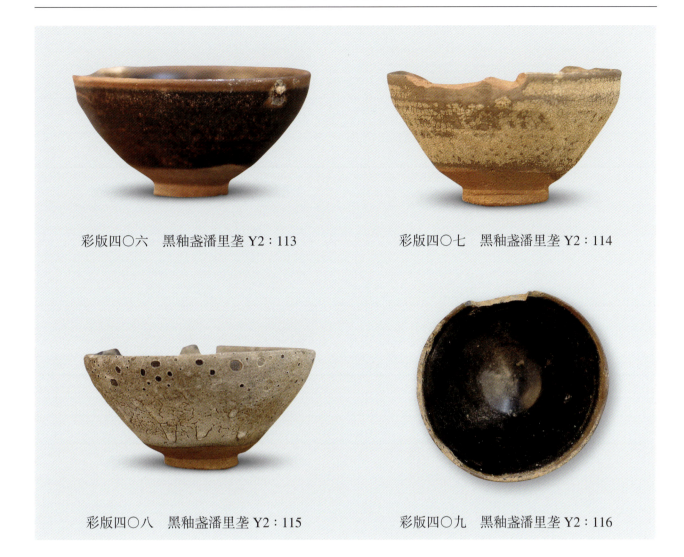

彩版四〇六　黑釉盏潘里垄 Y2：113

彩版四〇七　黑釉盏潘里垄 Y2：114

彩版四〇八　黑釉盏潘里垄 Y2：115

彩版四〇九　黑釉盏潘里垄 Y2：116

潘里垄 Y2：115，盏。残，可复原。口微敞，尖圆唇，弧腹壁内收，浅挖足。腹外壁近足处有旋削痕。胎体紧密，呈灰黑色。内满釉、外壁不及底施釉，因过烧而釉色显浅灰黑色，釉层干涩、多气泡。口径 11.5、足径 3.6、高 5.5 厘米（图一四〇，3；彩版四〇八）。

潘里垄 Y2：116，盏。残，可复原。束口较直，尖圆唇，弧腹壁内收，浅挖足。腹外壁近足部有旋削痕。胎体紧密，呈灰黑色。内满釉、外壁不及底施黑釉。口径 11.5、足径 4、高 5.8 厘米（图一四一，1；彩版四〇九）。

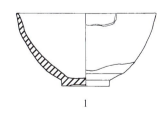

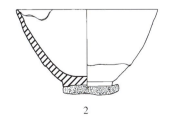

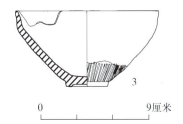

1

2

3

0　　　　　　　　9厘米

图一四一　潘里垄 Y2 采集标本（三四）

1～3.黑釉盏潘里垄Y2：116～118

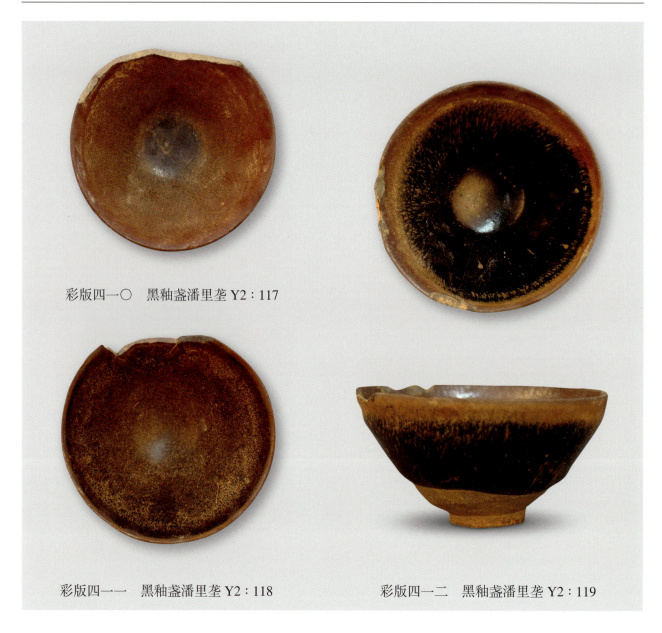

彩版四一○　黑釉盏潘里垄 Y2：117

彩版四一一　黑釉盏潘里垄 Y2：118　　　　　　　彩版四一二　黑釉盏潘里垄 Y2：119

　　潘里垄 Y2：117，盏。残，可复原。束口微敞，尖圆唇，弧腹壁内收，浅挖足。胎体紧密，呈黑色。内满釉、外壁不及底施黑褐釉，釉层较厚。足端粘有一个泥质红褐色粗陶垫饼。盏口径 11.5、足径 4、高 6.1 厘米。垫饼直径 4、厚 0.6 厘米（图一四一，2；彩版四一○）。

　　潘里垄 Y2：118，盏。残，可复原。束口较直，尖圆唇，弧腹壁内收，浅挖足。腹外壁近足部有旋削痕。胎体紧密，呈黑色。内满釉、外壁不及底施黑褐釉，釉层薄且干涩。口径 11.8、足径 3.5、高 6 厘米（图一四一，3；彩版四一一）。

　　潘里垄 Y2：119，盏。口残，可复原。束口微敞，尖圆唇，弧腹壁内收，浅挖足。胎体紧密，呈黑色，局部有兔毫。口径 11.5、足径 3.5、高 5.8 厘米（图一四二，1；彩版四一二）。

　　潘里垄 Y2：120，盏。口残，可复原。束口微敞，尖圆唇，斜弧腹壁内收，浅挖足。腹外壁近足部有旋削。胎体紧密，呈黑色。内满釉、外壁不及底施黑釉，釉层较薄。口径 11.2、足径 4、高 5.6 ～ 6 厘米（图一四二，2；彩版四一三）。

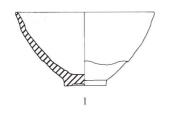
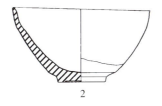
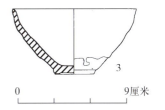

图一四二　潘里垄Y2采集标本（三五）

1～3.黑釉盏潘里垄Y2：119～121

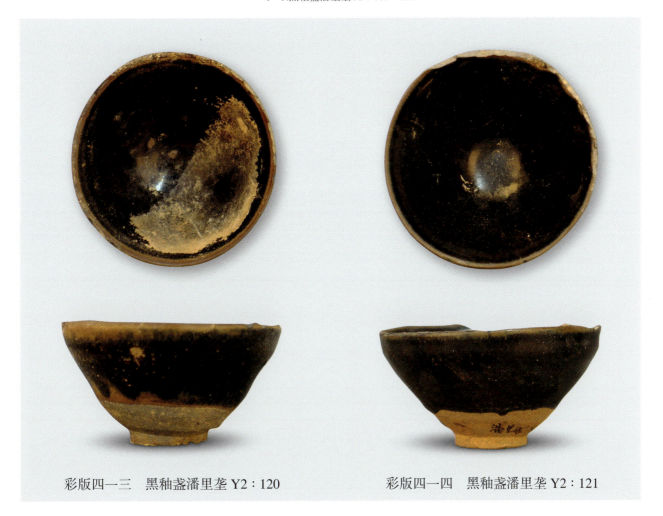

彩版四一三　黑釉盏潘里垄Y2：120　　　　　　彩版四一四　黑釉盏潘里垄Y2：121

　　潘里垄Y2：121，盏。残，可复原。束口较直，尖圆唇，弧腹壁内收，浅挖足。腹外壁近足部有旋削痕。胎体紧密，呈灰黑色。内满釉、外壁不及底施黑釉。口径10.2、足径3.4、高5.2厘米（图一四二，3；彩版四一四）。

　　潘里垄Y2：122，盏。残，可复原。束口较直，尖圆唇，弧腹壁内收，浅挖足。腹外壁近足部有旋削痕。胎体紧密，呈灰黑色。内满釉、外壁不及底施黑釉。口径10.8、足径3.6、高5.8厘米（图一四三，1）。

　　潘里垄Y2：123，盏。残，可复原。束口较直，尖圆唇，弧腹壁内收，浅挖足。腹外壁近足部有旋削痕。胎体紧密，呈灰黑色。内满釉、外壁不及底施黑釉。口径10.6、足径3.6、高5.6厘米（图一四三，2；彩版四一五）。

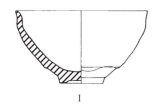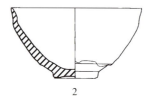

0　　　　　　9厘米

图一四三　潘里垄 Y2 采集标本（三六）
1～3.黑釉盏潘里垄Y2：122～124

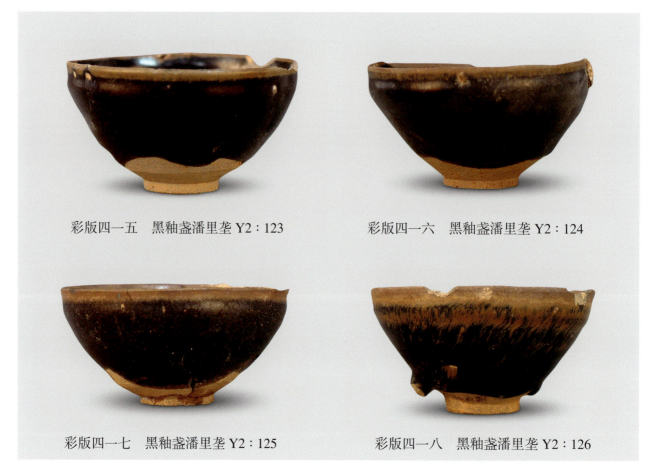

彩版四一五　黑釉盏潘里垄 Y2：123　　　　彩版四一六　黑釉盏潘里垄 Y2：124

彩版四一七　黑釉盏潘里垄 Y2：125　　　　彩版四一八　黑釉盏潘里垄 Y2：126

　　潘里垄 Y2：124，盏。口残，略变形。束口较直，尖圆唇，弧腹壁内收，浅挖足。腹外壁近足部有旋削痕。胎体紧密，呈灰黑色。内满釉、外壁不及底施黑釉。口径 11.2、足径 3.6、高 5.9 厘米（图一四三，3；彩版四一六）。

　　潘里垄 Y2：125，盏。残，可复原。束口较直，尖圆唇，弧腹壁内收，浅挖足。腹外壁近足部有旋削痕。胎体紧密，呈灰黑色。内满釉、外壁不及底施黑釉。口径 11、足径 3.6、高 5.4 厘米（图一四四，1；彩版四一七）。

　　潘里垄 Y2：126，盏。口残，可复原。束口较直，尖圆唇，弧腹壁内收，浅挖小圈足。胎体紧密，呈黑色。腹部有拉坯痕。内满、外壁不及底施黑釉，局部有积釉、兔毫。口径 10.8、足径 3.4、高 5.8 厘米（图一四四，2；彩版四一八）。

　　潘里垄 Y2：127，盏。残，可复原。束口较直，尖圆唇，弧腹壁内收，浅挖足。腹外壁近足部有旋削痕。胎体紧密，呈灰黑色。内满釉、外壁不及底施黑釉。口径 11.2、足径 4、高 5.8 厘米（图

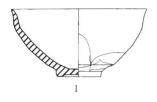 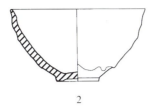 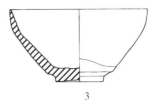 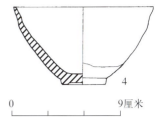

图一四四　潘里垄 Y2 采集标本（三七）

1～4.黑釉盏潘里垄Y2：125～128

一四四，3；彩版四一九）。

　　潘里垄 Y2：128，盏。束口微敞，尖圆唇，弧腹壁内收，浅挖足。胎体紧密，呈砖红色。内满釉、外壁不及底施釉，因生烧而釉色呈深灰色，釉层干涩、多气泡，局部脱釉。口径 11.5、足径 3.6、高 6.2 厘米（图一四四，4；彩版四二〇）。

　　潘里垄 Y2：129，盏。残，可复原。束口微敞，尖圆唇，弧腹壁内收，浅挖足。胎体紧密，呈灰黑色。内满釉、外壁不及底施黑褐釉，釉层干涩、多气泡。口径 11.1、足径 3.4、高 5.4 厘米（图一四五，1；彩版四二一）。

　　潘里垄 Y2：130，盏。残，可复原。束口较直，尖圆唇，斜弧腹壁内收，浅挖足。胎体紧密，呈灰黑色。内满釉、外壁不及底施黑褐釉，釉层干涩、多气泡。口径 11.6、足径 3.6、高 6 厘米（图一四五，2；彩版四二二）。

彩版四一九　黑釉盏潘里垄 Y2：127

彩版四二〇　黑釉盏潘里垄 Y2：128

彩版四二一　黑釉盏潘里垄 Y2：129

彩版四二二　黑釉盏潘里垄 Y2：130

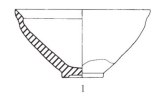 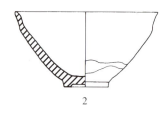 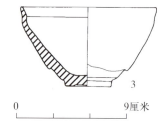

0　　　　　　9厘米

图一四五　潘里垄 Y2 采集标本（三八）

1～3.黑釉盏潘里垄Y2：129～131

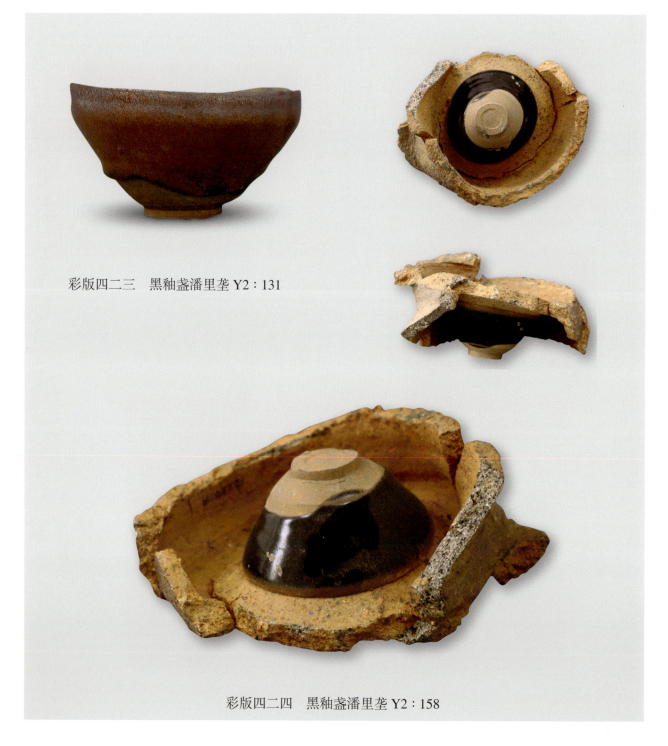

彩版四二三　黑釉盏潘里垄 Y2：131

彩版四二四　黑釉盏潘里垄 Y2：158

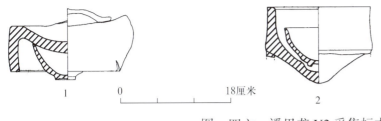
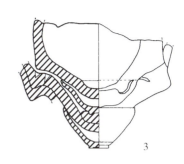

图一四六　潘里垄Y2采集标本（三九）

1～3.黑釉盏潘里垄Y2：158～160

　　潘里垄Y2：131，盏。残，可复原。束口较直，尖圆唇，弧腹壁内收，浅挖足。腹外壁近足部有旋削痕。胎体紧密，呈黑色。内满釉、外壁不及底施黑褐釉，有积釉、兔毫。口径11、足径3.8、高6.3厘米（图一四五，3；彩版四二三）。

　　潘里垄Y2：158，盏。口部与匣钵残件粘连（图一四六，1；彩版四二四）。

　　潘里垄Y2：158A，盏。束口微敞，尖圆唇，弧腹壁内收，浅挖小圈足。腹外壁近足部有旋削痕。胎体紧密，呈灰黑色。腹外壁施黑釉不及底。腹外壁粘有少量窑渣。口径11.4、足径4.2、高5.8厘米。

　　潘里垄Y2：158B，匣钵。残，变形。纵截面呈M型。灰黑色粗胎。顶面粘连一匣钵残片。直径19.5、高7.4厘米。

　　潘里垄Y2：159，盏。置于匣钵内，足部与匣钵内底粘连（图一四六，2；彩版四二五）。

　　潘里垄Y2：159A，盏。束口较直，尖圆唇，弧腹壁内收。胎体紧密，呈黑灰色。内满釉、外壁不及底施黑褐釉。碗与匣钵间粘连有一垫饼。口径11.2、足径3.6、高6厘米。

　　潘里垄Y2：159B，匣钵。呈漏斗形。深灰色胎，质地粗疏。口径16.8、高12.2厘米。

　　潘里垄Y2：160，盏。1组2件。与漏斗形匣钵残件粘连成一体，上部一件为A件，下部一件为B件（图一四六，3；彩版四二六）。

彩版四二五　黑釉盏潘里垄Y2：159

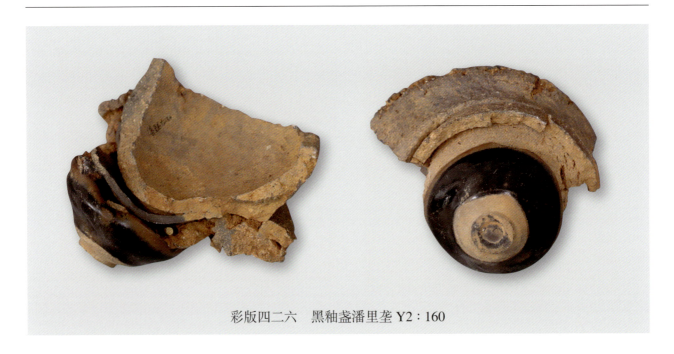

彩版四二六　黑釉盏潘里垄 Y2：160

潘里垄 Y2：160A，残，略变形。束口较直，尖圆唇，弧腹壁。胎体紧密，呈黑色。内满釉、外壁不及底施黑釉。口径 11.6、足径 3.6、高 6.4 厘米。

潘里垄 Y2：160B，残，略变形。束口较直，尖圆唇，弧腹壁内收，浅挖小圈足。胎体紧密，呈黑色。内满釉、外壁不及底施黑釉。口径 12.4、足径 3.6、高 5.8 厘米。

潘里垄 Y2：164，盏。口部与匣钵粘连（图一四七，1；彩版四二七）。

潘里垄 Y2：164A，盏。束口较直，尖圆唇，弧腹壁内收，浅挖小圈足。胎体紧密，呈黑色。外壁施釉不及底，因过烧而釉色显焦黑，釉层干涩、多气泡。口径 11.3、足径 3.3、高 5.6 厘米。

潘里垄 Y2：164B，匣钵。呈漏斗形。灰褐色胎，质地粗疏。口径 18、高 12.2 厘米。

潘里垄 Y2：165，盏。置于匣钵内，足部与匣钵内底粘连，盏与匣钵间以泥质陶垫饼隔垫（图一四七，2；彩版四二八）。

潘里垄 Y2：165A，黑釉盏。束口微敞，尖圆唇，弧腹壁内收。胎体紧密，呈黑色。内满釉、外壁不及底施黑褐釉。口径 10.8、高约 5.8 厘米。

潘里垄 Y2：165B，匣钵。呈漏斗形。深灰色胎，质地粗疏。口径 17.2、高 12.6 厘米。

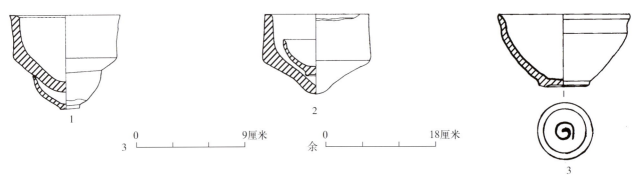

图一四七　潘里垄 Y2 采集标本（四〇）

1~3.黑釉盏潘里垄Y2：164、165、68

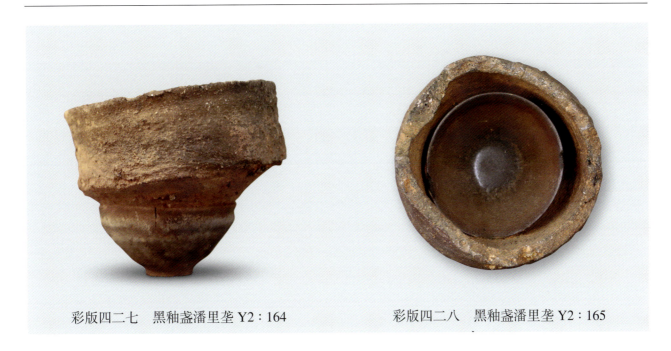

彩版四二七　黑釉盏潘里垄 Y2：164　　　　　彩版四二八　黑釉盏潘里垄 Y2：165

潘里垄 Y2：68，盏。残，可复原。束口较直，尖圆唇，弧腹壁内收，浅挖足。胎体紧密，呈黑色。内满釉、外壁不及底施黑釉，釉层较薄。口径 10.9、足径 4.1、高 5.7 厘米（图一四七，3）。

9. 黑釉小盏

潘里垄 Y2：39，小盏。残，可复原。直口微敛，尖圆唇，弧腹壁内收，浅挖足。胎体紧密，呈黑色。内满釉、外壁不及底施黑釉。口径 7.9、足径 3.2、高 4 厘米（图一四八，1；彩版四二九）。

潘里垄 Y2：40，小盏。残，可复原。敞口，弧腹壁内收，浅挖足。胎体紧密，呈砖红色，中有气孔。内满釉、外壁不及底施黑釉。口径 8.8、底径 4、高 3.2 厘米（图一四八，2；彩版四三〇）。

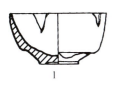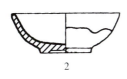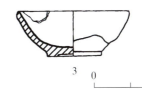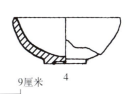

1　　　　　　2　　　　　　3　　0　　　　9厘米　　4

图一四八　潘里垄 Y2 采集标本（四一）

1～4.黑釉小盏潘里垄Y2：39～42

彩版四二九　黑釉小盏潘里垄 Y2：39　　　　　彩版四三〇　黑釉小盏潘里垄 Y2：40

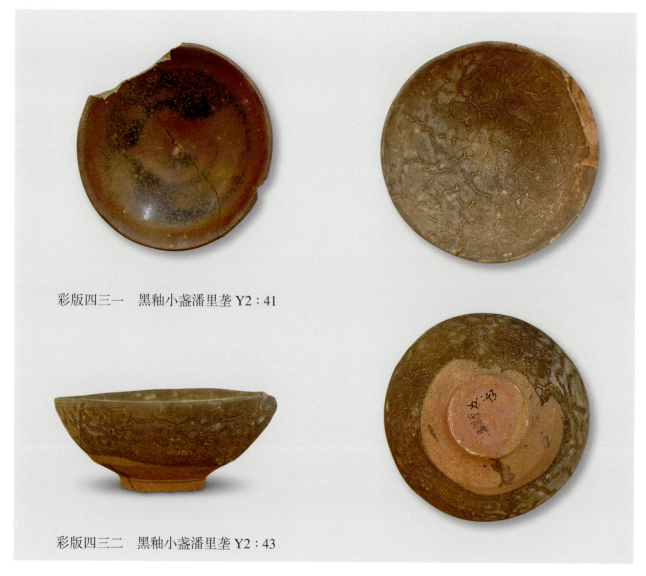

彩版四三一　黑釉小盏潘里垄 Y2：41

彩版四三二　黑釉小盏潘里垄 Y2：43

　　潘里垄 Y2：41，小盏。残，可复原。敞口，圆唇，浅斜弧腹壁，浅挖足。胎体紧密，呈灰褐色。内满釉、外壁不及底施黑褐色釉。口径 9.1、足径 4.2、高 3.6 厘米（图一四八，3；彩版四三一）。

　　潘里垄 Y2：42，小盏。残，可复原。直口微敛，弧腹壁内收，浅挖足。胎体紧密，呈灰褐色。内满釉、外壁不及底施黑褐色釉。口径 8.5、足径 3.3、高 3.7 厘米（图一四八，4）。

　　潘里垄 Y2：43，小盏。残，可复原。敞口，尖圆唇，斜弧腹壁，浅挖足。胎体紧密，呈灰褐色。内满釉、外壁不及底施釉，因生烧而釉色显灰黑，有缩釉现象。口径 9.2、足径 3.6、高 3.9 厘米（图一四九，1；彩版四三二）。

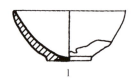
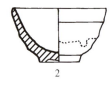
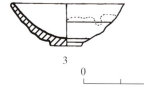
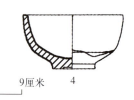

1　　　　　　　2　　　　　　　3　　　0　　　　　9厘米　　4

图一四九　潘里垄 Y2 采集标本（四二）

1～4.黑釉小盏潘里垄 Y2：43、50、51、66

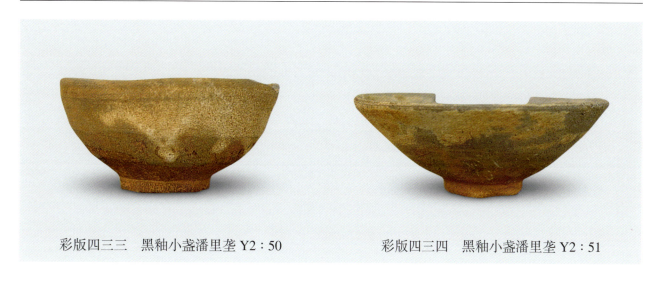

彩版四三三　黑釉小盏潘里垄 Y2：50   彩版四三四　黑釉小盏潘里垄 Y2：51

　　潘里垄 Y2：50，小盏。口残。直口微敛，圆唇，弧腹壁内收，浅挖足。胎体紧密，呈灰色。内满釉、外壁不及底施釉，因生烧而釉色显灰黑，釉层干涩、多气泡。口径 7.8、足径 3.3、高 4.2 厘米（图一四九，2；彩版四三三）。

　　潘里垄 Y2：51，小盏。残，可复原。敞口，方唇，斜弧腹壁，小饼足，修足不规整。深灰色胎，质地粗疏。内满釉、外壁不及底施釉，因生烧而釉色显灰黑，釉层干涩、多气泡。口径 9.2、足径 2.6、高 3.4 厘米（图一四九，3；彩版四三四）。

　　潘里垄 Y2：66，小盏。口残。直口微敛，圆唇，弧腹壁内收，浅挖足。腹外壁有旋削痕。胎体紧密，呈红褐色。内满釉、外壁不及底施釉，因生烧而釉色显灰黑，釉层较薄。口径 8.2、足径 3.4、高 4.3 厘米（图一四九，4；彩版四三五）。

彩版四三五　黑釉小盏潘里垄 Y2：66

10. 器足

潘里垄 Y2：25，器足。"S"形蹄足。实心。灰黑色粗胎，质地坚密。高 9.4 厘米（图一五〇，1）。

潘里垄 Y2：26，器足。蹄足。实心。灰黑色粗胎，质地坚硬。高 7.6 厘米（图一五〇，2）。

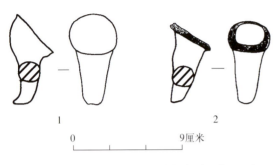

图一五〇　潘里垄 Y2 采集标本（四三）

1、2.器足潘里垄Y2：25、26

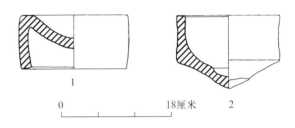

图一五一　潘里垄 Y2 采集标本（四四）

1、2.匣钵潘里垄Y2：156、157

（二）窑具

1. 匣钵

潘里垄 Y2：156，匣钵。纵截面呈 M 型。深灰色胎，质地粗疏。直径 17.5、高 8.6 厘米（图一五一，1；彩版四三六）。

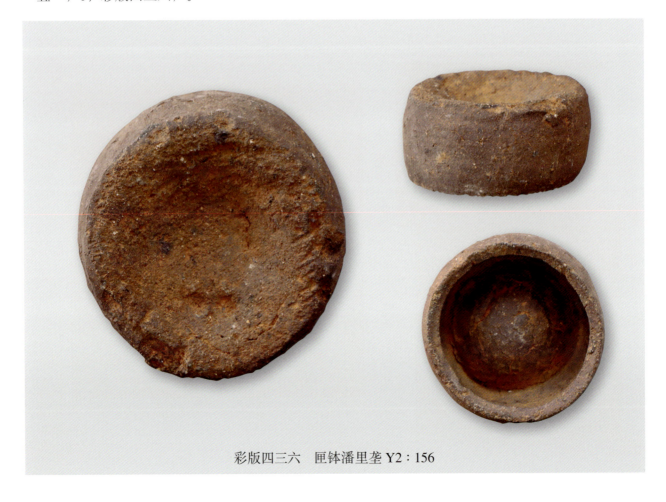

彩版四三六　匣钵潘里垄 Y2：156

彩版四三七　匣钵潘里垄 Y2：157　　　　　　　彩版四三八　匣钵潘里垄 Y2：162

潘里垄 Y2：157，匣钵。呈漏斗形。器壁崩裂。深灰色胎，质地粗疏。口径 16.8、高 11.7 厘米（图一五一，2；彩版四三七）。

潘里垄 Y2：162，匣钵。1 组 5 件，粘连成一体，均变形。其中最上一件残缺，不可复原。通高 20 厘米（图一五二，1；彩版四三八）。

潘里垄 Y2：162A，自上向下第二件。呈漏斗形。深灰色胎，质地疏松。内置一黑釉盏：残，可复原；束口，尖唇，上腹壁斜直，下腹壁折收，浅挖足；深灰色胎，质地较疏松；器内满釉，腹外壁施黑釉不及底；碗与匣钵间隔以泥质陶垫饼。匣钵口径 17、高 15 厘米。盏口径 9.6、足径 3.2、高 5.6 厘米。

潘里垄 Y2：162B，最下层匣钵。呈漏斗形。深灰色胎，质地疏松。口径 20、高 12 厘米。

潘里垄 Y2：163，匣钵。残，已变形，可复原。纵剖面呈 M 型。深灰色胎，质地粗疏。匣钵顶部粘有一匣钵残片及一黑釉盏口沿残片，腹外壁粘附一变形黑釉盏，盏足底粘一垫饼。口径 18.5、顶径 20.5、高 9 厘米（图一五二，2）。

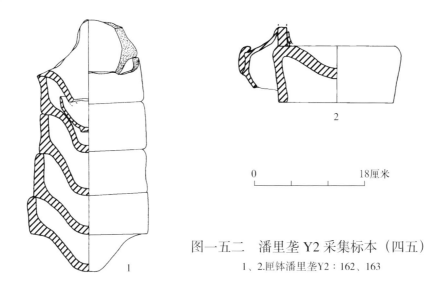

图一五二　潘里垄 Y2 采集标本（四五）

1、2.匣钵潘里垄Y2：162、163

2. 支座

潘里垄 Y2：134，柱形支座。残，器体略变形，可复原。呈圆柱形，空心，近直腹，下腹壁微外撇，平顶。顶部中心有一不规则圆形孔，直径约 5.5 厘米。上腹壁近顶部有指窝痕，腰部穿对称椭圆孔，孔径 0.6 ～ 1 厘米。器壁有拉坯痕。深灰色胎，质地粗疏。上腹壁崩裂，腹外壁近底部粘有窑渣。顶径 14、底径 15.6、高 17.2 厘米（图一五三，1；彩版四三九）。

潘里垄 Y2：135，柱形支座。残，可复原。呈圆柱形，腰部微束，顶面内凹。顶部中心有一圆孔，直径 6 ～ 7 厘米。上腹壁近顶部有指窝痕。腰部穿对称圆孔，孔径 0.8 厘米。器壁有拉坯痕。深灰色胎体，质地粗疏。顶径 11.6、底径 11.2、高 14.2 厘米（图一五三，2；彩版四四〇）。

潘里垄 Y2：136，柱形支座。残，可复原。呈圆柱形，空心，腹壁较直，近底部微撇，顶面微凹，上有垫烧痕。顶部中心有一不规则圆孔，直径 3 ～ 4 厘米。上腹壁近顶部有指窝痕。腰部穿对称圆孔，孔径 1.2 厘米。红褐色粗胎体，器壁有拉坯痕。顶径 11、底径 11、高 13 厘米（图一五三，3；彩版四四一）。

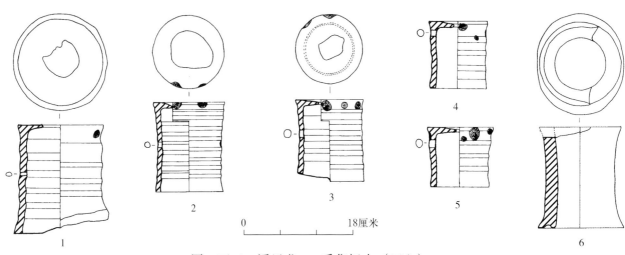

图一五三　潘里垄 Y2 采集标本（四六）

1～6.支座潘里垄Y2：134～139

彩版四三九　支座潘里垄 Y2：134　　　彩版四四〇　支座潘里垄 Y2：135　　　彩版四四一　支座潘里垄 Y2：136

彩版四四二　支座潘里垄 Y2：137　　　彩版四四三　支座潘里垄 Y2：138　　　彩版四四四　支座潘里垄 Y2：139

　　潘里垄 Y2：137，柱形支座。残，可复原。呈圆柱形，空心，腰部微束，平顶微凹。顶部中心有一圆形孔，直径约 1.2 厘米。上腹壁近顶部有指窝痕。上腹部穿对称圆孔，孔径 1 厘米。器壁有拉坯痕。深灰色胎，质地粗疏。顶径 9.6、底径 9.6、高 10.7 厘米（图一五三，4；彩版四四二）。

　　潘里垄 Y2：138，柱形支座。残，可复原。呈圆柱形，空心，腰部微束，平顶微凹。顶部中心有一圆形孔，直径约 2 厘米。上腹壁近顶部有指窝痕。上腹部穿对称圆孔，孔径 1.2 厘米。器壁有拉坯痕。红褐色胎，质地粗疏。顶径 10.5、底径 9.7、高 9.5 厘米（图一五三，5；彩版四四三）。

　　潘里垄 Y2：139，柱形支座。残，器体略有变形，可复原。呈圆柱形，空心，束腰，平顶。顶部中心有一圆形孔，直径 4 厘米。深灰色胎，质地粗疏。顶径 6.6、底径 7～8、高 8 厘米（图一五三，6；彩版四四四）。

　　3. 小型支具

　　潘里垄 Y2：144，镯形支具。残，可复原。呈镯形。微束腰。深灰色胎，质地粗疏。口径 8～8.5、底径 8.5、孔径 5.8～6.3、高 6 厘米（图一五四，1；彩版四四五）。

　　潘里垄 Y2：145，镯形支具。残，可复原。呈镯形。微束腰。深灰色胎，质地粗疏。口径 7.8、底径 8、孔径 5.4、高 3.9 厘米（图一五四，2；彩版四四六）。

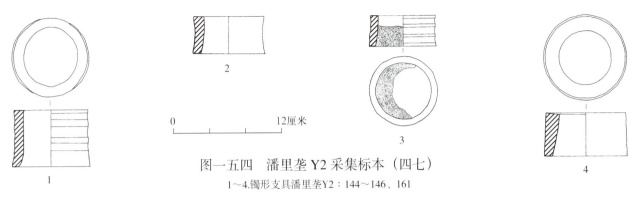

图一五四　潘里垄 Y2 采集标本（四七）

1～4.镯形支具潘里垄 Y2：144～146、161

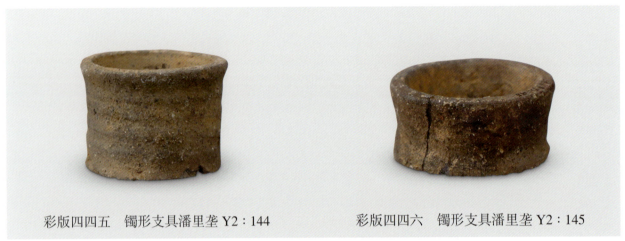

彩版四四五　镯形支具潘里垄 Y2：144　　　　彩版四四六　镯形支具潘里垄 Y2：145

　　潘里垄 Y2：146，镯形支具。保存完好。呈镯形。微束腰。深灰色胎，质地粗疏。器内壁粘有窑渣。口径 6.8、底径 7.3、孔径 5.4、高 3.3 厘米（图一五四，3）。

　　潘里垄 Y2：161，镯形支具。保存完好。呈镯形。红褐色胎，质地粗疏。口径 8.7、底径 9、孔径 5.6、高 4.6 厘米（图一五四，4）。

　　潘里垄 Y2：149，泥质陶支具。略呈柱状。顶面与底面较平，腰部有手捏指窝痕。灰色胎，质地粗疏。顶径 5.2～6、底径 6.5～7、高 12.1 厘米（图一五五，1；彩版四四七）。

　　潘里垄 Y2：150，泥质陶支具。略呈圆柱状。顶面与底面微弧，腰部有手捏指窝痕。灰褐色胎，

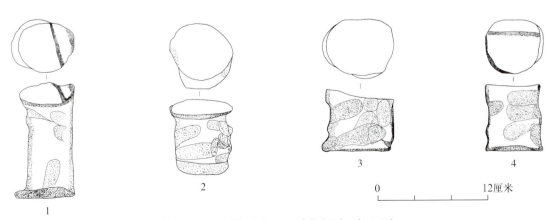

图一五五　潘里垄 Y2 采集标本（四八）

1～4.泥质陶支具潘里垄 Y2：149～152

彩版四四七　支具潘里垄 Y2：149　　　彩版四四八　支具潘里垄 Y2：150　　　彩版四四九　支具潘里垄 Y2：152

质地粗疏。顶径 6 ～ 7、底径 5.5 ～ 7、高 8 厘米（图一五五，2；彩版四四八）。

　　潘里垄 Y2：151，泥质陶支具。略呈圆柱状。顶面与底面较平，腰部有手捏指窝痕。灰色胎，质地粗疏。顶径 7.2、底径 7.5、高 5.5 ～ 6.5 厘米（图一五五，3）。

　　潘里垄 Y2：152，泥质陶支具。略呈圆柱状。顶面与底面较平，腰部有手捏指窝痕。灰黑色胎，质地粗疏。顶径 5.9、底径 6.2、高 7 厘米（图一五五，4；彩版四四九）。

　　潘里垄 Y2：153，泥质陶支具。略呈圆柱状。顶面与底面微弧，腰部有手捏指窝痕。灰褐色胎，质地粗疏。顶径 6 ～ 8、底径 5.3 ～ 6.5、高 4 厘米（图一五六，1；彩版四五〇）。

　　潘里垄 Y2：154，泥质陶支具。略呈圆锥状。顶面与底面较平，腰部有手捏指窝痕。灰褐色胎，质地粗疏。顶径 2.7 ～ 3.5、底径 4.2 ～ 6、高 8 厘米（图一五六，2；彩版四五一）。

　　潘里垄 Y2：155，泥质陶支具。略呈圆锥状。顶面与底面略平，腰部有指窝痕。深灰色胎，质地粗疏。顶径 3.5 ～ 4、底径 3.2、高 9 厘米（图一五六，3；彩版四五二）。

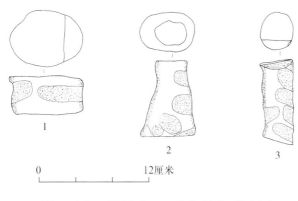

图一五六　潘里垄 Y2 采集标本（四九）
1～3.泥质陶支具潘里垄Y2：153～155

彩版四五〇　支具潘里垄 Y2：153

4. 垫饼

潘里垄 Y2：147，泥质陶垫饼。呈圆饼形，托面平整，有碗底痕，弧底。灰色胎，质地疏松。托径 3.8、高 1.6 厘米（图一五七，1；彩版四五三）。

潘里垄 Y2：148，垫饼。托面平整，有器足痕，底面微弧。深灰色胎，质地粗疏。托径 3.4、高 1.4 厘米（图一五七，2；彩版四五四）。

彩版四五一　支具
潘里垄 Y2：154

彩版四五二　支具
潘里垄 Y2：155

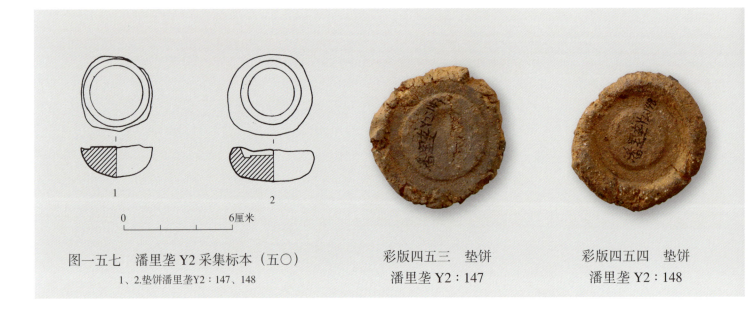

图一五七　潘里垄 Y2 采集标本（五〇）

1、2.垫饼潘里垄 Y2：147、148

彩版四五三　垫饼
潘里垄 Y2：147

彩版四五四　垫饼
潘里垄 Y2：148

三　M1

M1 为长方形横穴墓，方向 102°（彩版四五五、四五六）。封门以 Y2 壁砖和块石叠砌而成（彩版四五七），墓穴系横向掏挖山体岩石而成，平面呈长方形，拱顶。墓长 2.15、宽 0.7、高 0.55 米，封门宽 0.7、厚 0.2、高 0.5 米。随葬器物 4 件，均位于墓室前部近封门处（彩版四五八）。

1. 瓷罐

M1：3，罐。侈口，方唇，广肩，鼓腹，平底微凹。腹部饰凸弦纹若干条。胎体较粗厚，呈红色。内满、外壁不及底施青黄釉。口径 9、腹径 13.6、底径 6.8、高 10.4 厘米（图一五八，1；彩版四五九）。

M1：4，罐。直口微侈，尖圆唇，短直颈，鼓腹，平底微凹。肩、腹部饰弦纹若干条。胎体较粗糙，呈红色。器内满施淡青釉，器表满施酱釉。口径 8.2、腹径 12.9、底径 8.6、高 9.8 厘米（图一五八，2；彩版四六〇）。

彩版四五五 潘里垄 M1（自西向东）

彩版四五六 潘里垄 M1 俯视图

彩版四五七　潘里垄 M1 封门（自东向西）

彩版四五八　潘里垄 M1 随葬器物位置图

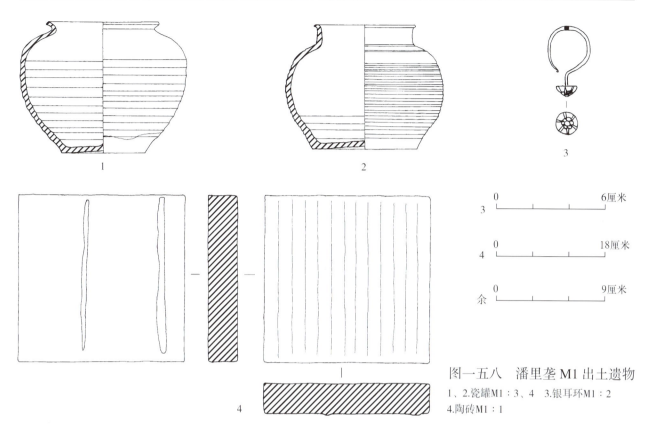

图一五八 潘里垄 M1 出土遗物

1、2.瓷罐 M1：3、4 3.银耳环 M1：2
4.陶砖 M1：1

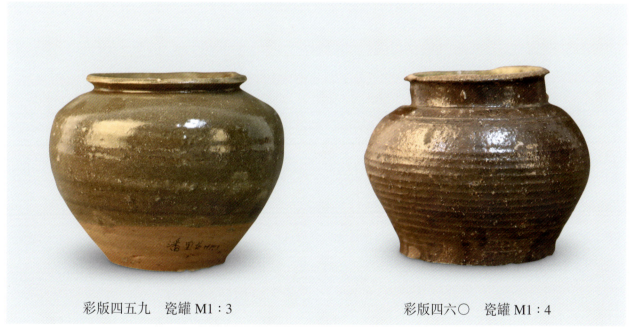

彩版四五九 瓷罐 M1：3   彩版四六○ 瓷罐 M1：4

2. 银耳环

M1：2，锈蚀严重，整体呈"?"形，钩首细尖，坠呈半球状，坠面饰梅花纹。环径 2.3、体径 0.24 厘米；坠径 1.18、高 0.56 厘米；通高 3.77 厘米（图一五八，3；彩版四六一）。

3. 陶砖

M1：1，位于墓室前端北侧，倚墓壁立放，泥质灰陶，整体略呈方形，正面阴刻 12 条竖线纹，当为文字界线，但未见任何刻铭，亦未见任何朱书或墨书痕迹；背面有两道凸棱，无纹饰。推测可能为墓志砖。长 27.2、宽 26.4、厚 4.8 厘米（图一五八，4；彩版四六二）。

M1 出土陶墓志砖、粗瓷罐与东阳南马镇小丫塘明代弘治、正德年间石板墓[1]所出陶砖、婺州窑乳浊釉瓷罐相似，故推测 M1 年代当与东阳明墓年代相近，即明代中期。

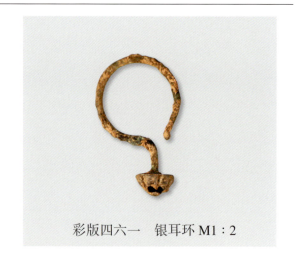

彩版四六一　银耳环 M1：2

彩版四六二　陶砖 M1：1

四　小结

依据窑产品统计表（表三），潘里垄 2 号窑址产品数量由多到少分别为：盏（约占产品总量的80%）、执壶（7.3%）、擂钵（5.7%）、罐（2.1%）、盆（2%）、缸（1.6%）、器盖（0.4%）、青瓷碗（0.3%）。

[1] 陆勇、李亮：《东阳新发现明代石板墓简报》，《东方博物》第八十一辑，上海书画出版社，2022年。

表三　潘里垄 Y2 产品统计表

器形		生烧	百分比	正烧	百分比	过烧	百分比	合计	百分比
大盏	束口	143	6.9%	572	27.8%	82	4%	797	38.7%
	敞口	49	2.4%	127	6.2%	28	1.4%	204	10%
	直口	113	5.5%	459	22.3%	58	2.8%	630	30.1%
小盏	敞口	4	0.2%	11	0.5%	2	0.1%	17	0.8%
	直口	2	0.1%	7	0.3%			9	0.4%
擂钵		35	1.7%	83	4%			118	5.7%
盆		8	0.4%	33	1.6%			41	2%
缸		4	0.2%	29	1.4%			33	1.6%
直领罐		12	0.6%	31	1.5%			43	2.1%
执壶	顺执	20	1%	52	2.5%			72	3.5%
	偏执	37	1.8%	41	2%			78	3.8%
器盖		1	0.05%	8	0.4%			9	0.4%
青瓷器				9	0.4%			9	0.4%
总计		428	20.8%	1462	71%	170	8.3%	2060	

注：青瓷器中碗6件、擂钵2件、杯1件。

　　潘里垄 Y2 出土的漏斗型匣钵、柱形支座、黑釉瓷盏与福建省建阳县水吉镇[1]、武夷山市遇林亭、建瓯市渔山、宁德市飞鸾等多处建窑系瓷窑址[2]的同类器物形制相同；尤其是黑釉瓷盏，其同类器物在福建连江定海湾白礁一号遗址沉船[3]中亦多有发现。潘里垄 Y2 出土的单耳带流壶与福建建阳芦花坪窑址[4]同类器形制相似；莲瓣纹青瓷碗与四川遂宁市金鱼村南宋窖藏[5]同类器形制相同。由此推断，潘里垄 2 号窑址的时代为南宋晚期。值得注意的是，潘里垄 1、2 号窑址尽管位置相近，产品基本相同，但 2 号窑址的窑具中未见瓷垫饼，而 1 号窑址则兼有泥垫饼和瓷垫饼，这或许表明潘里垄 2 号窑址在年代上要稍早于 1 号窑址。

　　发掘结果表明，潘里垄 2 号窑址是一座以烧制建窑系黑釉瓷茶盏为主、兼烧相关茶器的南宋民窑。详见本书附录（《附录二　庆元县潘里垄宋代窑址出土茶器考论》）。

　　[1]　中国社会科学院考古研究所、福建省博物馆：《福建建阳县水吉建窑遗址1991～1992年度发掘简报》，《考古》1995年第2期。

　　[2]　栗建安：《福建的建窑系黑釉茶碗》，《福建连江定海湾沉船考古》，科学出版社，2011年，第425～440页。

　　[3]　赵嘉斌、吴春明主编：《福建连江定海湾沉船考古》，科学出版社，2011年。

　　[4]　福建省博物馆、厦门大学、建阳县文化馆：《福建建阳芦花坪窑址发掘简报》，《中国古代窑址调查发掘报告集》，文物出版社，1984年，第137～145页。

　　[5]　成都文物考古研究所、遂宁市博物馆：《遂宁金鱼村南宋窖藏》，文物出版社，2012年。

第一五节　枫堂窑址（Y1）

一　调查概况

位于竹口镇竹上村枫堂自然村后山北麓，慈容寺东南部，北距竹口溪约 200 米。中心地理坐标为北纬 27°42′27″，东经 118°55′06″，海拔高度 277 米。现地貌略呈三角形台地状，窑址上方种植蔬菜、竹木。

窑床裸露可见，方向 315°（彩版四六三）。窑壁以砖坯叠砌，砖坯略呈梯形，宽 17、厚 4.5 厘米，长度不明（彩版四六四）。

残品堆积丰富，主要堆积于窑床东侧坡地上，呈南北向带状分布，长约 35、宽 30、厚 2 米。

窑具有 M 型匣钵、平底匣钵、圆形垫饼、垫圈等。M 型匣钵常见规格有 2 种：其一口径 30、高 9.5 厘米，其二口径 24、高 8.5 厘米。平底匣钵口径 20、高 8 厘米。中小型垫饼多见，垫圈少见。

产品多为灰胎青釉瓷器，器形有碗、盘、高足杯等（彩版四六五）。器物内底多有印花，题材多为菊、牡丹、莲花等纹样，个别器物内底刻划文字，如"太平""刘""李"及八思巴文。

此窑产品以碗、盘为主。年代判定为元代。

彩版四六三　枫堂 Y1（自西向东）

彩版四六四　枫堂 Y1 窑壁　　　　　　　　　彩版四六五　枫堂 Y1 采集遗物

二　采集标本

共 54 件。

（一）瓷器

1. 青瓷碗

枫堂 Y1：8，碗。残，可复原。侈口，圆唇，弧腹壁，圈足较矮，足心凸起。底内阴印折枝莲花纹。灰白色胎，质地致密。足端及足内无釉，余皆施粉青釉。器内壁粘有少量窑渣。口径 17.2、足径 5.6、高 7 厘米（图一五九，1；彩版四六六）。

枫堂 Y1：9，碗。残，腹底崩裂，可复原。侈口，圆唇，弧腹壁，圈足，足端外缘斜削。底内划一周弦纹，底内心阴印折枝莲花纹及"天下太平"四字。腹外壁有轮旋痕。浅灰色胎，质地较致密。足端及足内无釉，余皆施青绿釉，釉面开片。口径 15.4、足径 5.6、高 7 厘米（图一五九，2；彩版四六七）。

枫堂 Y1：10，碗。残，可复原。侈口，圆唇，弧腹壁，圈足，足心凸起，足端外缘斜削。底内划一周弦纹，底内心阴印朵花。浅灰色胎，质地较紧密。足端及足内无釉，余皆施青黄釉，釉层浑浊、有细密开片。口径 16、足径 5.6、高 6.6 厘米（图一五九，3；彩版四六八）。

枫堂 Y1：11，碗。残，可复原。侈口，尖圆唇，弧腹壁，圈足，足端外缘斜削。底内划一周弦纹，底内心阴印折枝牡丹纹，口外划一周弦纹。浅灰色胎，质地较紧密，中有气孔。底内及足部无釉，余皆施青黄釉，釉层浑浊、干涩、有细密开片。口径 17、足径 5.6、高 6.4 厘米（图一六〇，1；彩版四六九）。

枫堂 Y1：12，碗。残，可复原。侈口，圆唇，弧腹壁，圈足，足端外缘斜削。底内划一周弦纹，底内心阴印莲瓣纹。浅灰色胎，质地较致密。足端及足内无釉，余皆施浅青釉，釉层干涩、有细密开片。

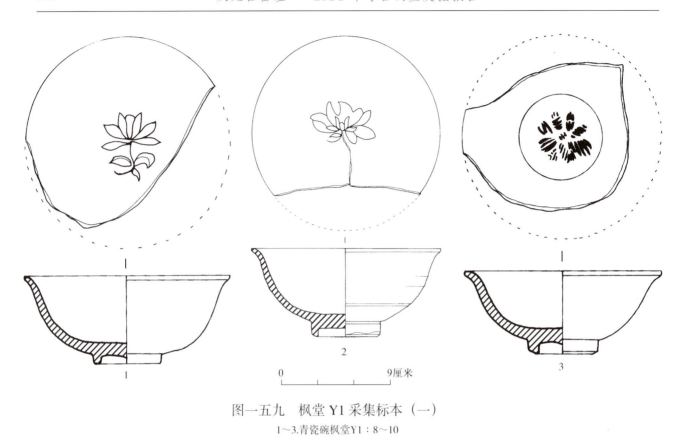

0　　　　　　9厘米

图一五九　枫堂 Y1 采集标本（一）

1～3.青瓷碗枫堂Y1：8～10

彩版四六六　青瓷碗枫堂 Y1：8

彩版四六七　青瓷碗枫堂 Y1：9

彩版四六八　青瓷碗枫堂 Y1：10　　　　　　彩版四六九　青瓷碗枫堂 Y1：11

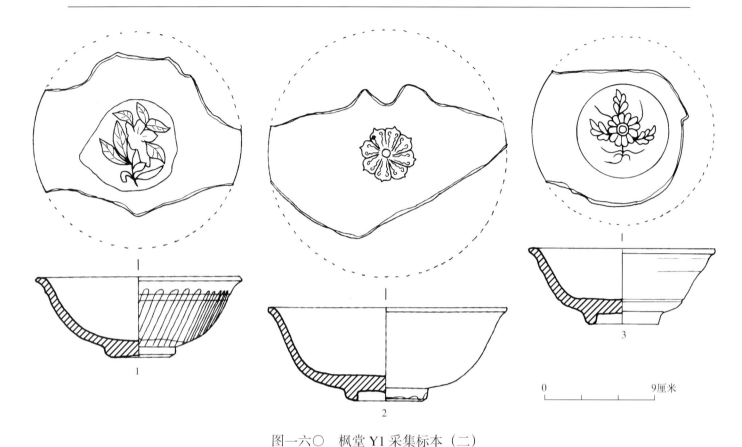

图一六〇　枫堂 Y1 采集标本（二）

1～3.青瓷碗枫堂Y1：11～13

口径 19.6、足径 5.6、高 7.4 厘米（图一六〇，2）。

　　枫堂 Y1：13，碗。残，可复原。侈口，圆唇，斜弧腹壁，圈足。底内划一周弦纹，底内心阴印折枝菊花纹，腹外壁饰两道凹弦纹。浅灰色胎，质地较致密，中有气孔。足端及足内无釉，余皆施青黄釉，釉层浑浊、干涩。口径 15、足径 6、高 6 厘米（图一六〇，3；彩版四七〇）。

　　枫堂 Y1：14，碗。残，可复原。侈口，圆唇，斜弧腹壁，圈足，足心凸起。底内划一周弦纹，底内心阴印折枝牡丹纹。灰褐色胎，质地较致密，中有气孔。足端及足内无釉，余皆施青灰釉，釉面有细密开片。口径 16.1、足径 6.2、高 6.8 厘米（图一六一，1；彩版四七一）。

　　枫堂 Y1：15，碗。残，可复原。侈口，圆唇，斜弧腹壁，圈足，足心凸起。底内划一周弦纹，底内心阴印折枝菊花纹及"富贵"两字。深灰色胎，质地较致密，中有气孔。足端及足内无釉，余皆施青灰釉，釉层较薄、浑浊、干涩。口径 16.2、足径 6、高 6.6 厘米（图一六一，2；彩版四七二）。

　　枫堂 Y1：16，碗。残，可复原。侈口，圆唇，斜弧腹壁，圈足外撇，足心凸起，足端外缘斜削。底内划一周弦纹，底内心阴印折枝莲花纹及"天下太平"四字。灰褐色胎，质地较致密。足端及足内无釉，余皆施青黄釉，釉面开片。口径 16.3、足径 6.4、高 6.8 厘米（图一六一，3）。

　　枫堂 Y1：17，碗。残，可复原。侈口，圆唇，斜弧腹壁，圈足，足心凸起。底内心阴印折枝花纹，足外壁饰一周凸弦纹。浅灰色胎，质地较致密。足端及足内无釉，余皆施淡青釉，釉色莹润。口径 15、足径 6、高 6.6 厘米（图一六二，1；彩版四七三）。

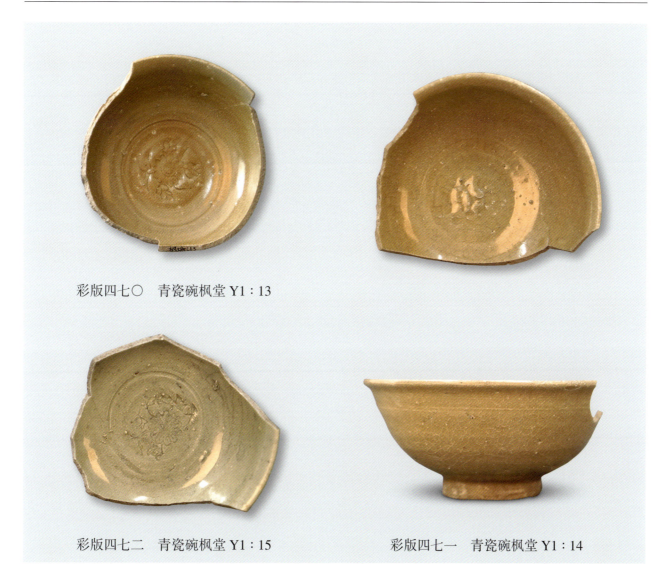

彩版四七〇 青瓷碗枫堂 Y1：13

彩版四七二 青瓷碗枫堂 Y1：15　　　　　彩版四七一 青瓷碗枫堂 Y1：14

　　枫堂 Y1：18，碗。残，可复原。折沿，圆唇，侈口，深弧腹壁，圈足，足心凸起，足端外缘斜削。底内划一周弦纹，底内心阴印四瓣花纹。浅灰色胎，质地较致密。足端及足内无釉，余皆施青灰釉，釉层浑浊、干涩。腹外壁粘有少量窑渣。口径 15、足径 6、高 6.6 厘米（图一六二，2）。

　　枫堂 Y1：19，碗。残，可复原。侈口，圆唇，敞口，深弧腹壁，圈足，足心凸起。底内划一周弦纹，底内心阴印折枝莲花纹。深灰色胎，质地较致密，中有气孔。足端及足内无釉，余皆施青绿釉，釉层浑浊、干涩。口径 15.6、足径 6.4、高 6.2 厘米（图一六二，3；彩版四七四）。

　　枫堂 Y1：20，碗。残，可复原。侈口，圆唇，深弧腹壁，圈足，足心凸起。底内划一周弦纹，底内心阴印折枝莲花纹。腹外壁有三道轮旋痕。深灰色胎，质地较致密，中有气孔。足端及足内无釉，余皆施青绿釉，釉层较薄、浑浊、干涩。口径 16.4、足径 5、高 6.2 厘米（图一六三，1；彩版四七五）。

　　枫堂 Y1：21，碗。残，可复原。侈口，圆唇，深弧腹壁，圈足，足心凸起，足端外缘斜削。底内心阴印一朵牡丹花纹及"宝"字。腹外壁有四道轮旋痕。浅灰色胎，质地较致密，中有气孔。足端及足内无釉，余皆施浅青釉，釉层较薄、浑浊、干涩。口径 14.8、足径 4.8、高 6.1 厘米（图

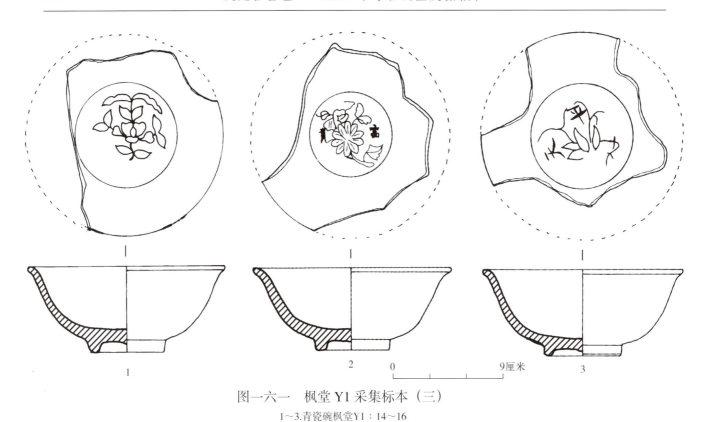

图一六一　枫堂 Y1 采集标本（三）

1～3.青瓷碗枫堂 Y1：14～16

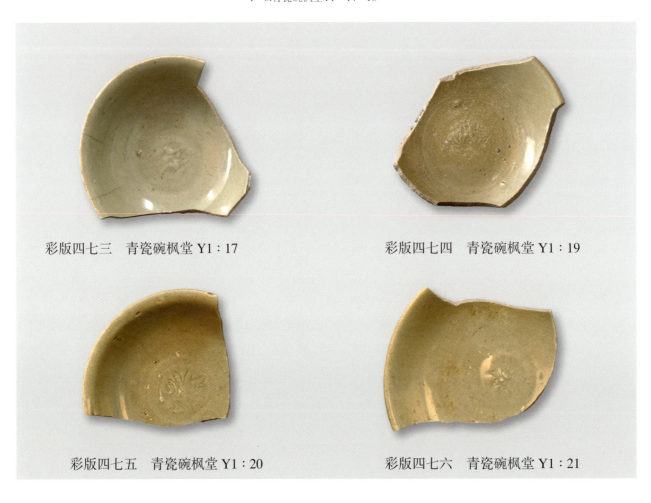

彩版四七三　青瓷碗枫堂 Y1：17　　　　　　　彩版四七四　青瓷碗枫堂 Y1：19

彩版四七五　青瓷碗枫堂 Y1：20　　　　　　　彩版四七六　青瓷碗枫堂 Y1：21

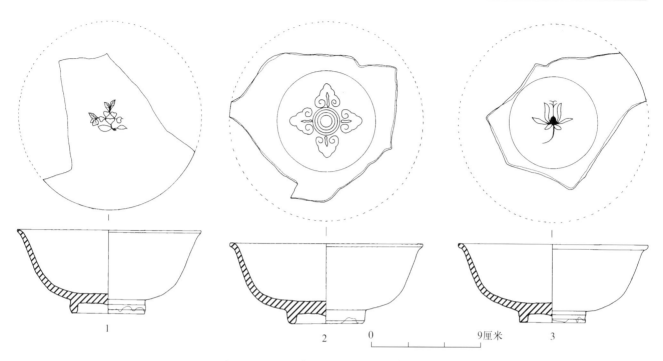

图一六二　枫堂 Y1 采集标本（四）

1～3.青瓷碗枫堂Y1：17～19

一六三，2；彩版四七六）。

　　枫堂 Y1：22，碗。残，可复原。侈口，圆唇，敞口，深弧腹壁，圈足，足心凸起。底内划一周弦纹，底内心阴印四瓣花纹。浅灰色胎，质地较致密。足内无釉，余皆施青灰釉，釉层干涩、有细密气泡，釉面开片细密。口径 16.8、足径 5.6、高 6.9 厘米（图一六三，3；彩版四七七）。

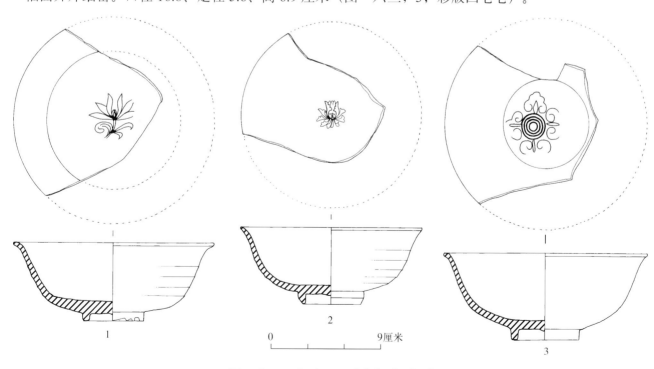

图一六三　枫堂 Y1 采集标本（五）

1～3.青瓷碗枫堂Y1：20～22

　　枫堂 Y1：23，碗。残，可复原。侈口，尖圆唇，浅弧腹壁，足底内凹，足端外缘斜削。腹外壁有轮旋痕。浅灰色胎，质地较致密，中有气孔。底内外及足部无釉，余皆施青灰釉，釉层较薄、浑浊、干涩。口径 18.4、足径 5.6、高 5.4 厘米（图一六四，1；彩版四七八）。

　　枫堂 Y1：24，碗。残，可复原。侈口，圆唇，弧腹壁，足底微凹。腹外壁有轮旋痕。浅灰色胎，质地较致密。底内外及足部无釉，余皆施青灰釉，釉层较薄、浑浊、干涩。口径 17.6、足径 6、高 5.1 厘米（图一六四，2；彩版四七九）。

　　枫堂 Y1：25，碗。腹底部残片，不可复原。斜弧腹壁，圈足。底内心阴印折枝牡丹纹。浅灰色胎，质地较致密。足内无釉，余皆施浅青釉。足内粘有一圆形泥质陶垫饼，托面平整，底面较弧，红褐色胎，质地粗疏。碗足径 6.4、残高 3.5 厘米。垫饼托径 4.4、高 1.2 厘米（图一六四，3；彩版四八〇）。

　　枫堂 Y1：26，碗。腹底部残片，不可复原。斜弧腹壁，圈足，足心凸起，足端外缘斜削。底内心阴印折枝花卉纹。深灰色胎，质地较致密。足端及足内无釉，余皆施青灰釉，釉层浑浊。足径 4.8、残高 1.9 厘米（图一六五，1；彩版四八一）。

　　枫堂 Y1：27，碗。腹底部残片，不可复原。斜弧腹壁，圈足，足心凸起，足端外缘斜削。底内划一周弦纹，底内心阴印折枝牡丹纹。深灰色胎，质地较致密，中有气孔。足端及足内无釉，余皆施青灰釉。足径 6、残高 4 厘米（图一六五，2；彩版四八二）。

　　枫堂 Y1：28，碗。腹底部残片，不可复原。斜弧腹壁，圈足，足端外缘斜削。底内心阴印折枝莲花纹，腹外壁近底部划一周弦纹，圈足外壁划一周凹弦纹。深灰色胎，质地较致密。足端及足内无釉，余皆施青绿釉，釉层浑浊、有细密开片。足径 4.8、残高 3.2 厘米（图一六五，3；彩版四八三）。

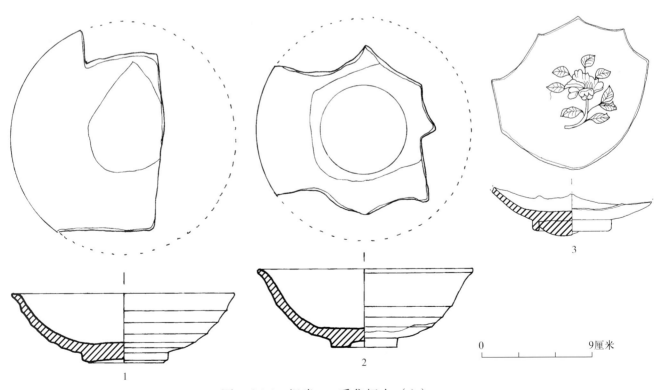

图一六四　枫堂 Y1 采集标本（六）

1～3.青瓷碗枫堂 Y1：23～25

彩版四七七　青瓷碗枫堂 Y1：22　　　　　彩版四七八　青瓷碗枫堂 Y1：23

彩版四七九　青瓷碗枫堂 Y1：24

彩版四八〇　青瓷碗枫堂 Y1：25　　　　　　　　彩版四八一　青瓷碗枫堂 Y1：26

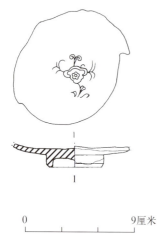
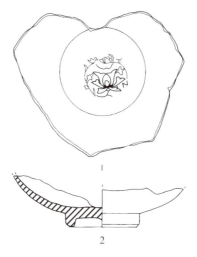
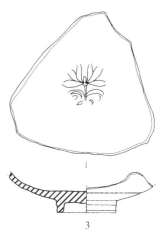

图一六五　枫堂 Y1 采集标本（七）

1～3.青瓷碗枫堂Y1：26～28

　　枫堂 Y1：29，碗。腹底部残片，不可复原。斜弧腹壁，圈足，足心凸起，足端外缘斜削。底内心阴印折枝莲花纹及"天下太平"四字。深灰色胎，质地较致密。足端及足内无釉，余皆施青灰釉，釉面开片。足径6.2、残高3.9厘米（图一六六，1；彩版四八四）。

　　枫堂 Y1：30，碗。腹底部残片，不可复原。斜弧腹壁，圈足，足心凸起，足端外缘斜削。底内心阴印折枝牡丹纹及一"刘"字。浅灰色胎，质地较致密。足端及足内无釉，余皆施青灰釉，釉面开片。足径5.8、残高3.4厘米（图一六六，2；彩版四八五）。

　　枫堂 Y1：31，碗。腹底部残片，不可复原。斜弧腹壁，圈足，足心凸起，足端外缘斜削。底内划一周弦纹，底内心阴印折枝莲花纹。灰色胎，质地较细密。足端及足心无釉，余皆施青绿釉，釉面开片。足径6.6、残高4.6厘米（图一六六，3；彩版四八六）。

　　枫堂 Y1：32，碗。腹底部残片，不可复原。斜弧腹壁，圈足，足心凸起。底内心阴印折枝莲花

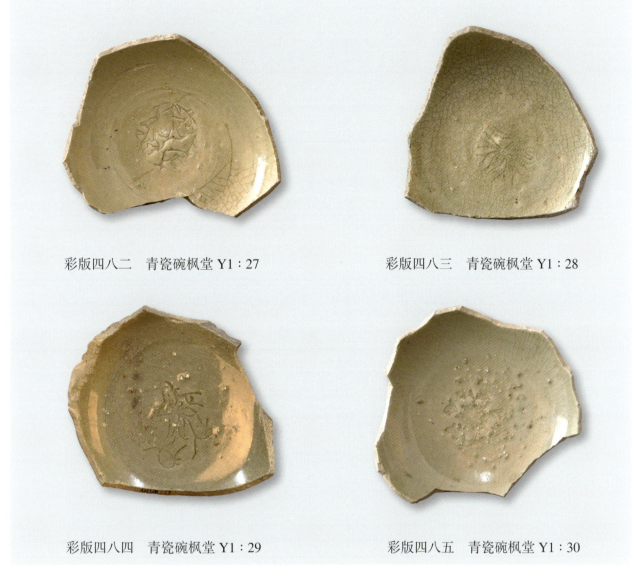

彩版四八二　青瓷碗枫堂 Y1：27　　　　彩版四八三　青瓷碗枫堂 Y1：28

彩版四八四　青瓷碗枫堂 Y1：29　　　　彩版四八五　青瓷碗枫堂 Y1：30

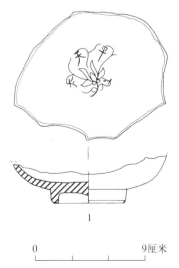

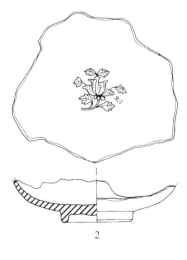

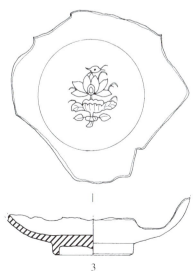

图一六六　枫堂 Y1 采集标本（八）

1～3.青瓷碗枫堂Y1：29～31

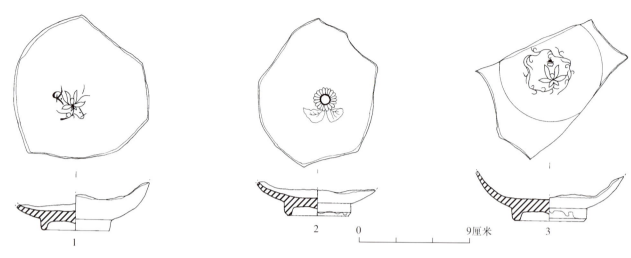

图一六七　枫堂 Y1 采集标本（九）
1～3.青瓷碗枫堂 Y1：32～34

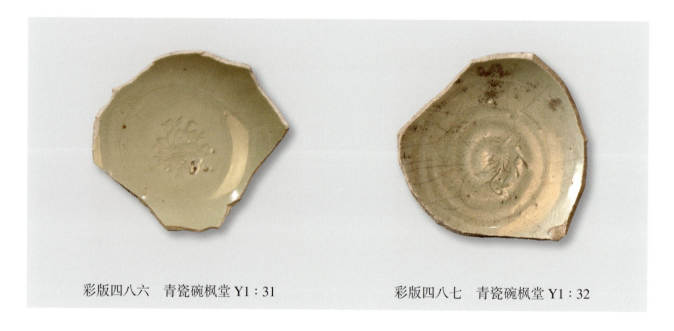

彩版四八六　青瓷碗枫堂 Y1：31　　　　彩版四八七　青瓷碗枫堂 Y1：32

纹及"天下太平"四字。灰色胎，质地较致密，中有气孔。足端及足内无釉，余皆施青绿釉，釉面开片。足径 5.6、残高 4 厘米（图一六七，1；彩版四八七）。

　　枫堂 Y1：33，碗。腹底部残片，不可复原。斜弧腹壁，圈足，足心凸起，足端外缘斜削。底内划两周弦纹，底内心阴印折枝菊花纹。浅灰色胎，质地较致密。足端及足内无釉，余皆施青灰釉。足径 5.2、残高 2.6 厘米（图一六七，2；彩版四八八）。

　　枫堂 Y1：34，碗。腹底部残片，不可复原。斜弧腹壁，圈足，足心凸起，足端外缘斜削。底内划一周弦纹，底内心阴印折枝莲花纹和一"吉"字。灰色胎，质地较致密，中有气孔。足端及足内无釉，余皆施青绿釉。足径 5.8、残高 3 厘米（图一六七，3；彩版四八九）。

　　枫堂 Y1：35，碗。残，可复原。侈口，圆唇，弧腹壁，圈足，足心凸起，足端外缘斜削。底内划一周弦纹，底内心阴印折枝花纹及八思巴文字。浅灰色胎，质地较致密，中有气孔。足端及足内无釉，

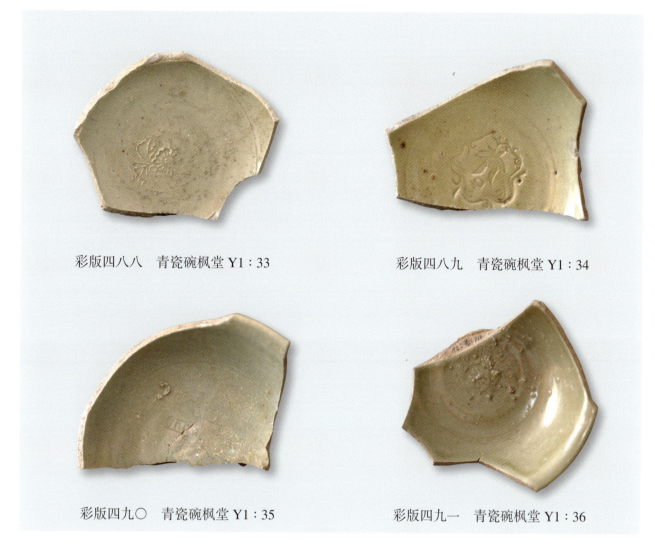

彩版四八八　青瓷碗枫堂 Y1：33　　　　　　　彩版四八九　青瓷碗枫堂 Y1：34

彩版四九〇　青瓷碗枫堂 Y1：35　　　　　　　彩版四九一　青瓷碗枫堂 Y1：36

余皆施青绿釉，釉层浑浊、干涩、有开片。腹外壁粘有两小块窑渣。口径 14.9、足径 5.2、高 5.6 厘米（图一六八，1；彩版四九〇）。

枫堂 Y1：36，碗。残，可复原。侈口，圆唇，弧腹壁，圈足，足心凸起，足端外缘斜削。底内划一周弦纹，足心阴印一"福"字，字外纹饰模糊不清。深灰色胎，质地较致密。足端及足内无釉，余皆施青绿釉。口径 16.2、足径 5.6、高 6.2 厘米（图一六八，2；彩版四九一）。

枫堂 Y1：37，碗。残，可复原。侈口，圆唇，弧腹壁，圈足，足心凸起，足端外缘斜削。底内划一周弦纹，底内心阴印对凤、花卉纹。浅灰色胎，质地较致密。足端及足内无釉，余皆施青灰釉，釉面开片。口径 16.6、足径 5.7、高 6.4 厘米（图一六八，3；彩版四九二）。

枫堂 Y1：38，碗。腹底部残片，不可复原。斜弧腹壁，圈足，足心凸起。底内心阴印折枝花纹。浅灰色胎，质地较致密。足端及足内无釉，余皆施青绿釉，釉层较薄、浑浊、干涩、釉面有细密开片。足径 6、残高 3.2 厘米（图一六九，1；彩版四九三）。

枫堂 Y1：54，碗。腹底部残片，不可复原。斜弧腹壁，圈足，足心凸起，足端外缘斜削。底内划一周弦纹，底内心阴印折枝莲花纹及"天下太平"四字。浅灰色胎，质地较致密，中有气孔。足端及足内无釉，余皆施浅青釉，釉层浑浊、干涩、有细密开片。足径 5.4、残高 2.8 厘米（图

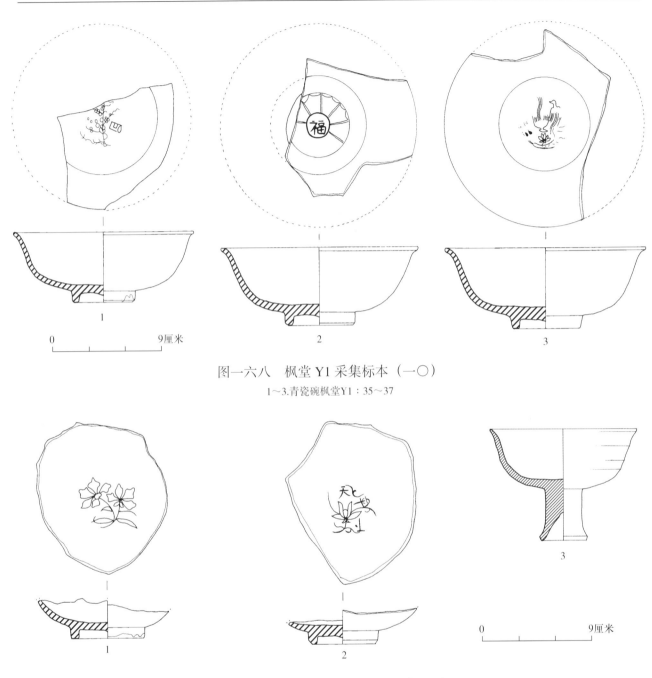

图一六八　枫堂 Y1 采集标本（一〇）

1～3.青瓷碗枫堂Y1：35～37

图一六九　枫堂 Y1 采集标本（一一）

1、2.青瓷碗枫堂Y1：38、54　3.青瓷高足杯枫堂Y1：7

一六九，2；彩版四九四）。

2. 青瓷高足杯

枫堂 Y1：7，高足杯。残，可复原。侈口，圆弧腹壁，喇叭形足上部实心、下部旋空，足端外缘旋削。浅灰色胎，质地较致密，中有气孔。足内无釉，余皆施浅青釉。口径 12、足径 3.8、高 8.8 厘米（图一六九，3；彩版四九五）。

3. 青瓷盘

枫堂 Y1：39，盘。残，可复原。敞口，圆唇，浅弧腹壁，圈足，足心凸起。底内心阴印对凤及

彩版四九二　青瓷碗枫堂 Y1：37

彩版四九三　青瓷碗枫堂 Y1：38

彩版四九四　青瓷碗枫堂 Y1：54

彩版四九五　青瓷高足杯枫堂 Y1：7

花卉纹。浅灰色胎，质地较致密。足端及足内无釉，余皆施青黄釉，釉层玻质感强，釉面开片。口径 15.7、足径 5.6、高 4.2 厘米（图一七〇，1；彩版四九六）。

枫堂 Y1：40，盘。腹底部残片，不可复原。浅斜弧腹壁、坦收，饼足微凹。底内划一周弦纹，底内心阴印折枝菊花纹。浅灰色胎，质地较致密。底内外及足部无釉，余皆施青灰釉。足径 4.8、残高 2.5 厘米（图一七〇，2；彩版四九七）。

枫堂 Y1：41，盘。残，可复原。敞口，圆唇，浅弧腹壁，圈足，足心凸起。底内划一周弦纹，底内心阴印对凤及花卉纹。浅灰色胎，质地较致密。底内外无釉，余皆施青黄釉，釉层玻璃质感强，釉面开片。腹外壁粘有少量窑渣。口径 16.2、足径 5.4、高 3.3 厘米（图一七〇，3；彩版四九八）。

枫堂 Y1：42，盘。残，可复原。敞口，圆唇，浅斜弧腹壁，圈足，足心凸起。底内饰一周凸弦纹，底内心阴印折枝牡丹纹。腹外壁有轮旋纹。浅灰色胎，质地较致密。足端及足内无釉，余皆施青灰釉，釉面有细密开片。口径 12.8、足径 6.4、高 3.7 厘米（图一七一，1；彩版四九九）。

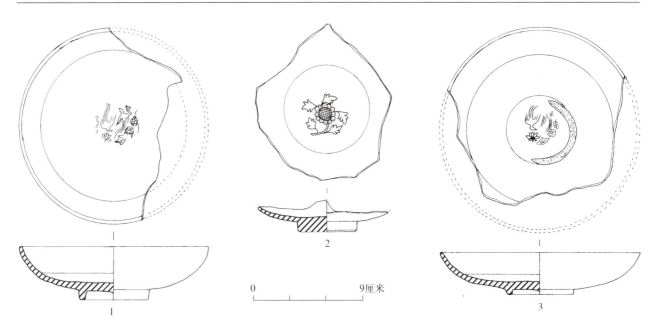

图一七〇　枫堂 Y1 采集标本（一二）

1～3.青瓷盘枫堂 Y1：39～41

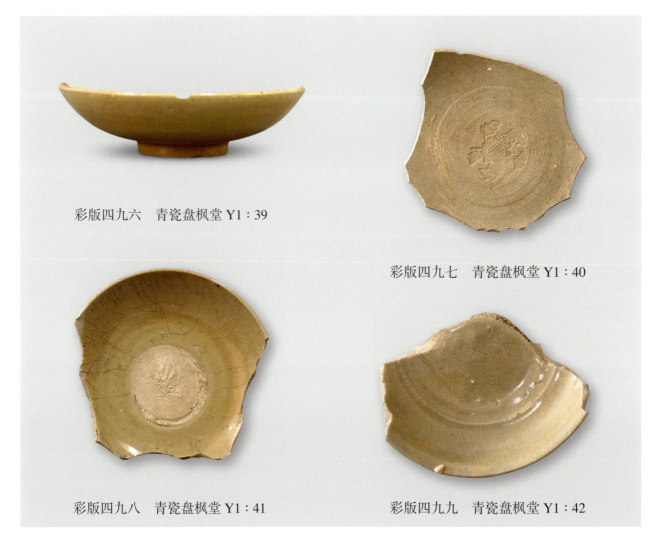

彩版四九六　青瓷盘枫堂 Y1：39

彩版四九七　青瓷盘枫堂 Y1：40

彩版四九八　青瓷盘枫堂 Y1：41

彩版四九九　青瓷盘枫堂 Y1：42

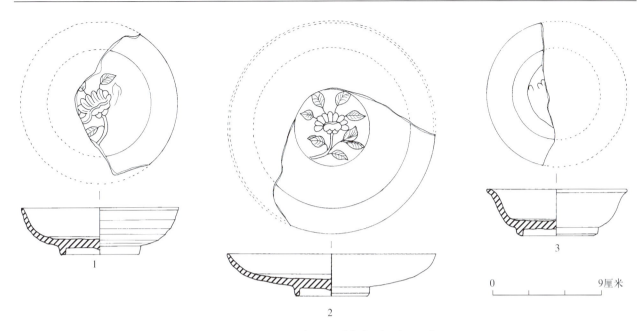

图一七一　枫堂 Y1 采集标本（一三）

1~3.青瓷盘枫堂Y1：42~44

　　枫堂 Y1：43，盘。残，可复原。敞口，圆唇，浅弧腹壁，坦底，圈足，足心凸起，足端外缘斜削。底内心阴印折枝牡丹纹。浅灰色胎，质地较致密，中有气孔。底内心刮釉，足端及足内无釉，余皆施青绿釉，釉层较薄、有细密开片。口径 17、足径 6、高 3.3 厘米（图一七一，2；彩版五〇〇）。

　　枫堂 Y1：44，盘。残，可复原。侈口，圆唇，浅斜弧腹壁，圈足，足端斜削。底内饰一周凸弦纹。浅灰色胎，质地较致密，中有气孔。底内心、足端及足内无釉，余皆施青绿釉，釉面有细密开片。口径 11.6、足径 6.6、高 3.7 厘米（图一七一，3；彩版五〇一）。

彩版五〇〇　青瓷盘枫堂 Y1：43

彩版五〇一　青瓷盘枫堂 Y1：44

　　枫堂 Y1：45，盘。残，器底崩裂，可复原。敞口，圆唇，浅弧腹壁，坦底，圈足，足心凸起，足端外缘斜削。底内心阴印折枝莲花纹。灰褐色胎，质地较致密。底内有涩圈，足端及足内无釉，余皆施青黄釉，釉面有细密开片。口径 17.2、足径 6.4、高 4.3 厘米（图一七二，1；彩版五〇二）。

　　枫堂 Y1：46，盘。残，可复原。敞口，圆唇，浅弧腹壁，坦底，圈足，足心凸起，足端外缘斜削。底内划一周弦纹。深灰色胎，质地较致密，中有气孔。足端及足内无釉，余皆施浅青绿釉，釉层较薄、浑浊、干涩。口径 16.6、足径 5.6、高 3.8 厘米（图一七二，2；彩版五〇三）。

　　枫堂 Y1：47，盘。残，可复原。侈口，圆唇，上腹壁近直，下腹壁弧收，圈足。底内饰一周凸弦纹。深灰色胎，质地较致密。足端及足内无釉，余皆施浅青釉。口径 13.2、足径 7.6、高 3.6 厘米（图一七二，3）。

　　枫堂 Y1：48，盘。残，可复原。侈口，圆唇，上腹壁斜直，下腹壁弧收，圈足，足端外缘斜削。底内饰一周弦纹，底内心阴印四瓣花纹。浅灰色胎，质地较致密。足端及足内无釉，余皆施青灰釉。底内粘有少量窑渣及瓷片。口径 12.8、足径 6.7、高 3.7 厘米（图一七三，1；彩版五〇四）。

　　枫堂 Y1：49，盘。残，可复原。敞口，圆唇，浅弧腹壁，坦底，圈足，足心凸起。腹内壁划一周弦纹，足外壁划一周凹弦纹。深灰色胎，质地较致密。底内外无釉，余皆施浅青釉，釉层较薄、浑浊、有细密开片。口径 17、足径 5.7、高 3.6 厘米（图一七三，2；彩版五〇五）。

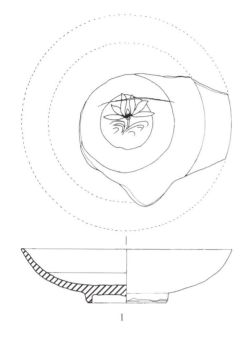

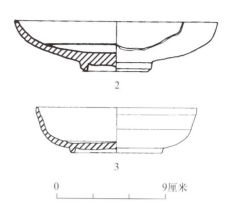

图一七二　枫堂 Y1 采集标本（一四）

1～3.青瓷盘枫堂Y1：45～47

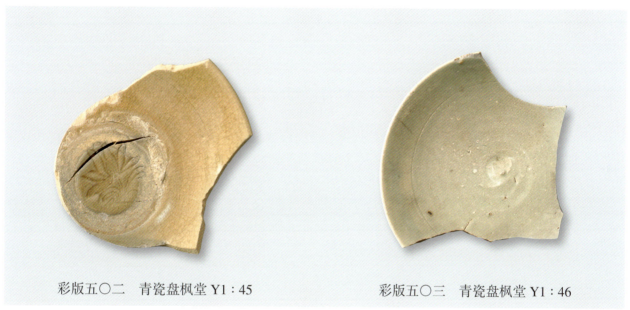

彩版五〇二　青瓷盘枫堂 Y1：45　　　　彩版五〇三　青瓷盘枫堂 Y1：46

枫堂 Y1：50，盘。残，可复原。微敞口，圆唇，斜弧腹壁，圈足。底内饰一周凸弦纹，底内心阴印花卉纹，模糊不清。深灰色胎，质地较致密，中有气孔。足端及足内无釉，余皆施浅青釉。口径 15、足径 8.2、高 3.6 厘米（图一七三，3）。

枫堂 Y1：51，盘。残，可复原。敞口，圆唇，浅弧腹壁内收，坦底，圈足，足心凸起。腹内壁划一周弦纹。浅灰色胎，质地较致密，中有气孔。底内外无釉，余皆施青绿釉。口外粘有少量窑渣。口径 16.4、足径 5.8、高 3.4 厘米（图一七四，1）。

枫堂 Y1：52，盘。残，可复原。敞口，圆唇，浅斜弧壁，坦底，圈足，足心凸起。底内划两周弦纹。灰色胎，质地较致密，中有气孔。底内有涩圈，足端及足内无釉，余皆施浅青绿釉，釉层较薄、浑浊、干涩。口径 16.2、足径 6、高 3.8 厘米（图一七四，2）。

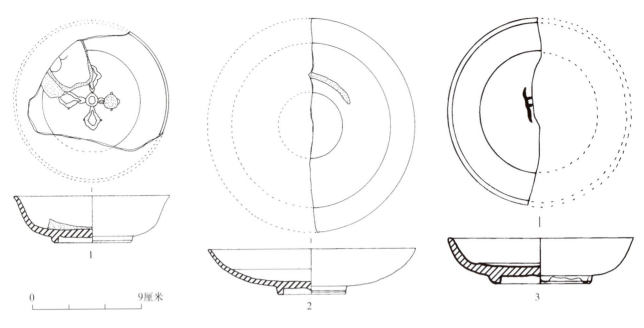

0　　　　　　9厘米

图一七三　枫堂 Y1 采集标本（一五）

1～3.青瓷盘枫堂Y1：48～50

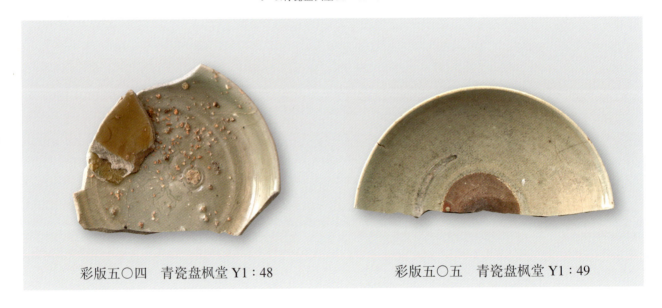

彩版五〇四　青瓷盘枫堂 Y1：48　　　　　　彩版五〇五　青瓷盘枫堂 Y1：49

　　枫堂 Y1：53，盘。残，可复原。口微敛，圆唇，斜弧腹壁，隐圈足。红褐色胎，质地较致密。足心刮釉，余皆施浅青釉，釉层干涩、有细密气泡。口径 12.2、足径 5.6、高 4.3 厘米（图一七四，3）。

（二）窑具

1.匣钵

　　枫堂 Y1：1，匣钵。残，可复原。直口，直腹壁微内收，平底。浅灰色胎，质地粗糙。直径 20.6、高 8 厘米（图一七五，1；彩版五〇六）。

2.垫饼

　　枫堂 Y1：2，泥质陶垫饼。呈圆饼形。托面及底面平整。红褐色粗胎体。托径 4、底径 4、高 1.6

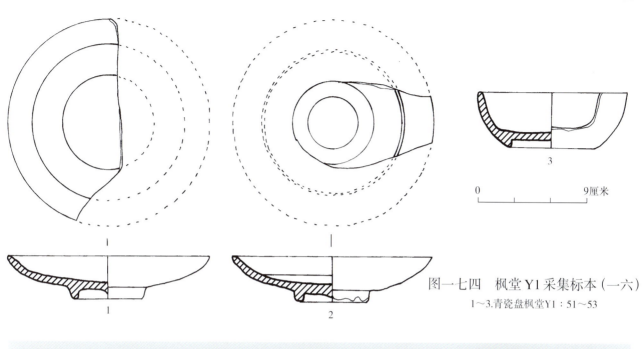

图一七四　枫堂 Y1 采集标本（一六）
1～3.青瓷盘枫堂Y1：51～53

彩版五〇七　垫饼枫堂 Y1：2

彩版五〇六　匣钵枫堂 Y1：1

彩版五〇八　垫饼枫堂 Y1：3

厘米（图一七五，2；彩版五〇七）。

　　枫堂 Y1：3，泥质陶垫饼。呈圆饼形。托面平整，底面微弧。灰褐色粗胎体。托径3.6、高1.3厘米（图一七五，3；彩版五〇八）。

　　枫堂 Y1：4，泥垫饼。略呈圆饼形。托面平整有圈足印痕，底部较弧。灰褐色粗胎体。托径6、高1.6厘米（图一七五，4；彩版五〇九）。

　　3. 垫圈

　　枫堂 Y1：5，泥质陶垫圈。略呈环形。顶面较平，底面微弧。红褐色胎，质地较粗糙。直径7、高3、内径2～2.3厘米（图一七五，5；彩版五一〇）。

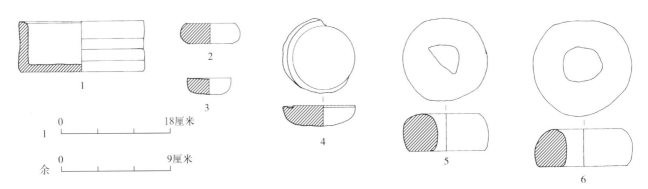

图一七五　枫堂 Y1 采集标本（一七）

1.匣钵枫堂Y1：1　2～4.垫饼枫堂Y1：2～4　5、6.垫圈枫堂Y1：5、6

彩版五〇九　垫饼枫堂 Y1：4　　　彩版五一〇　垫圈枫堂 Y1：5　　　彩版五一一　垫圈枫堂 Y1：6

枫堂 Y1：6，泥质陶垫圈。略呈环形。顶面较平，底面微弧。红褐色胎，质地较粗糙。直径 7.6 ～ 8、高 3、内径 2.7 ～ 3.1 厘米（图一七五，6；彩版五一一）。

三　小结

据庆元县第三次全国文物普查资料，枫堂窑址（Y1）原编号为竹口 2 号窑，烧造于元至明，面积 1500 平方米。地表仅见碗类产品。制作较粗糙。灰白胎，釉色青灰、青绿。纹饰有花草、斜条纹，有的内底印花，有的为素面。窑具有匣钵、垫饼。

2011 年 11 月 21 日，在调查枫堂 Y1 时，地面采集遗物与庆元县第三次全国文物普查采集遗物特征基本相同。小型泥质陶垫饼多见，制作随意，用于垫烧碗类器物。未见瓷垫饼。采集瓷器以侈口、弧腹、圈足碗为大宗，底外均以泥质垫饼垫烧；底内心多有印花，题材有朵花、折枝莲花、折枝牡丹、折枝菊花、莲瓣、四瓣花、对凤等；底内心阴印文字有"天下太平""富贵""宝""刘""吉"，以及八思巴文字。部分碗、盘类产品底内有露胎现象。枫堂 Y1 采集的碗、盘、高足杯与武义县溪里元代窑址所出同类产品形制一致[1]，另外枫堂 Y1：35 碗底内划一周弦纹，底内心阴印折枝花纹及八思巴文字，为元代产品无疑。据本次调查结果判断，枫堂 Y1 盛烧于元代晚期。

[1]　浙江省文物考古研究所、武义县文物保护管理所：《武义县溪里元代窑址发掘简报》，《浙江省文物考古研究所学刊（第十二辑）》，文物出版社，2022 年。

第一六节　练泥碓窑址（Y1）

一　调查概况

位于竹口镇岩后村 34 号民居后，枫（堂）三（坑）公路北侧，北距竹口溪约 200 米。中心地理坐标为北纬 27°42′27″，东经 118°56′21″，海拔高度 296 米。村内道路、民宅修建和菜地垦种对窑址造成破坏。现地貌为梯形台地（彩版五一二、五一三）。

窑壁残段裸露可见，系用砖坯、M 型匣钵混砌而成（彩版五一四）。砖坯宽 15、厚 8 厘米，长度不明。窑床压在水泥路面下，规模不明，从裸露窑壁观察，窑床走向与道路基本一致，为龙窑形制，方向 38°。

残品堆积丰富，呈南北向带状分布，长约 20、宽 10、厚 2 米，主要堆积于窑床西北侧（彩版五一五）。

此窑使用的匣钵分 M 型匣钵和平底匣钵两种类型：M 型匣钵口径 20、高 8.5 厘米，平底匣钵口径 44、高 17.7 厘米。

圆形垫饼多见，大小不一。垫柱多有手捏痕迹。

产品分灰白胎青釉瓷器和灰白胎青黄釉瓷器两类。器形有碗（分青瓷碗、青花碗、点彩碗）、

彩版五一二　练泥碓村

彩版五一三　练泥碓 Y1（自南向北）

彩版五一四　练泥碓 Y1 窑壁（自东向西）

炉（分鼎式炉、洗式炉、樽式炉）、花盆、玉壶春瓶、小杯、高足杯、擂钵、盘、碟、葫芦瓶等（彩版五一六）。

此窑产品以碗、炉为主。年代判定为明代。

练泥碓为岩后行政村的自然村名，因当地古时窑业练泥于此而得名。练泥碓村落面积约 6 万平方米，自然地貌呈阶地状。据村内长者讲，古时竹口溪流域窑业瓷土多出于此，村后山岭为瓷土开采地（彩版五一七），村前溪岸为练泥作坊区，因地貌变迁，采土、练泥遗存现已无存。

彩版五一五　练泥碓 Y1 残次品堆积（自西向东）

彩版五一六　练泥碓 Y1 采集遗物

彩版五一七　练泥碓 Y1 附近瓷土资源

二　采集标本

共 40 件。

（一）瓷器

1. 青瓷碗

练泥碓 Y1：15，碗。残，可复原。圆唇，直口，斜弧腹壁，内底较平，圈足，足心凸起，足壁较薄，

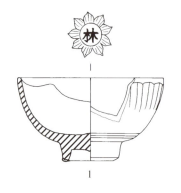
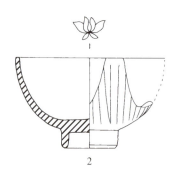
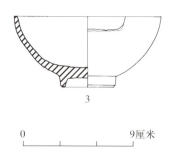

图一七六　练泥碓 Y1 采集标本（一）

1～3.青瓷碗练泥碓Y1：15、22、23

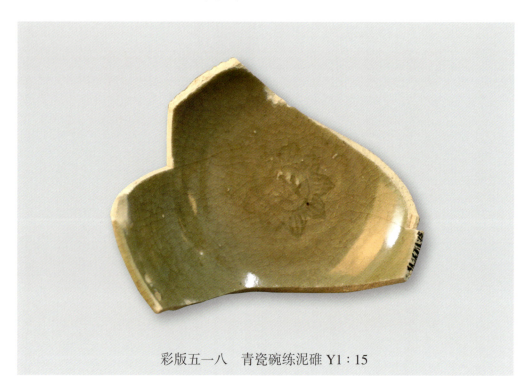

彩版五一八　青瓷碗练泥碓 Y1：15

足内壁略外撇，足端斜削。底内心阴印朵花纹，花心印"林"字。腹外壁刻饰一周菊瓣纹，近底处划 3 周凹弦纹。胎体较匀薄，胎色白中略泛黄，胎质细密。足内无釉，余皆施青黄釉，釉面开片细密。足端粘有小块窑渣。口径 12、足径 4.6、高 6.6 厘米（图一七六，1；彩版五一八）。

练泥碓 Y1：22，碗。残，可复原。圆唇，直口，斜弧腹壁，底内较平，底内心凸起，圈足，足心凸起，足壁较薄，足内壁略外撇，足端外缘斜削。底内心阴印莲花纹，腹外壁饰一周竖划纹。胎体较匀薄，胎色浅灰白，胎质细密。足内无釉，余皆施浅青釉，釉面玻璃质感强、开片细密。口径 12.2、足径 4.6、高 7.1 厘米（图一七六，2；彩版五一九）。

练泥碓 Y1：23，碗。残，可复原。圆唇，直口，斜弧腹壁，底内心凸起，圈足，足内壁略外撇，足端斜削。内外壁光素。胎体较匀薄，胎色浅灰白，胎质细密。底内心刮釉，足端及足内无釉，余皆施青绿釉，釉面玻质感强，开片细密。口径 12、足径 4.5、高 5.6 厘米（图一七六，3）。

练泥碓 Y1：24，碗。残，可复原。圆唇，直口，斜弧腹壁，圈足，足心凸起，足壁较薄，足

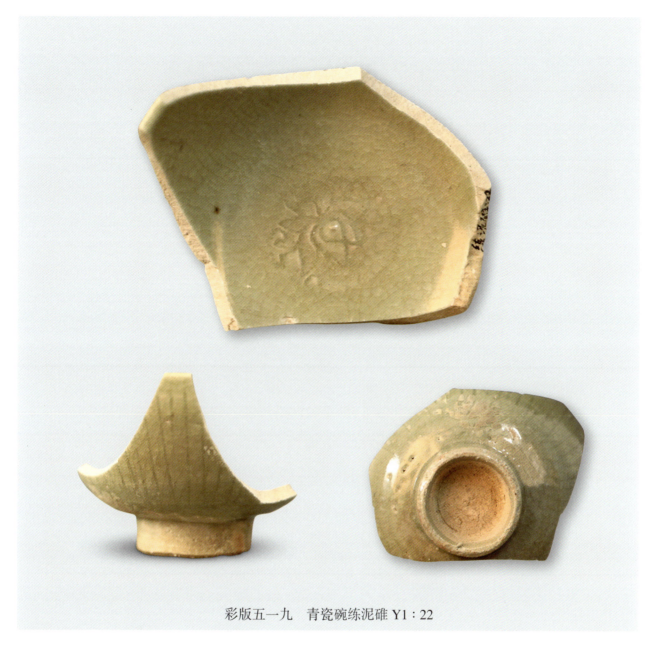

彩版五一九　青瓷碗练泥碓 Y1∶22

内壁略外撇，足外缘斜削。底内心阴印朵花纹及不明图案，腹外壁饰一周竖划纹。底内心有螺旋状拉坯痕迹。胎体较匀薄，胎色浅灰黄，胎质细密。足内无釉，余皆施青黄釉，釉面开片细密。口径12.5、足径 5、高 7 厘米（图一七七，1；彩版五二〇）。

练泥碓 Y1∶25，碗。残，可复原。圆唇，直口，斜弧腹壁，底内较平，圈足较高，足壁较薄，足内壁略外撇，足端斜削。底内心阳印菱锦纹，腹外壁饰一周竖划纹。胎体灰白，胎质细密。足内无釉，余皆施青灰釉，釉面局部开片。口径 12.5、足径 5、高 6.3 厘米（图一七七，2；彩版五二一）。

练泥碓 Y1∶26，碗。残，可复原。圆唇，直口，斜弧腹壁，底内较平，圈足，足心凸起，足壁较薄、划一周浅凹槽，足内壁略外撇，足端斜削。底内心阴印朵花纹、"卍"字符，腹外壁饰一周竖划纹。胎体较匀薄，胎色灰白，胎质细腻。足内无釉，余皆施青绿釉，釉面玻质感强、有细密开片。口径 12.8、足径 4.5、高 6.4 厘米（图一七七，3；彩版五二二）。

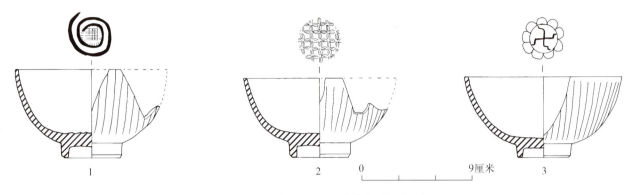

图一七七　练泥碓 Y1 采集标本（二）

1～3.青瓷碗练泥碓Y1：24～26

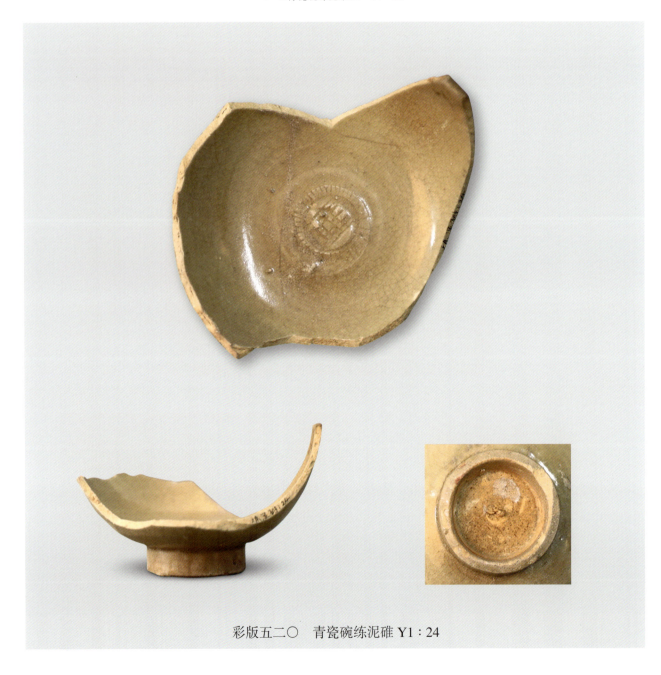

彩版五二〇　青瓷碗练泥碓 Y1：24

彩版五二一　青瓷碗练泥碓 Y1∶25　　　　彩版五二二　青瓷碗练泥碓 Y1∶26

练泥碓 Y1：27，碗。残，可复原。圆唇，直口，斜弧腹壁，圈足，足内壁略外撇，足端外缘斜削。底内心阴印朵花纹，花内文字模糊不清，腹外壁刻饰一周菊瓣纹。胎体较匀薄，胎色灰白，胎质细腻。足内无釉，余皆施青绿釉，釉面玻质感强、有开片。口径 10.4、足径 4.3、高 6 厘米（图一七八，1；彩版五二三）。

练泥碓 Y1：28，碗。残，可复原。圆唇，直口，斜弧腹壁，圈足，足内壁略外撇，足端斜削。底内心阴印朵花纹及不明图案，腹外壁饰一周竖划纹，中腹部划一周凹弦纹。底内心有螺旋状拉坯痕。胎体较匀薄，胎色浅灰黄，胎质细密。足内无釉，余皆施黄色釉，釉面玻质感强、有细密开片。口径 12.8、足径 5、高 6.6 厘米（图一七八，2；彩版五二四）。

练泥碓 Y1：29，碗。残，可复原。圆唇，直口，斜弧腹壁，底内较平，圈足，足内壁略外撇，足端斜削。底内心阳印朵花纹，花内图案不明。腹外壁饰一周竖划纹。底内心有螺旋状拉坯痕。胎体较匀薄，胎色灰白，胎质细腻。足内无釉，余皆施浅青釉。圈足内粘连泥质陶垫饼。口径 11.4、足径 4.5、高 6.5 厘米（图一七八，3；彩版五二五）。

练泥碓 Y1：33，碗。腹底部残片，不可复原。失口沿，斜弧腹壁，内底较平，圈足，足壁较薄，

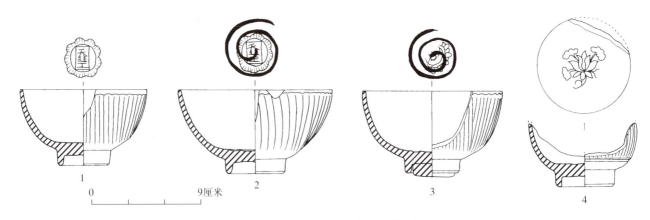

图一七八　练泥碓 Y1 采集标本（三）

1～4.青瓷碗练泥碓Y1：27～29、33

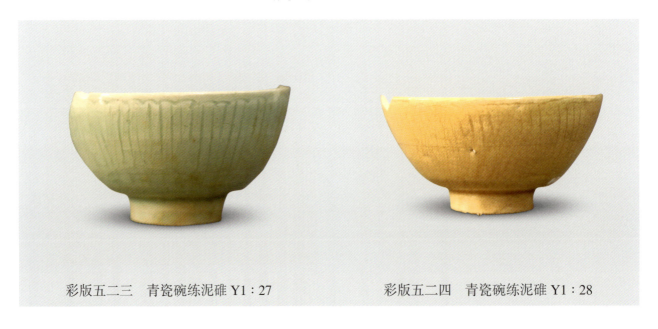

彩版五二三　青瓷碗练泥碓 Y1：27　　　　　　　　彩版五二四　青瓷碗练泥碓 Y1：28

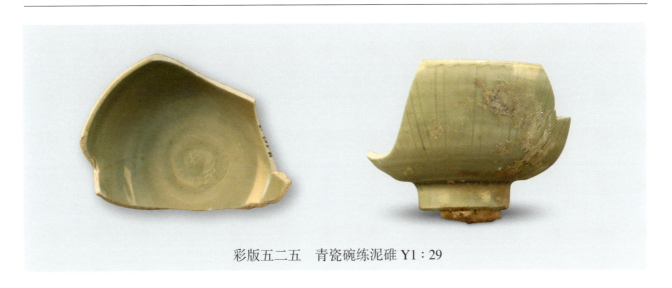

彩版五二五　青瓷碗练泥碓 Y1∶29

足端外缘斜削。底内心阴印折枝莲花纹，腹外壁饰一周竖划纹，近底处划三周凹弦纹。胎体较匀薄，胎色灰黄，胎质粗糙。足内无釉，余皆施青灰釉，釉层稀薄、浑浊、干涩，釉面有细密开片。足径4.8、残高5厘米（图一七八，4）。

2. 青瓷杯

练泥碓 Y1∶2，杯。残，可复原。尖圆唇，侈口，上腹壁较直，下腹弧收，底内心凸起，圈足，足心凸起，足壁较薄，足内壁略外斜，足端外缘斜削。腹壁有螺旋状拉坯痕。胎体较薄，呈白色，质地细腻。足端及足内无釉，余皆施青绿釉，釉层玻质感较强、有稀疏开片。口径8、足径3.4、高3.8厘米（图一七九；彩版五二六）。

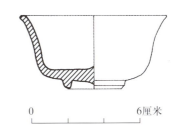

图一七九　练泥碓 Y1 采集标本（四）
青瓷杯练泥碓Y1∶2

彩版五二六　青瓷杯练泥碓 Y1∶2

3. 青瓷盘

练泥碓 Y1：10，盘。残，可复原。尖圆唇，侈口，斜曲腹壁，底内平，圈足，足端外缘斜削，足内壁略外撇，底外略鼓。底内饰一周凸弦纹，底内心阳印菱锦纹。胎色较白，胎质细腻。足内无釉，余皆施青色釉，釉层略乳浊，釉面滋润。口径 11.4、足径 6.2、高 2.7 厘米（图一八〇，1；彩版五二七）。

练泥碓 Y1：11，盘。残，可复原。圆唇，敞口，浅斜弧腹壁，圈足较矮，足端外缘斜削，足内壁略外撇，底外略鼓。底内饰一周凸弦纹。胎色灰白，胎质细密。底内、外及足内无釉，余皆施青釉，

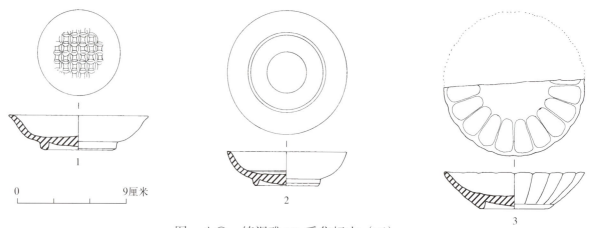

0   9厘米

图一八〇　练泥碓 Y1 采集标本（五）

1～3.青瓷盘练泥碓Y1：10～12

彩版五二七　青瓷盘练泥碓 Y1：10

彩版五二八　青瓷盘练泥碓 Y1：11

釉层乳浊、有细密气泡。口径 9.8、足径 5.5、高 2.7 厘米（图一八〇，2；彩版五二八）。

　　练泥碓 Y1：12，盘。残，可复原。菊瓣状口腹。圆唇，敞口，斜弧腹壁，隐圈足，足内壁略外撇，底外略鼓。腹内壁模印一周菊瓣纹，外壁相应位置装饰凹竖线纹，近足处饰一周凹弦纹。灰色胎，质地细密。足内无釉，余皆施青灰色釉，釉层较厚，釉面较乳浊、有细密开片。口径 11.4、足径 5.6、高 2.9 厘米（图一八〇，3；彩版五二九）。

　　练泥碓 Y1：13，盘。残，可复原。菊瓣状口腹。圆唇，敞口，斜弧腹壁，圈足，底外略鼓。腹内壁模印一周菊瓣纹，底内划一周凹弦纹，底内心阴印朵花纹，口外划一周凹弦纹。胎色浅灰白，胎质细密。足内无釉，余皆施青绿色釉，釉面有细密开片。口径 11、足径 6.6、高 2.8 厘米（图一八一，1；彩版五三〇）。

　　练泥碓 Y1：14，盘。残，可复原。口沿作花口形。圆唇，侈口，斜弧腹壁，圈足，足心微凸，足外壁略内斜、内壁略外撇，足端斜削。口内划三周波曲纹，底内划一周弦纹，底内心阴印朵花纹，花内图案不明。胎色浅灰黄，胎质细密。足端及足内无釉，余皆施青釉，釉色因生烧而泛白，釉层浑浊、干涩、有细密开片。口径 16.9、足径 6.8、高 3.8 厘米（图一八一，2；彩版五三一）。

彩版五二九　青瓷盘练泥碓 Y1：12　　　　　　彩版五三○　青瓷盘练泥碓 Y1：13

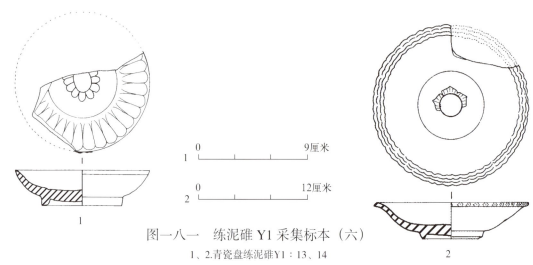

图一八一　练泥碓 Y1 采集标本（六）

1、2.青瓷盘练泥碓Y1：13、14

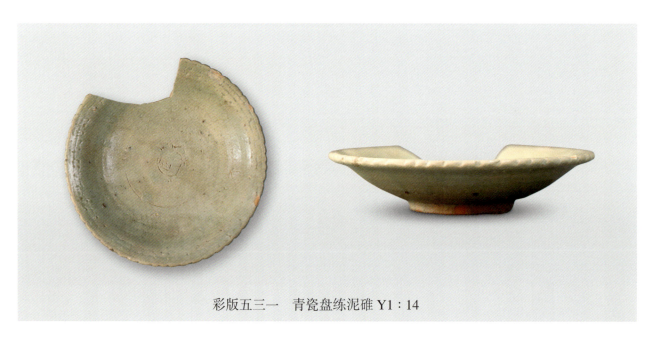

彩版五三一　青瓷盘练泥碓 Y1：14

4.青瓷瓶

练泥碓Y1：1，瓶。残，失口沿，不可复原。束颈，溜肩，圆鼓腹壁，圈足，修足较工整，足心微凹，足内壁略撇，足端外缘斜削。胎体较厚，呈浅灰黄，胎质较细密。足端及足内无釉，余皆施釉。器物生烧，釉色灰白失透。最大腹径11.2、足径7.2、残高15.2厘米（图一八二，1；彩版五三二）。

练泥碓Y1：9，瓶。腹底部残片，不可复原。下腹圆鼓，近底部弧收，内壁有拉坯痕，圈足，足心凸起，足内壁略外撇。腹外壁刻划缠枝花卉纹，近底部划两周凹弦纹、刻一周窄莲瓣纹，足外壁划一周凹弦纹。浅灰黄色胎，质地细密。足端及足内无釉，余皆施青黄釉，釉面开片细密。最大腹径14、足径6.2、残高11.7厘米（图一八二，2；彩版五三三）。

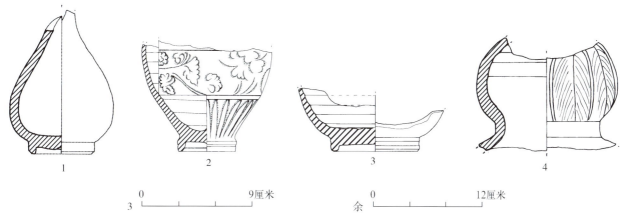

图一八二　练泥碓Y1采集标本（七）
1~4.青瓷瓶练泥碓Y1：1、9、32、34

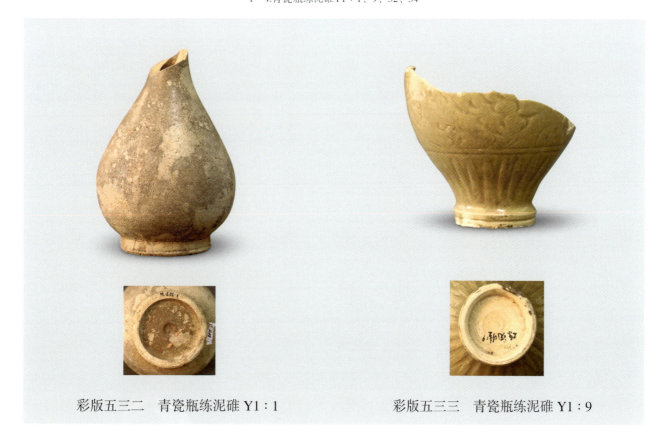

彩版五三二　青瓷瓶练泥碓Y1：1　　　　　彩版五三三　青瓷瓶练泥碓Y1：9

练泥碓 Y1：32，瓶。腹底部残片，不可复原。斜弧腹壁，下腹圆鼓，圈足，足心凸起，足内壁略外撇，足端旋削。内壁有拉坯痕，腹外壁近底处划两周凹弦纹，足外壁划一周凹弦纹。胎色浅灰白，胎质细密。足端无釉，余皆施青灰釉，釉面玻质感强、有细密开片。足径 7.2、残高 5 厘米（图一八二，3）。

练泥碓 Y1：34，葫芦瓶。腹部残片，不可复原。上腹部圆鼓，腹外壁饰一周竖划纹，中部束腰，下腹残失。胎色灰白，胎质细密。外壁施满釉，内壁局部施釉，釉色青黄，釉面有细密开片。腹径 7.7、残高 6 厘米（图一八二，4；彩版五三四）。

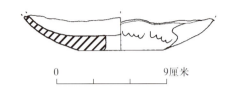

图一八三　练泥碓 Y1 采集标本（八）
青瓷花盆练泥碓Y1：36

5. 青瓷花盆

练泥碓 Y1：36，花盆。腹底部残片，不可复原。失上腹，下腹壁斜弧，隐圈足，底心穿圆孔。足外划一道凹弦纹。胎色浅灰，胎质细密、中有气孔。足内无釉，余皆施青黄釉，釉层浑浊、有细密开片。足径 5.2、残高 2.1 厘米（图一八三；彩版五三五）。

彩版五三四　青瓷瓶练泥碓 Y1：34　　　　　　彩版五三五　青瓷花盆练泥碓 Y1：36

6. 青瓷炉

练泥碓 Y1：3，炉。失耳，不可复原。圆唇，平折沿，短束颈斜直，鼓腹弧收至底，下接饼足，足端外缘斜削，饼足外贴附三蹄形足。口沿至肩部贴附对称双耳，残缺。腹外壁划一周凹弦纹。浅灰黄色胎，质地细密。底内露胎，内、外壁施釉，饼足面无釉，饼足心点釉，釉色青黄，釉面开片细碎。口径 11.2、腹径 12、高 9 厘米（图一八四，1；彩版五三六）。

练泥碓 Y1：4，炉。残，可复原。圆唇，平折沿，短束颈斜直，鼓腹弧收至底，下接饼足，足端斜削，饼足外贴附三蹄形足。口沿至肩部贴附对称片状竖耳，耳上部穿圆孔，耳面阳印菱形图案，图案边缘衬以花叶纹边饰。腹外壁划一周凹弦纹。浅灰黄色胎，质地细密。底内露胎，饼足面无釉，内、外壁施黄釉，釉面开片细碎。口径 11.6、腹径 11.4、高 10.5 厘米（图一八四，2；彩版五三七）。

练泥碓 Y1：5，炉。残，可复原。直口，方唇略外凸，腹壁斜直微内曲，下部斜折至底，底内心凸起，饼底微凹，底外缘斜削，饼底外缘贴附 3 个兽面足。口外、腹外壁各饰一周凸弦纹。浅灰

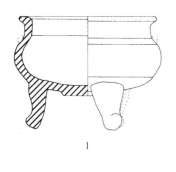
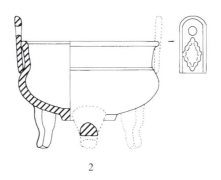
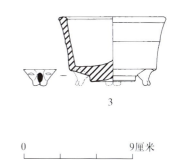

0　　　　　　　9厘米

图一八四　练泥碓 Y1 采集标本（九）
1～3.青瓷炉练泥碓Y1：3～5

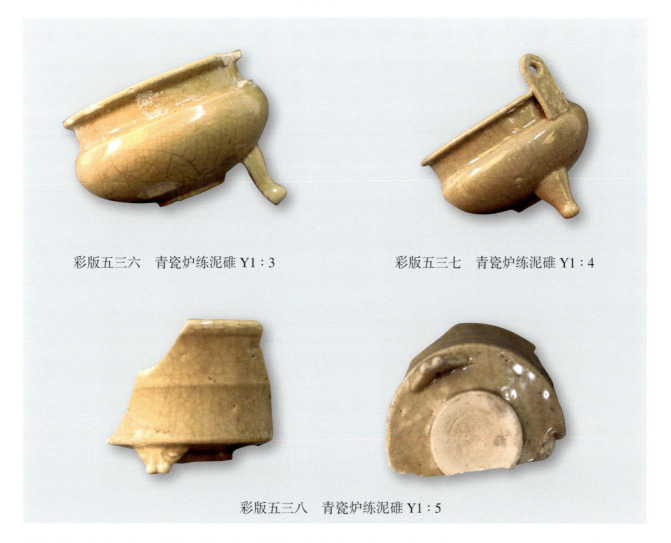

彩版五三六　青瓷炉练泥碓 Y1：3　　　　　彩版五三七　青瓷炉练泥碓 Y1：4

彩版五三八　青瓷炉练泥碓 Y1：5

黄色胎，胎质细密。底内、外无釉，余皆施青黄釉，釉面开片细密。口径 8.8、底径 3.7、高 5.5 厘米（图一八四，3；彩版五三八）。

练泥碓 Y1：6，炉。腹底部残片，不可复原。腹部残失，近底部折收，饼底，底面微凹，底外缘斜削，腹部折收处贴附 3 个蹄形足。腹外壁划一周凹弦纹。浅灰黄色胎，质地细密。底内、外无釉，余皆施青黄釉，釉面开片细密。腹径 7、底径 3.5、残高 2.2 厘米（图一八五，1）。

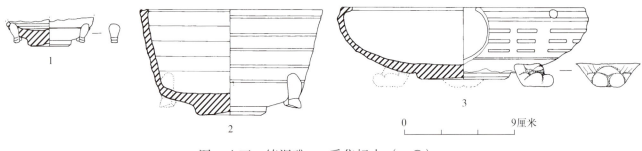

图一八五　练泥碓 Y1 采集标本（一〇）

1～3.青瓷炉练泥碓 Y1：6～8

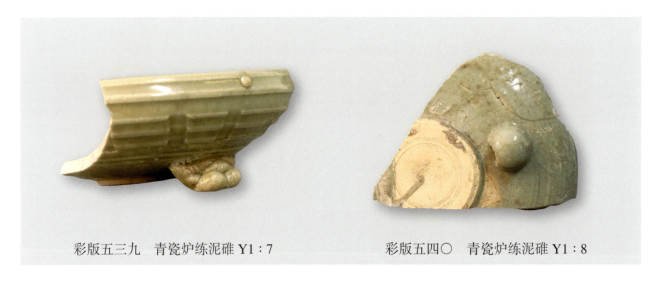

彩版五三九　青瓷炉练泥碓 Y1：7　　　　　　　彩版五四〇　青瓷炉练泥碓 Y1：8

练泥碓 Y1：7，炉。残，可复原。直口，方唇，略内凸，腹壁斜直，近底部折收，饼底，底面微凹，底端外缘斜削，外壁腹底交接处贴附三个蹄形足。腹外壁饰五周凸双弦纹，内壁有拉坯痕。胎色呈浅砖红色，胎质细密。底内、外无釉，余皆施青灰釉，釉层浑浊、有细密开片。口径 15、底径 5.8、高 8.4 厘米（图一八五，2；彩版五三九）。

练泥碓 Y1：8，炉。残，可复原。尖圆唇，内折窄平沿，腹部斜曲，饼底，底外缘斜削，底外面有若干同心圆旋痕，饼底外侧贴附三个兽面足。腹外壁饰乳丁纹、八卦纹及凸弦纹。灰白色胎，质地细密。底内、外无釉，余皆施青灰釉，釉面开片。口径 19.6、底径 7.4、高 6.3 厘米（图一八五，3；彩版五四〇）。

练泥碓 Y1：38，炉。残，腹底部残片，不可复原。失上腹，下腹斜曲至底，饼底，底外缘斜削，底面有若干同心圆旋痕、中心微内凹，饼底外侧贴附三个乳丁形足，足内空心、开口向内。腹外壁饰花卉纹、凸弦纹。胎体上部较薄，下部较厚重；胎色不匀，呈浅灰白、灰黄色；质地较细密。内壁施釉不及底，外壁施釉近底，饼底无釉，施青釉，釉层较厚，釉面莹润、有开片。底径 8.8、残高 5.2 厘米（图一八六，1；彩版五四一）。

练泥碓 Y1：39，炉。残，可复原。尖圆唇，内折窄平沿，腹部斜曲，饼底，底外缘斜削，底外面有若干同心圆旋痕、中心微内凹，饼足外侧贴附三个兽面足。灰黄色胎，质地略粗疏。底内、外无釉，余皆施青灰釉，釉色因生烧而泛白。口径 22、底径 7.2、高 6 厘米（图一八六，2；彩版五四二）。

练泥碓 Y1：40，炉。残，失足，不可复原。圆唇，内折窄平沿，上腹圆鼓，下腹斜曲至底，饼底，

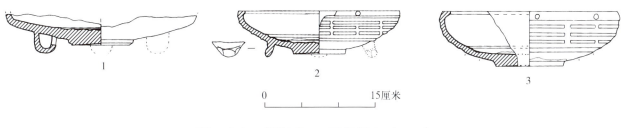

图一八六　练泥碓 Y1 采集标本（一一）

1~3.青瓷炉练泥碓Y1：38~40

彩版五四一　青瓷炉练泥碓 Y1：38　　　　　彩版五四二　青瓷炉练泥碓 Y1：39

彩版五四三　青瓷炉练泥碓 Y1：40

三足残缺。口外饰一周凸弦纹，其上部贴乳丁；腹部饰八卦纹及两周凸弦纹。胎体上部较薄，下部较厚重；胎色不匀，呈浅灰白、灰黄色；质地较细密。底内、外无釉，余皆施青绿釉。口径24、底径 9.2、残高 7.2 厘米（图一八六，3；彩版五四三）。

7. 青瓷灯

练泥碓 Y1：35，灯。柄部残片，不可复原。略呈束腰柱形。上承灯盘，边缘残失，灯盘中心留有上部构件残迹，灯柱下部残失。柄部饰四周凸弦纹。灰黄胎，胎质细密。施浅青灰色釉，釉层浑浊、干涩。灯柱侧面粘连器物残片。残高 7.8 厘米（图一八七，1；彩版五四四）。

8. 青瓷插钵

练泥碓 Y1：37，插钵。腹底部残片，不可复原。斜弧腹壁，饼底，底外缘斜削，底内心微凹。

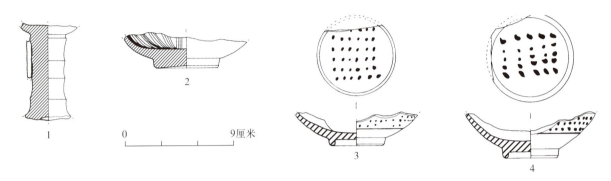

图一八七　练泥碓 Y1 采集标本（一二）

1.青瓷灯练泥碓 Y1：35　2.青瓷擂钵练泥碓 Y1：37　3、4.青花碗练泥碓 Y1：30、31

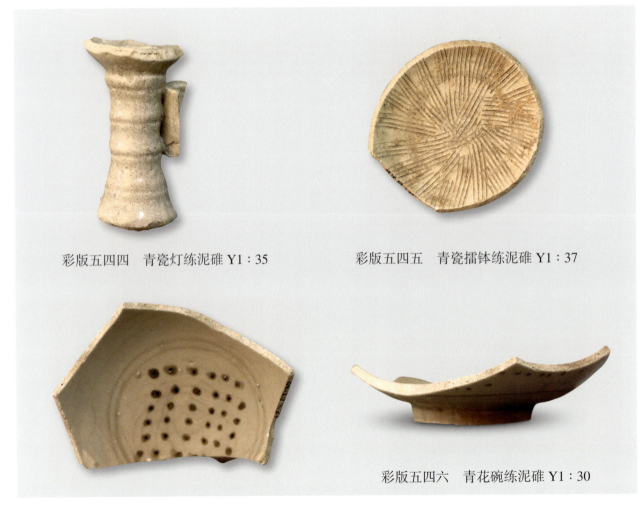

彩版五四四　青瓷灯练泥碓 Y1：35　　　　彩版五四五　青瓷擂钵练泥碓 Y1：37

彩版五四六　青花碗练泥碓 Y1：30

腹内自底心向外刻划放射状弧线。胎体匀薄，呈灰白色，胎质较细密。内壁及底面无釉，余皆施青黄釉，釉面开片细密。底径 5.4、残高 2.8 厘米（图一八七，2；彩版五四五）。

9. 青花碗

练泥碓 Y1：30，碗。腹底部残片，不可复原。失上腹，下腹壁斜弧，圈足，足壁较薄，足外壁内斜、内壁略外撇。底内绘两周弦纹，其内填绘散点纹；腹外壁绘弦纹、散点纹。胎体较薄，胎色灰白，胎质细密。足内无釉，余皆施青灰釉，釉面开片。足径 4.5、残高 2.6 厘米（图一八七，3；

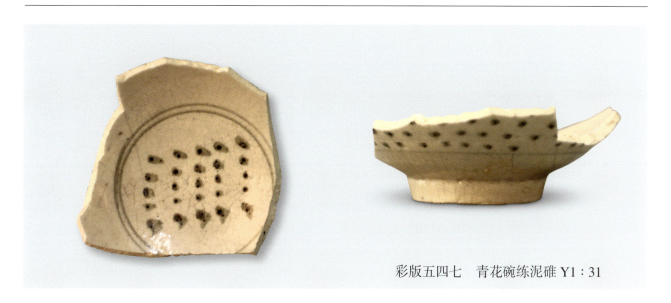

彩版五四七　青花碗练泥碓 Y1：31

彩版五四六）。

练泥碓 Y1：31，碗。残，不可复原。失上腹，下腹壁斜弧收，圈足，足外壁内斜、内壁略外撇。底内绘两周弦纹，其内填绘散点纹；腹外壁绘弦纹、散点纹。胎体较薄，胎色浅灰黄，胎质细密。足端及足内无釉，余皆施青白釉，釉面开片细密。足径 4.5、残高 3.6 厘米（图一八七，4；彩版五四七）。

（二）窑具

1. 垫柱

练泥碓 Y1：16，泥质陶垫柱。完好。手工捏制而成，制作粗糙，略呈上小下大的短柱形。托面较平整，中心挖圆形凹坑，腰部有指窝痕。托径 4.6、底径 8、高 8.4 厘米（图一八八，1；彩版五四八）。

练泥碓 Y1：17，泥质陶垫柱。完好。手工捏制而成，制作粗糙，略呈上小下大的短柱形。托面较平整，托面粘有釉料，底面微弧。托径 4.6、底径 7、高 7 厘米（图一八八，2；彩版五四九）。

练泥碓 Y1：18，泥质陶垫柱。完好。手工捏制而成，制作粗糙，略呈上小下大的短柱形。托面较平整，底面圆弧。托径 3.5～5、底径 6.8、高 10.5 厘米（图一八八，3）。

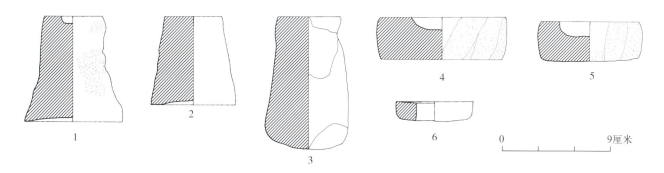

0　　　　　　　　9厘米

图一八八　练泥碓 Y1 采集标本（一三）

1～3.垫柱练泥碓Y1：16～18　4、5.垫饼练泥碓Y1：19、20　6.垫圈练泥碓Y1：21

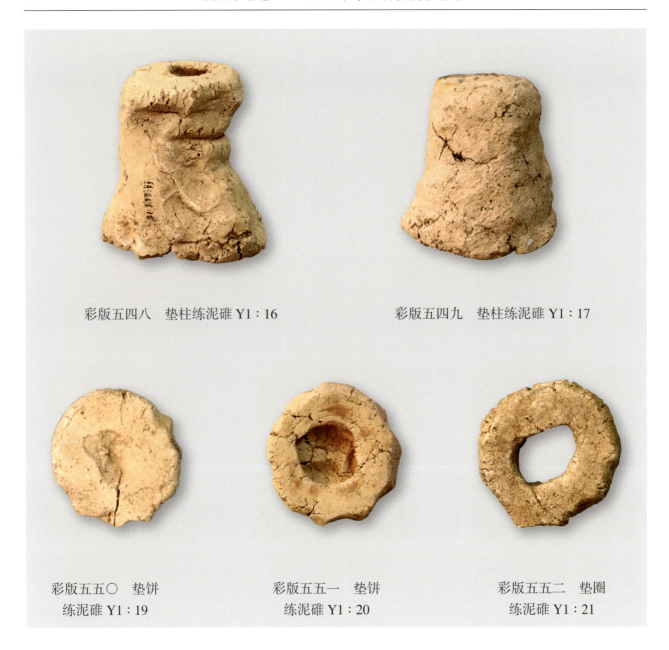

彩版五四八　垫柱练泥碓 Y1∶16　　　　　　彩版五四九　垫柱练泥碓 Y1∶17

彩版五五〇　垫饼　　　　彩版五五一　垫饼　　　　彩版五五二　垫圈
练泥碓 Y1∶19　　　　　　练泥碓 Y1∶20　　　　　　练泥碓 Y1∶21

2. 垫饼

练泥碓 Y1∶19，泥质陶垫饼。完好。整体略呈圆饼形，制作粗糙，边缘有指捺痕。两面均较为平整，托面中心内凹。浅灰黄胎，质地疏松。托径 10.7、底径 10.2、高 3.4 厘米（图一八八，4；彩版五五〇）。

练泥碓 Y1∶20，泥质陶垫饼。完好。整体略呈圆饼形，制作粗糙，边缘有指捺痕。托面较平整，中心内凹，底面微弧。浅灰黄色胎，质地粗疏。托径 8.1、底径 8、高 3.1 厘米（图一八八，5；彩版五五一）。

3. 垫圈

练泥碓 Y1∶21，泥质陶垫圈。完好。略呈圆环状，制作粗糙。灰褐色胎，质地粗疏。直径 6.4、孔径 3、高 1.5 厘米（图一八八，6；彩版五五二）。

三 小结

练泥碓窑址位于竹口镇岩后村练泥碓自然村，龙泉窑系，遗存散布面积约 1 万平方米，堆积厚度达 4 米。该窑兼烧青瓷器和青花瓷器，以烧制青瓷器为主。采集遗物器形有碗、盘、炉、盏、烛台、瓶、罐等。灰白胎，玻璃质青釉。纹饰有荷花、菊瓣、水波、云纹等。窑具有匣钵、泥质垫饼。部分产品与竹中 Y3 产品相同，故判定其盛烧于明代中晚期。窑址北侧溪边原有水碓，为制瓷淘洗作坊遗址，残留有圆木暴露地表。公路后山房屋边发现有瓷土山。据村民口述，练泥碓村相传为竹口瓷窑捣练瓷土之地。

第一七节 下济窑址（Y1）

一 调查概况

位于黄田镇下济村樟坪路 5 号民居南侧，西距下济河约 200 米。中心地理坐标为北纬 27°43′50″，东经 118°53′35″，海拔高度 290 米。现窑址地貌隆起呈台地状，南邻低地农田区。窑址上方种植林木、蔬菜（彩版五五三）。

残品堆积呈东西向条带状分布，长约 25、宽 15、厚 2 米。

未见窑体，其形制不明。

M 型匣钵，其一口径 25、高 8 厘米，其二口径 17.5、高 6 厘米。

圆形垫饼多见，径 11、厚 1 厘米。

彩版五五三　下济 Y1 近景（自东向西）

彩版五五四　下济 Y1 采集遗物

采集到弧形砖一块，外弧长 33、宽 8.5、厚 6 厘米。

产品均为白胎青花瓷器，胎体较薄且脆，器形有碗、盘等（彩版五五四）。

此窑产品以碗、盘为主。年代判定为清代。

二　采集标本

共 26 件。

（一）瓷器

1. 青瓷碗

下济窑 Y1：13，碗。残，可复原。侈口，圆唇，斜弧腹壁，圈足。胎体灰白，质地细密。足端无釉，余皆施青白釉，釉面莹润。足部粘有少量窑渣。口径 13、足径 4.8、高 5.2 厘米（图一八九，1）。

下济窑 Y1：21，碗。残，可复原。侈口，圆唇，斜弧腹壁，圈足，足端斜削。胎体灰白，质地细密。足端无釉，余皆施青白釉，釉面莹润。器内粘有一匣钵残片。口径 12.3、足径 4.6、高 5.5 厘米（图一八九，2；彩版五五五）。

2. 青花碗

下济窑 Y1：1，碗。残，可复原。侈口，圆唇，斜弧腹壁，圈足。口内及腹部饰弦纹，底内心绘三点纹，口外饰一周卷云纹。胎体浅灰色，质地细密。足端无釉，余皆施青白釉。足部粘有少量窑渣。口径 12.1、足径 4.8、高 5.7 厘米（图一九〇，1）。

下济窑 Y1：2，碗。残，可复原。侈口，圆唇，斜弧腹壁，圈足。腹内壁饰弦纹，底内书写"德福白（百）斗"四字。腹外壁饰花卉纹及弦纹。胎体浅灰，质地细密。足端无釉，余皆施青白釉。足部粘有窑渣。口径 16.3、足径 6.4、高 6.7 厘米（图一九〇，2；彩版五五六）。

图一八九　下济窑 Y1 采集标本（一）
1～2.青瓷碗下济窑Y1：13、21

彩版五五五　青瓷碗下济窑 Y1：21　　　　彩版五五六　青花碗下济窑 Y1：2

下济窑 Y1：4，碗。残，可复原。侈口，圆唇，斜弧腹壁，底内心隆起，圈足。底内饰一周弦纹，底内心饰三点纹，腹外壁饰花卉纹。胎体灰白，质地细密。足端无釉，余皆施青白釉，釉面莹润。口径 14、足径 5.2、高 6.2 厘米（图一九〇，3）。

下济窑 Y1：5，碗。腹底部残片，不可复原。斜弧腹壁，底内心凸起，圈足。底内心绘三点纹。胎体灰白，质地细密。足端无釉，余皆施青白釉，釉色莹润。足部粘有少量的窑渣。足径 6.4、残高2.5 厘米（图一九一，1）。

下济窑 Y1：6，碗。腹底部残片，不可复原。斜弧腹壁，圈足，足端斜削。底内心草书"福"字。胎体浅灰，质地细密。足端无釉，余皆施青白釉，釉色莹润。底内及足部粘有少量窑渣。足径 5.4、残高 2.5 厘米（图一九一，2；彩版五五七）。

下济窑 Y1：7，碗。腹底部残片，不可复原。斜弧腹壁，圈足。腹内壁近底部饰一周双线纹，

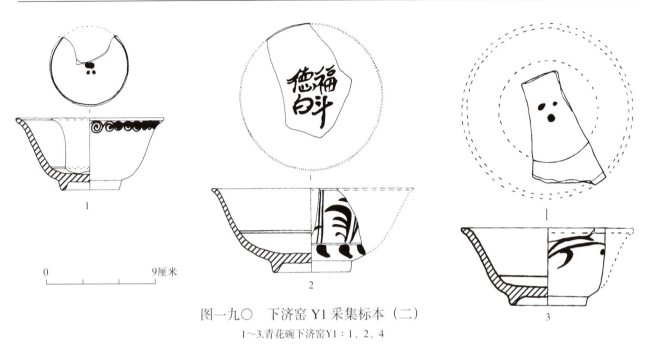

图一九〇　下济窑 Y1 采集标本（二）

1~3.青花碗下济窑Y1：1、2、4

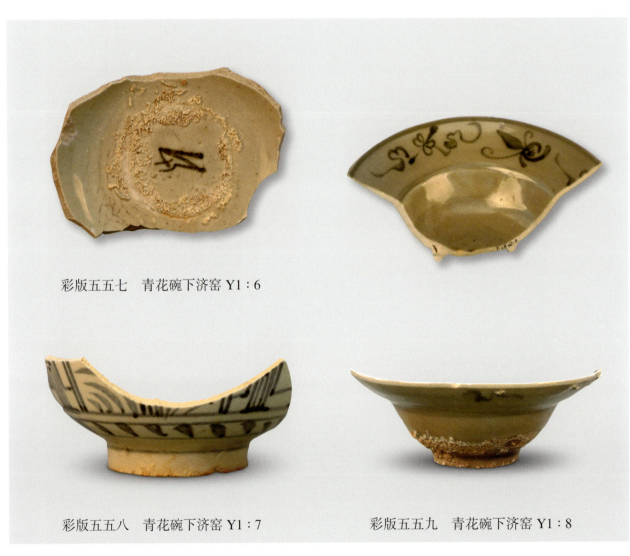

彩版五五七　青花碗下济窑 Y1：6

彩版五五八　青花碗下济窑 Y1：7　　　　彩版五五九　青花碗下济窑 Y1：8

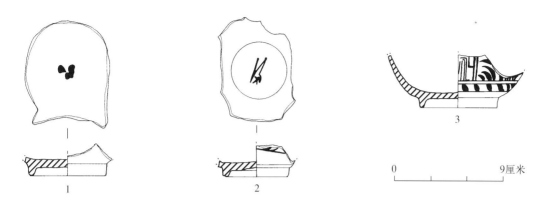

图一九一　下济窑 Y1 采集标本（三）

1～3.青花碗下济窑Y1：5～7

腹外壁饰花卉纹、弦纹。胎体灰白，质地细密。足端无釉，余皆施青白釉，釉色莹润。足部粘有少量窑渣。足径 6.4、残高 4.2 厘米（图一九一，3；彩版五五八）。

　　下济窑 Y1：8，碗。残，可复原。敞口，圆唇，上腹壁斜直，下腹壁折弧收，圈足。腹内外饰花卉纹、弦纹。胎体灰白，质地细密，中有气孔。足端无釉，余皆施青灰釉，釉面莹润。足部粘有少量窑渣。口径 14.8、足径 5.4、高 5.8 厘米（图一九二，1；彩版五五九）。

　　下济窑 Y1：9，碗。残，可复原。敞口，圆唇，上腹壁斜直，下腹折弧收，圈足。腹内壁近口沿处绘重圈纹。胎体灰白色，质地细密。釉色青中泛白，釉面莹润。足底粘有少量窑渣。口径 14.2、足径 4.8、高 6.2 厘米（图一九二，2；彩版五六〇）。

　　下济窑 Y1：10，碗。残，可复原。敞口，圆唇，上腹壁斜直，下腹壁折弧收，圈足。上腹壁内、外饰花卉纹、弦纹，底内心饰三点纹。胎体红褐，质地细密。足端无釉，余皆施青白釉，釉层干涩、

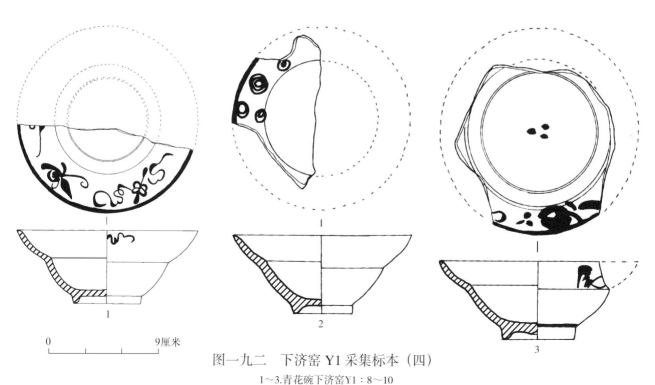

图一九二　下济窑 Y1 采集标本（四）

1～3.青花碗下济窑Y1：8～10

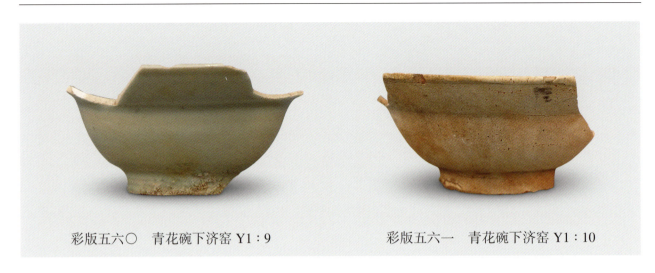

彩版五六〇　青花碗下济窑 Y1∶9　　　　　　　　　　彩版五六一　青花碗下济窑 Y1∶10

浑浊。属生烧器。口径 16.2、足径 6、高 6.2 厘米（图一九二，3；彩版五六一）。

　　下济窑 Y1∶11，碗。残，可复原。敞口，圆唇，上腹壁斜直，下腹壁折弧收，圈足。腹内壁近口沿处绘花卉纹，下腹部绘双弦纹，底内心饰三点纹；腹外壁近口处绘花卉纹、弦纹。胎体灰白，质地细密。足端无釉，余皆施青白釉，釉面莹润。腹外壁及圈足底部粘有少量窑渣。口径 15.2、足径 5.2、高 6 厘米（图一九三，1；彩版五六二）。

　　下济窑 Y1∶12，碗。残，可复原。敞口，圆唇，上腹壁斜直，下腹壁折弧收，圈足。口内外绘花卉纹、弦纹。胎体灰白，质地细密。足端无釉，余皆施青白釉，釉层干涩、浑浊。足底粘有少量窑渣。口径 14.8、足径 5.6、高 6.3 厘米（图一九三，2；彩版五六三）。

　　下济窑 Y1∶24，碗，1 组 2 件（粘连体），分 A 件和 B 件（图一九三，3；彩版五六四）。

　　下济窑 Y1∶24A，上部一件，残，可复原。侈口，圆唇，斜弧腹壁，圈足。底内心饰三点纹，

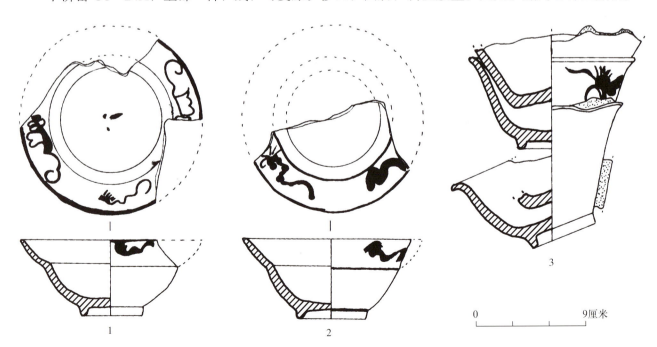

图一九三　下济窑 Y1 采集标本（五）

1～3.青花碗下济窑Y1∶11、12、24

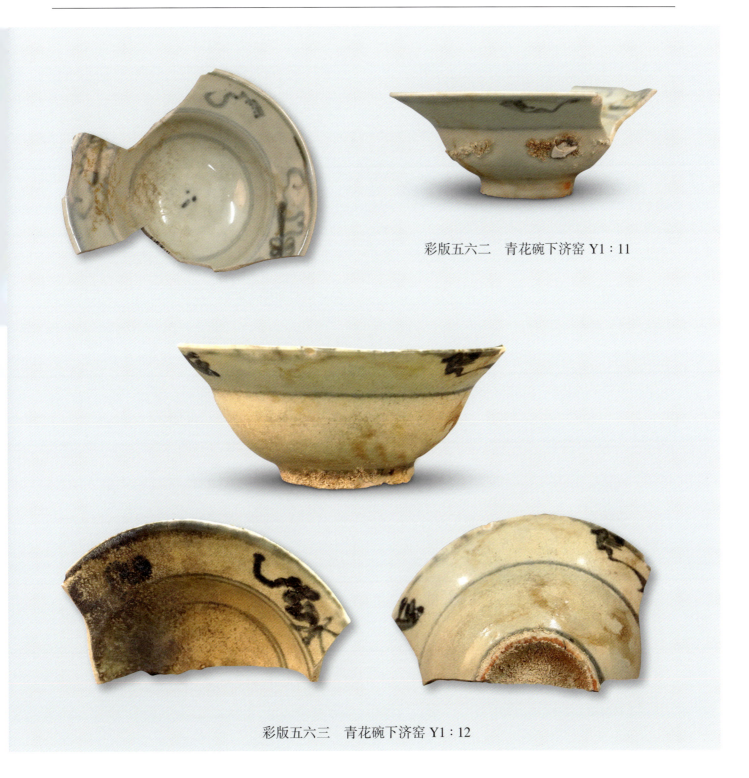

彩版五六二　青花碗下济窑 Y1 : 11

彩版五六三　青花碗下济窑 Y1 : 12

腹外壁饰花草纹。胎体灰白色，质地细密。足端无釉，余皆施青白釉，釉面莹润。足部粘有少量窑渣。器内粘有一匣钵残片。口径 13.8、足径 5.6、高 7.2 厘米。

　　下济窑 Y1 : 24B，下部一件，残（已变形），可复原。侈口，圆唇，斜弧腹壁，圈足。底内心饰三点纹，腹外壁饰花草纹。胎体灰白，质地细密。足端无釉，余皆施青白釉，釉面莹润。足部粘有少量窑渣。腹内外粘有匣钵残片。口径约 14.5、底径 5.6、高 7.1 ～ 9.1 厘米。

彩版五六四　青花碗下济窑 Y1：24

3. 青花盘

下济窑 Y1：14，盘。残，可复原。敞口，圆唇，浅斜腹壁，底内心凸起，矮圈足，足端斜削。口内饰三周弦纹、其间填"×"纹；底内饰一周双弦纹，内填鱼草纹。胎体灰白，质地细密。足端无釉，余皆施青白釉，釉面莹润。口径 15、足径 8.2、高 2.3 厘米（图一九四，1；彩版五六五）。

下济窑 Y1：15，盘。腹底部残片，不可复原。浅斜弧腹壁，圈足，足端斜削。底内绘花卉纹。胎体灰白，质地细密。足端无釉，余皆施青白釉，釉面莹润。足径 9.4、残高 2.7 厘米（图一九四，2；彩版五六六）。

下济窑 Y1：16，盘。腹底部残片，不可复原。浅斜弧腹壁，圈足。底内绘花果纹。胎体灰白，质地细密。足端无釉，余皆施青白釉，釉面莹润。足径 8、残高 1.8 厘米（图一九四，3；彩版五六七）。

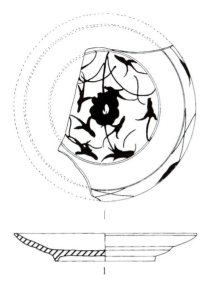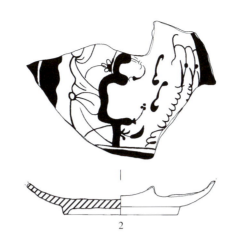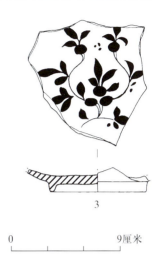

图一九四　下济窑 Y1 采集标本（六）

1～3.青花盘下济窑Y1：14～16

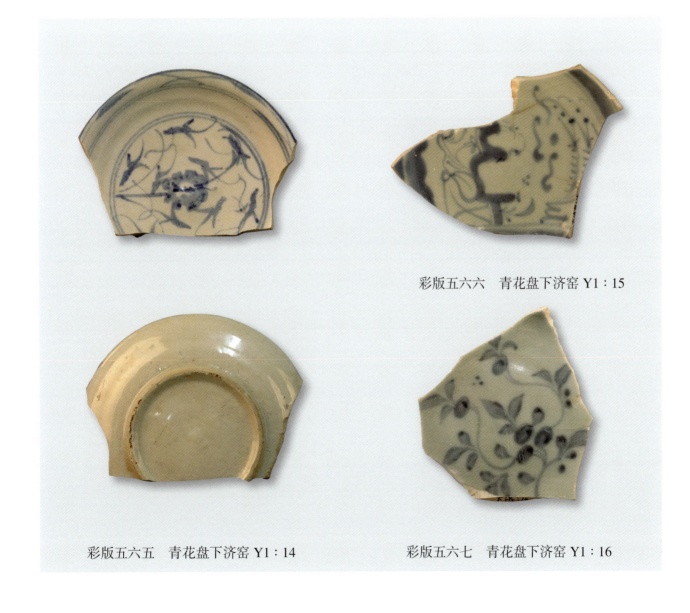

彩版五六六　青花盘下济窑 Y1：15

彩版五六五　青花盘下济窑 Y1：14

彩版五六七　青花盘下济窑 Y1：16

　　下济窑 Y1：17，盘。腹底部残片，无可复原。浅斜弧腹壁，圈足。底内绘花卉纹。胎体灰白，质地细密。足端无釉，余皆施青白釉，釉面莹润。足径 7.4、残高 1.9 厘米（图一九五，1；彩版五六八）。

　　下济窑 Y1：18，盘。残，不可复原。浅腹斜弧壁，矮圈足，足端斜削。底内饰简洁花卉纹，底内心饰螺旋纹。胎体灰白，质地细密。足端无釉，余皆施青白釉，釉面莹润。足径 9.8、残高 1.5 厘米（图一九五，2；彩版五六九）。

　　下济窑 Y1：19，盘。腹底部残片，不可复原。浅斜弧腹壁，矮圈足。底内饰简洁花卉纹，底内心饰螺旋纹。胎体灰白，质地细密。足端无釉，余皆施青白釉，釉面莹润。足径 9.6、残高 1.2 厘米（图一九五，3；彩版五七○）。

　　下济窑 Y1：20，盘。腹底部残片，不可复原。浅斜弧腹壁，矮圈足。底内绘山石、人物纹。胎体灰白，质地细密。足端无釉，余皆施青白釉，釉面莹润。底内部粘有一匣钵残片。足径 9.8、残高 2 厘米（图一九六，1；彩版五七一）。

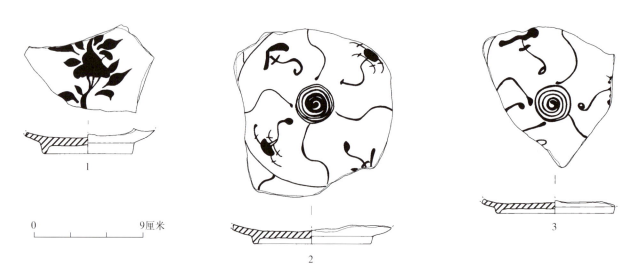

图一九五　下济窑 Y1 采集标本（七）

1～3.青花盘下济窑Y1：17～19

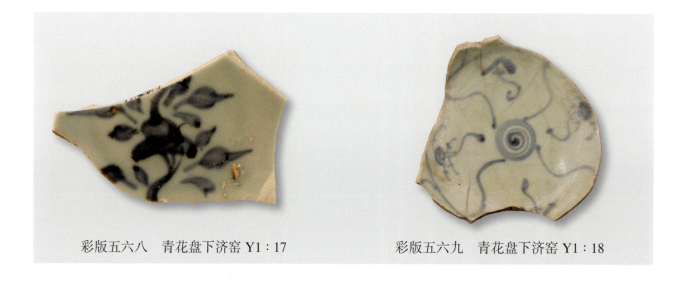

彩版五六八　青花盘下济窑 Y1：17　　　　　彩版五六九　青花盘下济窑 Y1：18

彩版五七〇　青花盘下济窑 Y1：19　　　　　　彩版五七一　青花盘下济窑 Y1：20

下济窑 Y1：25，盘，1 组 2 件（粘连体），分 A 件和 B 件（图一九六，2；彩版五七二）。

下济窑 Y1：25A，上部一件，残（已变形），可复原。敞口，圆唇，浅斜弧腹壁，矮圈足。腹内壁绘花卉纹。胎体灰白，质地细密。足端无釉，余皆施青白釉，釉面莹润。器内粘有一匣钵残片。外底部粘一垫饼，垫饼下粘一匣钵残体。盘口径约 20.4、足径 4.2、高 1.6 厘米。垫饼托径 12.8、高 0.9厘米。

下济窑 Y1：25B，下部一件，残（已变形），可复原。敞口，圆唇，浅斜弧腹壁，圈足。腹内壁绘花卉纹。胎体灰白，质地细密。足端无釉，余皆施青白釉，釉面莹润。底外部粘有一垫饼。盘口径约 20.2、足径 5.1、高 4.5 厘米。垫饼托径 10.7、底径 9.6、高 0.8 厘米。

下济窑 Y1：26，盘。残，可复原。敞口，圆唇，斜弧腹壁，矮圈足。腹内外饰花卉纹。胎体灰白，质地细密。足端无釉，余皆施青白釉，釉面莹润。器内粘有匣钵残片。盘口径约 20.6、底径 9.7、高 5 厘米。匣钵底径 12.2、残高 5.6 厘米（图一九六，3；彩版五七三）。

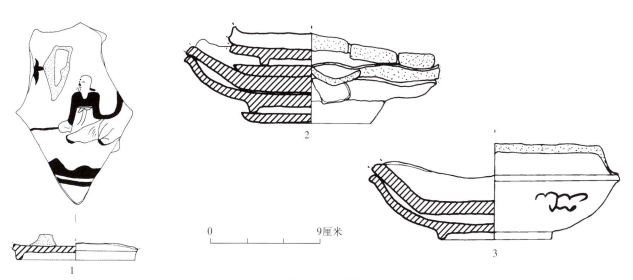

图一九六　下济窑 Y1 采集标本（八）
1~3.青花盘下济窑 Y1：20、25、26

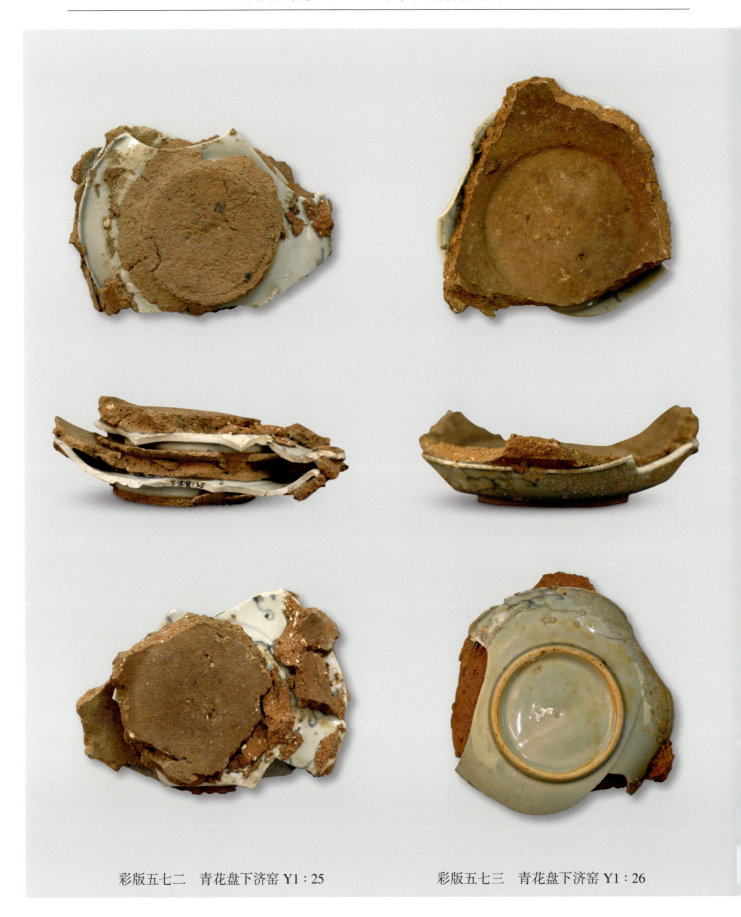

彩版五七二　青花盘下济窑 Y1：25　　　　　　　彩版五七三　青花盘下济窑 Y1：26

（二）窑具

1. 垫饼

下济窑 Y1：22，泥质陶垫饼。圆饼形。托面平整，底面微弧。红褐色胎，质地粗糙。托径 11.5、高 1.5 厘米（图一九七，1；彩版五七四）。

下济窑 Y1：23，泥质陶垫饼。圆饼形。托面及底面平整。红褐色胎，质地粗糙。托径 11.2、底径 8.8、高 2 厘米（图一九七，2；彩版五七五）。

2. 试火器

下济窑 Y1：3，试火器。由青花瓷碗口沿改制而成。侈口，尖圆唇，斜弧腹壁。口内绘弦纹，口外绘一周卷云纹。上腹部近口处钻有一圆孔，孔径为 1.3～1.5 厘米。胎体红褐，质地细密。足端无釉，余皆施青白釉。内、外壁粘有少量窑渣。口径 13、残高 4 厘米（图一九七，3；彩版五七六）。

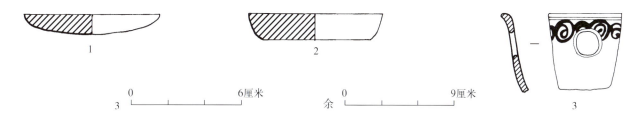

图一九七 下济窑 Y1 采集标本（九）

1、2.垫饼下济窑Y1：22、23　2.试火器下济窑Y1：3

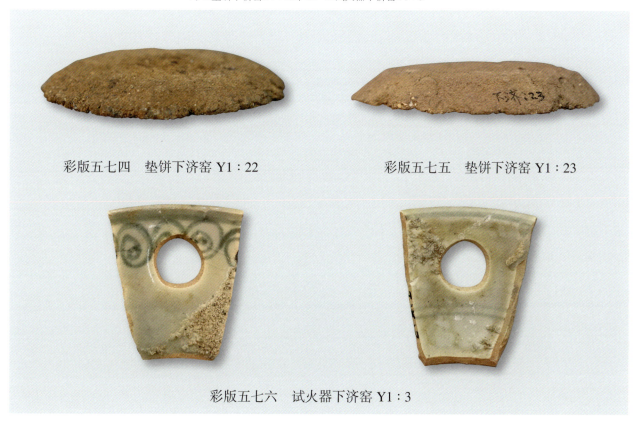

彩版五七四　垫饼下济窑 Y1：22　　　　彩版五七五　垫饼下济窑 Y1：23

彩版五七六　试火器下济窑 Y1：3

三　小结

　　下济窑址发现于 20 世纪 80 年代，位于黄田镇下济村南侧山坡碗厂坪，烧造于清代。四周为山地，窑址所处西山脚下济溪自北向南贯流，汇入竹口溪。村中有机耕路与中济、竹口贯通。由于窑址分布区域为下济村生活区，窑址被建房、农业生产破坏严重，局部保存。残次品堆积分布面积约 7500 平方米。器形有碗、盘、罐等。产品白胎，质地细腻致密。釉色略泛青，釉面光滑泛光。釉下青花纹饰柔和，绘人物故事、花果、水波、弦纹等，并有吉祥语、图记款等。窑具有匣钵、泥质垫饼。

　　鉴于该窑址产品特色鲜明，2011 年 11 月，浙江省文物考古研究所、庆元县文物管理委员会办公室联合对下济窑址进行了考古调查。调查结果表明，下济窑址是一处以烧制青花瓷碗、盘为主的清代民窑，其鲜明的产品特色完全不同于本地早前的龙泉窑系产品，是继龙泉窑衰落后本地窑业谋求发展的一个典型案例。详见本书附录（附录三　庆元县下济清代窑址调查简报）。

第一八节　上垟 1 号窑址

一　调查概况

　　位于竹口镇上垟村大窑奔 12、13 号民居之间，大窑奔山南麓，南距龙泉溪约 150 米。中心地理坐标为北纬 27° 48′ 09″，东经 119° 00′ 06″，海拔高度 374 米。民居修建对窑址造成严重破坏。现窑址上方种植蔬菜、林木。1997 年被公布为省级文物保护单位。

　　窑床残段可见，内宽 1.8 米，长度不明，方向 185°。窑壁以砖坯叠砌，砖坯宽 14、厚 4.5 厘米，长度不明（彩版五七七～五七九）。

彩版五七七　上垟 Y1 远景

彩版五七八　上垟 Y1（自南向北）

彩版五七九　上垟 Y1 窑壁（自南向北）

　　残品堆积略呈东西向带状分布于坡地上，长约 20、宽约 15、厚 1 米。堆积经严重盗扰，所剩瓷片稀少。

　　M 型匣钵常见规格有 3 种：其一口径 26、高 9 厘米，其二口径 24.5、高 7 厘米，其三口径 21、高 7 厘米。

　　圆形瓷垫饼做工精细，小型泥质陶垫饼制作较随意。

　　产品多为灰白胎青釉瓷器，器形有碗、盘、瓶、洗等。

　　此窑产品以碗、盘为主。年代判定为宋代。

二　采集标本

共 33 件。

（一）瓷器

1. 青瓷碗

上垟 Y1 : 10，碗。残，可复原。葵口，上腹近直，下腹部弧折内收，底大于圈足，圈足较矮，足壁较直。腹内壁刻划"S"纹，把内壁等分为五界格。灰白色胎，质地细密。足端及足内无釉，余皆施青绿釉，釉面莹润、有细密开片。口径 13.6、足径 6、高 6 厘米（图一九八，1；彩版五八〇）。

上垟 Y1 : 11，碗。残，可复原。敞口，斜弧腹，矮圈足，足壁较直，足端斜削。底内刻划有纹饰，模糊不清，腹内壁刻划简洁卷草纹。灰白色胎，质地细密、多气孔。足端及足内无釉，余皆施青灰釉，釉面有细密开片。口径 16.4、足径 6.2、高 6.2 厘米（图一九八，2；彩版五八一）。

上垟 Y1 : 12，碗。残，可复原。敞口，斜弧腹，矮圈足，足外壁较直、内壁微外撇，足端斜削。底内心戳印楷书体"金玉满堂"四字，较模糊。灰白色胎，质地细密。足端及足内无釉，余皆施青绿釉，釉面玻质感强、有细密开片。口径 16.4、足径 6.2、高 6.2 厘米（图一九八，3；彩版五八二）。

上垟 Y1 : 13，碗。残，可复原。敞口，斜弧腹，矮圈足，足外壁较直、内壁微外撇，足端斜削，内、外底心凸起。腹外壁刻有双重莲瓣纹，中脊凸出。灰色胎，质地细密、多气孔。足内无釉，余皆施青灰釉，釉面玻质感较强，有细密开片。口径 16.4、足径 5.2、高 6.7 厘米（图一九九，1；彩版五八三）。

上垟 Y1 : 14，碗。残，可复原。敞口，斜弧腹，矮圈足，足壁较直，足端斜削。腹外壁刻双重莲瓣纹，中脊凸出。灰白色胎，质地细密、中有气孔。外底无釉，余皆施粉青釉，釉层有细密气孔。

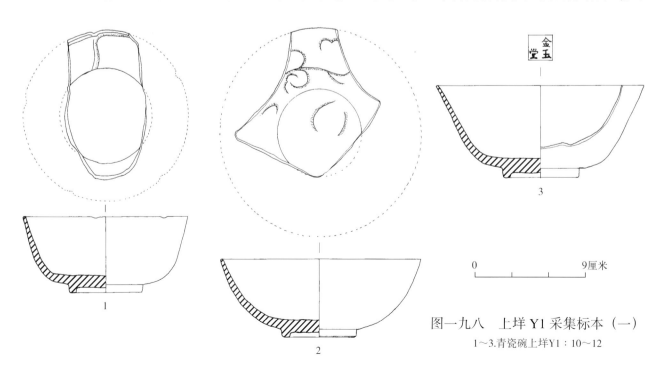

图一九八　上垟 Y1 采集标本（一）

1～3. 青瓷碗上垟 Y1 : 10～12

彩版五八〇　青瓷碗上垟 Y1：10　　　　　　彩版五八一　青瓷碗上垟 Y1：11

彩版五八二　青瓷碗上垟 Y1：12

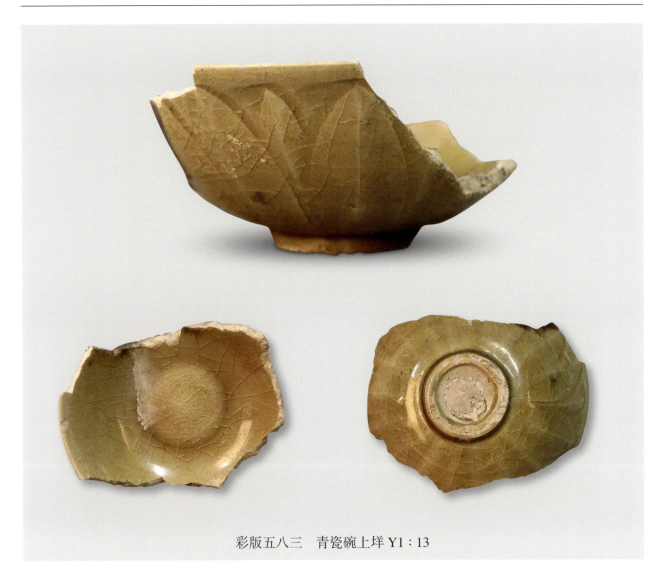

彩版五八三　青瓷碗上垟 Y1：13

口径 17、足径 6、高 7.5 厘米（图一九九，2；彩版五八四）。

　　上垟 Y1：15，碗。残，可复原。直口，斜弧腹，圈足，足心凸起，足外壁较直、内壁微外撇，足端斜削。口内、底内各刻饰一周旋纹。灰白色胎，质地细密。足端及足内无釉，余皆施淡青釉，釉层厚薄不均。口径 13.2、足径 6、高 6 厘米（图一九九，3；彩版五八五）。

　　上垟 Y1：16，碗。残，可复原。敞口，斜直腹壁，圈足浅挖，足外壁较直、内墙微外撇。底内刻饰一周弦纹。腹足交界处经旋削。灰白色胎，质地细密。足内无釉，余皆施淡青釉。腹外壁粘有一块瓷片。口径 11.2、足径 3.9、高 4.5 厘米（图二〇〇，1；彩版五八六）。

　　上垟 Y1：17，碗。残，可复原。敞口，浅弧腹，圈足，足心凸起，足外壁较直、内壁微外撇，足端斜削。灰白色胎，质地细密。足端及足内无釉，余皆施青绿釉，釉面莹润。口径 15.2、足径 5.6、高 4.2 厘米（图二〇〇，2）。

　　上垟 Y1：18，碗。残，可复原。葵口，斜弧腹，圈足，足心凸起，足外壁较直、内壁微外撇，足端斜削。灰白色胎，质地细密。足内无釉，余皆施青黄釉，釉面莹润，釉层多细密气孔。口径 15.2、足径 6、高 4.9 厘米（图二〇〇，3；彩版五八七）。

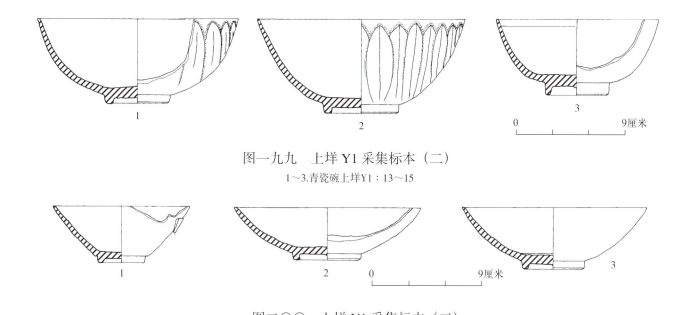

图一九九　上垟 Y1 采集标本（二）

1～3.青瓷碗上垟Y1：13～15

图二〇〇　上垟 Y1 采集标本（三）

1～3.青瓷碗上垟Y1：16～18

彩版五八五　青瓷碗上垟 Y1：15

彩版五八四　青瓷碗上垟 Y1：14

彩版五八六　青瓷碗上垟 Y1：16

彩版五八七　青瓷碗上垟 Y1：18

　　上垟 Y1：19，碗。腹底部残片，不可复原。斜弧腹，圈足，足外壁较直、内壁微外撇，足端斜削。腹内壁及底内划简洁卷草纹；腹外壁刻莲瓣纹，瓣面饰篦划纹。胎体较厚，呈灰色，质地细密有气孔。足端及足内无釉，余皆施青绿釉，釉面莹润，釉层有细密气孔。足径 7、残高 3.6 厘米（图二〇一，1；彩版五八八）。

　　上垟 Y1：20，碗。腹底部残片，不可复原。斜弧腹，圈足，足心凸起，足外壁较直、内壁微外撇，足端斜削。腹内壁及底内划简洁卷草纹；腹外壁饰莲瓣纹，中脊凸出，瓣面饰篦划纹。胎体较厚，呈灰色，质地细密。足端及足内无釉，余皆施青绿釉，釉面莹润。足径 7、残高 4.1 厘米（图二〇一，2；彩版五八九）。

　　上垟 Y1：21，碗。残，可复原。敞口，斜弧腹，圈足。灰色胎，质地细密、中有细密气孔。足端及足内无釉，余皆施青灰釉，釉面莹润、有细密开片。口径 8.4、足径 3.2、高 4.3 厘米（图二〇一，3）。

　　上垟 Y1：23，碗。残，可复原。葵口出筋，浅弧腹，圈足。灰白色胎，质地细密。足端及足心无釉，余皆施青灰釉，釉层多细密气孔，釉面莹润。口径 14、足径 4.2、高 4.5 厘米（图二〇一，4；

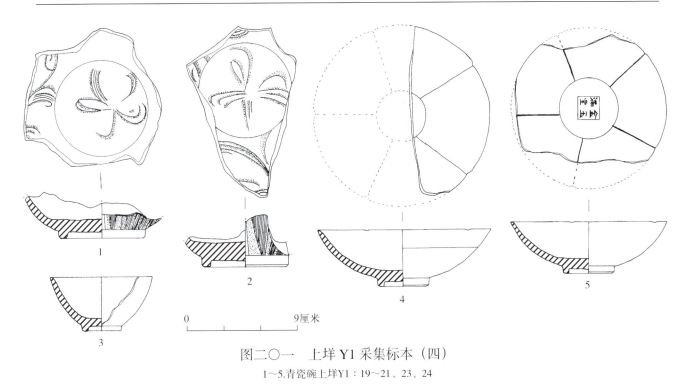

图二〇一　上垟 Y1 采集标本（四）

1～5.青瓷碗上垟Y1：19～21、23、24

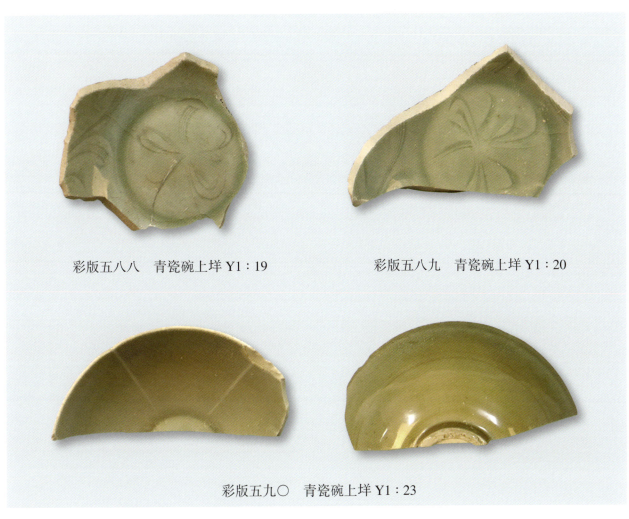

彩版五八八　青瓷碗上垟 Y1：19　　　　　　彩版五八九　青瓷碗上垟 Y1：20

彩版五九〇　青瓷碗上垟 Y1：23

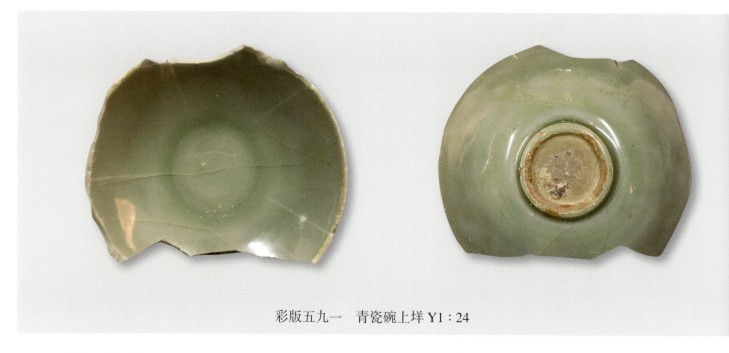

彩版五九一　青瓷碗上垟 Y1：24

彩版五九〇）。

上垟 Y1：24，碗。残，可复原。葵口出筋，浅弧腹，圈足，足心凸起，足端斜削。底内心戳印楷书体"金玉满堂"四字，较模糊。灰色胎，质地细密。足端及足内无釉，余皆施青绿釉，釉面莹润。口径 12.8、足径 4.2、高 4.1 厘米（图二〇一，5；彩版五九一）。

2. 青瓷盘

上垟 Y1：22，盘。残，可复原。敞口，浅弧腹，圈足，足心凸起。腹外壁刻双重莲瓣纹，中脊凸出。灰色胎，质地细密、中有气孔。足端及足内无釉，余皆施青灰釉，釉面莹润。口径 16.6、足径 6.6、高 3.4 厘米（图二〇二，1；彩版五九二）。

上垟 Y1：28，盘。残，可复原。侈口，圆唇，上腹斜内弧，下腹近底部弧收，圈足，足心凸起，底部大于圈足。灰色胎，质地细密、中有气孔。底外边缘刮釉一圈，余皆施青灰釉，釉面莹润。口径 12、足径 6、高 3.9 厘米（图二〇二，2）。

上垟 Y1：30，盘。残，可复原。敞口，圆唇，浅斜腹，圈足，足心凸起，足端斜削。腹外壁刻双重莲瓣纹，中脊凸出。灰白色胎，质地细密、中有气孔。足端及足内无釉，余皆施粉青釉，釉面莹润。口径 16.2、足径 6.2、高 4.1 厘米（图二〇二，3；彩版五九三）。

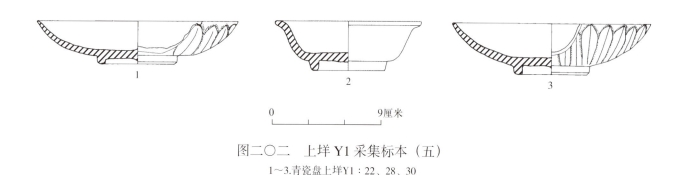

0　　　　　9厘米

图二〇二　上垟 Y1 采集标本（五）

1～3.青瓷盘上垟Y1：22、28、30

彩版五九二　青瓷盘上垟 Y1：22

彩版五九三　青瓷盘上垟 Y1：30

3. 青瓷壶

上垟 Y1：32，壶残片。残，不可复原。内壁有明显拉坯痕迹。外壁划蕉叶纹，间以双凸线纹。灰白色胎，质地细密。外壁施釉，内壁局部施釉，釉色淡青釉，釉面莹润。残宽 9.2、残高 4.3 厘米（图二〇三，1；彩版五九四）。

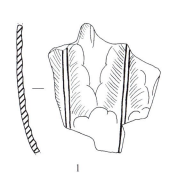

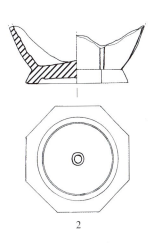

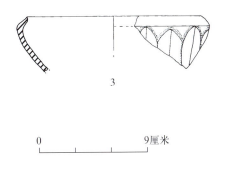

0 _____ 9厘米

图二〇三　上垟 Y1 采集标本（六）

1、2.青瓷壶上垟Y1：32、33　3.青瓷钵上垟Y1：31

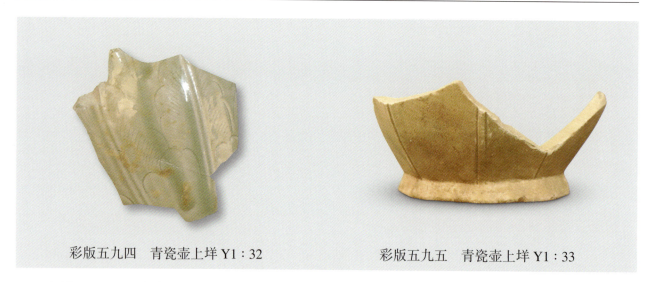

彩版五九四　青瓷壶上垟 Y1：32　　　　彩版五九五　青瓷壶上垟 Y1：33

上垟 Y1：33，壶残片。残，不可复原。八方形腹足，腹部以竖向双刻线均分为八个界面。灰褐色胎，质地细密、中有气孔。通体施淡青釉，釉面有细密开片，局部有脱釉现象。底径 8.4、底边长 3.6、残高 4.5 厘米（图二〇三，2；彩版五九五）。

4. 青瓷钵

上垟 Y1：31，钵。口腹部残片，不可复原。敛口，尖唇，溜肩，折腹，最大腹径在上部。腹外壁刻双重莲瓣纹，中脊凸出。灰白色胎，质地细密。内、外壁施粉青釉，釉面莹润。口径 14.4、残高 4.3 厘米（图二〇三，3；彩版五九六）。

5. 青瓷洗

上垟 Y1：25，洗。残，可复原。窄折沿，敞口，尖唇，上腹斜直，近底部折收，圈足，底部大于圈足。灰白色胎，质地细密。足端刮釉，余皆施粉青釉，釉面莹润。口径 13.9、足径 6.5、高 4.6 厘米（图二〇四，1；彩版五九七）。

上垟 Y1：26，洗。残，可复原。窄折沿，敞口，尖圆唇，上腹斜直，下腹折收，圈足，底部大于圈足。灰色胎，质地细密。足端刮釉，余皆施青灰釉，釉面莹润、有稀疏开片。口径 13.2、足径 6.6、高 4.1

彩版五九六　青瓷钵上垟 Y1：31

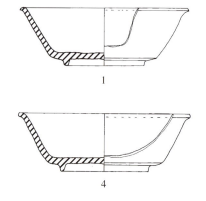
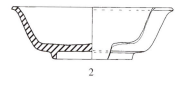
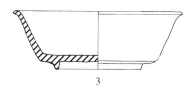

0　　　　　9厘米

图二〇四　上垟 Y1 采集标本（七）

1～4.青瓷洗上垟Y1：25～27、29

彩版五九七　青瓷洗上垟 Y1：25　　　　　　彩版五九八　青瓷洗上垟 Y1：26

彩版五九九　青瓷洗上垟 Y1：27　　　　　　彩版六〇〇　青瓷洗上垟 Y1：29

厘米（图二〇四，2；彩版五九八）。

　　上垟 Y1：27，洗。残，可复原。窄折沿，敞口，尖圆唇，上腹斜直，近底部折收，圈足，底部大于圈足。灰色胎，质地细密。足端刮釉，余皆施青灰釉，釉层多细密气孔，釉面莹润。口径13.9、足径 7、高 4.6 厘米（图二〇四，3；彩版五九九）。

　　上垟 Y1：29，洗。残，可复原。窄折沿，敞口，圆唇，上腹壁斜直，近底部折收，圈足，底部大于圈足。灰白色胎，质地细密。足端刮釉，余皆施粉青釉，釉面莹润。口径 14.2、足径 7.2、高 4.6 厘米（图二〇四，4；彩版六〇〇）。

（二）窑具

垫饼

上垟 Y1：1，垫饼。略呈圆饼形。平顶，微鼓腹，平底。红褐色粗泥质胎体，质地疏松。无釉素烧。顶径 2.2、底径 2.2、高 1.7 厘米（图二〇五，1；彩版六〇一）。

上垟 Y1：2，垫饼。略呈圆饼形。平顶，微鼓腹，平底。灰褐色粗泥质胎体，质地疏松。无釉素烧。底面有一指窝痕。顶径 2.5、底径 2.5、高 1.6 厘米（图二〇五，2）。

上垟 Y1：3，垫饼。略呈圆饼形。平顶，微鼓腹，底面微弧。灰褐色粗泥质胎体，质地疏松。无釉素烧。顶径 3.6、底径 3.6、高 1.7 厘米（图二〇五，3）。

上垟 Y1：4，垫饼。截面微呈"T"形。托面平整，底面内凹。灰色胎，质地细密。无釉素烧。托径 5.2、底径 2.6、高 0.7 厘米（图二〇五，4）。

上垟 Y1：5，垫饼。截面微呈"T"形。托面平整，底面内凹。灰色胎，质地细密。无釉素烧。托径 6.2、底径 3.2、高 1.1 厘米（图二〇五，5）。

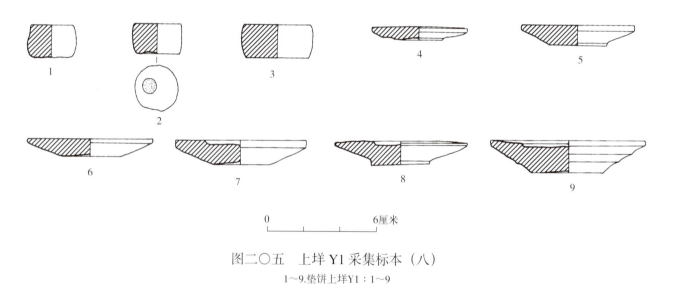

0　　　　　　　　6厘米

图二〇五　上垟 Y1 采集标本（八）

1~9.垫饼上垟Y1：1~9

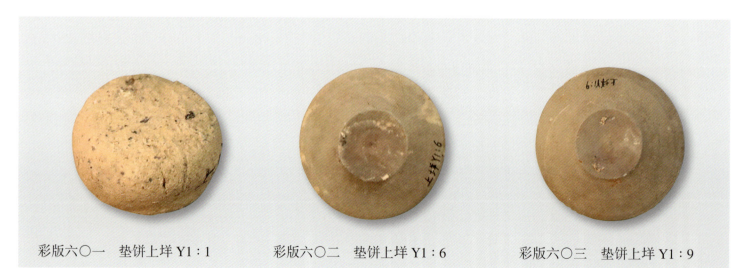

彩版六〇一　垫饼上垟 Y1：1　　　彩版六〇二　垫饼上垟 Y1：6　　　彩版六〇三　垫饼上垟 Y1：9

上垟 Y1 : 6，垫饼。截面微呈"T"形。托面平整，底面内凹。灰色胎，质地细密。无釉素烧。托径 6.8、底径 3.2、高 0.9 厘米（图二〇五，6；彩版六〇二）。

上垟 Y1 : 7，垫饼。截面微呈"T"形。托面平整，中心内凹，底面内凹。灰色胎，质地细密。无釉素烧。托径 6.2、底径 3.2、高 1.1 厘米（图二〇五，7）。

上垟 Y1 : 8，垫饼。截面微呈"T"形。托面平整，托面中心内凹，斜平底。灰色胎，质地细密。无釉素烧。托径 7.2、底径 3.2、高 1.2 厘米（图二〇五，8）。

上垟 Y1 : 9，垫饼。截面微呈"T"形。托面平整，托面中心内凹，底面内凹。灰色胎，质地细密。无釉素烧。托径 8.4、底径 3.9、高 1.7 厘米（图二〇五，9；彩版六〇三）。

三 小结

在庆元、龙泉两县境交界线的上垟大窑奔，西南距后垟村约 850 米，窑址分布在西北向山坡地带，遗物堆积丰富，前端在开公路时被破坏。

1960 年 4 月浙江省文管会曾对该窑址做了发掘，发现了两条相叠压的窑床 Y1、Y2。两条窑均为长条形斜坡式龙窑，Y2 比 Y1 短而叠压在 Y1 之上，是 Y1 废弃之后再建之窑。Y1 窑头已被破坏，残长 50.35、宽 2.25 ～ 2.80 米，头尾高差 15 米，窑壁残高 0.45 ～ 1.45 米，窑门宽 0.47 ～ 0.70 米。Y2 长 28.85、宽 2 ～ 2.75 米，头尾高差 8.20 米。采集到的遗物以碗为大宗，次之有盘、洗、碟、瓶、罐、粉盒等，胎色呈灰、灰白，釉色有青黄、青灰、青绿、豆青等多种，花纹装饰图案多，碗、盘类产品有的双面刻花，外壁刻折扇纹，内壁刻团花，花草填饰箆点纹，有的外壁刻莲瓣，内壁刻蕉叶纹。单面刻花以内壁刻多种形式的折枝荷花居多，还有内壁为 S 形复线与云纹相间饰，外壁刻半浮雕式的莲瓣。有的碗盘为花口或葵口，洗为双鱼洗和菊瓣纹洗。晚期产品出现内底印花手法。窑具有 M 型匣钵、圆形瓷质垫饼、垫珠等。时代判定为北宋至元代[1]。

2011 年 11 月 29 日，在调查上垟 Y1 时，发现 1960 年所发掘窑炉早已回填。地面采集遗物与早年发掘所出遗物特征基本相同，年代最早的遗物以北宋早期淡青釉蕉叶纹执壶残片（上垟 Y1 : 32）为代表，年代最晚的遗物以南宋晚期粉青釉莲瓣纹盘（上垟 Y1 : 30）为代表，未见到元代遗物。

第一九节 上垟 2 号窑址

一 调查概况

位于竹口镇上垟村大窑奔 10 号民居后侧，大窑奔山南麓，南距龙泉溪约 150 米。中心地理坐标为北纬 27° 48′ 05″，东经 119° 00′ 01″，海拔高度 370 米。曹岭至金村公路的修建对窑址造成轻度破坏。现地貌呈坡地，窑址上方种植林木（彩版六〇四）。

窑床残段可见，内宽 2.13 米，长度不明，方向 135°（彩版六〇五）。窑床底部烧结面厚约 15 厘米，烧结面上残存一至数层匣钵，匣钵有序覆叠。窑壁以砖坯叠砌，东壁残高 1、西壁残高 1.1、壁厚 0.19

---

[1] 叶海主编：《菇乡遗韵：庆元县第三次全国文物普查成果专辑》，西泠印社出版社，2012年。

彩版六〇四　上垟 Y2 远景

彩版六〇五　上垟 Y2 窑炉（自南向北）

米。砖坯略成梯形，长22、宽19、厚5.5厘米。

残品堆积丰富，主要堆积于窑炉东侧，呈东西向带状分布于坡地上，长约50、宽20、厚1.5米（彩版六〇六）。近年被严重盗扰。

M型匣钵，常见规格有3种：其一口径26、高9.5厘米，其二口径22、高9.5厘米，其三口径18、高6厘米。圆形瓷垫饼制作精良，小型泥垫饼制作较随意。

产品多为灰胎青釉瓷器，器形有碗、鸟食罐等（彩版六〇七）。

此窑产品以碗为主。年代判定为宋代。

彩版六〇六　上垟Y2残次品堆积（自西向东）

彩版六〇七　上垟Y2采集遗物

二　采集标本

共29件。

（一）瓷器

1. 青瓷碗

上垟 Y2：11，碗。残，可复原。敞口，尖圆唇，斜弧腹壁，底内略上鼓，底略大于圈足，矮圈足、足外壁较直、内壁微外撇，足端外缘旋削。腹内壁及底内心刻划简洁花卉纹，花瓣内填篦划纹；腹外壁饰两周弦纹。灰白色胎，质地细密。足端及足内无釉，余皆施青灰釉。釉面莹润。口径17、足径6、高7.9厘米（图二〇六，1；彩版六〇八）。

上垟 Y2：12，碗。残，可复原。侈口，尖圆唇，斜弧腹壁，底略大于圈足，矮圈足，足外壁较直、内壁微外撇，足端外缘旋削。腹内壁刻划简洁花卉纹，内填篦划纹；底内饰简洁花卉纹、篦纹。灰褐色胎，质地细密、中有气孔。足端及足内无釉，余皆施青黄釉，釉面莹润、有细密开片。外壁腹部粘有一块窑渣。口径16.4、足径5.6、高7.4厘米（图二〇六，2；彩版六〇九）。

上垟 Y2：13，碗。残，可复原。侈口，圆唇，斜弧腹壁，底略大于圈足，矮圈足，足外壁较直、内壁微外撇，足端外缘旋削。腹内壁刻划侧展的荷叶纹，内填篦纹；底内饰一张荷叶纹；腹外壁刻有较宽的折扇纹。灰白色胎，质地细密。足端及足内无釉，余皆施青黄釉，釉面莹润、有开片。口径18.6、足径6.4、高8.5厘米（图二〇六，3；彩版六一〇）。

上垟 Y2：14，碗。残，可复原。侈口，圆唇，斜弧腹壁，底略大于圈足，矮圈足，足壁外撇，足端外缘旋削。腹内壁刻划侧展的荷叶纹，内填篦划纹；底内刻饰一张荷叶纹；腹外壁刻有较宽的折扇纹。灰白色胎，质地细密。足端及足内无釉，余皆施青黄釉，釉面莹润、有细密开片。口径

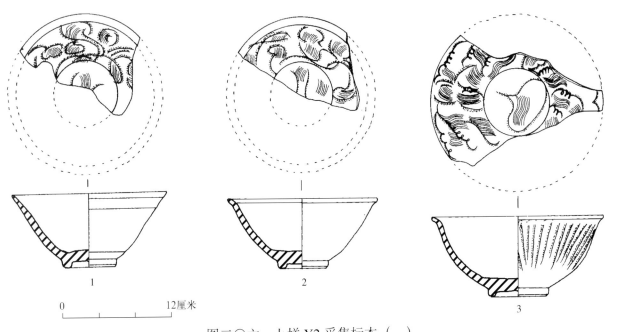

图二〇六　上垟 Y2 采集标本（一）

1～3.青瓷碗上垟Y2：11～13

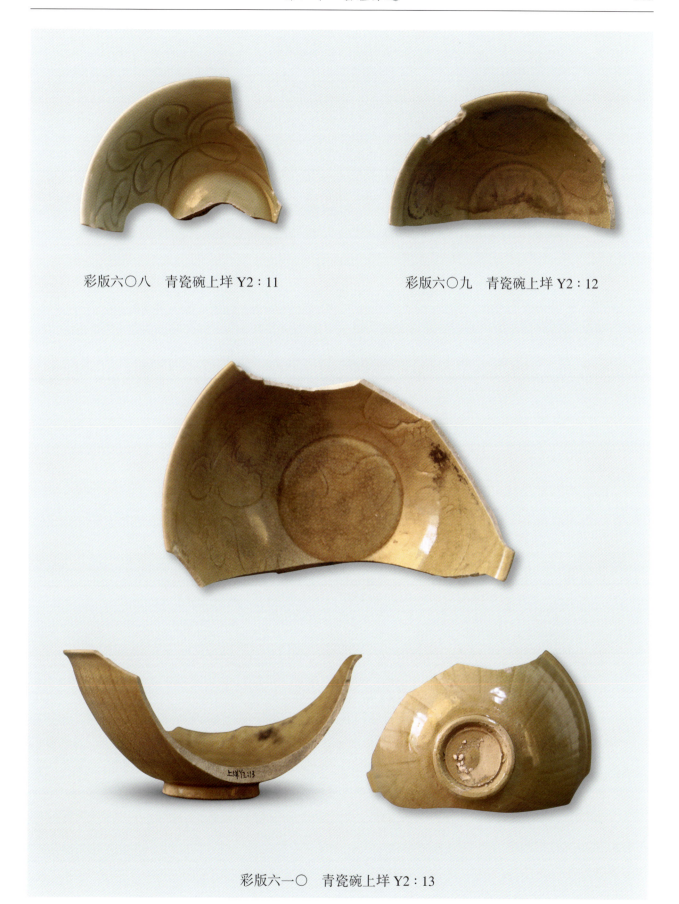

彩版六〇八　青瓷碗上垟 Y2：11　　　　　彩版六〇九　青瓷碗上垟 Y2：12

彩版六一〇　青瓷碗上垟 Y2：13

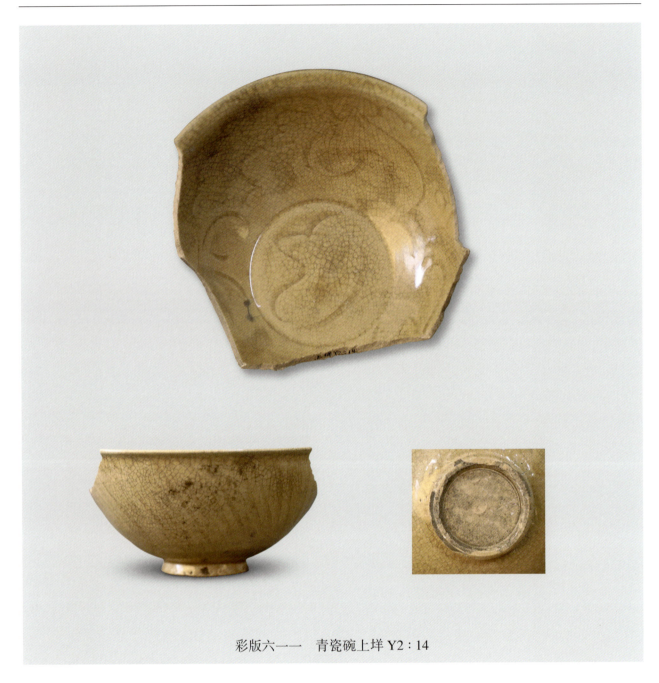

彩版六一一　　青瓷碗上垟 Y2：14

20.4、足径 6.4、高 8.6 厘米（图二〇七，1；彩版六一一）。

　　上垟 Y2：15，碗。残，略变形，可复原。葵口，尖圆唇，斜弧腹壁，底略大于圈足，足壁较直，足端外缘旋削。灰白色胎，质地细密。足端及足内无釉，余皆施青黄釉，釉面莹润。腹外壁粘有少量窑渣，足底粘有一垫饼。口径 16.5、足径 5.4、高 7.4 厘米。垫饼直径 4.5、高 1.2 厘米（图二〇七，2；彩版六一二）。

　　上垟 Y2：16，碗。残，可复原。敞口，口沿外撇，圆唇，斜弧腹壁，底内心凸起，底略大于圈足，矮圈足，足壁外撇，足端外缘旋削。腹内壁刻划侧翻的荷叶纹，底内饰简洁刻花纹。灰白色胎，质地细密。足端及足内无釉，余皆施青绿釉，釉面莹润。口径 17.6、足径 5.7、高 7.3 厘米（图二〇七，3；彩版六一三）。

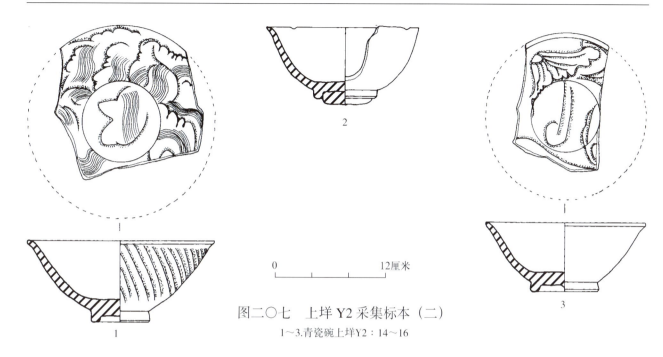

图二〇七　上垟 Y2 采集标本（二）

1~3.青瓷碗上垟Y2：14~16

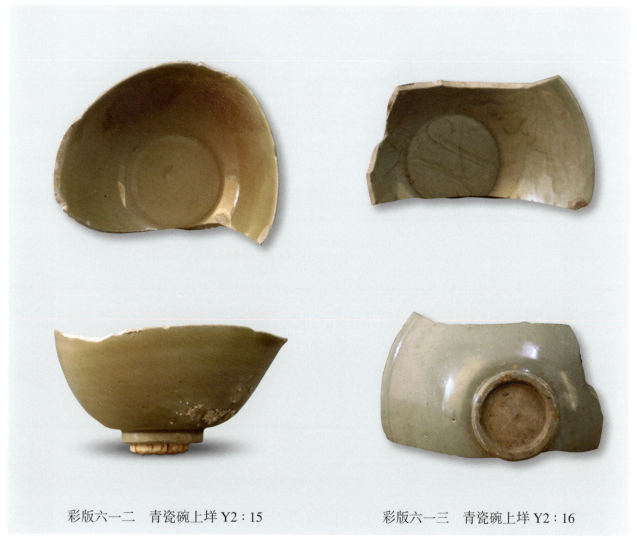

彩版六一二　青瓷碗上垟 Y2：15　　　　　彩版六一三　青瓷碗上垟 Y2：16

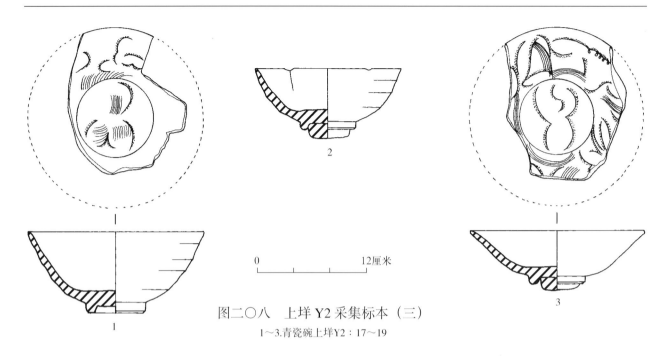

图二〇八　　上垟 Y2 采集标本（三）

1～3.青瓷碗上垟Y2：17～19

　　上垟 Y2：17，碗。残，可复原。敞口，圆唇，上腹部斜壁，下腹部弧收至底，底略大于圈足，矮圈足，足外壁较直、内壁外撇，足端外缘旋削。腹内壁刻划侧展的荷叶纹，内填篦划纹；底内饰简洁刻花纹；腹外壁有三周轮旋痕较明显。浅灰色胎，质地细密。足端及足内无釉，余皆施青绿釉，釉面有细密开片。口径 19.2、足径 6.4、高 8.6 厘米（图二〇八，1；彩版六一四）。

　　上垟 Y2：18，碗。残，略变形，可复原。葵口出筋，尖圆唇，斜弧腹壁，底内略上鼓，底略大于圈足，圈足浅挖，足外壁较直、内壁微外撇，足端外缘旋削。腹外壁轮旋痕较明显。浅灰色胎，质地细密。足内无釉，余皆施青黄釉，釉面莹润。足底粘有一垫饼。口径 16、足径 6、高 6.4 厘米。垫饼直径 4.3、高 1.5 厘米（图二〇八，2；彩版六一五）。

　　上垟 Y2：19，碗。残，可复原。敞口，尖圆唇，上腹壁斜直，下腹部弧收至底，底内略上鼓，底略大于圈足，矮圈足，足外壁较直、内壁外撇，足端外缘旋削。腹内壁刻划长茎双瓣荷花，内填篦划纹；底内饰一张展开的荷叶。浅灰色胎，质地细密。足端及足内无釉，余皆施青黄釉，釉面莹润。口内粘有少量窑渣，足底粘有一垫饼。碗口径 18.8、足径 6、高 5.6 厘米。垫饼直径 4、高 1.2 厘米（图二〇八，3；彩版六一六）。

　　上垟 Y2：20，碗。残，可复原。敞口，尖圆唇，斜弧腹壁，浅挖圈足，足外壁较直、内壁微外撇，足端外缘旋削。腹内壁刻划长茎荷花，内填篦划纹；底内饰一张展开的荷叶及篦划纹。浅灰色胎，质地细密。足端及足内无釉，余皆施青黄釉，釉面玻质感强、开片稀疏。口径 19.6、足径 6.4、高 7.8 厘米（图二〇九，1；彩版六一七）。

　　上垟 Y2：21，碗。残，可复原。敞口，圆唇，斜弧腹壁，底内略上鼓，浅挖圈足，足外壁较直、内壁微外撇，足端外缘旋削。腹内壁刻划长茎荷花及篦划纹，底内饰一张展开的荷叶及篦纹。浅灰色胎，质地细密，中有气孔。足内无釉，余皆施青黄釉，釉面莹润。足底粘有一垫饼。碗口径 21.4、足径 6.6、高 8.2 厘米。垫饼直径 4.2、高 1.3 厘米（图二〇九，2；彩版六一八）。

　　上垟 Y2：22，碗。残，可复原。敞口，圆唇，上腹壁斜直，下腹部弧收至底，底内略上鼓，浅

彩版六一四　青瓷碗上垟 Y2：17

彩版六一七　青瓷碗上垟 Y2：20

彩版六一五　青瓷碗上垟 Y2：18

彩版六一六　青瓷碗上垟 Y2：19

彩版六一六　青瓷碗上垟 Y2：19

彩版六一八　青瓷碗上垟 Y2：21

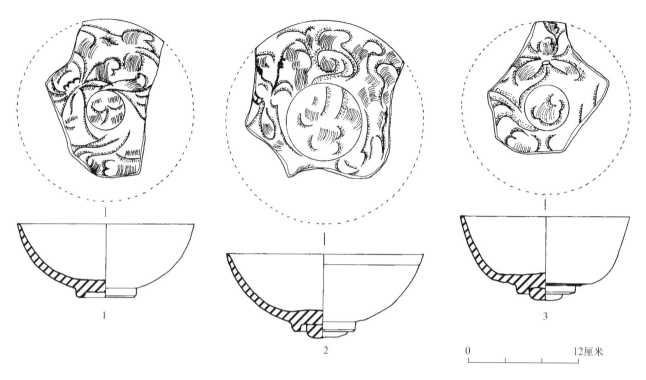

图二〇九　上垟 Y2 采集标本（四）

1～3.青瓷碗上垟Y2：20～22

挖圈足，足外壁较直、内壁微外撇，足端外缘旋削。内壁刻划长茎荷花及篦划纹，底内部一张展开
的荷叶及篦划纹，外壁下腹近底部划一周凹弦纹。浅灰色胎，质地细密，中有气孔。足端及足内无釉，
余皆施青黄釉，釉面莹润。腹外壁粘有两块瓷片，足底粘有一垫饼。碗口径18.4、足径6.2、高8.2厘米。
垫饼直径3.6、高1.3厘米（图二〇九，3；彩版六一九）。

　　上垟 Y2：23，碗。残，可复原。敞口，圆唇，斜弧腹壁，底略大于圈足，圈足浅挖，足外壁较直、
内壁微外撇，足端外缘旋削。腹内壁刻划纹饰模糊不清，底内饰一张展开的荷叶。浅灰色胎，质地
细密。足端及足内无釉，余皆施青绿釉，釉层干涩，有细密开片。口径17.6、足径6.8、高6.8厘米（图
二一〇，1；彩版六二〇）。

　　上垟 Y2：24，碗。残，可复原。形如斗笠。敞口，圆唇，斜直腹壁，底径较小，浅挖圈足，
足外壁较直、内壁微外撇。腹内壁刻饰简洁花卉纹。灰褐色胎，质地细密。足端及足内无釉，余
皆施土黄色釉，釉面莹润、有细密开片。口径12、足径3.8、高4.1厘米（图二一〇，2；彩版
六二一）。

　　上垟 Y2：25，碗。仅存口腹部残片，不可复原。葵口，斜弧腹壁。腹内壁刻饰双线"S"纹、云气纹。
浅灰色胎，质地细密。内、外壁施青黄釉，釉面莹润。口径18.8、残高7.9厘米（图二一〇，3；彩
版六二二）。

　　上垟 Y2：26，碗。口腹部残片，不可复原。敞口，斜弧腹壁。外腹壁刻双重莲瓣纹，中脊凸出。
灰白色胎，质地细密。内、外壁施青绿釉，釉面莹润、有开片。口径19.6、残高5.8厘米（图二一〇，4；
彩版六二三）。

彩版六一九　青瓷碗上垟 Y2：22

彩版六二○　青瓷碗上垟 Y2：23

彩版六二二　青瓷碗上垟 Y2：25

彩版六二一　青瓷碗上垟 Y2：24　　　　　彩版六二三　青瓷碗上垟 Y2：26

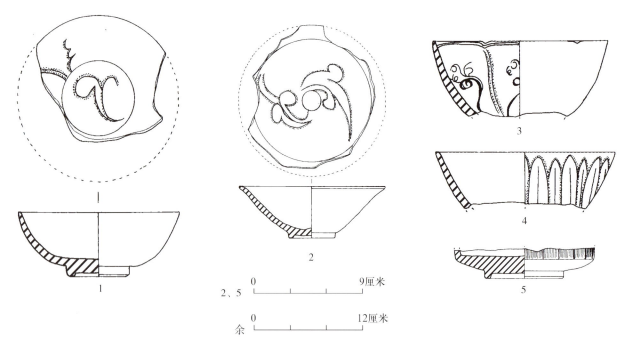

图二一〇　上垎 Y2 采集标本（五）
1~4.青瓷碗上垎 Y2：23~26　5.青瓷杯上垎 Y2：29

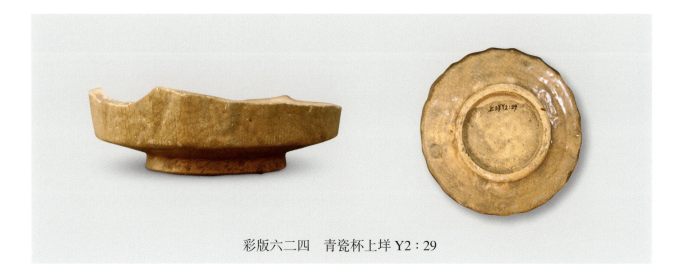

彩版六二四　青瓷杯上垎 Y2：29

2. 青瓷杯

上垎 Y2：29，杯。残，不可复原。筒形，直口，直腹，底部折收，浅挖圈足，足端外缘旋削。
腹外壁刻一周莲瓣纹，瓣面填篦划纹。灰褐色胎，质地细密有气孔。内底部刮釉，足端及足内无釉，
余皆施土黄色釉，釉面有细密开片。足径 6.4、残高 2.4 厘米（图二一〇，5；彩版六二四）。

（二）窑具

1. 匣钵

上垎 Y2：1，匣钵。纵截面呈 M 型。深灰色胎，质地疏松。口径 21、底径 23、高 9 厘米（图

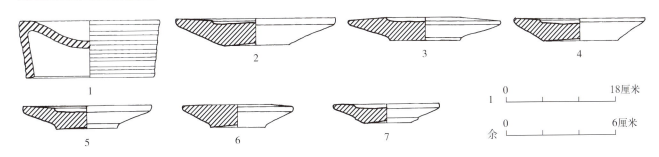

图二一一　　上垟 Y2 采集标本（六）
1.匣钵上垟Y2：1　　2～7.瓷垫饼上垟Y2：2～7

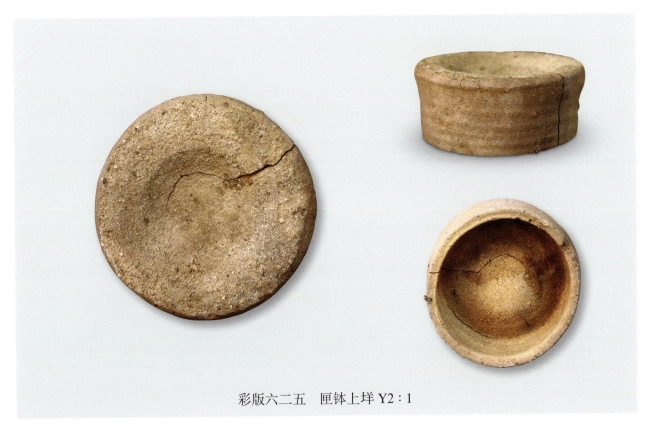

彩版六二五　匣钵上垟 Y2：1

二一一，1；彩版六二五）。

2. 瓷垫饼

上垟 Y2：2，瓷垫具。盘形。撇口，厚平唇，斜直腹壁，足壁内斜，托面平整，中心内凹，底面微凹。浅灰色胎，质地细密。口径 8.7、底径 3.6、高 1.4 厘米（图二一一，2）。

上垟 Y2：3，瓷垫具。盘形。撇口，厚平唇，斜直腹壁，托面平整，中心内凹，底面微凹。浅灰色胎，质地细密。口径 8.4、底径 4、高 1.2 厘米（图二一一，3）。

上垟 Y2：4，瓷垫具。盘形，撇口，厚平唇，斜直腹壁，托面平整，中心内凹，底面微凹。浅灰色胎，质地细密。口径 7.2、底径 4、高 1.2 厘米（图二一一，4）。

上垟 Y2：5，瓷垫具。盘形，撇口，厚平唇，斜直腹壁，托面平整，中心内凹，底面微凹。浅灰色胎，质地细密。口径 7、底径 3.4、高 1.2 厘米（图二一一，5）。

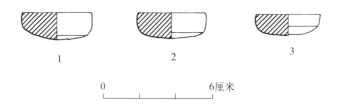

图二一二　上垟 Y2 采集标本（七）

1～3.陶垫饼上垟Y2：8～10

彩版六二六　瓷垫饼上垟 Y2：6　　　　　　　　彩版六二七　陶垫饼上垟 Y2：9

上垟 Y2：6，瓷垫饼。盘形，撇口，厚平唇，斜直腹壁，托面平整，中心内凹，底面微凹。浅灰色胎，质地细密。口径 6、底径 3、高 1.2 厘米（图二一一，6；彩版六二六）。

上垟 Y2：7，瓷垫饼。盘形，撇口，厚平唇，斜直腹壁，托面平整，中心内凹，底面微凹。腹部饰一周凸弦纹。浅灰色胎，质地细密。口径 5.8、底径 2.5、高 1 厘米（图二一一，7）。

3. 陶垫饼

上垟 Y2：8，泥质陶垫饼。托面平整，底面微弧。浅灰褐色胎，质地疏松。托径 3.8、高 1.4 厘米（图二一二，1）。

上垟 Y2：9，泥质陶垫饼。托面平整，底面微弧。灰褐色胎，质地疏松。托径 3.6、高 1.3 厘米（图二一二，2；彩版六二七）。

上垟 Y2：10，泥质陶垫饼。托面平整，底面微弧。红褐色胎，质地疏松。托径 3.4、高 1.1 厘米（图二一二，3）。

4. 试火器

上垟 Y2：27，试火器。残，可复原。形如小钵。口微敛，方唇，上腹壁近直，下腹壁折收，聚为柱状足，底部镂一小圆孔，孔径 0.8 厘米。灰白色胎，质地细密。唇部无釉，余皆施青绿釉，釉层斑驳不均，釉面开裂。器身粘有少量窑渣。口径 4.4、底径 2、高 3 厘米（图二一三，1）。

上垟 Y2：28，试火器。残，略变形，可复原。口微敛，上腹壁近直，下腹壁折收，聚为柱状足，底部镂一小圆孔，孔径 0.6 厘米。浅灰色胎，质地细密。唇部无釉，余皆施青黄釉，釉层斑驳不均。口径 4.4、足径 2、高 3 厘米（图二一三，2；彩版六二八）。

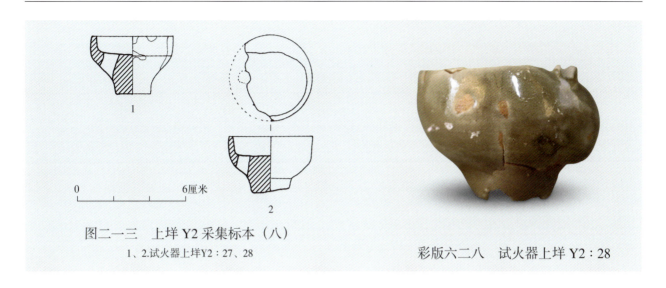

图二一三　上埠 Y2 采集标本（八）

1、2.试火器上埠Y2：27、28

彩版六二八　试火器上埠 Y2：28

三　小结

据庆元县第三次全国文物普查资料，上埠 2 号窑址位于上埠大窑奔，距 1 号窑址南面约 200 米山坡地带，窑址南侧有大窑奔村，山脚下前下方是水田。窑址的前端在开公路时被破坏。采集到的遗物有南宋至元代产品，种类有碗、盘、洗、碟等。胎色呈灰、灰白，釉色大多为灰青、青黄，青绿、粉青釉少见。在残次品堆积的西南侧山坡，有一块约 200 平方米的长方形平坦台地，推测为当时的制瓷工场[1]。

2011 年 11 月 29 日，在调查上埠 Y2 时，地面采集遗物与庆元县第三次全国文物普查采集遗物特征基本相同，遗物以南宋双面刻划花青瓷侈口碗（上埠 Y2：14）、外腹壁刻划莲瓣纹直筒杯（上埠 Y2：29）、内壁刻复线 S 纹花口碗（上埠 Y2：25）、腹内壁刻划荷花填以篦划纹的敞口碗（上埠 Y2：21）为代表，未见到元代遗物。碗类产品纹饰多为刻花纹，内壁刻花以折枝荷花、缠枝花为主；外壁刻花多为半浮雕式脊棱的单层仰莲瓣纹。其中外壁刻折扇纹、内壁刻荷叶纹的碗（上埠 Y2：13、14）、外壁素面内壁刻折枝莲纹的碗（上埠 Y2：20、22），与华光礁一号沉船所出南宋早期同类器物相同[2]。由此判断上埠 Y2 盛烧于南宋早期。

第二〇节　上埠 3 号窑址

一　调查概况

位于竹口镇上埠村金奔 10 号民居北 100 米处桔山西麓，北距龙泉溪约 200 米。中心地理坐标为北纬 27°47′51″，东经 119°00′03″，海拔高度 385 米。窑址上方现种植林木。盗扰严重。窑址前

[1]　叶海主编：《菇乡遗韵：庆元县第三次全国文物普查成果专辑》，西泠印社出版社，2012年。

[2]　国家文物局考古研究中心、海南省文物局、海南省文物考古研究所：《华光礁一号沉船遗址发掘报告》，文物出版社，2022年，第558~560页。

方有一片较平坦的梯田，可能为制瓷工场所在（彩版六二九）。

窑壁残段可见，以砖坯叠砌而成，壁内侧粘结窑汗。窑壁厚 25 厘米，窑汗厚 3 厘米。砖坯或粘结或破碎，规格不明。

窑炉为龙窑形制，内宽 2 米，长度不明，方向 252°（彩版六三〇）。

残品主要堆积于窑炉西北侧，呈东西向带状分布于坡地上，长约 15、宽 8、厚 1.2 米。

M 型匣钵可成套，采集 7 件，规格分别为：口径 26、高 9.5 厘米，口径 24、高 10 厘米，口径 22、高 8 厘米，口径 20、高 7.5 厘米，口径 17、高 7 厘米，口径 16.5、高 5.5 厘米，口径 15、高 5 厘米。

小型泥质陶垫饼多见，制作随意。垫柱、垫圈较少见，制作精良。

产品多为灰胎青釉瓷器，器形有碗、盘、执壶、器盖、罐、瓶等。

此窑产品以碗为主。年代判定为北宋。

彩版六二九　上垟 Y3 远景

彩版六三〇　上垟 Y3 近景

二　采集标本

共 29 件。

（一）瓷器

1. 青瓷碗

上垟 Y3：7，碗。残，可复原。侈口，斜弧腹壁，圈足较小，足外壁较直、内壁微外撇。腹内壁刻划蔓枝花纹，内填篦划纹；腹外壁刻一周折扇纹。灰白色胎，质地细密。足端及足内无釉，余皆施青绿釉，釉层玻质感强、开片稀疏。口径 13.8、足径 4.3、高 6.1 厘米（图二一四，1；彩版六三一）。

上垟 Y3：8，碗。残，可复原。侈口，圆唇，斜弧腹壁，圈足，足外壁较直、内壁微外撇，足端外缘斜削。腹内壁刻划简洁花卉纹，内填篦划纹；腹外壁刻折扇纹。灰白色胎，质地细密。足内无釉，余皆施浅青釉。口径 14.5、足径 5、高 7.8 厘米（图二一四，2；彩版六三二）。

上垟 Y3：9，碗。残，可复原。侈口，尖圆唇，斜弧腹壁，圈足较高，足外壁较直、内壁微外撇。腹外壁刻折扇纹。浅灰色胎，质地细密、中有气孔。足内无釉，余皆施青黄釉，釉面开片细密。足内粘一小块瓷片。口径 13、足径 4.8、高 8.2 厘米（图二一四，3；彩版六三三）。

上垟 Y3：10，碗。残，可复原。敞口，尖唇，斜弧腹壁，圈足，足外壁较直、内壁微外撇。灰白色胎，质地细密。足端及足内无釉，余皆施淡青釉，釉层薄且浑浊，釉面开片细密。口径 13.4、足径 5、高 6.8 厘米（图二一五，1；彩版六三四）。

上垟 Y3：11，碗。残，可复原。敞口，圆唇，斜弧腹壁，矮圈足，足外壁较直、内壁微外撇，足端斜削。灰白色胎，质地细密。足内无釉，余皆施青黄釉，釉层薄且浑浊，釉面开片细密。口径 10、足径 3.4、高 4.6 厘米（图二一五，2；彩版六三五）。

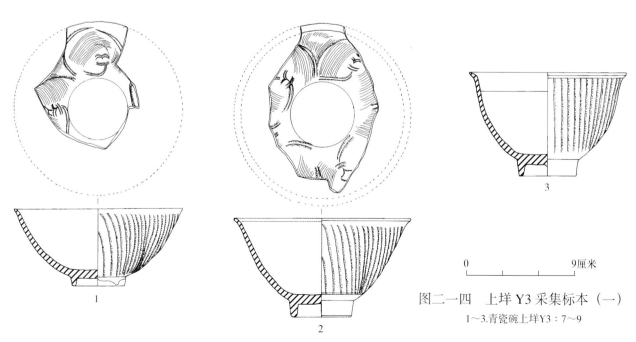

0 _____ 9厘米

图二一四　上垟 Y3 采集标本（一）

1～3.青瓷碗上垟Y3：7～9

彩版六三一　青瓷碗上垟 Y3：7　　　　　　彩版六三二　青瓷碗上垟 Y3：8

彩版六三三 青瓷碗上垟 Y3：9   彩版六三五 青瓷碗上垟 Y3：11

彩版六三四 青瓷碗上垟 Y3：10   彩版六三六 青瓷碗上垟 Y3：12

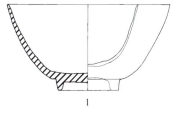
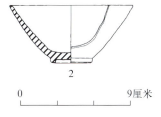
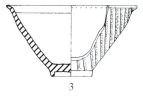

0   9厘米

图二一五 上垟 Y3 采集标本（二）

1~3.青瓷碗上垟Y3：10~12

　　上垟 Y3：12，碗。残，可复原。侈口，尖圆唇，斜弧腹壁，矮圈足，足外壁较直、内壁微外撇。口内划一周弦纹，腹外壁刻一周折扇纹。浅灰色胎，质地细密。足端及足内无釉，余皆施青绿釉，釉层有细密气泡、开片稀疏。口径 10.8、足径 3.4、高 5.6 厘米（图二一五，3；彩版六三六）。

　　上垟 Y3：13，碗。残，可复原。侈口，尖唇，斜弧腹壁，矮圈足。口内划一周弦纹；腹内壁刻划蔓枝莲花纹，内填篦划纹；腹外壁刻一周折扇纹。灰白色胎，质地细密。足端及足内无釉，余皆施青黄釉，釉层玻质感强，开片稀疏。足外壁有积釉。口径 10.9、足径 3.4、高 4.7 厘米（图二一六，1；彩版六三七）。

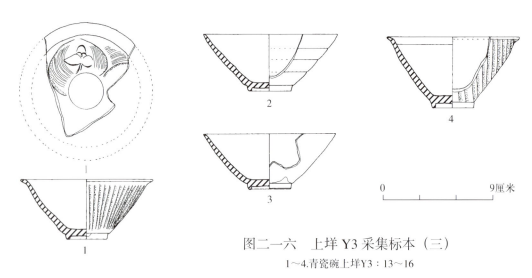

图二一六　上垟 Y3 采集标本（三）
1～4.青瓷碗上垟Y3：13～16

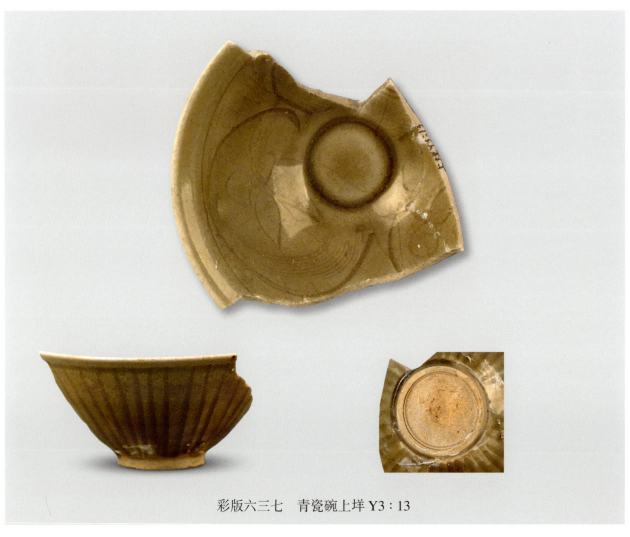

彩版六三七　青瓷碗上垟 Y3：13

上垟 Y3：14，碗。残，可复原。敞口，尖圆唇，斜直腹壁，矮圈足。腹外壁有轮旋痕。灰白色胎，质地细密。足内无釉，余皆施淡青釉，釉面莹润。口径 11、足径 3.6、高 4.5 厘米（图二一六，2；彩版六三八）。

上垟 Y3：15，碗。残，可复原。敞口，圆唇，斜直腹壁，矮圈足，足端外缘斜削。浅灰色胎，质地细密、中有气孔。内壁施满釉，外壁施釉不及底，釉呈青黄色，釉面开片细密。口径 10.8、足径 3.6、高 4.4 厘米（图二一六，3；彩版六三九）。

上垟 Y3：16，碗。残，可复原。葵口微侈，尖圆唇，斜弧腹壁，圈足，足心凸起。腹内壁与葵口对应处饰一周竖划纹。浅灰色胎，质地细密。足内无釉，余皆施青黄釉。口径 13.6、足径 4.4、高 6.8 厘米（图二一六，4；彩版六四〇）。

上垟 Y3：17，碗。腹底部残片，不可复原。斜弧腹壁，圈足，足外壁较直、内壁微外撇。腹内壁刻蔓枝花纹，内填篦划纹；底内刻荷叶纹；腹外壁刻一周折扇纹。灰白色胎，质地细密、中有气孔。足端及足内无釉，余皆施青黄釉，釉面开片。足径 6.4、残高 4 厘米（彩版六四一）。

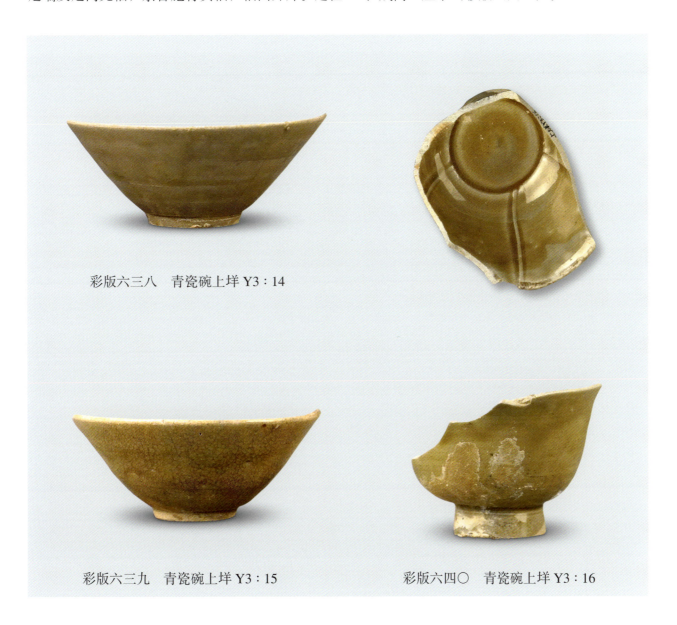

彩版六三八　青瓷碗上垟 Y3：14

彩版六三九　青瓷碗上垟 Y3：15　　　　彩版六四〇　青瓷碗上垟 Y3：16

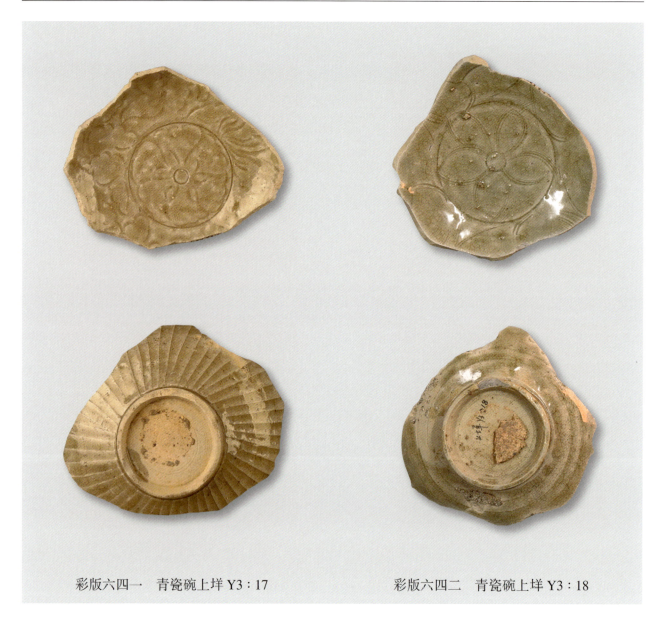

彩版六四一　青瓷碗上垟 Y3：17　　　　　　彩版六四二　青瓷碗上垟 Y3：18

　　上垟 Y3：18，碗。腹底部残片，不可复原。斜弧腹壁，圈足，足外壁较直、内壁微外撇。腹内壁刻划简洁花卉纹，内填篦划纹；底内刻荷叶纹；腹外壁近底部划两周弦纹。灰白色胎，质地细密。内壁施满釉，外壁施釉不及底，釉呈淡青色，釉层较薄且不均匀、有细密开片。足内粘一块窑渣。足径 5.9、残高 3.2 厘米（彩版六四二）。

　　上垟 Y3：19，碗。腹底部残片，不可复原。斜弧腹壁，圈足，足外壁较直、内壁微外撇。底内刻划"大王"两字，腹外壁近底部划一周弦纹，足外壁划一周弦纹。灰白色胎，质地细密。内壁施满釉，外壁施釉不及底，釉呈淡青色，釉层薄且不均匀、有细密开片。足径 5.1、残高 3 厘米（图二一七，1；彩版六四三）。

　　上垟 Y3：20，碗。腹底部残片，不可复原。斜弧腹壁，圈足，足外壁较直，内壁微外撇。腹内壁刻划蔓枝花纹，内填篦划纹；底内刻菊花纹；腹外壁刻划一周折扇纹。灰色胎，质地细密。足内无釉，余皆施青灰釉，釉层有细密气泡。足径 4、残高 3.4 厘米（图二一七，2；彩版六四四）。

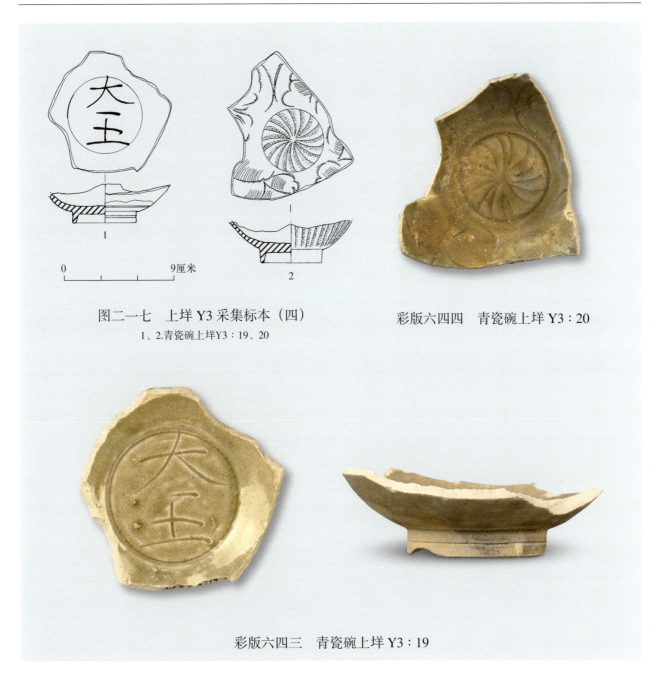

图二一七　上垟 Y3 采集标本（四）
1、2.青瓷碗上垟Y3：19、20

彩版六四四　青瓷碗上垟 Y3：20

彩版六四三　青瓷碗上垟 Y3：19

2. 青瓷盘

上垟 Y3：21，盘。残，可复原。敞口，尖圆唇，浅斜弧腹壁，矮圈足。底内刻划荷叶纹。灰白色胎，质地细密。足内无釉，余皆施青灰釉，釉面开片。口径 14、足径 4.4、高 3.1 厘米（图二一八，1；彩版六四五）。

上垟 Y3：22，盘。残，可复原。敞口，圆唇，浅斜弧腹壁，矮圈足。浅灰色胎，质地细密。足内无釉，余皆施淡青釉。底内粘有少量窑渣。口径 14、足径 4.8、高 3.7 厘米（图二一八，2；彩版六四六）。

上垟 Y3：23，盘。残，可复原。敞口，圆唇，浅斜弧腹壁，底内微鼓，矮圈足，足外壁较直、内壁微外撇。器内刻饰蔓枝花纹，内填篦划纹。灰白色胎，质地细密、中有气孔。足内无釉，余皆

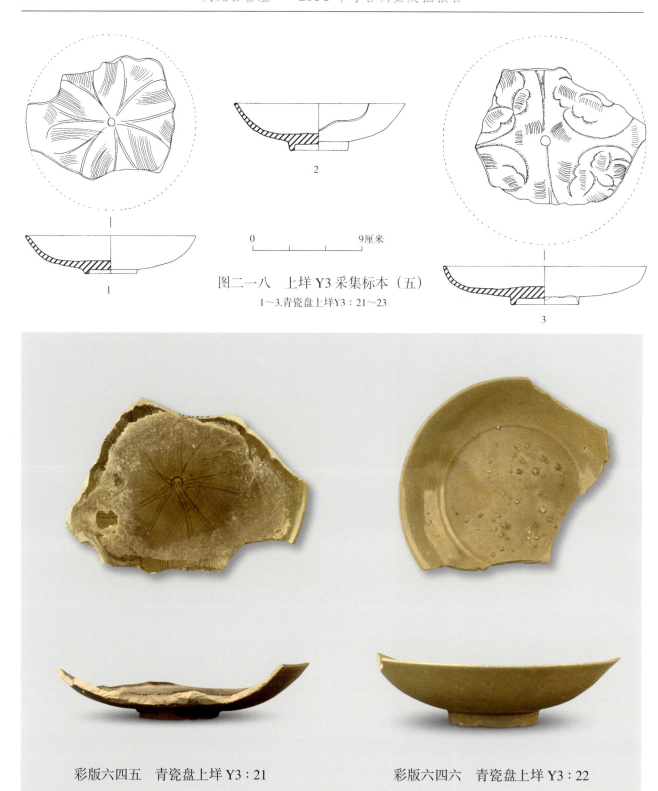

图二一八　上垟 Y3 采集标本（五）

1～3.青瓷盘上垟Y3：21～23

0　　　　　　　　9厘米

彩版六四五　青瓷盘上垟 Y3：21　　　　　　彩版六四六　青瓷盘上垟 Y3：22

施淡青釉，釉面开片。口径 16.5、足径 5.6、高 3 厘米（图二一八，3；彩版六四七）。

上垟 Y3：24，盘。残，可复原。敞口，圆唇，浅斜弧腹壁，底内微鼓，矮圈足，足外壁较直、内壁微外撇。口内划一周弦纹；腹内及底部饰蔓枝花纹，内填篦划纹；底内心刻圆圈纹。灰白色胎，质地细密、中有气孔。足内无釉，余皆施淡青釉，釉层玻质感强、有细密开片。口径 15.6、足径 5.6、

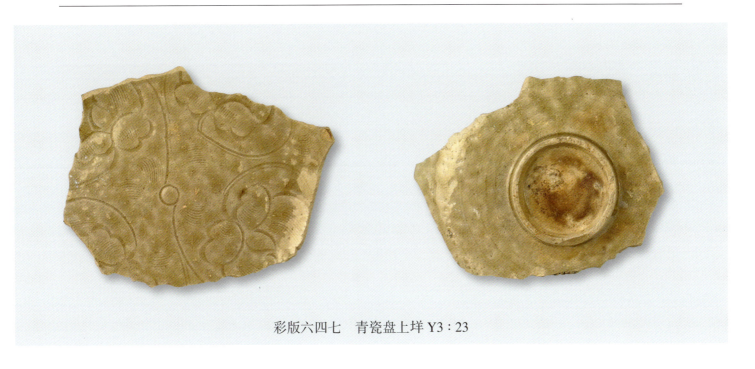

彩版六四七　青瓷盘上垟 Y3：23

高 3.8 厘米（图二一九，1；彩版六四八）。

上垟 Y3：25，盘。残，可复原。敞口，尖圆唇，浅斜弧腹壁，矮圈足，足外壁较直、内壁微外撇。器内刻划简洁花卉纹，内填篦划纹。浅灰色胎，质地细密。足内无釉，余皆施青黄釉，釉面开片细密。口径 14.6、足径 5.2、高 3.7 厘米（图二一九，2；彩版六四九）。

上垟 Y3：26，盘。残，可复原。敞口，尖圆唇，浅斜弧腹壁，矮圈足，足外壁较直、内壁微外撇。底内刻划荷叶纹。浅灰色胎，质地细密。足端及足内无釉，余皆施淡青釉，釉面开片细密。圈

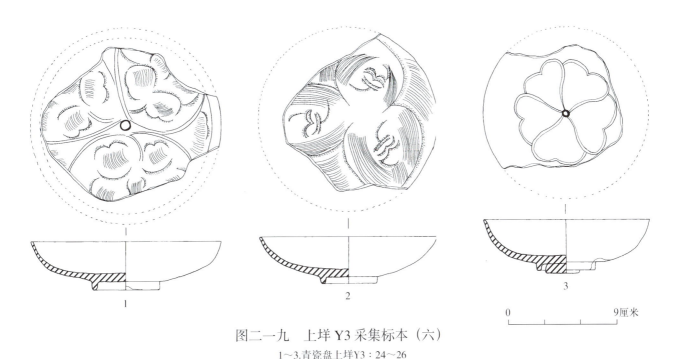

0　　　　9厘米

图二一九　上垟 Y3 采集标本（六）

1～3.青瓷盘上垟Y3：24～26

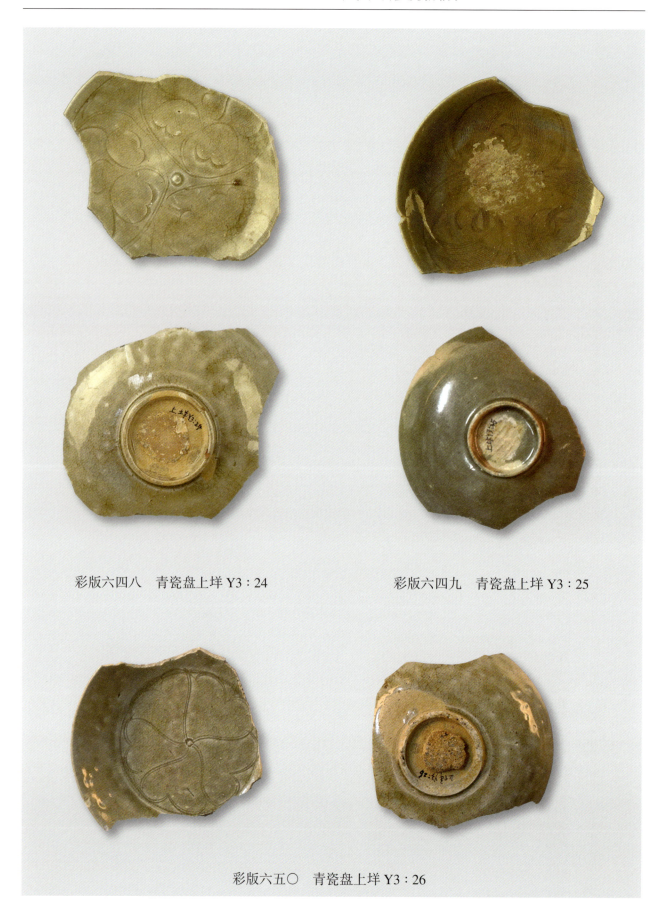

彩版六四八　青瓷盘上垟 Y3∶24　　　　　　彩版六四九　青瓷盘上垟 Y3∶25

彩版六五〇　青瓷盘上垟 Y3∶26

足内粘一垫饼。盘口径 13.6、足径 4.8、高 4 厘米。垫饼直径 2.8、高 0.7 厘米（图二一九，3；彩版六五〇）。

3. 青瓷壶

上垟 Y3：29，壶。颈、腹部残片，不可复原。束颈，溜肩，肩腹交接处弧折，肩颈部贴附竖系，系残失。腹部饰三道竖划纹。灰白色胎，质地细密、中有气孔。内、外壁施淡青釉。残高 7.3 厘米（图二二〇，1；彩版六五一）。

4. 青瓷罐

上垟 Y3：28，罐。口肩部残片，不可复原。尖唇外凸，矮束颈，溜肩。肩部饰两周凹弦纹。浅灰色胎，质地细密。内、外壁施淡青釉。口径 7、残高 4.4 厘米（图二二〇，2；彩版六五二）。

5. 青瓷器盖

上垟 Y3：27，器盖。残，可复原。子口，盖沿上翘，盖面圆隆，盖顶略平，顶心贴附瓜蒂纽。

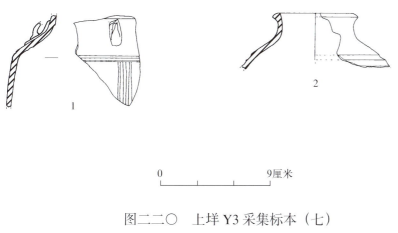
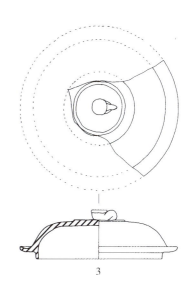

0　　　　　　9厘米

图二二〇　上垟 Y3 采集标本（七）

1.青瓷壶上垟Y3：29　2.青瓷罐上垟Y3：28　3.青瓷器盖上垟Y3：27

彩版六五一　青瓷壶上垟 Y3：29　　　　　彩版六五二　青瓷罐上垟 Y3：28

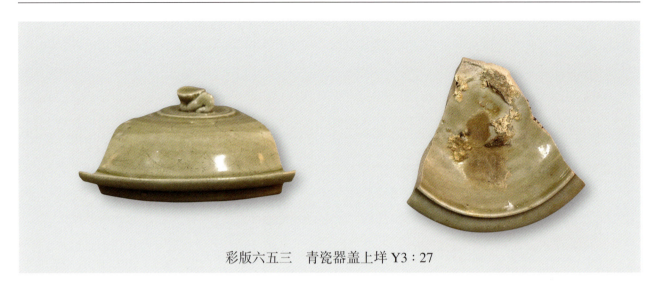

彩版六五三　青瓷器盖上垟 Y3：27

灰白色胎，质地细密、中有气孔。通体施淡青釉。直径 13、口径 10.4、高 3.9 厘米（图二二〇，3；彩版六五三）。

（二）窑具

1. 匣钵

上垟 Y3：1，匣钵。残，可复原。纵截面呈 M 型。内、外腹壁有轮旋纹。深灰色胎体，质地粗疏。口径 24、顶径 24.2、高 10.2 厘米（图二二一，1；彩版六五四）。

上垟 Y3：2，匣钵。残，可复原。纵截面呈 M 型。腹外壁有轮旋痕。深灰色胎，质地粗疏。直径 14.7、高 5.2 厘米（图二二一，2；彩版六五五）。

2. 支具

上垟 Y3：3，柱形支具。残，可复原。平顶，束腰，喇叭形底，红褐色胎，质地粗疏。顶径 7.4、底径 10、高 8.4 厘米（图二二一，3；彩版六五六）。

上垟 Y3：4，柱形支具。残，可复原。平顶，束腰，喇叭形底，深灰色胎，质地粗疏。顶径 7.2、底径 7.8、高 9 厘米（图二二一，4；彩版六五七）。

3. 垫圈

上垟 Y3：5，泥质陶垫圈。呈圆环形。红褐色胎，质地粗疏。直径 5.2、高 1.1、孔径 2～2.5 厘米（图

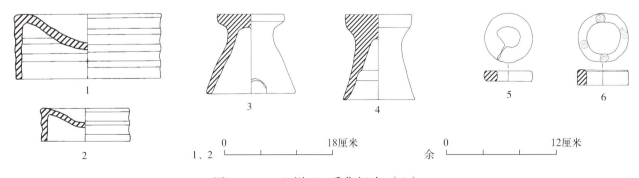

图二二一　上垟 Y3 采集标本（八）

1、2.匣钵上垟Y3：1、2　3、4.支具上垟Y3：3、4　5、6.垫圈上垟Y3：5、6

彩版六五四　匣钵上垾 Y3：1　　　　　彩版六五五　匣钵上垾 Y3：2

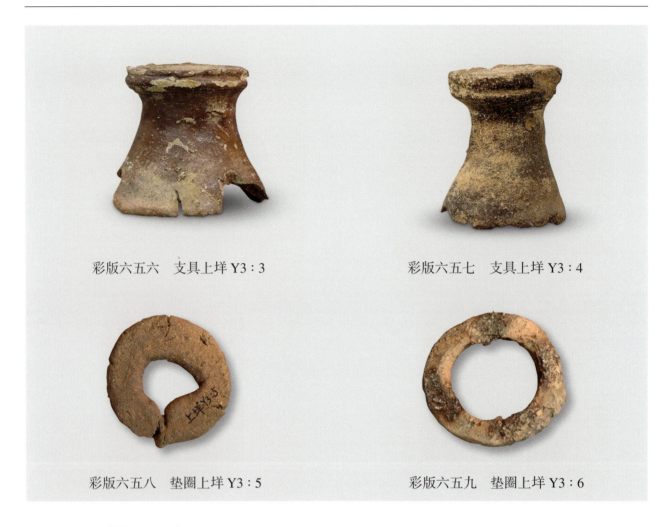

彩版六五六　支具上垟 Y3：3　　　　彩版六五七　支具上垟 Y3：4

彩版六五八　垫圈上垟 Y3：5　　　　彩版六五九　垫圈上垟 Y3：6

二二一，5；彩版六五八）。

上垟 Y3：6，泥质陶垫圈。呈圆环形。顶面有四个支点痕。红褐色胎，质地粗疏。直径 5～5.5、高 1.6、孔径 3.3～3.6 厘米（图二二一，6；彩版六五九）。

三　小结

据庆元县第三次全国文物普查资料，上垟 3 号窑址已暴露堆积断面厚处达 5 米，地表采集瓷器有碗、盘、洗、壶、瓶、罐、盏托、烛台、粉盒等。胎质致密，呈白或灰白色。釉色有淡青、青黄、豆青、粉青、青灰等。采用刻、划、印三种装饰手法，题材有折扇、莲瓣、篦点、荷花、蕉叶、水波、缠枝花等。窑具有匣钵、垫圈、垫饼、筒形支座等。时代定为北宋[1]。

2011 年 12 月 1 日，在调查上垟 Y3 时，地面采集遗物与庆元县第三次全国文物普查采集遗物特征基本相同。小型泥质陶垫饼多见，制作随意，用于垫烧碗类小型器物。支座、垫圈较少见，制作较精良，用于支垫烧瓶、罐、壶等较大型器物。采集瓷器烧造工艺水平较高，以北宋早中期的淡青釉瓷最具代表性，如碗（上垟 Y3：10、14、18、19），盘（上垟 Y3：22～24、26），器盖（上垟

---

[1]　叶海主编：《菇乡遗韵：庆元县第三次全国文物普查成果专辑》，西泠印社出版社，2012年。

Y3：27），罐（上垟 Y3：28），壶（上垟 Y3：29）。北宋晚期双面刻划纹饰的青黄釉瓷器占比较小。据本次调查结果判断，上垟 Y3 盛烧于北宋早中期。

第二一节　上垟 4 号窑址

一　调查概况

位于竹口镇上垟村金奔 1 号民居东南 30 米处，门口山西麓，西距龙泉溪约 150 米。中心地理坐标为北纬 27°47′30″，东经 119°00′00″，海拔高度 390 米。现窑址上方种植竹木（彩版六六〇）。

窑床残段可见，内宽 2.4 米，长度不明，方向 275°。窑壁有修补迹象，系用砖坯、匣钵混砌而成，砖坯宽 16、厚 8 厘米，长度不明。

残品堆积丰富，略呈方形分布于坡地上，边长约 30、厚 2 米（彩版六六一）。

M 型匣钵常见规格有 2 种：其一口径 23、高 10 厘米，其二口径 19、高 8 厘米。

仅见圆形垫饼。

产品多为灰胎青釉瓷器，器形有碗、盘等（彩版六六二）。

此窑产品以碗、盘为主。年代判定为宋元时期。

彩版六六〇　上垟 Y4 地貌环境

彩版六六一　上垟 Y4 残次品堆积　　　　　　　　　　彩版六六二　上垟 Y4 采集遗物

二　采集标本

共 39 件。

（一）瓷器

1. 青瓷碗

上垟 Y4：7，碗。残，可复原。敞口，尖圆唇，斜弧腹壁，底内略上鼓，浅挖圈足，足壁较直。腹外壁刻双层莲瓣纹，瓣体瘦长，瓣端较尖，中脊凸起。红褐色胎，质地细密。足端及足内无釉，余皆施青黄釉，釉面莹润、有细密开片。口径 17.2、足径 5.2、高 5.6 厘米（图二二二，1；彩版六六三）。

上垟 Y4：8，碗。残，可复原。葵口，圆唇，唇沿上切削出 5 个缺口，斜弧腹壁，底内略上鼓，浅挖圈足，足壁较直。底内心戳印楷书体"河滨遗范"四字。红褐色胎，质地细密。足端及足内无釉，余皆施土黄色釉，釉面莹润、有细密开片。口径 15.2、足径 5.6、高 5.6 厘米（图二二二，2；彩版六六四）。

上垟 Y4：9，碗。残，可复原。敞口，尖圆唇，斜弧腹壁，浅挖圈足，足壁较直，足端斜削。浅灰色胎，质地细密。足端及足内无釉，余皆施青绿釉，釉层玻质感强、有细密开片。腹外壁粘有一块窑渣。口径 10.4、足径 3.4、高 4.3 厘米（图二二二，3；彩版六六五）。

上垟 Y4：10，碗。残，可复原。葵口，尖圆唇，唇面上切削出 5 个缺口，上腹部较直，下腹近底部折收，底内微上鼓，浅挖圈足，足心凸起，足壁较直。口内刻两周弦纹；腹内壁刻竖向双线"S"纹，将腹部均分为 5 个区间。浅灰色胎，质地细密。足端及足底无釉，余皆施青绿釉，釉面莹润、有细密开片。口径 10.8、足径 4.6、高 5 厘米（图二二三，1；彩版六六六）。

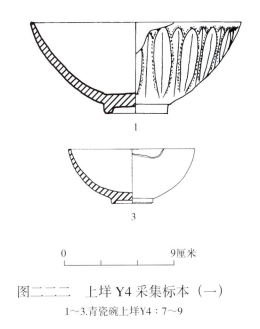

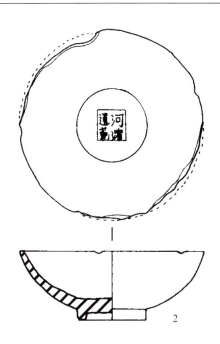

图二二二　上垟 Y4 采集标本（一）

1～3.青瓷碗上垟 Y4：7～9

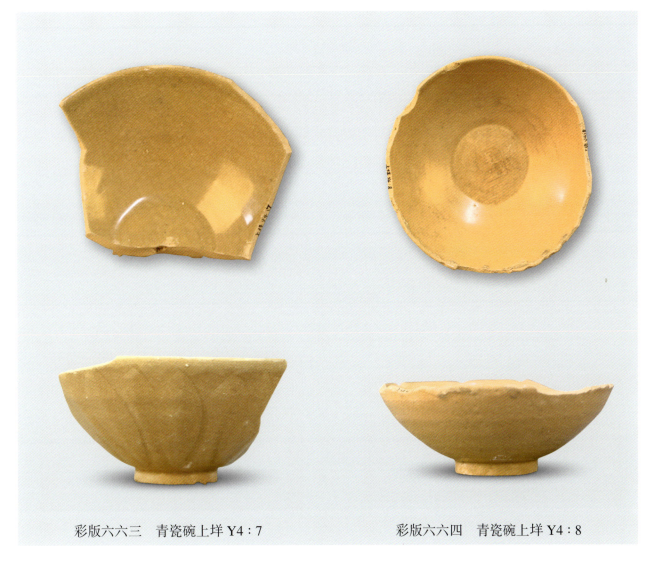

彩版六六三　青瓷碗上垟 Y4：7　　　　　　彩版六六四　青瓷碗上垟 Y4：8

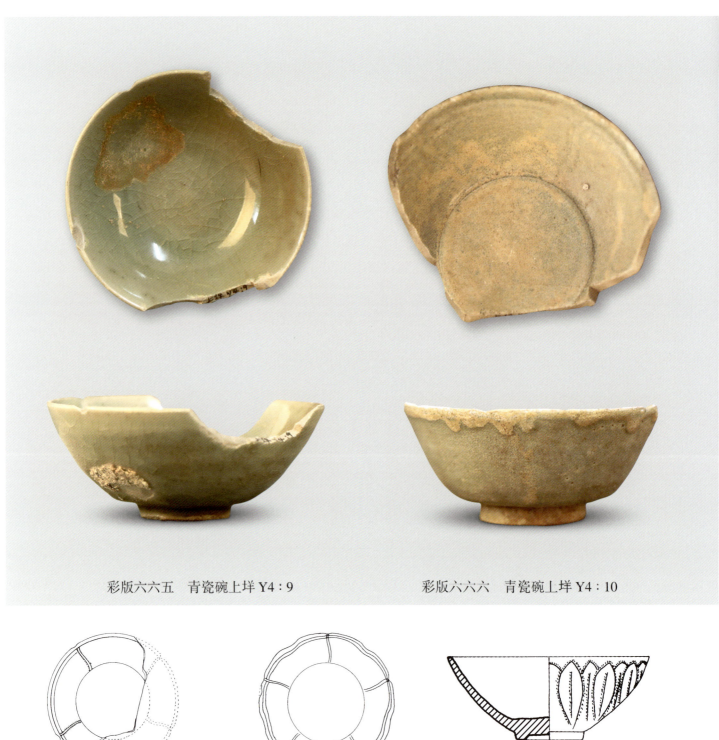

彩版六六五　青瓷碗上垟 Y4：9　　　　　　　彩版六六六　青瓷碗上垟 Y4：10

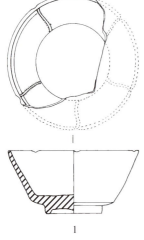

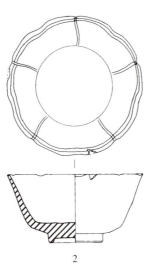

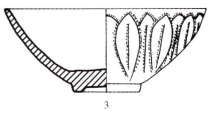

0　　　　　　　9厘米

图二二三　上垟 Y4 采集标本（二）

1～3.青瓷碗上垟Y4：10～12

上垟 Y4：11，碗。残，可复原。敞口，口部修削成十瓣花形，尖圆唇，上腹部较直，下腹近底部折收，浅挖圈足，足壁较直，足端外缘旋削。口内刻一周双线花形纹；腹内壁刻以双竖线"S"纹，将腹部均分为 5 个区间。灰白色胎，质地细密。足端及足内无釉，余皆施粉青釉，釉面莹润。腹外壁下部粘一块窑渣。口径 11.2、足径 4.5、高 5.4 厘米（图二二三，2；彩版六六七）。

上垟 Y4：12，碗。残，可复原。敞口，尖唇，斜弧腹壁，底内略鼓，浅挖圈足，足壁较直。腹外壁刻双层莲瓣纹，瓣体肥硕，中脊凸起。灰白色胎，质地细密。足端及足内无釉，余皆施粉青釉，釉面莹润。口径 16.3、足径 5.6、高 6.6 厘米（图二二三，3；彩版六六八）。

彩版六六七 青瓷碗上垟 Y4：11

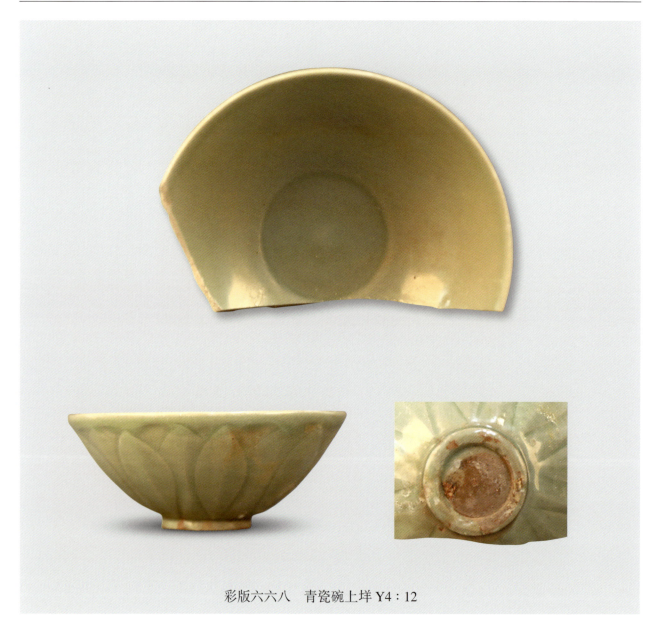

彩版六六八　青瓷碗上垟 Y4：12

　　上垟 Y4：13，碗。残，可复原。敞口，尖唇，斜弧腹壁，底内略鼓，浅挖圈足，足壁较直。腹外壁刻双层莲瓣纹，瓣体瘦长，瓣端较尖，中脊凸起。灰白色胎，质地细密。足端及足内无釉，余皆施粉青釉，釉面莹润、有开片。圈足内粘一垫饼。碗口径17、足径5.5、高6.6厘米。垫饼托径3.4、高1.2厘米（图二二四，1；彩版六六九）。

　　上垟 Y4：14，碗。残，可复原。敞口，尖圆唇，斜弧腹壁，底内略上鼓，浅挖圈足，足壁较直。底内饰一张侧向荷叶；腹内壁刻划两朵曲茎连花纹；腹外壁刻双层莲瓣纹，中脊凸出，莲瓣整体瘦长，莲瓣内填以篦划纹。浅灰色胎，质地细密。足端及足内无釉，余皆施青灰釉，釉面莹润。腹外壁及足内粘有少量窑渣。口径18.2、足径5.6、高6.3厘米（图二二四，2；彩版六七〇）。

　　上垟 Y4：15，碗。残，可复原。敞口，尖圆唇，上腹部较直，下腹近底部缓折收，底内略上鼓，浅挖圈足，足壁较直，足端外缘旋削。底内饰一张侧向荷叶纹，腹部刻划双竖线纹和云气纹。浅灰色胎，质地细密。足端及足内无釉，余皆施青绿釉，釉面莹润。口径16.8、足径6.4、高7厘米（图二二四，3；

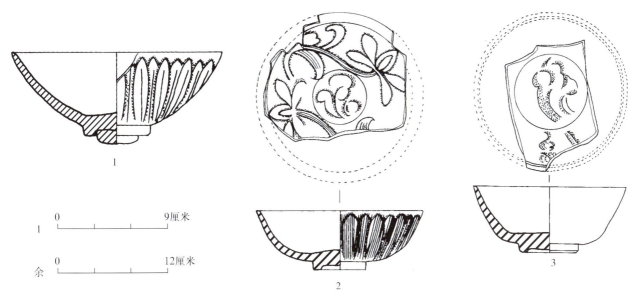

图二二四　上垟 Y4 采集标本（三）
1～3.青瓷碗上垟Y4：13～15

彩版六六九　青瓷碗上垟 Y4：13　　　　　　彩版六七〇　青瓷碗上垟 Y4：14

彩版六七一）。

　　上垟 Y4：16，碗。残，略变形，可复原。敞口，尖圆唇，上腹壁斜直，下腹近底部弧收，浅挖圈足，足壁较直，足端外缘旋削。腹内壁刻"S"线纹将内壁均分为五个界面，各界内刻划朵云纹。浅灰色胎，质地细密。足端及足内无釉，余皆施青灰釉，釉面莹润。口外粘有少量窑渣。口径18.2、足径6.4、高6.7厘米（图二二五，1；彩版六七二）。

　　上垟 Y4：18，碗。残，可复原。敞口，尖圆唇，弧腹壁、近底部缓收，圈足，足壁较直，足端外缘旋削。灰白色胎，质地细密。足端及足内无釉，余皆施青灰色釉，釉面莹润。足底部粘一垫饼。碗口径9.6、足径3.8、高3.5厘米。垫饼托径2.6、高0.5厘米（图二二五，2）。

　　上垟 Y4：20，碗。残，可复原。葵口，尖圆唇，唇面上切削出5个缺口，斜弧腹壁，底内略鼓，浅挖圈足，足外壁较直、内壁微外撇。浅灰色胎，质地细密。足端及足内无釉，余皆施青灰釉，釉面莹润。足内粘有一垫饼。碗口径12.8、足径4.2、高4.4厘米。垫饼托径2.8、高0.5厘米（图

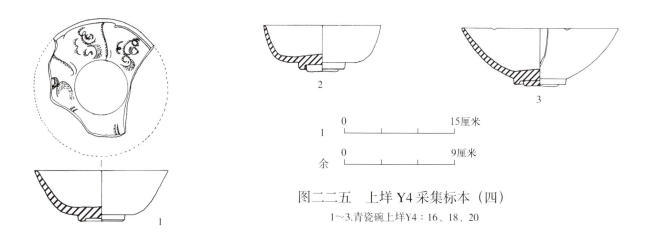

图二二五　上垟 Y4 采集标本（四）

1～3.青瓷碗上垟Y4：16、18、20

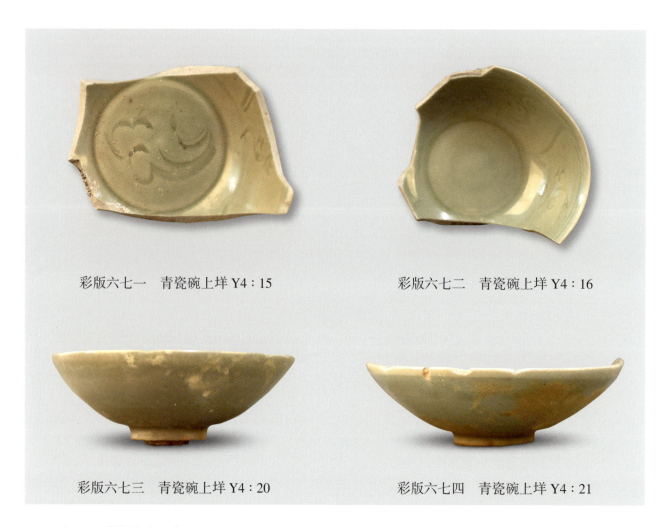

彩版六七一　青瓷碗上垟 Y4：15

彩版六七二　青瓷碗上垟 Y4：16

彩版六七三　青瓷碗上垟 Y4：20

彩版六七四　青瓷碗上垟 Y4：21

二二五，3；彩版六七三）。

　　上垟 Y4：21，碗。残，可复原。葵口，圆唇，唇面上切削出 5 个缺口，斜弧腹，底内略上鼓，浅挖圈足，足壁较直，足端外缘旋削。底内心戳印"河滨遗范"四字。浅灰色胎，质地细密。足端及足内无釉，余皆施粉青釉，釉面莹润。口径 15.2、足径 5、高 4.5 厘米（图二二六，1；彩版六七四）。

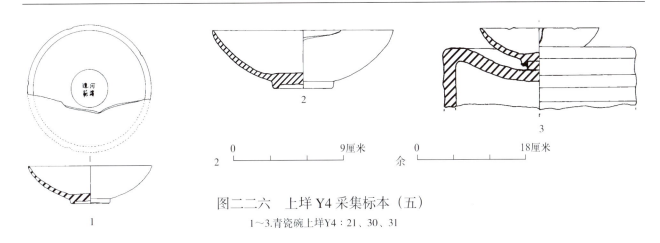

图二二六　上垟 Y4 采集标本（五）

1～3.青瓷碗上垟Y4：21、30、31

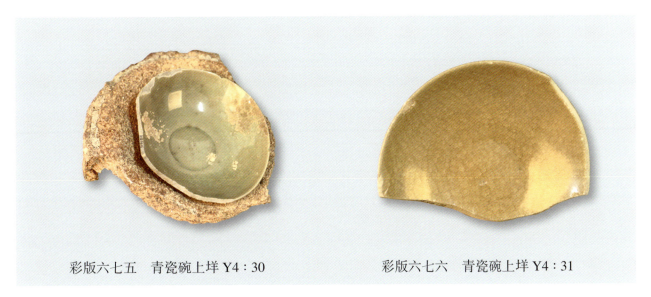

彩版六七五　青瓷碗上垟 Y4：30　　　　彩版六七六　青瓷碗上垟 Y4：31

　　上垟 Y4：30，碗。残，可复原。碗、垫饼和 M 形匣钵粘为一体，通高9.8厘米。葵口，尖圆唇，唇面上切削出 5 个缺口，斜弧腹壁，底内略鼓，浅挖圈足，足壁较直。底内划一周弦纹，底内心戳印"河滨遗范"四字。浅灰色胎，质地细密。内壁施满釉，外壁施釉及底，釉色青中泛灰，釉面莹润、有开片。足内粘一垫饼。碗腹部、足部均粘在匣钵上。匣钵残缺，纵截面呈 M 型；外壁有明显轮旋痕；红褐色胎，质地粗糙。碗口径 14.8、足径 4.4、高 4.4 厘米。垫饼托径 2.4、高 2 厘米。匣钵底径 24、残高 7.5 厘米（图二二六，2；彩版六七五）。

　　上垟 Y4：31，碗。残，可复原。敞口，尖圆唇，斜弧腹壁，底内略鼓，浅挖圈足，足心凸起，足壁较直。浅灰色胎，质地细密。足端及足内无釉，余皆施青黄釉，釉面莹润、有细密开片。口径 14.8、足径 5、高 4.6 厘米（图二二六，3；彩版六七六）。

　　2. 青瓷盘

　　上垟 Y4：22，盘。残，可复原。敞口，圆唇，浅弧腹，底内略鼓，浅挖圈足，足壁较直，足端斜削。腹外壁刻双层莲瓣纹，瓣体肥硕。红褐色胎，质地细密、中有气孔。足端及足内无釉，余皆施土黄色釉，釉面莹润、有细密开片。口径 16.2、足径 6.4、高 4.7 厘米（图二二七，1；彩版六七七）。

　　上垟 Y4：23，盘。残，可复原。敞口，尖圆唇，浅弧腹，浅挖圈足，足壁较直。底内划一周弦纹；腹内壁近底部划一周凹弦纹；腹外壁刻双层莲瓣纹，瓣体肥硕、中脊凸起。灰褐色胎，质地细

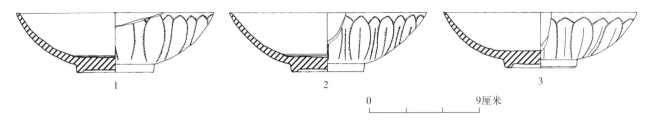

图二二七　上垟 Y4 采集标本（六）

1～3.青瓷盘上垟 Y4：22～24

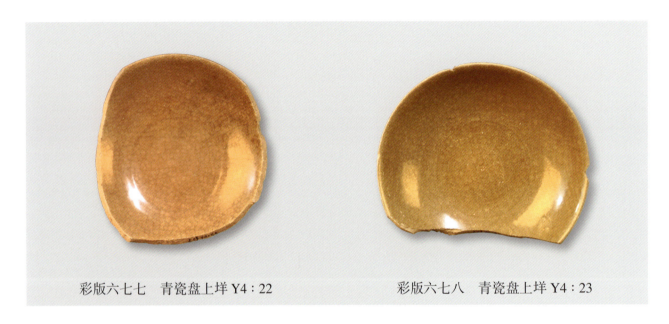

彩版六七七　青瓷盘上垟 Y4：22　　　　　　　　彩版六七八　青瓷盘上垟 Y4：23

密。足端及足内无釉，余皆施青黄釉，釉面莹润、有细密开片。口径 16.2、足径 6、高 4.7 厘米（图二二七，2；彩版六七八）。

上垟 Y4：24，盘。残，可复原。敞口，圆唇，浅弧腹壁，浅挖圈足，足壁较直。底内划一周弦纹；腹外壁刻双层莲瓣纹，瓣体肥硕，中脊凸起。灰白色胎，质地细密。足端及足内无釉，余皆施青黄釉，釉面玻质感强、开片稀疏。口径 15.8、足径 6、高 4.4 厘米（图二二七，3；彩版六七九）。

上垟 Y4：25，盘。残，可复原。敞口，尖唇，浅弧腹壁，底内凸起，浅挖圈足，足壁较直，足端外缘旋削。底内划一周弦纹；腹外壁刻双层莲瓣纹，瓣体圆润，中脊凸起。灰白色胎，质地细密。足端及足内无釉，余皆施青灰釉，釉面玻质感强、有稀疏开片。足内粘有窑渣。口径 16、足径 6、高 3.3 厘米（图二二八，1；彩版六八〇）。

上垟 Y4：26，盘。残，可复原。敞口，尖唇，浅弧腹壁，浅挖圈足，足壁较直，足端斜削、外缘有一周小缺口。内壁近底部划一周凹弦纹；外壁刻莲瓣纹，瓣端较尖。浅灰色胎，质地细密。足端及足内无釉，余皆施青灰釉，釉面莹润、有开片。口径 16、足径 6、高 4.2 厘米（图二二八，2；彩版六八一）。

上垟 Y4：27，盘。残，可复原。敞口，尖圆唇，浅弧腹壁，底内凸起，浅挖圈足，足壁较直，足端外缘旋削。底内划一周弦纹；腹外壁刻双层莲瓣纹，瓣体圆润。灰白色胎，质地细密。足内无釉，余皆施青灰釉，釉层玻质感强、有细密气泡。腹外壁粘有一块窑渣。足内粘一垫饼。盘口径 16.4、

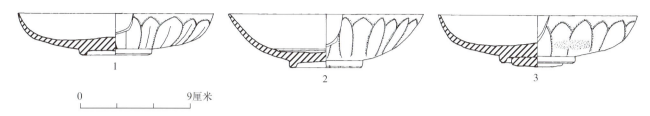

0   9厘米

图二二八 上垟 Y4 采集标本（七）

1～3.青瓷盘上垟Y4：25～27

彩版六七九 青瓷盘上垟 Y4：24

足径6.2、高3.8厘米。垫饼托径4.2、高0.7厘米（图二二八，3；彩版六八二）。

上垟Y4：28，盘。残，可复原。敞口，尖唇，浅弧腹壁，底内凸起，浅挖圈足，足壁较直。底内划一周弦纹；腹外壁刻莲瓣纹，瓣体肥硕，中脊凸起。灰白色胎，质地细密、中有细密气泡。足端及足内无釉，余皆施青灰釉，釉面莹润、有开片。足内粘一垫饼。盘口径16.2、足径6.2、高4.3厘米。垫饼托径4、高0.8厘米（图二二九，1；彩版六八三）。

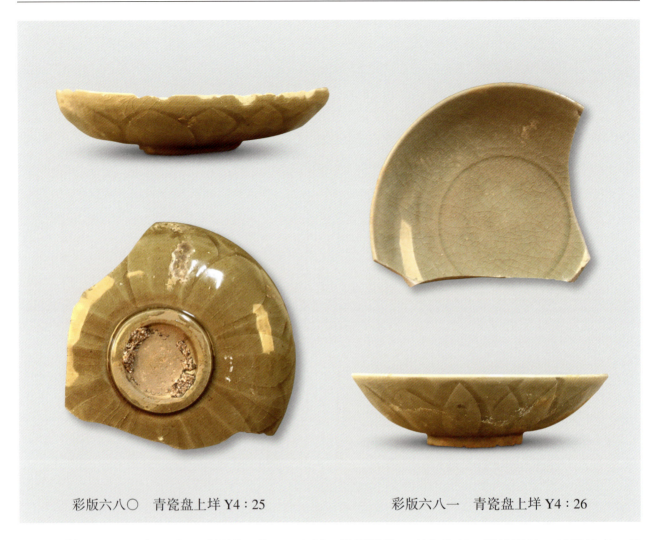

　　　　　彩版六八〇　青瓷盘上垟 Y4：25　　　　　　　彩版六八一　青瓷盘上垟 Y4：26

　　上垟 Y4：29，盘。残，可复原。敞口，尖唇，浅弧腹壁，底内凸起，浅挖圈足，足壁较直，足端外缘旋削。底内划一周弦纹；腹外壁刻双层莲瓣纹，瓣体肥硕，中脊凸出。浅灰色胎，质地细密。内足端及足内无釉，余皆施青灰釉，釉面莹润、有开片。足内有垫饼痕迹。口径 16.4、足径 6.4、高 2.8 厘米（图二二九，2）。

　　上垟 Y4：32，盘。残，可复原。敞口，尖圆唇，上腹壁斜直，下腹壁折收，平底微凹。底内刻折枝花卉纹。红褐色胎，质地细密。底外无釉，余皆施土黄釉，釉面莹润、有开片。口径 10.5、足径 4、高 2.6 厘米（图二二九，3）。

　　上垟 Y4：33，盘。残，可复原。葵口外敞，圆唇，唇面上切削出 5 个缺口，斜弧腹壁，浅挖圈足，足壁较直，足端外缘旋削。腹内壁刻划 "S" 形曲线纹，将腹部均分为 5 个区间，各区间内刻划简洁云气纹；底内划一周弦纹；底内心刻划一朵梅花。浅灰色胎，质地细密。足内无釉，余皆施粉青釉，釉面莹润。腹外壁粘有少量窑渣。口径 10.5、足径 4、高 2.6 厘米（图二三〇，1；彩版六八四）。

　　上垟 Y4：34，盘。残，可复原。葵口微侈，圆唇，唇沿上切削出 6 个缺口，浅斜弧腹壁，隐圈足，挖足较浅。口、底内各划一周弦纹，壁内以 6 组双竖线纹将弦纹带均分为 6 个区间。浅灰色胎，质地细密。足端无釉，余皆施青灰釉，釉面莹润。口径 15.2、足径 5.2、高 2.9 厘米（图二三〇，2；彩版六八五）。

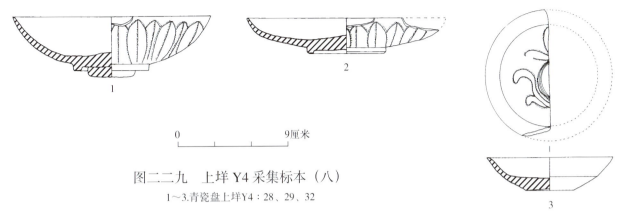

图二二九　上垟 Y4 采集标本（八）

1～3.青瓷盘上垟Y4：28、29、32

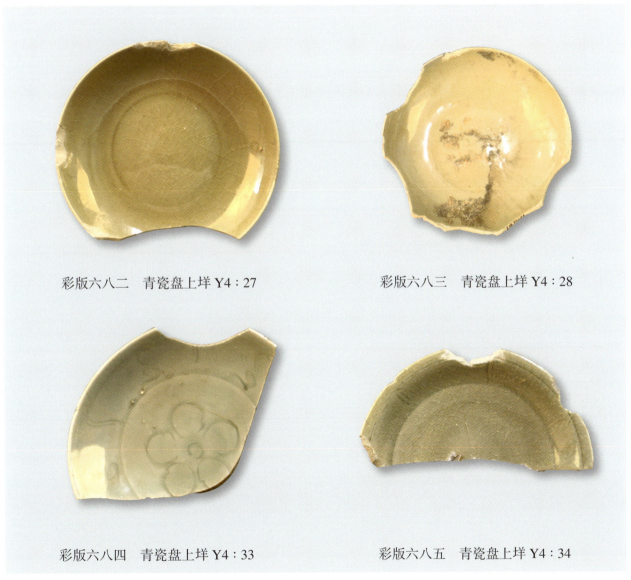

彩版六八二　青瓷盘上垟 Y4：27　　　　　彩版六八三　青瓷盘上垟 Y4：28

彩版六八四　青瓷盘上垟 Y4：33　　　　　彩版六八五　青瓷盘上垟 Y4：34

　　上垟 Y4：35，盘。残，可复原。敞口，尖圆唇，上腹壁较直，下腹壁折收，平底微凹。灰褐色胎，质地细密。底外无釉，余皆施青黄釉，釉面莹润、有细密开片。口径 13、足径 4.4、高 3.5 厘米（图二三〇，3；彩版六八六）。

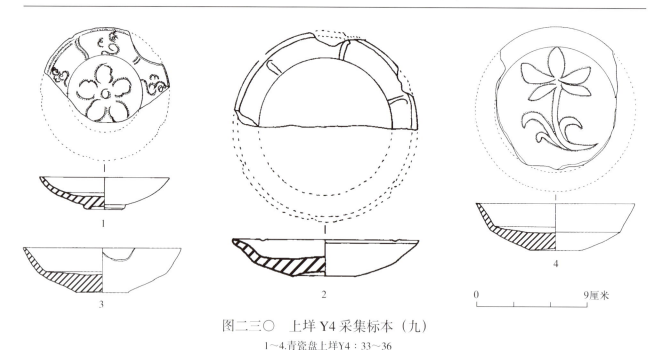

图二三〇　上垟 Y4 采集标本（九）

1～4.青瓷盘上垟Y4：33～36

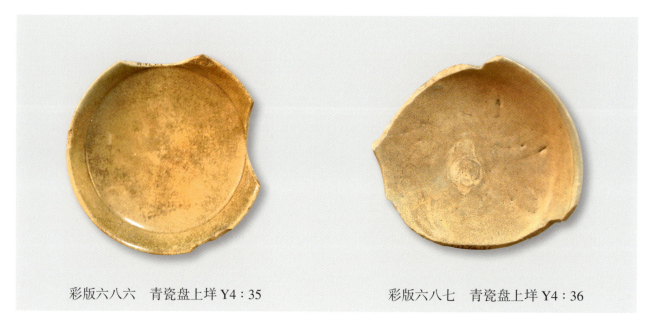

彩版六八六　青瓷盘上垟 Y4：35　　　　　　彩版六八七　青瓷盘上垟 Y4：36

　　上垟 Y4：36，盘。残，可复原。敞口，圆唇，上腹部较直，下腹部折收，平底微凹。底内刻曲茎荷花纹，较模糊。浅灰色胎，质地细密。底外无釉，余皆施粉青釉。口径 13、底径 4.2、高 3.7 厘米（图二三〇，4；彩版六八七）。

　　3. 青瓷洗

　　上垟 Y4：17，洗。残，可复原。敞口，窄折沿，尖唇，上腹壁较直，下腹壁近底处折收，底略大于圈足，矮圈足，足壁较直。灰白色胎，质地细密。足端刮釉，余皆施青黄釉，釉面莹润。口径 13、足径 6.4、高 4.3 厘米（图二三一，1）。

　　上垟 Y4：19，洗。残，可复原。敞口，窄折沿，尖唇，上腹壁斜直，下腹壁近底部折收，底略大于圈足，矮圈足，足壁较直。灰白色胎，质地细密。足端刮釉，余皆施青灰釉，釉面莹润、有稀

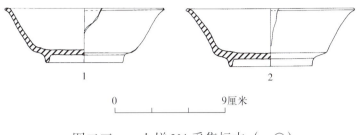

图二三一　上垟 Y4 采集标本（一〇）
1、2.青瓷洗上垟Y4：17、19

彩版六八八　青瓷洗上垟 Y4：19

疏开片。口径 13.8、足径 6.8、高 4.6 厘米（图二三一，2；彩版六八八）。

4. 青瓷擂钵

上垟 Y4：37，擂钵。口沿残片，不可复原。侈口，圆唇。腹内壁刻划细密弧线纹，外壁刻双重莲瓣纹，瓣体肥硕，中脊凸起。灰白色胎，质地细密。仅口内外施釉，釉呈青灰色。口径 17.2、残高 5.5厘米（图二三二，1）。

上垟 Y4：38，擂钵。残，可复原。直口微敞，圆唇，窄折沿，深弧腹壁，圈足，足壁较直，足端外缘旋削。腹内壁自底心向外刻划交叉弧线纹，外壁有明显刮痕。浅灰色胎，质地细密、中有气孔。仅口内、外施釉，釉呈青黄色。圈足内粘一垫饼。钵口径 23.9、足径 8、高 13.6 厘米。垫饼托径 5.8、高 2.2 厘米（图二三二，2；彩版六八九）。

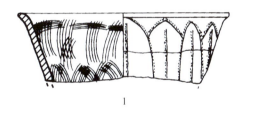

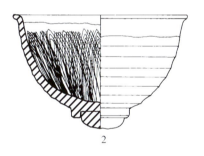

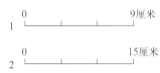

图二三二　上垟 Y4 采集标本（一一）
1、2.青瓷擂钵上垟Y4：37、38

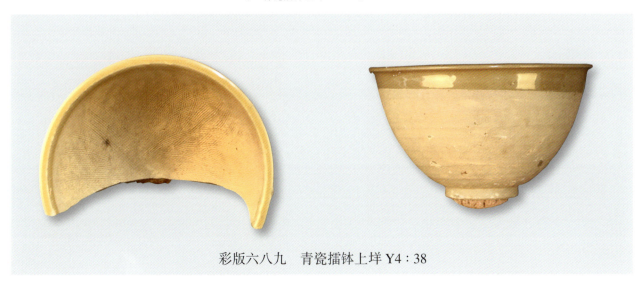

彩版六八九　青瓷擂钵上垟 Y4：38

5. 青瓷器盖

上垟 Y4：39，器盖。残，可复原。直口，方唇，盖面圆隆，中心有圆饼形纽。盖面及口外缘刻划放射状线纹。浅灰色胎，质地细密。唇部无釉，余皆施青黄釉，釉面有细密开片。口径 11、纽径 3.2、高 2.2 厘米（图二三三）。

（二）窑具

垫饼

上垟 Y4：1，垫饼。瓷质垫饼和手捏粗泥质垫饼粘连体。通高 2 厘米（图二三四，1）。

上垟 Y4：1A，瓷质垫饼。浅盘形，托面平整，中心内凹，底面微凹。浅灰色胎，质地细密。口径 9、底径 4、高 1.5 厘米。

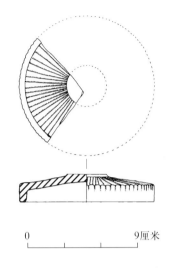

图二三三　上垟 Y4 采集标本（一二）

青瓷器盖上垟 Y4：39

上垟 Y4：1B，粗泥质垫饼。呈圆饼状，托面平整，底部较弧。灰褐色胎，质地疏松。托径 3.6、高 0.5 厘米。

上垟 Y4：2，垫饼。瓷质垫饼和手捏粗泥质垫饼粘连体。通高 1.6 厘米（图二三四，2；彩版六九〇）。

上垟 Y4：2A，瓷质垫饼。浅盘形，托面平整，中心内凹，底面微凹。浅灰色胎，质地细密。口径 8.4、足径 4.4、高 1.2 厘米。

上垟 Y4：2B，粗泥质垫饼。呈圆饼状，托面平整，底部较弧。灰褐色胎，质地疏松。托径 3、高 0.4 厘米。

上垟 Y4：3，垫饼。瓷质垫饼和手捏粗泥质垫饼粘连体。通高 1.7 厘米（图二三四，3；彩版六九一）。

上垟 Y4：3A，瓷质垫饼。浅盘形，托面平整，中心内凹，底面微凹。浅灰色胎，质地细密。口径 7.6、底径 3.2、高 1.2 厘米。

上垟 Y4：3B，粗泥质垫饼。呈圆饼状，托面平整，底部较弧。灰褐色胎，质地疏松。托径 2、高 0.5 厘米。

上垟 Y4：4，垫饼。浅盘形，托面平整，中心内凹，底面微凹。浅灰色胎，质地细密。口径 6.8、底径 3.2、高 1.1 厘米（图二三四，4）。

上垟 Y4：5，垫饼。浅盘形，托面平整，中心内凹，底面斜平。浅灰色胎，质地细密。口径 5.9、

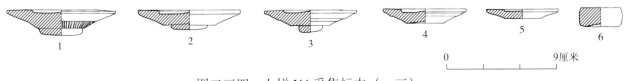

图二三四　上垟 Y4 采集标本（一三）

1～6. 垫饼上垟 Y4：1～6

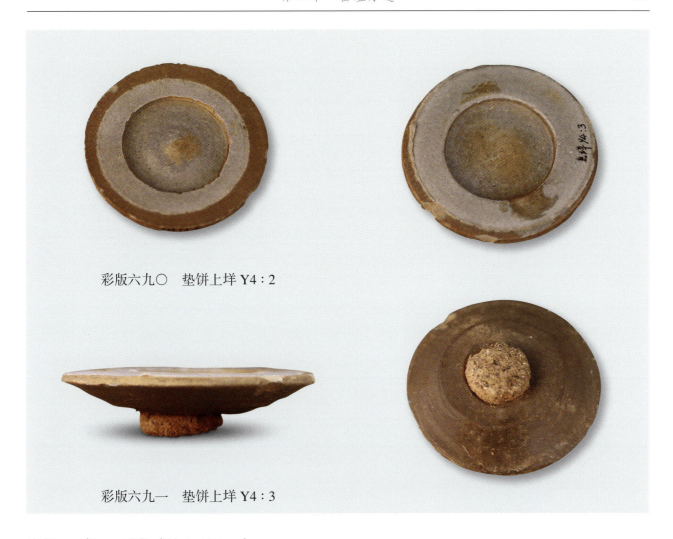

彩版六九○ 垫饼上垟 Y4:2

彩版六九一 垫饼上垟 Y4:3

底径 3、高 0.7 厘米（图二三四，5）。

上垟 Y4:6，粗泥质垫饼。呈圆饼状，托面较平，底部有指窝痕。红褐色胎，质地粗糙。口径 3.2、底径 3.2、高 1.5 厘米（图二三四，6）。

三 小结

2011 年 11 月 22 日，在调查上垟 Y4 时，发现地面遗物比较丰富，垫具中小型泥质陶垫饼多见，圆形瓷垫饼少见。观察窑具判断器物的垫烧方式为：一部分器物以泥垫饼垫于器物底外直接放入 M 型匣钵，另一部分器物则在泥垫饼和器物圈足之间垫以瓷垫饼，以前一种垫烧方式为主。瓷产品主要由碗、盘、洗、擂钵等构成，其中碗类产品占绝大部分。釉色有粉青、青灰、青黄三种。器物装饰以单面刻花为主，纹饰有单支荷花纹、双支荷花纹、云气纹、莲瓣纹等，部分碗底内印有"河滨遗范"文字。

南宋晚期碗、盘类产品中以腹外壁刻饰莲瓣纹、腹内无纹饰者最多见，如上垟 Y4:7、12、13、22～29。南宋中期折腹小盘亦较多见，如上垟 Y4:32、34～36。据本次调查结果判断，上垟 Y4 盛烧于南宋中晚期。

第二二节　上垟5号窑址

一　调查概况

位于竹口镇上垟村门口山西麓，金奔1号民居北侧，4号民居西侧20米处。西距龙泉溪20米（彩版六九二、六九三）。中心地理坐标为北纬27°47′32″，东经118°59′57″，海拔高度375米。现地貌为坡地，窑址上方种植毛竹。金奔1号民居的修建对窑址造成严重破坏。

彩版六九二　上垟Y5远景

彩版六九三　上垟Y5窑具再利用场景

未见窑炉。以地形判断，窑炉方向可能为东西向。

残品堆积呈南北向带状分布于坡地上，长约 20、宽 10、厚 1 米。

M 型匣钵常见规格为口径 25、高 9.5 厘米。圆形瓷垫饼多见，小型泥质陶垫饼制作较随意。

产品以灰胎青釉瓷器为主，红胎黄釉瓷器少见。器形有碗、擂钵、瓶等。

此窑产品以碗为主。年代判定为宋代。

二　采集标本

共 15 件。

（一）瓷器

1. 青瓷碗

上垟 Y5：6，碗。残，可复原。器体略变形。敞口，尖圆唇，斜弧腹壁，圈足，足心微凸。底内阴印折枝牡丹纹，腹外壁刻双层莲瓣纹。胎体呈灰色，质地较致密。足内无釉，余皆施青灰釉，釉层有细密气泡，釉面开片稀疏。口径 14、足径 5.4、高 6.8 厘米（图二三五，1；彩版六九四）。

上垟 Y5：7，碗。残。弧腹壁，圈足，足端外缘斜削。腹内壁刻划卷草纹，底内阴印五瓣朵花。灰色胎，质地较致密、中有气孔。足端及足内无釉，余皆施青绿釉，釉层薄且有细密气孔。足径 5.4、残高 6 厘米（图二三五，2；彩版六九五）。

上垟 Y5：8，碗。残，可复原。敞口，尖圆唇，斜弧腹壁，圈足。底内阴印折枝莲纹；腹外壁刻双层莲瓣纹，中脊凸出。灰色胎，质地较致密。足端及足内无釉，余皆施青灰釉，釉层有细密气泡。口径 16.2、足径 5.2、高 6.1 厘米（图二三五，3；彩版六九六）。

上垟 Y5：9，碗。残，可复原。敞口，尖圆唇，弧腹壁，圈足。腹外壁刻双层莲瓣纹，中脊凸出。灰色胎，质地较致密。足端及足内无釉，余皆施青灰釉，釉层有细密气孔。口径 10.4、足径 4.4、高 5.4 厘米（图二三六，1；彩版六九七）。

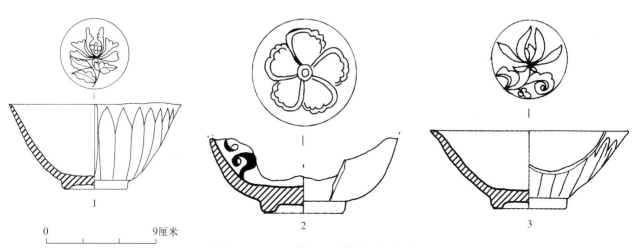

图二三五　上垟 Y5 采集标本（一）

1～3.青瓷碗上垟Y5：6～8

彩版六九四　青瓷碗上垟 Y5：6　　　　　　　彩版六九五　青瓷碗上垟 Y5：7

彩版六九六　青瓷碗上垟 Y5：8

　　上垟 Y5：10，碗。残。斜弧腹壁，圈足，足端外缘斜削。腹外壁刻双层莲瓣纹，中脊凸出。灰色胎，质地较致密。足端及足内无釉，余皆施粉青釉，釉层有细密开片。足径 5.6、残高 3.5 厘米（图二三六，2）。

　　上垟 Y5：11，碗。残，可复原。敞口，圆唇，斜弧腹壁，圈足，足心凸起，足外缘斜削。腹外壁刻双重莲瓣纹，中脊凸出。灰色胎，质地较致密。足端及足内无釉，余皆施青灰釉，釉层有细密开片。底内粘有少量窑渣。口径 10、足径 4.1、高 5 厘米（图二三六，3）。

　　上垟 Y5：12，碗。残，器底崩裂，不可复原。斜弧腹壁，圈足，足心凸起，足端外缘斜削。腹外壁刻双重莲瓣纹，中脊凸出。灰色胎，质地较致密、中有气孔。足内无釉，余皆施粉青釉，釉面开片稀疏。足内粘附垫饼残块。足径 5.2、残高 4 厘米（图二三六，4）。

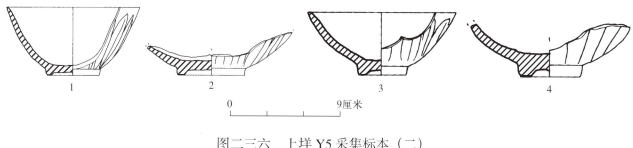

图二三六　上垟 Y5 采集标本（二）

1～4.青瓷碗上垟Y5：9～12

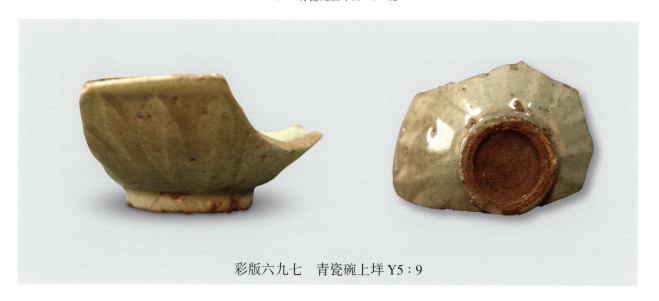

彩版六九七　青瓷碗上垟 Y5：9

2. 青瓷罐

上垟 Y5：15，罐。口、腹部残片。敛口，广肩，弧腹。肩部刻饰复瓣莲花纹，莲瓣上饰篦划纹；腹部刻饰缠枝花卉纹，内填篦划纹。胎体厚重，胎色浅灰，质地较致密、中有气孔。腹内、外施青绿釉。腹径30、残高11.5厘米（图二三七，1；彩版六九八）。

3. 青瓷洗

上垟 Y5：13，洗。残，不可复原。下腹壁近底部折收，圈足。灰白胎，质地较致密。足端刮釉，余皆施粉青釉。足径8、残高2.5厘米（图二三七，2）。

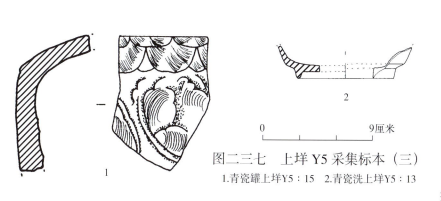

图二三七　上垟 Y5 采集标本（三）

1.青瓷罐上垟Y5：15　2.青瓷洗上垟Y5：13

彩版六九八　青瓷罐上垟 Y5：15

（二）窑具

1. 垫饼

上垟 Y5：1，垫饼。截面呈"T"形。托面平整，中间内凹，底面微凹。红褐色胎，质地较致密。无釉素烧。托径 7.9、底径 4.3、高 1.4 厘米（图二三八，1；彩版六九九）。

上垟 Y5：2，垫饼。截面微呈"T"形。托面平整，中间内凹，底面斜平。深灰色胎，质地较致密。无釉素烧。托径 5.9、底径 3.3、高 0.7 厘米（图二三八，2）。

上垟 Y5：3，垫饼。截面呈"T"形。托面平整，中间内凹，底面微凹。深灰色胎，质地较致密。无釉素烧。托径 8、底径 3.4、高 1.1 厘米（图二三八，3；彩版七〇〇）。

上垟 Y5：4，垫饼。略呈圆形。托面平整，中间内凹。灰褐色粗泥质胎体。托径 3.6～4、高 1.1 厘米（图二三八，4）。

上垟 Y5：5，垫饼。圆饼形。托面平整。灰褐色粗泥质胎体。托径 3.2、高 1 厘米（图二三八，5）。

2. 试火器

上垟 Y5：14，试火器。残。碗腹底残片改制而成，圈足，下腹部近圈足处穿孔，孔径 0.6 厘米。腹内壁刻划简洁花纹，以篦点纹为地。浅灰色胎，质地较致密。足端及足内无釉，余皆施淡青釉。足径 3.6、残高 2.6 厘米（图二三八，6；彩版七〇一）。

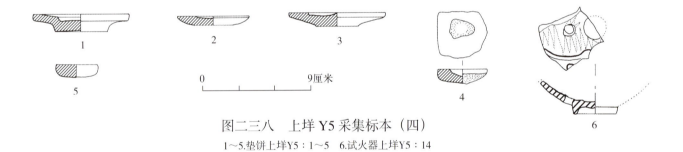

图二三八　上垟 Y5 采集标本（四）

1~5.垫饼上垟Y5：1~5　6.试火器上垟Y5：14

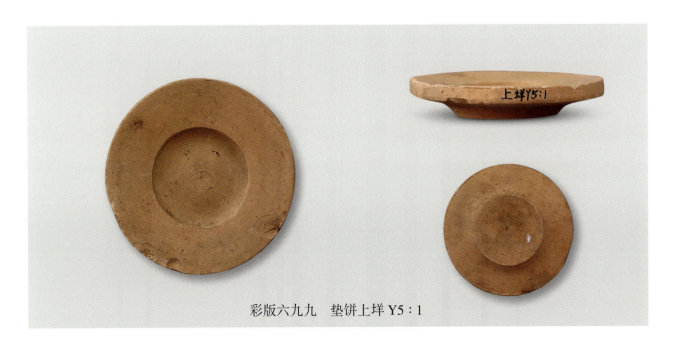

彩版六九九　垫饼上垟 Y5：1

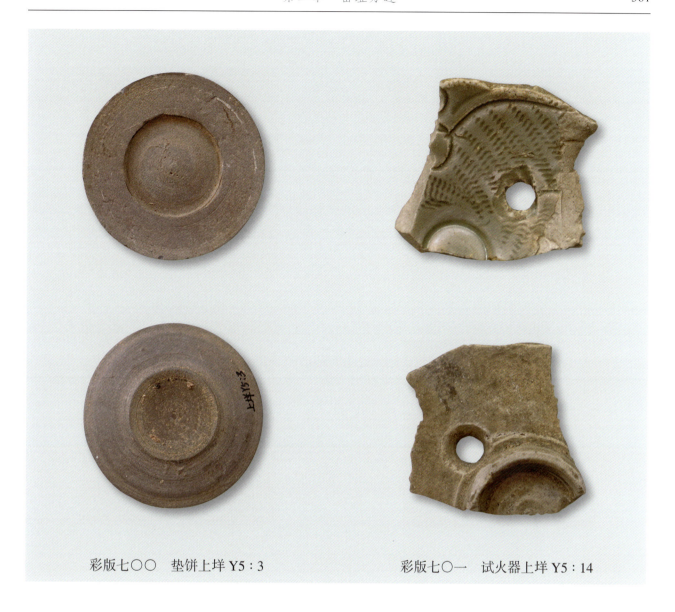

彩版七〇〇　垫饼上垟 Y5：3　　　　　　彩版七〇一　试火器上垟 Y5：14

三　小结

据庆元县第三次全国文物普查资料，上垟 5 号窑位于龙泉溪东岸上垟村西侧，北距 3 号窑约500 米，南与 4 号窑并列，仅隔一小山坳，西向山脚下临溪。村落建在窑址所在的小岗背上，堆积面表层部分遭到破坏。采集到的产品以碗为大宗，盘、洗、碟、瓶、炉次之。胎色以灰白居多，有部分碗为黑胎产品，釉色有青灰、青黄、青绿等。碗类产品纹饰有花草、篦纹、折扇纹，莲瓣，内地印花等，有的碗内底印有"河滨遗范"文字款。还见有斗笠式碗、芒口小碗、花口盘、鬲式炉、凤耳瓶、环耳瓶等。年代定为北宋至元代[1]。

2011 年 12 月 5 日，在调查上垟 Y5 时，地面采集遗物没有庆元县第三次全国文物普查采集遗物丰富。圆形瓷垫饼多见，小型泥质陶垫饼少见。以乳浊粉青釉为主，青灰釉较少见。瓷产品以南宋晚期敞口碗为大宗，一类为腹外壁刻饰莲瓣纹，底内心印花，如上垟 Y5：6～8；另一类为腹外壁

---

[1]　叶海主编：《菇乡遗韵：庆元县第三次全国文物普查成果专辑》，西泠印社出版社，2012 年。

刻饰莲瓣纹，腹内无纹饰，如上垟 Y5：9 ～ 12。另有南宋晚期粉青釉洗（上垟 Y5：13）。采集遗物中未见到元代遗物。据本次调查结果判断，上垟 Y5 盛烧于南宋晚期。

第二三节　　上垟 6 号窑址

一　调查概况

位于竹口镇上垟村金奔山西麓，金奔 1 号民居南约 120 米、上垟 4 号窑址南约 80 米处。西距龙泉溪约 100 米。中心地理坐标为北纬 27°47′28″，东经 118°59′58″，海拔高度 386 米。现地貌呈阶地状，窑址上方种植竹木。窑址盗扰严重（彩版七〇二）。

未见窑炉。以地形判断，窑炉方向当为东西向（彩版七〇三）。

彩版七〇二　上垟 Y6 远景

彩版七〇三　上垟 Y6 近景

残品堆积丰富，呈东西向带状分布于坡地上，长约30、宽20、厚1.5厘米。

M型匣钵可成套，规格分别为：口径25、高9厘米，口径23、高8厘米，口径17、高7.5厘米，口径16、高6厘米，口径13、高6厘米，口径12.5、高6.5厘米。

平底匣钵仅见1种，口径7.5、底径9、高4.5厘米。

小型泥质陶垫饼多见，制作较随意。

产品多为灰胎青釉瓷器，器形有碗、盘、壶等。器物多饰以刻划花卉纹饰。

此窑产品以碗为主。年代判定为宋代。

二　采集标本

共20件。

（一）瓷器

1. 青瓷碗

上垟Y6：3，碗。残，可复原。直口微敞，圆唇，斜弧腹壁，圈足。腹内壁刻划曲茎蔓枝莲花纹、篦点纹、波曲纹及弦纹，底内刻划菊花纹，腹外壁刻折扇纹。红褐色胎，质地较致密。足端及足内无釉，余皆施青黄釉，釉层浑浊、有细密开片。口径20、足径5.6、高4.2厘米（图二三九，1；彩版七〇四）。

上垟Y6：4，碗。残，可复原。直口，圆唇，斜弧腹壁，底内微凸，小圈足，挖足较浅。腹内壁刻划凹弦纹、蔓枝花纹、篦点纹，腹外壁刻划折扇纹。浅灰色胎，质地致密。足端及足内无釉，余皆施青黄釉，釉层玻质感强、有细密开片。口径15.6、足径5.6、高4.2厘米（图二三九，2；彩版七〇五）。

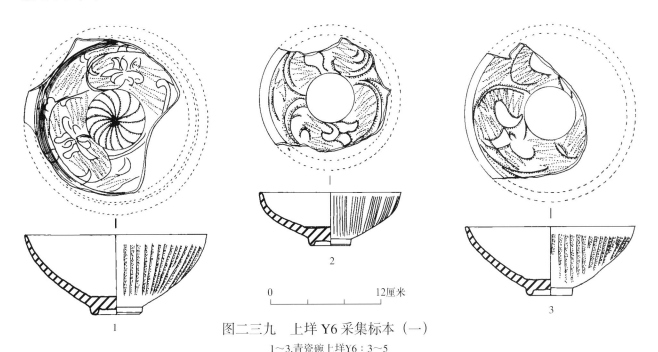

图二三九　上垟Y6采集标本（一）

1～3.青瓷碗上垟Y6：3～5

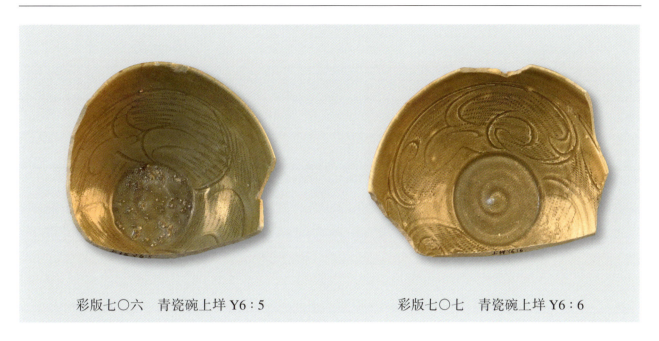

彩版七〇六　青瓷碗上垟 Y6：5　　　　　　彩版七〇七　青瓷碗上垟 Y6：6

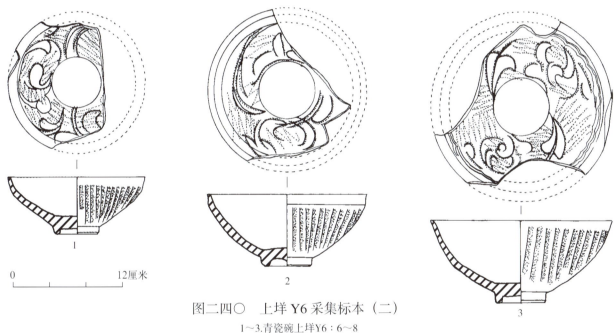

图二四〇　上垟 Y6 采集标本（二）

1～3.青瓷碗上垟Y6：6～8

　　上垟 Y6：5，碗。残，可复原。直口微敞，圆唇，斜弧腹壁，浅挖小圈足。腹内壁饰简洁刻花纹、篦点纹及弦纹，腹外壁刻折扇纹。浅灰色胎，质地致密。足端及足内无釉，余皆施青黄釉，釉层浑浊、中有细密气孔，釉面局部开片。口径 18.8、足径 4.8、高 7.3 厘米（图二三九，3；彩版七〇六）。

　　上垟 Y6：6，碗。残，可复原。直口微敞，圆唇，斜弧腹壁，浅挖小圈足。腹内壁刻划蔓枝花纹、篦点纹及弦纹，腹外壁刻折扇纹。灰白色胎，质地致密。足端及足内无釉，余皆施青黄釉，釉层浑浊、有细密开片。口径 15、足径 4.8、高 6 厘米（图二四〇，1；彩版七〇七）。

　　上垟 Y6：7，碗。残，可复原。口微敛，圆唇，上腹壁较直，中下壁斜弧收，底内微凸起，圈足略小，足心凸起，足端外缘斜削。腹内壁刻划凹弦纹、蔓枝花纹、压印篦点纹，腹外壁刻折扇纹。灰白色

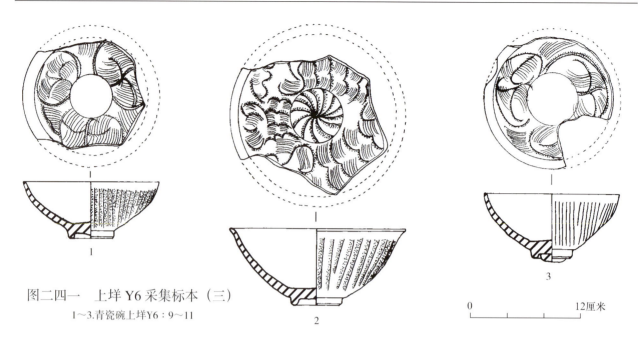

图二四一　上垟 Y6 采集标本（三）

1~3.青瓷碗上垟Y6：9~11

0　　　　　　　　　　12厘米

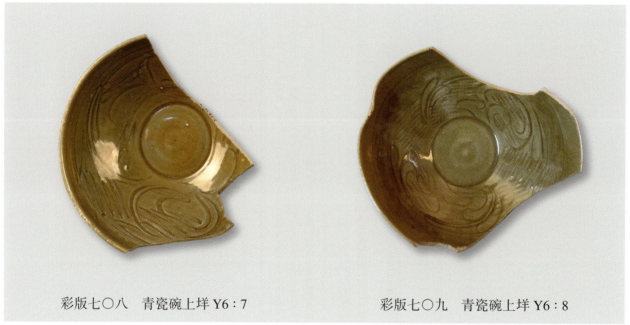

彩版七〇八　青瓷碗上垟 Y6：7　　　　　　　彩版七〇九　青瓷碗上垟 Y6：8

胎，质地致密。足端及足内无釉，余皆施青黄釉。口径 17.6、足径 5.5、高 7.6 厘米（图二四〇，2；
彩版七〇八）。

　　上垟 Y6：8，碗。残，可复原。直口，尖圆唇，斜弧腹壁，浅挖小圈足，足端外缘斜削。腹内
壁饰简洁花纹、篦点纹、波曲纹及弦纹，腹外壁刻折扇纹。浅灰色胎，质地细密。足端及足内无釉，
余皆施青黄釉。口径 20、足径 5.6、高 8.6 厘米（图二四〇，3；彩版七〇九）。

　　上垟 Y6：9，碗。残，可复原。敞口，圆唇，斜弧腹壁，底内微凸起，圈足略小，足心凸起，
足端外缘斜削。腹内壁刻划凹弦纹、蔓枝花纹，内填篦划纹；腹外壁刻折扇纹。灰白色胎，质地致密。
足端及足内无釉，余皆施青绿釉，釉层浑浊、有细密开片。口径 15、足径 5、高 6 厘米（图二四一，1；
彩版七一〇）。

彩版七一〇　青瓷碗上垟 Y6：9　　　　　　　　彩版七一一　青瓷碗上垟 Y6：10

彩版七一二　青瓷碗上垟 Y6：11　　　　　　　彩版七一三　青瓷碗上垟 Y6：12

　　上垟 Y6：10，碗。残，可复原。侈口，尖圆唇，深弧腹壁，底内微凸起，圈足略小，足端外缘斜削。腹内壁饰刻花纹，内填篦划纹；底内刻菊花纹；腹外壁刻折扇纹。浅灰色胎，质地致密。足端及足内无釉，余皆施青黄釉，釉层浑浊、有细密开片。口径 19.2、足径 5.6、高 8.2 厘米（图二四一，2；彩版七一一）。

　　上垟 Y6：11，碗。残，略变形，可复原。直口微敞，尖圆唇，斜弧腹壁，底内微凸起，圈足略小，足端外缘斜削。腹内壁饰凹弦纹、简洁刻花纹，内填篦划纹；腹外壁饰一周竖划纹。浅灰色胎，质地致密、中有气孔。足端及足内无釉，余皆施青黄釉。腹外壁粘有少量窑渣。足内粘一泥垫饼。碗口径 14.8、足径 4.4、高 6.8 厘米。垫饼托径 2.5、高 1 厘米（图二四一，3；彩版七一二）。

　　上垟 Y6：12，碗。残，略变形，可复原。敞口，尖圆唇，浅斜弧腹壁，底心饰乳丁纹，小圈足，足端外缘斜削。腹内壁及底部饰简洁刻花纹，内填篦划纹；腹外壁有轮旋痕。灰白色胎，质地致密。足端及足内无釉，余皆施青黄釉。足内粘一粗泥质垫饼。碗口径 11.8、足径 3.8、高 3.3～3.4 厘米。垫饼托径 1.6、高 0.5 厘米（图二四二，1；彩版七一三）。

　　上垟 Y6：13，碗。1 组 2 件。两者之间粘一匣钵残体。残，微变形（图二四二，2；彩版七一四）。

　　上垟 Y6：13A，上部一件。腹底部残片，可复原。斜弧腹壁，小圈足。腹内壁刻划凹弦纹、蔓

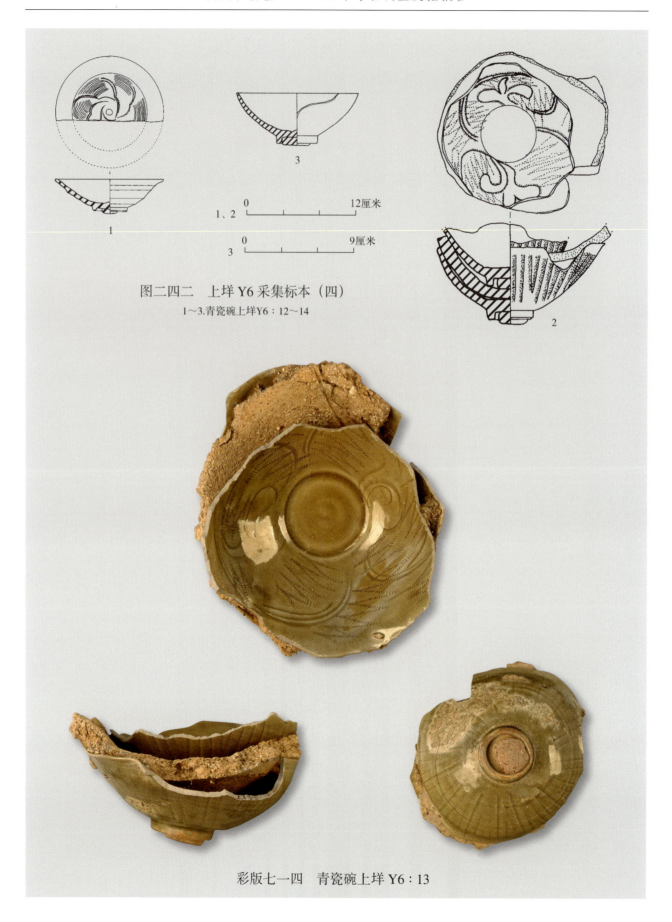

1、2 0 ——————— 12厘米

3 0 ——————— 9厘米

图二四二　上垟 Y6 采集标本（四）
1～3.青瓷碗上垟 Y6：12～14

彩版七一四　青瓷碗上垟 Y6：13

枝花纹、压印篦点纹，腹外壁刻折扇纹。灰白色胎，质地致密。内满釉、外壁施釉及底，釉色青黄。残高 6.6 厘米。

上垟 Y6：13B，下部一件。残，可复原。直口微敞，尖圆唇，上腹壁较直，中下部斜弧收，圈足略小，足端外缘斜削。腹内壁饰蔓枝刻花纹、压印篦点纹，腹外壁刻折扇纹。灰白色胎，质地致密。足端及足内无釉，余皆施青黄釉，釉层浑浊、有细密开片。腹外壁粘有少量窑渣。足内粘一粗泥质垫饼。碗口径 18.2、足径 5、高 7.8 厘米。垫饼托径 3.2、高 1.3 厘米。

上垟 Y6：14，碗。残，略变形，可复原。敞口，圆唇，浅斜弧腹壁，小圈足，足端外

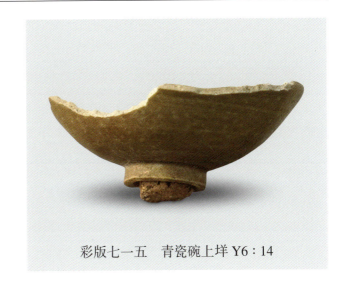

彩版七一五　青瓷碗上垟 Y6：14

缘斜削。底内心饰乳丁纹。浅灰色胎，质地致密、中有气孔。足端及足内无釉，余皆施青黄釉。底部粘一泥垫饼。碗口径 10、足径 3.4、高 4 厘米。垫饼托径 2.5、高 0.6 厘米（图二四二，3；彩版七一五）。

2. 青瓷盘

上垟 Y6：16，盘。残，可复原。敞口，圆唇，上腹壁斜直，下腹壁折收，底略大于圈足足端外缘斜削。底内饰折枝花纹、压印篦点纹，口外划一周弦纹。灰白色胎，质地致密、中有气孔。足端及足内无釉，余皆施青黄釉。圈足内粘一垫饼。盘口径 14.8、足径 4.8、高 4 厘米。垫饼托径 3、高 0.9 厘米（图二四三，1；彩版七一六）。

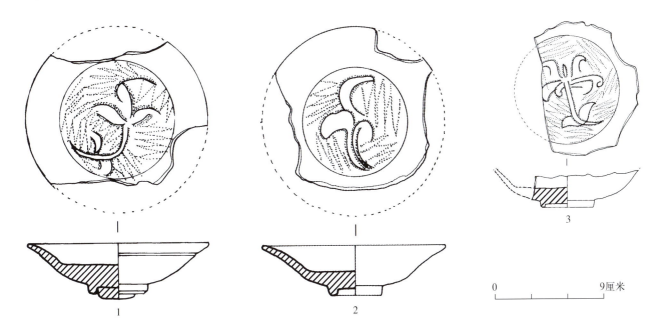

0　　　　　　　　9厘米

图二四三　上垟 Y6 采集标本（五）

1～3.青瓷盘上垟Y6：16～18

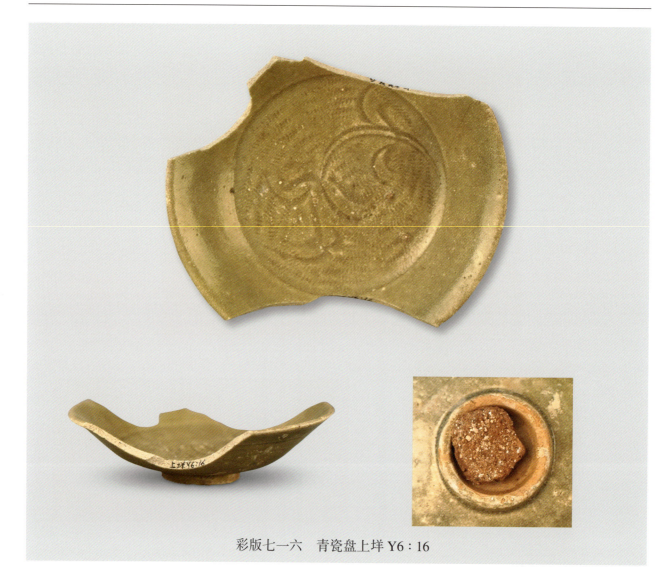

彩版七一六　　青瓷盘上垟 Y6：16

　　上垟 Y6：17，盘。残，可复原。敞口，圆唇，上腹壁斜直，下腹壁折收，底略大于圈足。底内饰简洁刻花纹、压印篦点纹。灰白色胎，质地致密。足端及足内无釉，余皆施青黄釉，釉面有开片。口径 15.2、足径 4.4、高 4 厘米（图二四三，2；彩版七一七）。

　　上垟 Y6：18，盘。腹底部残片，可复原。上腹壁斜直，下腹壁弧折收，底略大于圈足，浅挖小圈足。底内刻划曲茎荷花纹、压印篦点纹。浅灰色胎，质地致密。足端及足内无釉，余皆施青灰釉。足径 4.4、残高 3.2 厘米（图二四三，3；彩版七一八）。

　　3. 青瓷壶

　　上垟 Y6：20，壶。腹底部残片，可复原。底内心凸起，圈足外撇。腹内壁有轮旋痕。胎体厚重，中有气孔，质地致密，胎色灰白。足内刮釉一圈，余皆施青黄釉。底内粘有一块窑渣。足径 9.2、残高 4.8 厘米（图二四四，1）。

　　4. 青瓷罐

　　上垟 Y6：19，罐。上腹部残片，可复原。窄折沿，尖唇，直颈，溜肩。灰白色胎，质地致密。内、外壁施青灰釉。口径 13.2、残高 4.9 厘米（图二四四，2）。

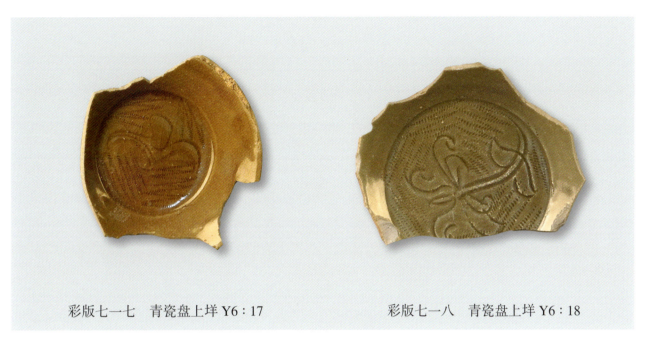

彩版七一七　青瓷盘上垟 Y6：17　　　　　　彩版七一八　青瓷盘上垟 Y6：18

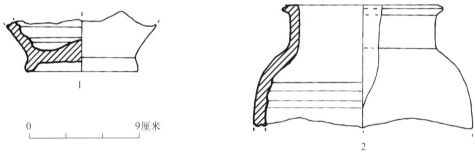

0　　　　　　9厘米

图二四四　上垟 Y6 采集标本（六）
1.青瓷壶上垟Y6：20　2.青瓷罐上垟Y6：19

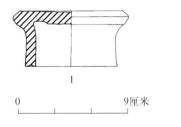

0　　　　　　9厘米

图二四五　上垟 Y6 采集标本（七）
1、2.匣钵上垟Y6：1、2

彩版七一九　匣钵上垟 Y6：2

（二）窑具

匣钵

上垟 Y6：1，匣钵。托面平整外凸，中心微凹。红褐色粗泥质胎体。托径 9.6、口径 7.6、高 4.4 厘米（图二四五，1）。

上垟 Y6：2，匣钵。完好。纵截面呈 M 型。腹外壁有轮旋纹。红褐色粗泥质胎体。口径 11.8、顶径 12.4、高 6.4 厘米（图二四五，2；彩版七一九）。

三　小结

据庆元县第三次全国文物普查资料，上垟 6 号窑址位于龙泉溪东岸大阙村后山坡，窑址前端被辟为田地，表层有破坏。采集遗物仅有碗类器物。釉色有青黄、青灰、青绿，以青黄色为主。纹饰手法多为双面刻花。一类外壁刻折扇纹，内壁刻划各式花草、团花并填以篦纹，有的内底刻一朵菊瓣纹；另一类为外壁刻单层莲瓣纹，内壁刻划蕉叶纹。另外，还见有少量的素面碗。该窑产品风格、特征一致，产品跨越时代不长。窑具有匣钵、泥垫饼，装烧垫具为垫珠。时代定为北宋至南宋早期[1]。

2011 年 12 月 5 日，在调查上垟 Y6 时，地面采集遗物与庆元县第三次全国文物普查采集遗物特征基本相同。小型泥质陶垫饼多见，制作随意，用于垫烧碗类器物。未见瓷垫饼。采集瓷器烧造工艺水平较高，以北宋晚期双面刻划纹饰的青黄釉瓷碗最具代表性，如上垟 Y6：3 ～ 11、13。据本次调查结果判断，上垟 Y6 盛烧于北宋晚期。

第二四节　上垟 7 号窑址

一　调查概况

位于竹口镇上垟村后垟山东麓，后垟村 6 号民居西侧，东距龙泉溪约 150 米。中心地理坐标为北纬 27° 47′ 42″，东经 118° 59′ 49″，海拔高度 361 米。现地貌为坡地，坡下部为断崖（彩版七二〇）。窑址上方生长荒草，后垟村 6 号民居的修建对窑址造成严重破坏。

彩版七二〇　上垟 Y7 远景

[1]　叶海主编：《菇乡遗韵：庆元县第三次全国文物普查成果专辑》，西泠印社出版社，2012年。

彩版七二一　上垟 Y7 采集遗物

未见窑炉。以地形判断，窑炉方向可能为东西向。

残品堆积呈南北向带状分布于坡地上，长约 25、宽 8、厚 1 米。

M 型匣钵常见规格有 2 种：其一口径 27、高 9 厘米，其二口径 21、高 7 厘米。

小型泥质陶垫饼多见，制作较随意。

产品以灰胎青釉瓷器为主，红胎黄釉瓷器少见。器形有碗、擂钵、壶等（彩版七二一）。

此窑产品以碗为主。年代判定为宋代。

二　采集标本

共 13 件。

（一）瓷器

1. 青瓷碗

上垟 Y7：1，碗。敞口，尖圆唇，斜弧腹壁，底内微鼓，圈足，足端外缘斜削。外壁刻双层莲瓣纹，中脊凸起；底内刻弦纹一周；底内心阴印一朵菱形花纹。灰白色胎，胎质较细密、中有气孔。圈足及底外无釉，余皆施青绿釉，釉面光洁、有零星几道纵向开片。器底粘有一块粗泥质垫饼。碗口径 16.4、足径 5.6、碗高 7.5、通高 8 厘米，垫饼直径 3.5、高 1 厘米（图二四六，1；彩版七二二）。

上垟 Y7：2，碗。口腹部残片，不可复原。敞口，圆唇，六出花口，斜弧腹壁。外壁光素；内壁刻划横向复线；花口下刻划略成 S 形的竖向复线三道，将内壁分作六区，内刻划简易朵云纹，线条简练飘逸。灰白色胎，质地较为细腻。釉色呈青绿色，釉层较厚、玻璃质感强，釉面有小气泡及几道长裂纹。口径 18.6、残高 6.5 厘米（图二四六，2）。

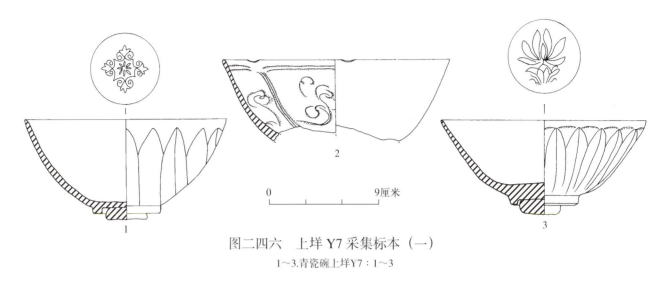

图二四六　上垟 Y7 采集标本（一）
1～3.青瓷碗上垟Y7：1～3

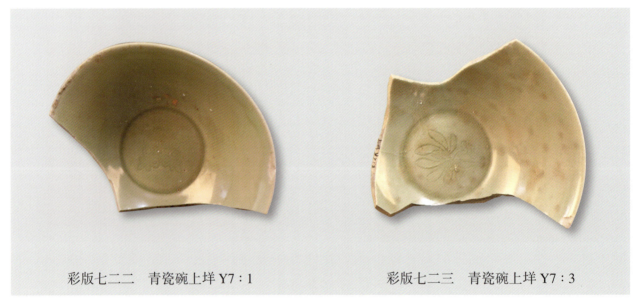

彩版七二二　青瓷碗上垟 Y7：1　　　　　　　　　彩版七二三　青瓷碗上垟 Y7：3

　　上垟 Y7：3，碗。残，可复原。敞口，尖唇，斜弧腹壁，底内微上鼓，圈足，足端外缘斜削。外壁刻双层莲瓣纹，中脊凸出；底内刻弦纹一周，底内心阴印折枝莲纹。深灰色胎，胎质较细密、中有气孔。圈足及底外无釉，余皆施青灰釉，釉面有细密气泡，刻划处略有积釉。器底粘有一块粗泥质垫饼。口径16.6、足径5.6、碗高6.8、通高7.5厘米，垫饼直径3.3、高1.2厘米（图二四六，3；彩版七二三）。

　　上垟 Y7：4，碗。残，可复原。敞口，圆唇，斜弧腹壁，底内微上鼓，圈足，足端外缘斜削。外壁刻双层莲瓣纹，中脊凸出；底内刻弦纹一周，底内心阴印一朵菱形花纹。胎体灰色，胎质较细密、中有气孔。圈足及底外无釉，余皆施粉青釉，釉层乳浊，刻划处略有积釉。器底粘有一块粗泥质垫饼。碗口径16.1、底径5.6、碗高7.2、通高8.0厘米，垫饼直径3.5、高1.3厘米（图二四七，1；彩版七二四）。

　　上垟 Y7：5，碗。残，可复原。敞口，尖圆唇，斜弧腹壁，底内微上鼓，圈足，足端外缘斜削。外壁刻双层莲瓣纹，中脊凸出；内壁光素；底内刻弦纹一周，底内心阴印折枝荷花、折枝牡丹纹。

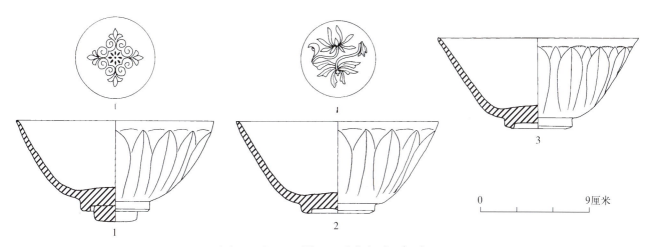

图二四七　上垟 Y7 采集标本（二）

1～3.青瓷碗上垟Y7：4、5、7

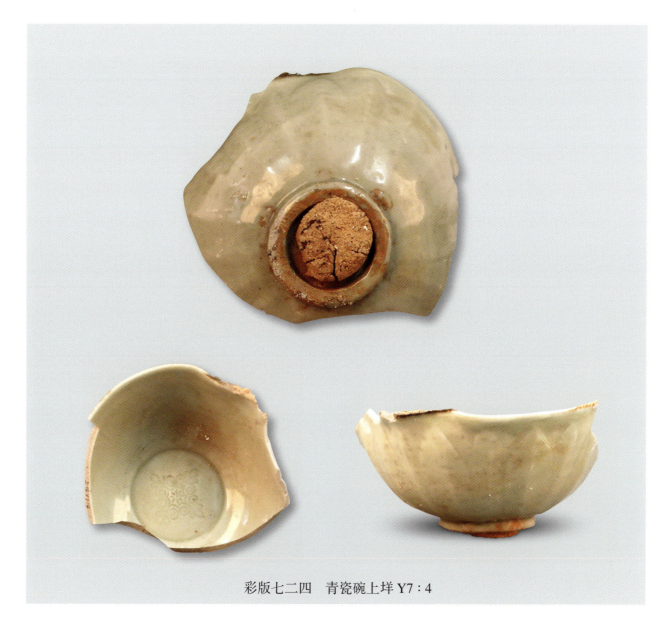

彩版七二四　青瓷碗上垟 Y7：4

胎体呈灰色，质地较细密。圈足及底外无釉，余皆施青灰釉，釉面光洁，刻划处略有积釉。口径 16.5、足径 6.0、高 7.3 厘米（图二四七，2；彩版七二五）。

上垟 Y7：7，碗。残，可复原。敞口，圆唇，斜弧腹壁，底内微上鼓，圈足，足端外缘斜削。外壁刻双层莲瓣纹，中脊凸出；内壁光素；底内刻弦纹一周。胎体呈灰色，质地较细密、中有气孔。圈足及底外无釉，余皆施青灰釉，釉层较乳浊，外壁有缩釉点。口径 16.6、足径 5.6、高 7.2 厘米（图二四七，3；彩版七二六）。

上垟 Y7：8，碗。残，可复原。敞口，圆唇，斜弧腹壁，底内微上鼓，圈足，足端外缘斜削。外壁刻双层莲瓣纹，中脊凸出；内壁光素；底内刻弦纹一周。胎体呈灰色，质地较细密。圈足及底外无釉，余皆施青灰色釉，釉层有细密气泡。器底粘有一块粗泥质垫饼。碗口径 16.4、足径 5.6、碗高 7.2、通高 7.7 厘米。垫饼直径 3.4、高 0.9 厘米（图二四八，1；彩版七二七）。

上垟 Y7：9，碗。残，可复原。敞口，尖圆唇，斜弧腹，底内微上鼓，圈足，足心凸起，足端外缘斜削。外壁刻双层莲瓣纹，中脊凸出；内壁光素；底内刻弦纹一周，底内心阴印把莲纹。胎呈灰白色，质地较细密、中有气孔。圈足及底外无釉，余皆施粉青釉，釉层乳浊，外壁有零星缩釉点。露胎呈火石红色。口径 16、足径 5.5、高 6.6 厘米（图二四八，2；彩版七二八）。

上垟 Y7：10，碗。残，可复原。尖圆唇，敞口，斜弧腹壁，底内微上鼓，圈足外撇，足心凸起。腹外壁刻双层莲瓣纹，中脊凸出；内壁光素；底内刻弦纹一周，底内心阴印一朵菱形花纹，图案模糊不清。灰白色胎，质地较细密、中有气孔。圈足及底外无釉，余皆施粉青釉，釉层乳浊，外壁有零星缩釉点。口径 16.4、足径 5.6、高 7.3 厘米（图二四八，3；彩版七二九）。

上垟 Y7：11，碗。残，可复原。敞口，尖唇，斜弧腹壁，底内微上鼓，圈足，足端外缘斜削。腹外壁刻双层莲瓣纹，中脊凸出；内壁光素；底内刻弦纹一周，底内心阴印一朵五瓣花纹。胎体呈灰色，质地较细密、中有气孔。圈足及底外无釉，余皆施青灰釉，釉层较乳浊，外壁有零星缩釉点。口径 16.2、足径 5.5、高 7.3 厘米（图二四八，4）。

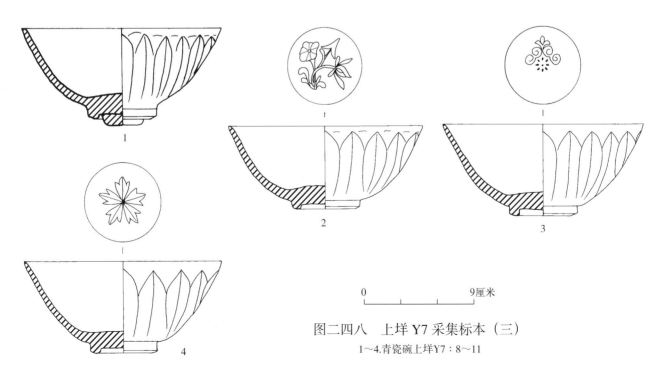

0　　　　　　　9厘米

图二四八　上垟 Y7 采集标本（三）

1～4.青瓷碗上垟 Y7：8～11

彩版七二五 青瓷碗上垾 Y7∶5

彩版七二六 青瓷碗上垾 Y7∶7

彩版七二七 青瓷碗上垾 Y7∶8

彩版七二八 青瓷碗上垾 Y7∶9

彩版七二九 青瓷碗上垾 Y7∶10

2. 研钵

上垟 Y7：12，研钵腹片。内壁刻划交错弧线纹，外壁篦划简单条纹。胎体厚重，呈灰色，质地较细密、中有气孔。残长 9.9、残高 4.9 厘米（图二四九，1；彩版七三〇）。

3. 不明器物

上垟 Y7：6，不明器物。残，仅余下腹及底。腹部呈上宽下窄的圆筒状，下接外撇的覆盘形底，底沿上装饰凹弦纹一周。胎体呈灰色，质地细腻、中有小气孔。施釉及底，底外无釉，釉色青绿，釉层玻璃质感强，釉面有细密开片，刻划处有积釉。底径 11.6、残高 11.6 厘米（图二四九，2；彩版七三一）。

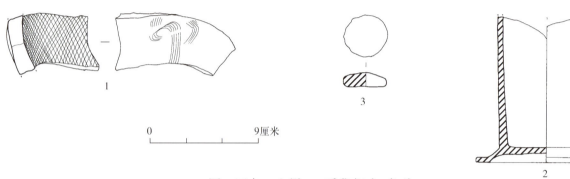

0　　　　　　　　　9厘米

图二四九　上垟 Y7 采集标本（四）

1.研钵上垟Y7：12　2.不明器物上垟Y7：6　3.垫饼上垟Y7：13

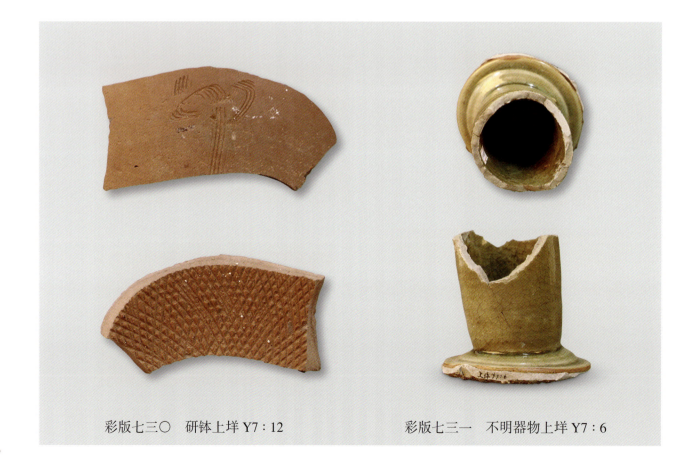

彩版七三〇　研钵上垟 Y7：12　　　　　彩版七三一　不明器物上垟 Y7：6

（二）窑具

垫饼

上垟 Y7：13，泥质陶垫饼。略呈圆饼形。托面略平，底面圆弧。为粗泥制成，呈砖红色，质地粗疏，制作随意，可见明显沙粒和开裂。直径 3.5、高 1.2 厘米（图二四九，3）。

三　小结

据庆元县第三次全国文物普查资料，上垟 7 号窑址位于龙泉溪西侧后垟自然村中心地段后山坡，北距 2 号窑址约 700 米。窑址前端在开公路及建房时被破坏。遗物散布丰富，产品与 1 号窑址相似，采集到的遗物有碗、盘、碟、盏等，胎色有灰、灰白二种，釉色有青绿、青灰、青黄等。花纹装饰有外壁折扇纹、内壁花草填点线纹，荷花游鸭纹，内壁折枝荷花纹，外壁单层仰莲纹等。时代判定为北宋晚期至元代[1]。

2011 年 12 月 5 日，在调查上垟 Y7 时，地面采集遗物没有庆元县第三次全国文物普查采集遗物丰富，所见窑具以 M 型匣钵、泥垫饼、手捏泥支柱为主，未见瓷质垫饼。以乳浊粉青釉为主，玻璃质感青黄釉较少见。瓷产品以南宋晚期敞口碗为大宗，腹外壁刻饰莲瓣纹，底内心印花，如上垟 Y7：1、3～5、9、11。南宋中期葵口碗腹内壁以复线"S"纹划分为若干界格，界格内填刻云气纹，腹外壁无纹饰。采集遗物中未见到元代遗物。据本次调查结果判断，上垟 Y7 盛烧于南宋中晚期。

第二五节　上垟 8 号窑址

一　调查概况

位于竹口镇上垟 3 号窑址东侧约 200 米处山之西麓，北距龙泉溪约 100 米。中心地理坐标为北纬 27°47′58″，东经 119°00′05″，海拔高度 368 米。现地貌为坡地（彩版七三二），窑址上方生长丛木。盗扰严重。

窑壁残段可见，以砖坯叠砌，壁内侧粘附窑汗。窑壁厚 25 厘米，窑汗厚 2 厘米。砖坯或粘结，或破碎，规格不明。

窑炉为龙窑形制，内宽 2.05 米，长度不明，方向 310°。

残品堆积稀薄，主要堆积于窑炉东北侧，呈南北向带状分布于坡地上，长约 15、宽 8、厚 1.5 米（彩版七三三）。

匣钵分 M 型匣钵和筒形匣钵两种。M 型匣钵，可成套，采集 6 件，规格分别为：口径 21、高 6 厘米，口径 18、高 6 厘米，口径 16、高 5 厘米，口径 14、高 7 厘米，口径 13、高 6 厘米，口径 10、高 5 厘米。筒形匣钵口径 27、底径 16、高 30 厘米。

支垫具有柱形支座、小型垫圈、小型泥质陶垫饼。

[1] 叶海主编：《菇乡遗韵：庆元县第三次全国文物普查成果专辑》，西泠印社出版社，2012年。

彩版七三二　　上垟 Y8 远景　　　　　　　　　　彩版七三三　　上垟 Y8 残次品堆积

产品多为灰白胎淡青釉瓷器，器形有碗、盘、碟、杯、壶、瓶、灯盏等。此窑产品以碗、壶为主。时代判定为宋代。

二　采集标本

共 35 件。

（一）瓷器

1. 青瓷碗

上垟 Y8：15，碗。残，可复原。敞口，尖唇，斜弧腹壁，矮圈足，足心凸起，足外壁较直、内壁微外撇。内壁上腹部饰两周弦纹，内刻划羽纹带。灰白色胎，质地细密。通体施淡青釉，釉色莹润。足心残留三个支钉痕。口径 14.4、足径 5、高 5.6 厘米（图二五〇，1；彩版七三四）。

上垟 Y8：16，碗。残，可复原。敞口，尖圆唇，斜弧腹壁，饼足内凹。浅灰色胎，质地细密。内壁施满釉，外壁施釉不及底，足内无釉，釉呈淡青色，釉面莹润。底内及足外缘残存 5 个支烧点。口径 16.2、足径 5.8、高 6.1 厘米（图二五〇，2；彩版七三五）。

上垟 Y8：17，碗。残，可复原。敞口，圆唇，斜弧腹壁，圈足，足外壁较直、内壁微外撇，足

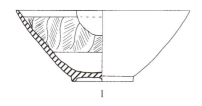

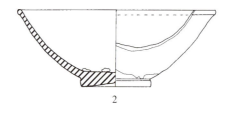

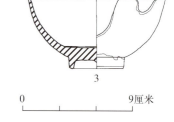

1　　　　　　　　　2　　　　　　　　　3

0　　　　　　　　9厘米

图二五〇　　上垟 Y8 采集标本（一）

1～3.青瓷碗上垟 Y8：15～17

彩版七三四 青瓷碗上垟 Y8:15　　　　彩版七三五 青瓷碗上垟 Y8:16

端外缘旋削。浅灰色胎，质地细密。内壁施满釉，外壁施釉不及底，足内无釉，釉色呈青黄色，釉面莹润。口径 11.2、足径 4.4、高 5.5 厘米（图二五〇，3；彩版七三六）。

　　上垟 Y8：18，碗。残，可复原。敞口，圆唇，斜弧腹壁，浅挖圈足，足内壁微外撇。浅灰色胎，质地细密。内壁施满釉，外壁施釉及底，足内无釉，釉呈青黄色。口径 12.6、足径 4.8、高 4.7 厘米（图二五一，1；彩版七三七）。

　　上垟 Y8：19，碗。残，可复原。侈口，圆唇，斜弧腹壁，底内心微凸，圈足，足外壁较直、内壁微外撇。腹内壁刻划简洁卷草纹，内填满篦划纹；外壁饰一周竖划线。浅灰色胎，质地细密。内壁施满釉，外壁施釉及底，足内无釉，釉呈青绿色。口径 15.6、足径 4.6、高 6.6 厘米（图二五一，2；彩版七三八）。

　　上垟 Y8：20，碗。残，可复原。敞口，尖圆唇，斜弧腹壁，圈足，足外壁较直、内壁微外撇。外壁刻双层莲瓣纹。浅灰色胎，质地细密。内壁施满釉，外壁施釉及底，足内无釉，釉呈青绿色，釉面莹润。口径 18.4、足径 5.8、高 8.1 厘米（图二五一，3）。

　　上垟 Y8：21，碗。残，不可复原。圈足内收。底内刻划简洁荷花纹，内填篦纹。浅灰色胎，质地细密。内壁施满釉，外壁施釉及底，足端裹釉，足内无釉，釉呈青灰色，釉面莹润。器内底部粘有少量窑渣。足径 4.2、残高 2.4 厘米（图二五二，1；彩版七三九）。

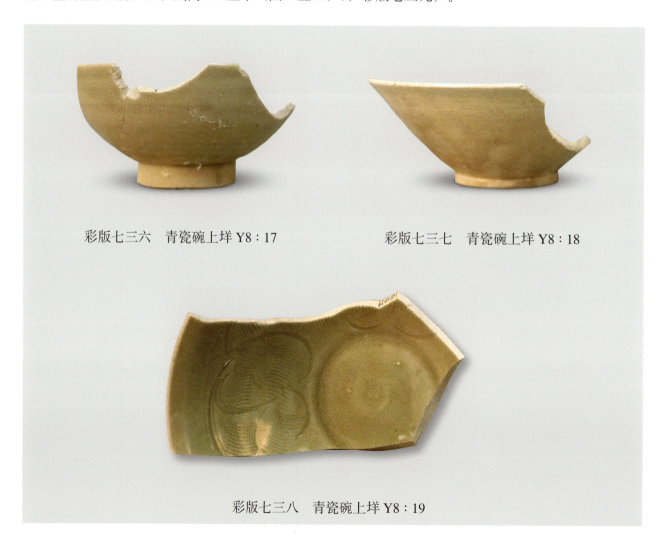

彩版七三六　青瓷碗上垟 Y8：17　　　　　彩版七三七　青瓷碗上垟 Y8：18

彩版七三八　青瓷碗上垟 Y8：19

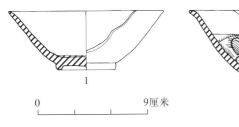
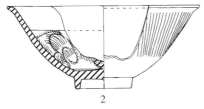
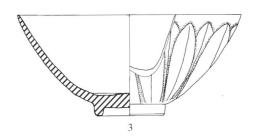

0　　　　9厘米

图二五一　上垟 Y8 采集标本（二）

1～3.青瓷碗上垟Y8：18～20

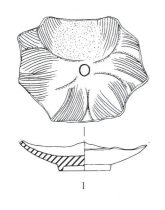
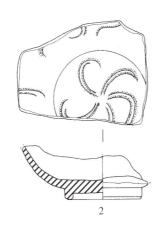
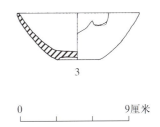

0　　　　9厘米

图二五二　上垟 Y8 采集标本（三）

1～3.青瓷碗上垟Y8：21、22、25

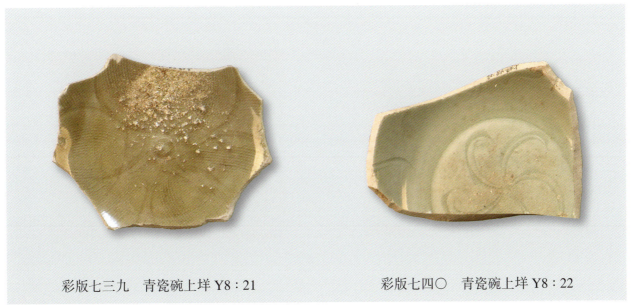

彩版七三九　青瓷碗上垟 Y8：21　　　　　　　彩版七四○　青瓷碗上垟 Y8：22

上垟 Y8：22，碗。腹底部残片，不可复原。斜弧腹壁，圈足，足外缘旋削。底内刻双线菊花纹。浅灰色胎，质地细密。内壁施满釉，外壁施釉及底，足内无釉，釉呈青色，釉面莹润。足径 6.2、残高 4.3 厘米（图二五二，2；彩版七四○）。

上垟 Y8：25，碗。残，可复原。敞口，圆唇，斜弧腹壁，隐圈足。灰白色胎，胎内多气孔。内壁施满釉，外壁施釉及底，足内无釉，釉呈淡青色，釉面莹润、有开片。口径 10.2、底径 3.6、高 3.7 厘米（图二五二，3）。

2. 青瓷杯

上垟 Y8：23，杯。残，可复原。葵口，圆唇，斜弧腹壁，圈足外撇。腹外壁压印竖向凹槽。浅灰色胎，质地细密。内壁施满釉，外壁施釉及底，足内无釉，釉呈淡青色。口径6.2、足径3.8、高4.8厘米（图二五三，1；彩版七四-1）。

上垟 Y8：24，杯。残，可复原。直口微侈，圆唇，上腹壁直，下腹壁弧收，高圈足外撇。灰白色胎，质地细密。内壁施满釉，外壁施釉及底，足端裹釉，足内无釉，釉呈青色，釉面莹润。底内粘有窑渣。口径7.8、足径4.2、高4.1厘米（图二五三，2；彩版七四-2）。

上垟 Y8：26，杯。残，可复原。直口微侈，尖圆唇，深弧腹壁，底内心凸起，圈足较高，足外壁较直、内壁微外撇。浅灰色胎，质地细密、中有气孔。内壁施满釉，外壁施釉不及底，有流釉现象，釉呈淡青色。腹外壁及足心粘有窑渣。口径8.3、足径3.6、高4.7厘米（图二五三，3；彩版七四-3）。

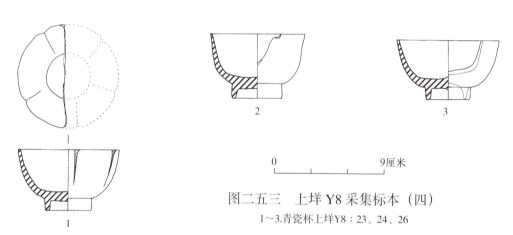

0　　　　　　9厘米

图二五三　上垟 Y8 采集标本（四）

1～3.青瓷杯上垟Y8：23、24、26

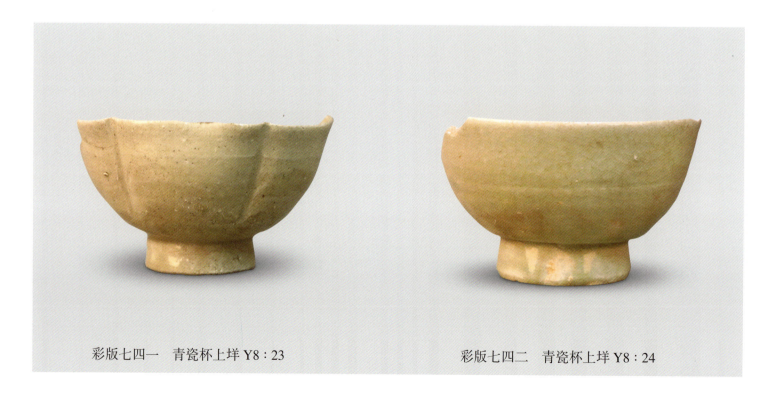

彩版七四-1　青瓷杯上垟 Y8：23　　　　　　彩版七四-2　青瓷杯上垟 Y8：24

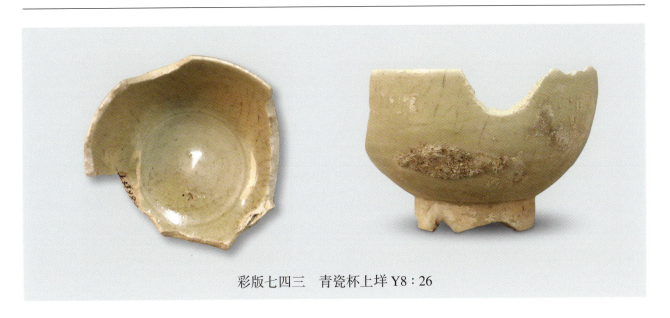

彩版七四三　青瓷杯上垟 Y8：26

3. 青瓷壶

上垟 Y8：30，壶。残，不可复原。腹壁弧收，圈足外撇。腹部饰六条竖向凸棱将其均分为六个界面。内壁轮旋痕明显。灰白色胎，质地细密。腹内局部无釉，余皆施淡青釉，釉面莹润。足内残留五个支烧痕。足径 8.9、残高 9 厘米（图二五四，1；彩版七四四）。

上垟 Y8：31，壶。残，不可复原。腹壁弧收，圈足外撇。腹部饰六条竖向凸棱纹将其均分为六个界面，各界格内刻划花卉纹。内壁轮旋痕明显。灰褐色胎，质地细密。内外壁均施釉，釉色淡青，釉层脱落、斑驳不均。足径 9.2、残高 10.9 厘米（图二五四，2；彩版七四五）。

上垟 Y8：32，壶。残，不可复原。呈八角形。腹壁斜直收，圈足外撇。腹壁以八条竖向凸棱纹将其均分为八个界面。内壁轮旋痕明显。灰白色胎，质地细密、中有气泡。通体施釉，釉色淡青。圈足底内可见支烧痕。底内心粘有少量窑渣。足径 8.7、残高 7.1 厘米（图二五四，3；彩版七四六）。

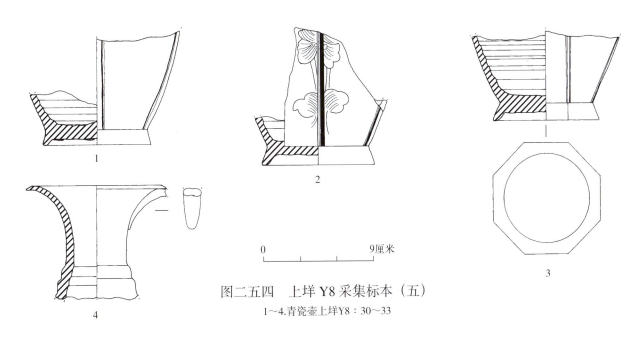

0　　　　　　　9厘米

图二五四　上垟 Y8 采集标本（五）

1～4.青瓷壶上垟Y8：30～33

彩版七四四　青瓷壶上垟 Y8：30　　　　　　彩版七四六　青瓷壶上垟 Y8：32

彩版七四五　青瓷壶上垟 Y8：31　　　　　　彩版七四七　青瓷壶上垟 Y8：33

上垟 Y8：33，执壶。残，不可复原。喇叭口，尖唇，束颈。颈部一侧附柄，系双泥条竖向粘附而成，断残。颈下部近肩处有两道凸棱。灰白色胎，质地细密。通体施淡青釉，釉面莹润。口径 11.5、残高 9 厘米（图二五四，4；彩版七四七）。

4. 青瓷瓶

上垟 Y8：29，瓶。残，不可复原。腹壁弧收，平底。灰褐色胎，质地细密。内外施釉，斑驳不均，底面无釉，釉呈青灰色，釉层干涩、有细密气泡。底径 5.2、残高 16 厘米（图二五五，1；彩版七四八）。

5. 青瓷盆

上垟 Y8：28，盘。残，可复原。葵口，尖圆唇，浅弧腹壁，隐圈足。浅灰色胎，质地细密。内壁施满釉，外壁施釉及底，足内无釉，釉呈淡青色，釉面莹润。口径 13.6、底径 5.2、高 3.1 厘米（图二五五，2；彩版七四九）。

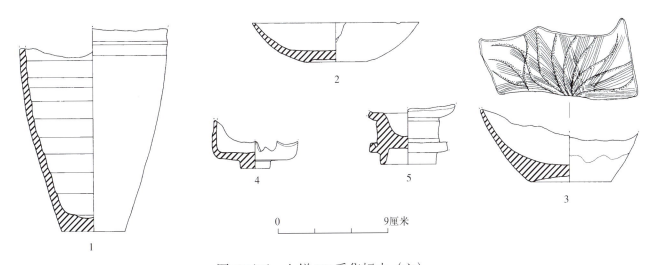

0　　　　　　9厘米

图二五五　上垟 Y8 采集标本（六）

1.青瓷瓶上垟 Y8：29　2.青瓷盆上垟 Y8：28　3.擂钵上垟 Y8：35　4、5.不明器物上垟 Y8：27、34

彩版七四八　青瓷瓶上垟 Y8：29　　　　　　彩版七四九　青瓷盆上垟 Y8：28

6. 擂钵

上垟 Y8∶35，擂钵。残，不可复原。腹壁弧收，平底微凹。浅灰色胎，质地较细密。内壁以底中央为中心，向四周刻出深浅不一的弧线纹。足径 6.6、残高 5.7 厘米（图二五五，3；彩版七五〇）。

7. 不明器物

上垟 Y8∶27，不明器物。残，不可复原。垂腹，近底部缓收，短柱足微凹。浅灰色胎，质地细密。通体施淡青釉，釉面有开片。底径 2.4、残高 3.8 厘米（图二五五，4；彩版七五一）。

上垟 Y8∶34，不明器物。与 Y8∶27 应为同一器物构件，器形疑为熏。残，不可复原。盘口，圈足。盘口内有柱状形盏座，盏上部残缺。灰白色胎，质地细密。内壁及足内无釉，余皆施淡青釉，釉面莹润。足径 4.6、残高 4.7 厘米（图二五五，5；彩版七五二）。

彩版七五〇　擂钵上垟 Y8∶35　　　彩版七五一　不明器物上垟 Y8∶27　　　彩版七五二　不明器物上垟 Y8∶34

（二）窑具

1. 匣钵

上垟 Y8∶1，匣钵。残，可复原。敞口，方唇，筒形腹，近底部弧收，平底，底中部有一孔，孔径 0.8 厘米。腹部通体有明显轮旋痕。浅灰色胎，质地粗糙有气孔。内壁及底外无釉，外壁施釉及底，釉呈酱黄色。唇部粘有另一倒置匣钵口残片。口径 27.6、底径 15.6、高 27.5 厘米（图二五六，1；彩版七五三）。

上垟 Y8∶2，匣钵。纵截面呈 M 型。直口，方唇。外壁饰轮旋纹。深灰色胎，质地疏松。口径 19.8、底径 21、高 6.4 厘米（图二五六，2；彩版七五四）。

上垟 Y8∶3，匣钵。纵截面呈 M 型。敛口，斜平唇，斜弧腹壁。深灰色胎，质地粗疏。口径 16.4、底径 18、高 6.2 厘米（图二五六，3；彩版七五五）。

上垟 Y8∶4，匣钵。纵截面呈 M 型。外壁饰轮旋纹。灰褐色胎，质地疏松。口径 14、底径 13.2、高 7.8 厘米（图二五六，4；彩版七五六）。

上垟 Y8∶5，匣钵。纵截面呈 M 型。外壁饰轮旋纹。灰褐色胎，质地疏松。顶部粘有较多的窑渣。口径 14、底径 14.6、高 6 厘米（图二五六，5；彩版七五七）。

上垟 Y8∶6，匣钵。纵截面呈 M 型。顶面边缘外凸。灰褐色胎，质地疏松。口径 10.5、底径 12.5、高 5.3 厘米（图二五六，6）。

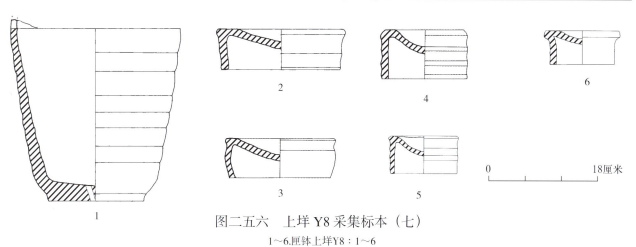

图二五六　上垟 Y8 采集标本（七）
1～6.匣钵上垟Y8：1～6

彩版七五三　匣钵上垟 Y8：1

彩版七五四　匣钵上垟 Y8：2

彩版七五五　匣钵上垟 Y8：3

彩版七五六　匣钵上垟 Y8：4

彩版七五七　匣钵上垟 Y8：5

2. 支座

上垟 Y8：7，柱形支座。略变形。平顶，束腰，喇叭形足。浅灰色胎，质地粗梳。通体粘附窑渣。顶径 9.4、底径 13、高 13.6 厘米（图二五七，1；彩版七五八）。

上垟 Y8：8，支座。直口，直腹壁，平底。口部有 5 个支钉痕，底部有刻划符号。浅灰色胎，质地疏松。顶径 7、底径 7、高 2.2 厘米（图二五七，2；彩版七五九）。

上垟 Y8：9，喇叭形支具。呈喇叭状。浅灰色胎，质地疏松。高 3.2、顶径 3.8、底径 6.2、孔径 2.5～4 厘米（图二五七，3；彩版七六○）。

3. 垫具

上垟 Y8：10，环形垫具。呈圆圈形。外壁划一周凹弦纹。灰褐色胎，质地疏松。高 1.7、直径 6.9、孔径 4.4 厘米（图二五七，4；彩版七六一）。

上垟 Y8：11，环形垫具。红褐色胎，质地疏松。高 1.5、直径 6、孔径 3 厘米（图二五七，5；彩版七六二）。

上垟 Y8：12，环形垫具。红褐色胎，质地疏松。高 2、直径 4.6、孔径 2.2 厘米（图二五七，6；彩版七六三）。

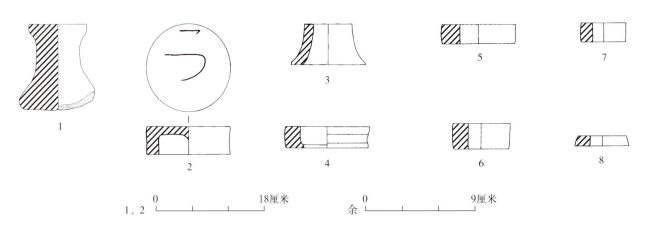

图二五七　上垟 Y8 采集标本（八）

1～3.支座上垟Y8：7～9　4～8.垫具上垟Y8：10～14

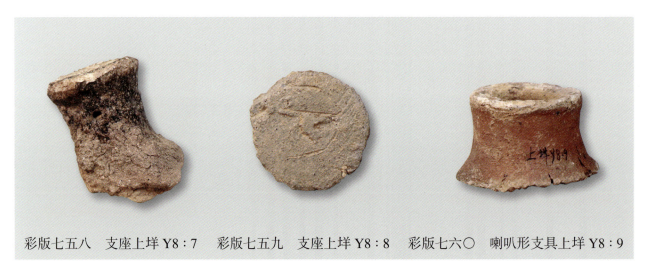

彩版七五八　支座上垟 Y8：7　　彩版七五九　支座上垟 Y8：8　　彩版七六○　喇叭形支具上垟 Y8：9

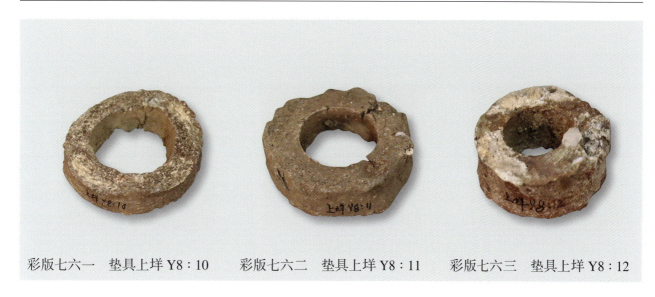

彩版七六一　垫具上垟 Y8：10　　　彩版七六二　垫具上垟 Y8：11　　　彩版七六三　垫具上垟 Y8：12

上垟 Y8：13，环形垫具。灰白色胎，质地细密。高 1.5、直径 3.7、孔径 1.8 厘米（图二五七，7）。

上垟 Y8：14，环形垫具。浅灰色胎，质地细密。高 0.8、顶径 4、底径 4.5、孔径 2 厘米（图二五七，8）。

三　小结

2011 年 12 月 1 日，在调查上垟 Y8 时，发现上垟 Y8 地面遗物比较丰富，匣钵分 M 型匣钵和筒形匣钵两种。M 型匣钵主要用于装烧碗、盘类瓷器。筒形匣钵主要用于装烧执壶。小型垫圈、柱形支座较多见，小型泥质陶垫饼少见。未见瓷垫饼。瓷产品主要由碗、盘、执壶、杯、擂钵等构成，其中碗类产品占绝大部分。釉色有淡青、青黄、粉青三种。

总体观察，上垟 Y8 产品以灰白胎淡青釉瓷器为大宗，器物多无纹饰，偶见细划线纹、羽状纹等。年代最早的遗物以北宋早期淡青釉八棱执壶（上垟 Y8：30～32）、饼足碗（上垟 Y8：16）、葵口杯（上垟 Y8：23）为代表，年代最晚的遗物以南宋晚期粉青釉莲瓣纹碗（上垟 Y8：20）为代表。据本次调查结果判断，上垟 Y8 盛烧于北宋早期。

第三章　结语

一　庆元古代窑业遗存的时空格局

瓯江上游的龙泉及其邻近的庆元、云和两县境内，有两大片区域龙泉窑遗址数量多、分布密集。浙江的考古学者们常常将龙泉南部大窑、溪口、金村一带称为"龙泉南区"，将龙泉东部紧水滩水库一带称为"龙泉东区"。20 世纪 50 年代文物考古工作者调查龙泉、庆元一带的窑址时，庆元地域隶属龙泉县，因此，所谓"龙泉南区"实际上包含了现庆元县上垟、枫堂、竹口、新窑一带的窑址。云和西部紧水滩水库库区的窑址与龙泉东部的窑址连成一体，是"龙泉东区"的一部分。龙泉窑核心区即由"龙泉南区"和"龙泉东区"构成。

（一）上垟窑址群

明代陆蓉《菽园杂记》引南宋《龙泉县志》一书，列举了龙泉窑七处窑场，上垟窑名列第二，可知南宋时期上垟窑已成为著名的制瓷中心。上垟与大窑两地南北毗邻，在龙泉窑系中占有重要的地位，是产品工艺水平较高的重要窑区。上垟窑址的早期淡青釉瓷产品不见于大窑窑址，而晚期产品与大窑窑址产品在制瓷风格上有着共同的特点，可见上垟窑址群是研究龙泉窑早期发展状况的重要窑区。

上垟窑址群分布在竹口镇上垟村上垟溪沿线两岸山坡，属龙泉窑系，分布范围约 10 万平方米，以龙泉溪为纵轴线，根据窑炉及产品的分布状况，分为 8 处窑址，其中 3 处窑址位于龙泉溪西侧，5 处窑址位于龙泉溪东侧。上垟窑址群分布较为集中，产品的延续性生产明显可见，毫无疑问已形成生产中心、生产规模和传承。

概言之，庆元县西北部上垟一带的窑址与龙泉金村的窑址南北毗邻，连成一片，实属同一窑址群。窑址时代集中在两宋，早者可能到五代晚期[1]，晚者延续到元代。该区域窑业面貌一致，是探究龙泉窑起源绕不开的核心区域。

（二）竹口镇中心区窑址群

竹口镇地处庆元县西北部，东、东南、南与松源街道、屏都街道为邻，西南、西与福建省松溪县旧县乡、渭田镇相连，西北、北接黄田镇，东北与龙泉市小梅镇、屏南镇毗邻。竹口镇因境内主要溪流竹口溪得名，竹口溪属于闽江上游支流。

竹口镇中心区域由岩后、竹上、竹中、竹下四个行政村构成，村落依山傍水（东侧为青峰山，

---

[1]　郑建华、谢西营、张馨月：《浙江古代青瓷》，浙江人民出版社，2022年。

西侧为竹口溪），背风向阳，呈南北向带状分布。从现有村落布局看，竹口溪以东区域为聚落和生产生活区，竹口溪以西区域则少有聚落，属于农耕区。竹口镇中心区域窑址群的分布与聚落的分布似有一定的关联，从窑址调查情况看，竹口镇中心区域的窑址群可以竹口溪为界线划分为东、西两区。

西区主要由桥头山、潘里垄等3个窑址构成，窑址选址于桥头山、潘里垄两座小山丘坡底部位，时代为南宋。其中桥头山窑址专烧龙泉窑系青釉瓷器；而潘里垄山的两个窑址主要烧制建窑系黑釉瓷器，兼烧龙泉窑系青釉瓷器，表明南宋时期竹口镇中心区域已尝试烧制建窑系、龙泉窑系民用瓷器。换言之，处于龙泉窑、建窑两个文化圈交汇区域的竹口镇，其中心区域的窑业从南宋时期生产技艺已相当成熟，起点已较高，但未形成规模与传承，其窑业被强行植入的迹象极为明显。

东区主要由岩后村练泥碓、竹上村枫堂、竹中Y1～Y5、竹下Y1等8个窑址构成，窑址选址于青峰山西侧山麓地带，窑业生产区域处于山前村后地带，时代为元明清，表明竹口镇中心区域元明清时期人口、聚落和窑业生产已颇成规模。特别是竹口镇明中期以后窑业兴旺，形成继大窑龙泉窑青瓷生产衰落后而兴起的另一个瓷业生产中心，其间技术传承并未中断，最大的变化是地理空间格局的转变，即龙泉窑核心区域窑业集中生产从明代中期开始逐渐从瓯江流域转移至闽江流域。

（三）散点分布窑址

黄坛2号窑址延烧时间较短，出土遗物中的碗、盘、罐类与江西景德镇南窑窑址[1]中的部分产品相同，故年代应该相当，时代为唐代中晚期。黄坛2号窑址处于浙江省西南部，与同时期处于浙东地区的越窑[2]相比，无论从器物种类、器形，还是从胎釉特征、装饰方法、装烧工艺来看，均存在明显差异。而与同处浙江西南部的丽水吕步坑窑址[3]、松阳水井岭头窑址[4]，江西东部的景德镇乐平南窑遗址[5]、浮梁县大金坞窑址[6]、浮梁县兰田窑万窑坞窑址[7]，福建北部的建阳将口窑址[8]等窑址出土的部分产品风格一致。有学者曾将浙江地区隋唐时期窑业划分为沿海型和内陆型两大类型，其中黄坛窑址即属于内陆型的范畴[9]。笔者认为，黄坛2号窑址是龙泉、庆元境内唯一一处唐代窑址，在龙泉窑文化圈核心区内并未形成窑业规模、生产中心和传承，产品类型与风格与之后的宋代龙泉窑差异较大，故不能作为龙泉窑创烧的源头。竹口镇黄坛2号窑址处于越窑文化圈的外围区，其产

[1] 张文江、崔涛、顾志洋：《景德镇南窑遗址考古发掘的主要收获》，《景德镇南窑考古发掘与研究——2014南窑学术研讨会论文集》，科学出版社，2015年。

[2] 慈溪市博物馆：《上林湖越窑》，科学出版社，2002年。浙江省文物考古研究所等：《寺龙口越窑址》，文物出版社，2002年。

[3] 浙江省文物考古研究所、丽水市文化局：《浙江省丽水县吕步坑窑址发掘简报》，《浙江省文物考古研究所学刊（第七辑）》，科学出版社，2005年。

[4] 丽水市文化广电新闻出版局：《河滨遗范》，浙江古籍出版社，2011年。

[5] 张文江、崔涛、顾志洋：《景德镇南窑遗址考古发掘的主要收获》，《景德镇南窑考古发掘与研究——2014南窑学术研讨会论文集》，科学出版社，2015年。

[6] 秦大树、李颖翀、李军强：《景德镇湘湖地区早期窑业调查与试掘的主要收获》，《景德镇南窑考古发掘与研究——2014南窑学术研讨会论文集》，科学出版社，2015年。

[7] 秦大树、李颖翀、李军强：《景德镇湘湖地区早期窑业调查与试掘的主要收获》，《景德镇南窑考古发掘与研究——2014南窑学术研讨会论文集》，科学出版社，2015年。

[8] 福建省博物馆：《建阳将口唐窑发掘简报》，《东南文化》1990年第3期。

[9] 王轶凌、郑建明：《隋唐时期浙江地区窑业的时空特征》，《东南文化》2015年第2期。

品应是外来窑业技术与本地瓷土、釉料资源相结合所产生的类越窑产品。

新窑 1 号、2 号窑址位于竹口镇新窑村后门山，烧造于明代中期，属龙泉窑系。据 1990 年版《庆元县地名志》记载，新窑村古称黄处坛，青瓷产地，约明嘉靖年间（1522～1566 年）龙泉县大窑人来此兴建新瓷窑，始更今名 [1]。据调查资料可知，新窑 1 号、2 号窑址位置相邻，产品类型、风格基本一致，烧造年代一致，推断其属于同一个家族或同一个窑主。此外，新窑村地交浙闽，是重要的交通枢纽，陆路可通往福建松溪、浙江庆元、龙泉三县，水路顺竹口溪流经松溪进入闽江，新窑产品沿闽江流域南下输出极为便利。新窑窑业是被龙泉大窑人植入的，之所以没有形成规模与传承，可能是因为新窑的海拔高度为庆元县最低（海拔 320 米），缺乏瓷土、燃料资源，故昙花一现，难以为继。

樟坑窑址、下济窑址为清代专烧青花瓷的窑址，若将兼烧青瓷、青花瓷的明代练泥碓窑址、竹中 3 号窑址结合来看，庆元县青花瓷窑址共有 4 处，时代跨度自明代中期至清代，约占同时期窑址总数的 1/3，但并未形成集中生产的态势。其中樟坑窑址、下济窑址专以烧制青花瓷器而有别于本地龙泉窑系传统青瓷器，此现象应是时代差异造成。对明代练泥碓窑址、竹中 3 号窑址和清代下济、樟坑窑址烧制青花瓷器的现象，可看作是继龙泉窑衰落后庆元本地窑业谋求发展的一个新趋向。

黄坛 1 号窑址为清代至民国烧制缸、罐、瓦的粗质陶瓷窑址，主要限于民用，庆元古代窑业至此终结。

二　龙泉南区窑业的衰落

清乾隆二十七年的《龙泉县志》卷之三《赋役志》"物产"条记载："青瓷窑……瓷窑昔属剑川，自析乡立庆元县，窑地遂属庆元，去龙邑几二百里。明正统时，顾仕成所制者，已不及生二章远甚。化治以后，质粗色恶，难充雅玩矣。"

今龙泉市小梅镇大窑村龟山上有安清祖社，内存铁钟一口，钟上铸有"大明万历年建造，康熙五十七年重建，乾隆四十六年吉旦"等铭文，并塑有明正统年间督窑官顾仕成像。在安清祖社以西三百米的乌窑遗址残次品堆积中，偶见有底内心印"顾氏"款的豆青瓷碗，质量远逊于大窑枫洞岩窑址明代早期瓷器。

天顺八年（1464 年）正月，明宪宗帝即位，下诏："上即帝位……以明年为成化元年，大赦天下……江西饶州府、浙江处州府，见差内官在彼烧造瓷器，诏书到日，除已烧造完者照数起解，未完者悉皆停止。差委官员即便回京，违者罪之。"1465 年，明朝廷召回处州府烧造瓷器的差委官员，意味着龙泉青瓷失去宫廷的青睐。这可能是龙泉窑业衰落的最重要原因。

明代王士性《广志绎》载："近惟处之龙泉盛行，然亦惟旧者质光润而色葱翠，非独摩弄之久，亦其制造之工也。新者色黯质噪，火气外凝，殊远清赏。"《广志绎》成书于万历二十五年（1597 年），此时的龙泉窑青瓷质量虽大不如前，却仍有一定的市场占有率。

然至万历末，谢肇淛《五杂俎》中的记载情形大变："今龙泉窑世不复重，惟饶州景德镇所造遍行天下。"此表明，万历末时的龙泉窑青瓷制造业已是日薄西山，其地位已完全被景德镇瓷窑业

---

[1]　庆元县地名委员会：《庆元县地名志》，杭州大学出版社，1990 年。

所取代。

以上是龙泉南区青瓷窑业衰落过程的梗概。关于其衰落的原因，试浅述如下：

1. 课税严重

创修于嘉靖三十年，成书于嘉靖四十年的《浙江通志》载："山下即琉田，居民多以陶为业……价高而征课遂厚。自后，器之出于琉田者，已粗陋利微，而课额不减，民甚病焉。"此处提到高额税收导致大窑青瓷产品质量下降，窑业呈现衰落之势。

2. 政策影响

明代早期，朝廷一反元代鼓励海外贸易的做法，厉行海禁，禁止民间海外贸易活动。如，洪武四年（1371年）"禁滨海民不得私出海"[1]；《明太祖实录》卷二三一《洪武二十七年》："敢有私下诸番互市者，必置之重法"。另一方面，为了树立天朝上国的形象，对朝贡国家大加赏赐，厚往薄来，实行"朝贡贸易"和"赍赐航海"活动。

明早期奉行的朝贡贸易和海禁并举政策，使得龙泉窑青瓷的传播方式变为朝贡贸易和走私贸易。朝贡贸易青瓷烧造以大窑枫洞岩窑址为代表，其青瓷产品器形端庄大气、纹饰精细工整、釉色纯正滋润，依然能显示出大窑青瓷窑业的辉煌。走私贸易，事如永乐二年（1404年）琉球国山南王使臣私买龙泉窑青瓷，其"私赍白金诣处州市磁器，事发，当论罪。帝曰：'远方之人，知求利而已，安知禁令。'悉贳之"[2]。

然而，成化元年（1465年），明朝廷召回处州府烧造瓷器的差委官员，这意味着龙泉青瓷失去宫廷的青睐，以朝贡贸易输出龙泉青瓷的途径基本堵死，龙泉窑失去了官府在机制和经济两方面的支持，产品质量迅速下降。

明代中期，政府再也无力进行大规模的官方"赍赐航海"活动，"朝贡贸易"渐趋衰弱，通过官方途径输出的龙泉青瓷大大减少。于是，通过沿海地区的私人贸易输出龙泉青瓷成为主要途径。这一时期的龙泉青瓷深受东南亚国家人民的青睐，菲律宾、印度尼西亚、越南、泰国、日本、朝鲜等国家之间形成贸易网络，龙泉青瓷通过各国之间的贸易往来，流通范围进一步扩大。然而，在明代海禁和清代闭关锁国政策之下的私人贸易活动，终究无法稳定、持久。

3. 市场竞争力弱

从明代早期开始，江西景德镇就开始仿龙泉青釉瓷器[3]，到嘉靖时期，景德镇御器厂每年的烧造任务中已经有大量的翠青釉瓷器[4]。来自景德镇官、民窑场的竞争，使得龙泉窑从宫廷用瓷器的生产基地中败出，生产走向衰落。

另一方面，青花瓷的市场竞争力逐渐超越龙泉青瓷。据明万历年间俞汝楫《礼部志稿》卷三十八《给赐番夷通例》记载：

"青花白瓷盘每个五百贯。碗每个三百贯，瓶每个五百贯，酒海每个一千五百贯。豆青瓷盘每个一百五十贯，碗每个一百贯，瓶每个一百五十贯。"

[1]　（清）谷应泰：《明史纪事本末》卷五五《沿海倭乱》，中华书局，1977年。

[2]　（清）张廷玉等撰：《明史》卷三二三《外国传·琉球》，中华书局，1974年。

[3]　北京大学考古文博学院等：《江西景德镇明清御窑遗址发掘简报》，《文物》2007年第5期。

[4]　（明）王宗沐：《江西大志》卷七，"陶书·供御"条载：嘉靖二十二年，烧造"青碗二千、青盘一千、青碟二千、青靶盅一千、青瓷茶盅二千、青酒盏一万"。

这些文字记录未必反映当时瓷器的真实价格，但却说明青花瓷的价格是同类青瓷的三倍甚至更多。追逐高利润显然是导致青花瓷生产规模扩大，龙泉青瓷生产规模萎缩的一个重要原因。在调查中发现，竹口镇竹中 Y3、练泥碓 Y1 均兼烧青瓷与青花瓷，这表明在明代中期，青花瓷的生产已进入龙泉窑核心区，这是对龙泉窑青瓷生产的巨大冲击。但是，龙泉窑窑业生产并没有把握住这次转型，而自身的青瓷生产创新又不足，衰落已成必然之势。

此外，明代后期隆庆开海（1567 年）以及欧洲人成了海上贸易的垄断者，青花瓷的市场得以不断扩大，特别是伊斯兰地区，青花瓷的市场竞争力远大于龙泉青瓷。

4. 社会动荡干扰

1442 年，明英宗治下的明朝已 3 次出兵西南地区，消耗了大量库存资金。为了弥补军费亏空，就催生了更高的农业税与白银索取。原本在浙江处州担任衙役的叶宗留也因此失业，并依靠自己在乡邻间的号召力，带着 800 人进入浙江、福建、江西三省间的山区寻找白银。正统年间，庆元人叶宗留、叶希八父子领导矿徒起义，起义军坚持了八年，转战浙闽赣三省，最终被明朝军队镇压。叶宗留起义给龙泉、庆元一带居民的生产、生计造成极大的破坏，严重影响到龙泉青瓷的烧造和贸易。明代中期社会动荡造成龙泉青瓷窑业衰败的说法在浙西南地区比较盛行，可备一说。

三　竹口古代窑业的兴衰

1. 宋元时期的竹口窑业

现庆元境内烧制瓷器始于竹口镇黄坛 2 号唐代窑址，但唐代窑址仅此一例，尚未形成规模化生产，产品特征与宋元明龙泉窑青瓷器区别较大，故黄坛 Y2 不能看作龙泉窑的起源。上垟窑址群目前确认窑址有十多处，位于瓯江上游龙泉溪两岸，与龙泉市的金村片区连为一体，窑业面貌一致，时代主要集中于两宋时期，反映了龙泉窑的早期生产情况，相关考古资料已有公布[1]。竹口的宋代窑址有桥头山 Y1、潘里垄 Y1、潘里垄 Y2，均分布于竹口溪西侧，产品多元化，除生产龙泉窑系青瓷器外，还生产建窑系黑釉瓷器。竹口的元代窑址有竹中 Y4、枫堂 Y1、竹下 Y1，均分布于竹口溪东侧青峰山西麓，可视为大窑龙泉窑青瓷生产的外围区域，从中也可窥见元代龙泉窑青瓷生产规模的扩大化。从长时段观察，元代竹口窑业生产决定了明代竹口窑业的空间格局和产品类型，但真正代表龙泉窑衰落期青瓷器风格、标志竹口窑业集中化生产形成的时间应为明代中期。

2. 明清时期的竹口窑业

明代中期以后，龙泉南区除大窑仍在小规模生产外，金村、溪口、石隆等地均已停烧，龙泉窑青瓷生产的中心逐渐转移到以竹口溪流域为中心的庆元地区，并且窑业规模显著缩小，但在竹口镇中心区仍有集中化生产。竹口溪流域一带的窑址主要分布在竹口镇的竹中村、竹下村、岩后村和新窑村，共 8 个窑址：练泥碓 Y1，竹中 Y1、Y2、Y3、Y5，竹下 Y1，新窑 Y1、Y2。其中，练泥碓 Y1、竹中 Y3 兼烧青瓷器和青花瓷器。

在调查走访中了解到，竹口镇中心区明代窑业生产与许氏家族有着密切联系。竹中村今尚有后

---

[1]　浙江省文物考古研究所、龙泉青瓷博物馆：《龙泉金村窑址群：2013～2014年调查试掘报告》，文物出版社，2019年。

窑许、后窑陈两个自然村名，皆因许氏、陈氏立户于古窑地而得名。据竹中村民讲，村后山脚窑址遍布，20世纪80年代村里修建民房时挖出许多瓷器，有青瓷碗、梅瓶、壶等，梅瓶被民户当妖瓶砸碎，碗、壶类器物则一元一个卖给文物贩子，有些小型器物则成了孩童的玩具。

调查中，据竹中村民许春德口述，她的家族许氏祖先古时就是在竹口以烧窑卖瓷营生。2011年12月，笔者参访了许氏宗祠，了解到许氏在明代弘治年间从江西移民至竹口，世代制瓷，在当地享有盛誉[1]。进而又查阅了《许氏宗谱》（图二五八），得知最早迁入竹口的许氏始祖是明代弘治年间的许绍琳，许氏族人至少在明崇正八年之前已经在竹口经营窑业，至少在清嘉庆十六年之前已放弃窑业生产。

图二五八　《许氏宗谱》封面

《庆元竹口高阳郡许氏内纪世系图》[2]（图二五九）：

绍琳，行英十一，号怀宇。初于成化丁西游庆元，生理获息十倍，仍回故里。后宏治丙辰复就庆元竹口，市地宅居，起立户籍。

《乾隆三十八年重修族谱序》[3]（图二六〇）：

延至我祖英十一公名绍琳者，本临川之棱源人也，离却乡井，客游斯土，相其山川明秀，足为发祥地，爱择白泥山下居焉。其地古哥窑也，后之人遂因而名之曰"后窑许"者，识是故也。

《大明崇正八年竹口许氏原序》[4]（图二六一）：

以今皇上八年，赍诏庆元，归途问窑。

《李主堂断録后》[5]（图二六二）：

其山内坭塘仍旧照与许姓，仰人掘泥烧瓦。在许姓亦不得于杨姓墓禁内挖掘泥土。

《大清嘉庆十六年竹口许氏修谱序》[6]（图二六三）：

余膺简命司训濛洲，路经县北竹溪……见其聚族于白泥山下古家窑之前，比屋而居。

---

[1]　陈万里先生在民国二十三年（1934年）调查庆元古窑时说："（竹口）许君今天告诉我说他的祖先从江西迁来，在明末时候，已有两代，如此推算起来，大概是在天启年间移家来此，为的是做瓷器"，"许氏在此聚族而居，所住的后面山上有窑"，故名"后窑许"。实际上，根据《许氏宗谱》，最早迁于竹口的许氏始祖是弘治年间的许绍琳，"初于成化丁西游庆元，生理获息十倍，仍回故里。后弘治丙辰，复就庆元竹口，市地宅居起立户籍"。

[2]　1927年重修《许氏宗谱·卷二》，第18页。

[3]　1927年重修《许氏宗谱·序》，第64页。

[4]　1927年重修《许氏宗谱·序》，第57页。

[5]　1927年重修《许氏宗谱·卷一》，第123页。

[6]　1927年重修《许氏宗谱·序》，第59页。

图二五九　《许氏宗谱》局部

图二六〇　《许氏宗谱》局部

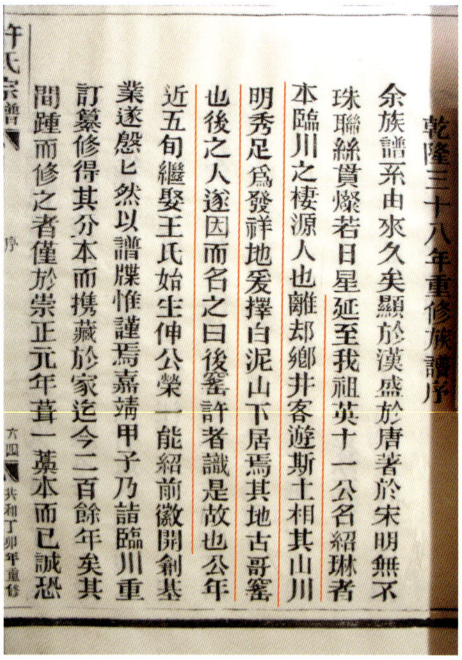

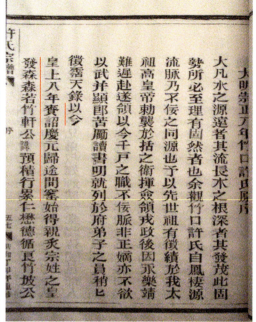

图二六一　《许氏宗谱》局部

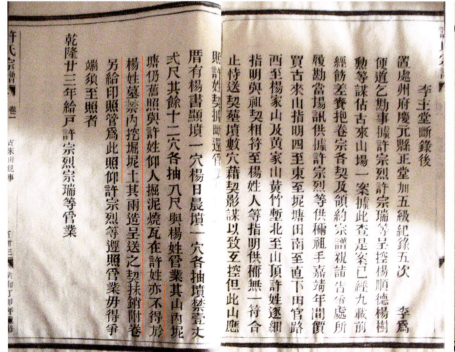

图二六二　《许氏宗谱》局部

图二六三　《许氏宗谱》局部

3. 竹口古代窑业生产的衰亡

竹口镇窑址的调查结果表明，窑址时代唐、元代较少，宋、明代较多，清初极少。受现存《庆元县志》版本所限，唐宋元竹口窑业情况不能详知，明清窑业情况尚可查。笔者遍阅各朝《庆元县志》，仅在康熙县志搜寻出一句：“惟货有苧桐油、茶油、蜂蜜、香蕈、青瓷器之类。”嘉庆、光绪县志

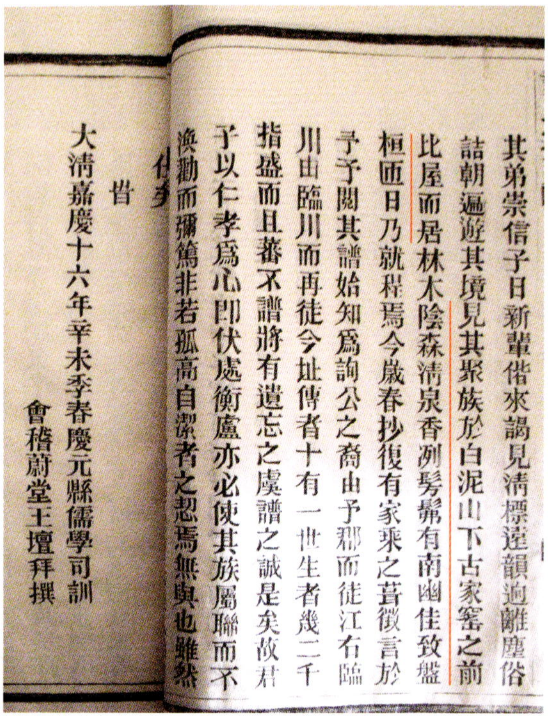

对于窑业竟只字未提。笔者不得不另查《龙泉县志》寻找线索。

据顺治《龙泉县志》载：

瓷窑昔属剑川，自析乡立庆元县，窑地遂属庆元，去龙邑几二百里，不知者尚搜之剑川。舟舆踏沓，地方驿骚，两邑均任其责。且竹口一方迩来闽寇闯入，烧毁民居，窑户稀绝矣。鸠鹄孑遗，应不次供办噫！其亦难矣。

顺治《龙泉县志》关于竹口兵祸的记载在康熙《庆元县志》可得到印证：

顺治十年癸巳七月，闽寇李希贤、叶付等劫竹口。知县郑国位平之……十三年丙申四月，贼首魏福贤、余赤等焚劫竹口……魏福贤等五千余贼由船坑、山坑两路入竹口，围烧民屋六百余家，公馆、桥梁悉毁。

两种县志均记载了清朝前期闽寇兵祸对竹口窑业造成了严重破坏，但竹口窑业在顺治朝尚未完全摧毁。如浙江省博物馆收藏的一件青黄釉三足炉，颈部刻有"康熙丙子秋月吉旦，竹口许门吴氏谆娘，供奉仙岩寺三宝佛前香炉一完，祈保自身迪吉，寿命延长"39 字 [1]，说明竹口窑业康熙朝仍在继续。下济 Y1 的调查结果也证实了康熙朝庆元窑业仍然存在。

据以上文献及传世文物提供的线索，笔者推测正是顺治年间的闽寇兵祸摧毁了竹口一带的瓷窑业，使得此地窑业残喘至康熙朝或稍后而绝灭。另一方面，清前期康雍乾朝中国瓷都景德镇制瓷业正是如日中天，窒息了本已元气大伤的竹口窑业，此即嘉庆《庆元县志》无窑业记载的原因所在。

四 余论

1. 关于庆元古窑址瓷土矿来源

明嘉靖四十年（1561 年）《浙江通志》卷八《地理志·处州》记载"（龙泉）县南七十里曰琉华山……山下即琉田，居民多以陶为业。"依笔者在龙泉市、庆元县境内的考古工作经历所见，龙泉窑的选址通常要具备瓷土矿资源丰富、燃料充足、水源充沛易取、宜于建造龙窑的山坡四个基本条件。龙泉市琉华山下的大窑、金村以及庆元县上垟窑址群的确符合这样的条件，尽管地处偏远、交通不便。在考古调查中也发现，整个琉华山从山顶至山脚均蕴藏有丰富的瓷土矿资源。

在竹口镇中心区青峰山下，许氏家族所居之"白泥山"，因盛产瓷土矿而得名，应是竹口窑址瓷土矿的一个开采地。在竹口镇中心区以东不远的岩后村练泥碓，便是古时集中练制瓷泥之处，在考古调查中已经证实。瓷泥用竹筏运载沿竹口溪而下，可为下游的竹口、新窑等窑场输送原料。

2. 关于庆元古窑址产品的水路运输路线

在考古调查中了解到，大窑的青瓷产品主要依靠人力从大窑青瓷古道 [2] 挑运至瓯江上游龙泉溪北岸的金村码头，或者挑运至查田镇码头，随后顺龙泉溪而下可达瓯江沿线众多码头，最终可输运

---

[1] 任世龙、汤苏婴：《龙泉窑瓷鉴定与鉴赏》，江西美术出版社，2004 年，第 88、89 页。

[2] 据龙泉市小梅镇大窑村村史宣传资料，大窑青瓷古道起点查田镇住田街董溪岭，途径查田镇赵麻淤村、新丰村、石隆村、小梅镇垟岙头村、大窑村、金村、庆元县竹口镇上垟村、山坑村、竹口村。主要使用于宋元明时期，俗称官道，长约 40 千米，沿途分布有宋元明龙泉窑遗址 100 多处和多座亭、桥。古时大窑所产龙泉青瓷是通过该古道源源不断地输送到温州、泉州等地，乃至世界各地。古道集路、桥、亭于一体，在群山环抱中延伸。现查田镇石隆水库以南乌岭至小梅镇垟岙头—大窑—金村段古道保存较好。路面宽约 0.5 米，以卵石铺筑。

至温州港。金村—上垟窑址群的产品则直接从金村码头以竹筏、舟船等输运。

2016 年 11 月至 2017 年 1 月，浙江省文物考古研究所与龙泉市文化遗产保护中心联合对龙泉市小梅镇金村码头遗址进行了考古发掘，发现了规模庞大的码头遗迹，呈五级石砌台阶状，出土了大量龙泉窑瓷器，时代从北宋中期至明代中期[1]。

2022 年，浙江省文物考古研究所、温州市文物考古研究所联合对温州朔门古港遗址进行了考古发掘，揭露出包括古城的水、陆城门相关建筑遗迹、8 座码头、砖铺道路、官用栈道、干栏式建筑、水井等重要遗迹，还出土了两艘沉船，以及数十吨宋元瓷片堆积、漆木器、琉璃器、贝壳、植物标本等丰富遗物，年代自北宋延续至民国时期，尤以宋元为主。遗址出土的瓷片，九成以上为龙泉青瓷，涵盖了龙泉南区、东区及下游永嘉境内诸窑场产品[2]。

瓯江源头金村码头和瓯江尽头温州古港遗址的发掘，以考古资料证实了瓯江流域龙泉窑产品的水路运输路线。

闽江上游支流竹口溪沿线的窑产品，主要是顺竹口溪入闽江，从福州出海。至迟到清代康熙初年，竹口已形成庆元县唯一一处"市"，四方货物在此交易，瓷器应是大宗商品之一。2022 年 6 月，笔者实地考察了闽江流域，证实竹口溪流经庆元县新窑村后汇入福建省松溪，松溪流至建瓯市入建溪，建溪流至南平市入闽江，闽江流经福州市区后出海。所见水路平阔，水道流畅，属实宜于行船运输瓷器。

3. 关于竹口溪窑产品的消费端

明代中期以后，庆元县竹口镇窑址逐渐成为龙泉窑窑业中心，并在明代晚期至清代早期这一阶段生产了大量流传至今的陈设瓷，其中的精品还曾以某种途径进入宫廷。两岸故宫等典藏机构收藏有一批釉色青碧透明、以折枝花卉为主题纹饰的陈设类龙泉青瓷，其中台北故宫藏品明确为清宫旧藏，这些应是竹口一带生产的龙泉青瓷产品，有其自身的独特风格[3]。

据 1994 年版《龙泉县志》记载："崇祯十四年（1641 年）七月，由福州运往日本瓷器 27000 件，同年 10 月有大小 97 艘船舶运出龙泉青瓷 30000 件，在日本长崎上岸。"这些外运的瓷器应都是竹口溪一带窑场生产的，通过闽江下福州，然后运往日本，此是竹口所产青瓷器销往海外的例证[4]。

浙江省博物馆藏龙泉窑青瓷刻花菊纹三足炉，束颈处刻"康熙丙子秋月吉旦，竹口许门吴氏谆娘供奉仙岩寺三宝佛前香炉一完，祈保自身迪吉，寿命进长"铭文，此是民间使用竹口所产青瓷器的例证[5]。

---

[1]　浙江省文物考古研究所、龙泉市文化遗产保护中心：《浙江龙泉金村码头遗址考古发掘简报》，《东方博物》第七十五辑，中国书店，2020 年。

[2]　梁岩华：《温州朔门古港遗址：天下龙泉的起点》，《光明日报》2023 年 4 月 16 日第 12 版。

[3]　蔡玫芬主编：《碧绿：明代龙泉窑青瓷》，台北故宫博物院，2010 年。

[4]　浙江省龙泉县志编纂委员会：《龙泉县志》，汉语大词典出版社，1994 年，第 310 页。

[5]　浙江省博物馆编：《青色流年：全国出土浙江纪年瓷图集》，文物出版社，2017 年，第 369 页。

附录一　浙江省庆元县唐代黄坛窑址发掘简报

浙江省文物考古研究所　庆元县文物管理委员会办公室

庆元县位于浙江省西南部，北邻本省的龙泉市与景宁县，东、西、南三面与福建省寿宁县、松溪县、政和县交界。全境山岭连绵，群峰起伏，地势自东北向西南倾斜。北、东部为洞宫山脉所踞，西南部和中部是仙霞岭—枫岭余脉。境内河流有松源溪、安溪、竹口溪、南阳溪、左溪、西溪、八炉溪等7条，除竹口溪外，其他均以洞宫山脉为分水岭，向东北流入瓯江，向西南流入闽江，向东南流入交溪（福安江），故又有"水流两省达三江"之说。

黄坛窑址位于庆元县竹口镇黄坛村大路29号宅门口，北纬27°39′55″，东经118°54′08″（图1）。该窑址保存情况较差，在自抗战以来的三次公路建设以及周边村民建房等活动的影响下，窑址遭到严重破坏。该窑址早在20世纪50年代就已经被发现。1957年2月，浙江省文物管理委员会曾对庆元竹口、新窑一线的窑址进行过调查，于黄坦（坛）南公路边的地面发现瓷片堆积，并作出如下描述，"窑具的形状如带圈足的束腰器，器体粗厚。器物只见碗一种，其形状、胎质、釉色和金沙塔基所出的墨书碗相仿。碗与碗之间以泥钉相隔，没有发现匣钵的碎片。这种碗在造型上和越窑颇为相似，但釉色没有越窑那样明净。根据其造型和釉色，黄坦（坛）窑的烧造时代当在唐代，最迟也不会晚于五代。"[1] 鉴于该窑址的重要性，1982年被列入庆元县重点文物保护单位。

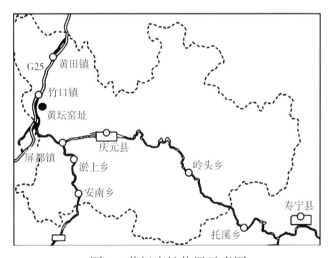

图1　黄坛窑址位置示意图

为配合龙庆高速公路连接线项目建设，2014年10月16日至11月17日，浙江省文物考古研究所与庆元县文物管理委员会办公室联合对黄坛窑址进行了抢救性考古发掘。本次发掘共布设探方（探沟）4个，编号为T1、T2、T3、T4，布方面积为215平方米，实际发掘面积为195平方米（图2、3）。

---

[1]　浙江省文物管理委员会：《龙泉调查散记》，载浙江省文物考古研究所编《浙江省文物考古研究所学刊（第七辑）》，杭州出版社，2005年，第491页。

一 地层堆积

该窑址保存情况较差，地层堆积（图 4）仅存一隅，东西长约 6 米，南北宽约 5 米，主要分布在 T1 中，在 T4 中也有少量分布。

现以 T1 西壁和 T4 东壁为例，对窑址的地层堆积情况予以介绍。

1.T1 西壁

第①层：表土层。全方分布。厚 5～45 厘米。土质疏松，土色杂乱，包含物有水泥路面残块、大块鹅卵石（砂岩）、草根、现代垃圾及瓷片（产品有唐代青瓷、南宋黑釉瓷、明代中晚期龙泉窑瓷片、现代瓷片）等。采集唐代瓷片，可辨器形有砚台、盏托、碗、盘、罐、执壶等；釉色有青黄、青灰等；胎色呈现青灰色调，较粗糙。瓷器产品整体为素面，个别瓷片上有深刻平行弦纹。窑具有束腰形垫柱。该层之下，于探方西南部发现一座明清时期墓葬，编号为 M1。

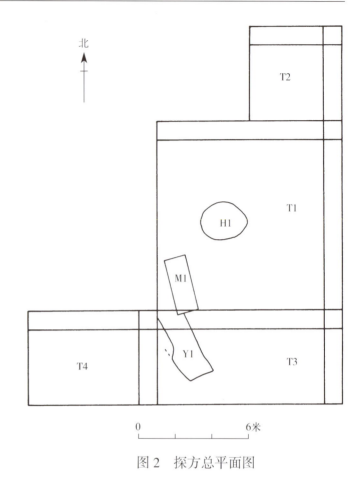

图 2 探方总平面图

图 3 发掘区全景照（由东向西）

图 4　窑业废品堆积情况（由北向南）

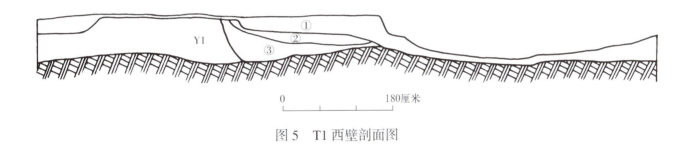

图 5　T1 西壁剖面图

　　第②层：窑业堆积层。分布于探方西南部。厚 0 ～ 20 厘米。土质较疏松，土色呈灰黄色，包含大量瓷片。瓷片可辨器形有碗、盘、盏、罐、执壶、钵、碾轮、盆、多角罐等，釉色有青黄、青灰等；胎色呈现青灰，较粗糙。窑具有束腰形垫柱。

　　第③层：窑业堆积层。分布于探方西南部。厚 0 ～ 45 厘米。土质较疏松，土色灰黄，包含大量窑渣碎块、瓷片、支烧具等。瓷片可辨器形有碗、盘、盏、卷沿罐、盘口壶、碾轮、多角罐、执壶（流、把）、钵、多角罐等。釉色有青黄、青灰等；胎色呈现青灰，较粗糙。窑具有束腰形垫柱及匣钵。

　　第③层以下为 Y1、H1 和生土层（图 5）。

2.T4 东壁

　　第①层：表土层。全方分布。厚 10 ～ 165 厘米。土质较疏松，土色呈浅黑色，包含大量植物根系、现代垃圾及瓷片、窑具。瓷片可辨器形有盘口壶、碾轮、碗、盏、执壶、盘等。窑具有束腰形垫柱。

　　第②层：窑业堆积层。全方分布。厚 10 ～ 60 厘米。土质较疏松，土色呈灰黄色，包含少量匣钵碎块及大量瓷片。瓷片可辨器形有碗、盘等；釉色有青黄、青灰等；胎色呈现青灰，较粗糙。

　　第③层：窑业堆积层。分布于探方东南部。厚 0 ～ 30 厘米。土质较疏松，土色为灰黄色，夹杂

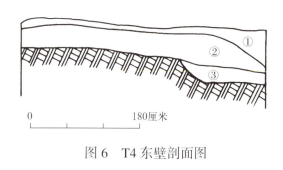

0　　　　　　　　180厘米

图 6　T4 东壁剖面图

白色黏土，包含少量匣钵碎块及大量碎瓷片。瓷片可辨器形有碗、盘、盘口壶等；釉色有青黄、青灰等；胎色呈现青灰，较粗糙。

第③层以下为生土层（图 6）。

二　遗迹

本次发掘，共清理遗迹 2 处，包括残窑炉 1 座和灰坑 1 处。

1.Y1

残窑炉编号为 Y1（图 7），仅存底部一角，破坏十分严重，且西部为现代房屋建筑叠压。其窑炉走向、坡度、规模等方面信息均已无法判断。从残留部分来看，窑底具有明显分层，推测为多次修补所致。残长约 2.8、残宽约 1.55 米。

2.H1

灰坑编号为 H1（图 8、9），位于 T1 中部，开口于第③层下，打破生土层。平面形状为不规则椭圆形。坑口最大直径（东西径）为 2.6 米，最小径（南北径）为 1.9 米。坑壁弯曲，坑底为不规则圜底，深度为 1.4 米。坑壁及坑底未做加工，坑内没有其他遗迹现象。坑内堆积没有明显分层，包含物有瓷片、窑具等，出土物与 T1 第③层相同。瓷片可辨器形有碗、盏、盘、盘口壶、罐、杯、执壶等，窑具有束腰形垫柱。产品装饰方面，以素面为主，仅个别瓷片上有深刻平行弦纹。该坑内填土为灰黄色，土质较疏松，包含大量黏性强的白色黏土，经判断应为瓷土，故而可以推断该灰坑应属于储泥池一类的作坊遗迹。

图 7　Y1（由北向南）

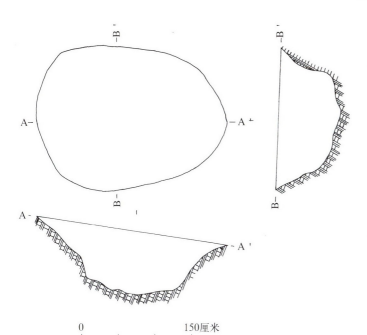

图9　H1（由西向东）

0　　　　　　150厘米

图8　H1平、剖面图（正北方向）

三　出土器物

　　窑址出土器物包括瓷器和窑具两种。瓷器产品器形较为多样，有碗、盘、盏、灯盏、钵、盘口壶、罐、多角罐、器盖、高足杯、执壶、碾轮、砚台、擂钵、盏托等，其中以碗类产品为主。窑具有垫柱和匣钵两种。

　　瓷器产品普遍胎色较深，多呈灰色、灰褐或红褐色；胎质粗，较疏松，夹杂砂粒。釉色以青黄、青灰色为主，以少量盘口壶釉色为佳，呈现青色。出土器物普遍烧成温度不高，胎釉结合不好，剥釉现象十分严重。施釉方法以施半釉为主，外腹近底处及外底部不施釉；个别器物施满釉。装饰基本为素面，偶见深刻平行弦纹或不规则圆圈纹。装烧方法以明火裸烧、叠烧为主，器物外底足端及内心处有三至六枚叠烧痕；从发现的几件匣钵判断，少量精细产品应采用匣钵装烧。

（一）瓷器

1. 碗

　　圆唇，敞口，斜腹，饼足微内凹。灰胎、灰褐胎或红褐胎，胎质粗。青灰或青黄釉，满布小开片，剥釉现象严重。施半釉，外腹近底处及外底部不施釉。叠烧，外底足端及内心处有叠烧痕。

　　T1①：1，残，叠烧标本。6件大小相同的碗叠烧。灰褐胎。青釉泛黄。足径6.8、残高10.2厘米（图10，1；图12）。

　　T1②：1，可复原，外腹口沿处有粘连。斜腹微曲。灰胎。青釉泛黄。内心有六枚松子形支烧痕。口径17.6、足径6.8、高5.7厘米（图10，2；图13）。

　　T1③：1，可复原。灰褐胎。青釉泛黄。口径17.4、足径8.2、高6.3厘米（图10，3；图14）。

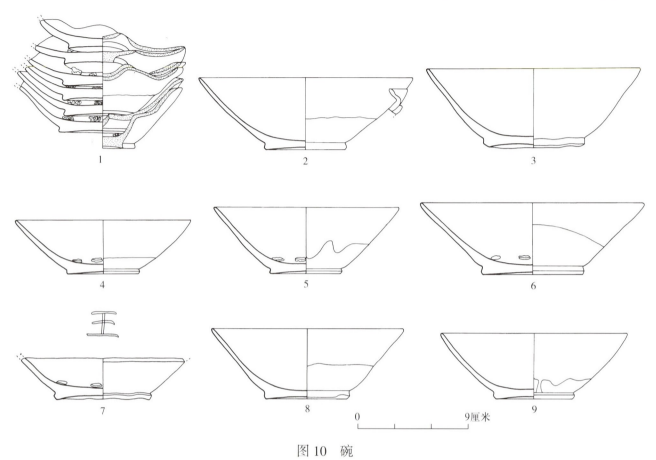

图 10　碗

1～9.T1①：1、T1②：1、T1③：1、T1③：2、T1③：4、T1③：6、T1③：28、H1：2、T4③：7

图 12　碗 T1①：1　　　　　　　　　　图 13　碗 T1②：1

　　T1③：2，可复原。斜腹微曲。灰胎。青釉泛黄。内心有四枚叠烧痕。口径14.4、足径6、高4.3厘米（图10，4；图15）。

　　T1③：4，可复原。灰胎。青釉泛黄。口径15.2、足径6、高5.3厘米（图10，5）。

　　T1③：6，可复原。灰褐胎。青釉微泛黄。口径18.2、足径8.4、高5.7厘米（图10，6）。

　　T1③：28，残。失上部，下腹斜收，饼足内凹。灰胎，胎质较粗。青釉，满布小开片。外施釉至下腹，外底部露胎无釉。外底足端有六枚支烧痕。内心釉下刻"王"字款。足径8、残高3.3厘米（图10，7；图16）。

图14　碗 T1③：1　　　　　　　　　图15　碗 T1③：2

图16　碗 T1③：28

图17　碗 H1：2　　　　　　　　　图18　碗 T4③：7

H1：2，饼足微内凹。生烧，红褐胎。青灰釉。口径 15.8、足径 7、高 5.6 厘米（图 10，8；图 17）。

T4③：7，可复原。斜腹微曲。灰胎。青黄釉。内心及外底足端有六枚半圆形叠烧痕。口径 15.2、足径 6.6、高 5.2 厘米（图 10，9；图 18）。

2. 盏

圆唇或方唇，敞口，斜腹，饼足或平底内凹。灰胎、灰褐或灰黑胎，胎质粗。青黄或青灰釉，满布小开片。施半釉，外腹近底处及外底部不施釉。叠烧，外底足端及内心处有叠烧痕。

T1②：4，可复原，变形。圆唇，敞口微侈，平底。灰胎。青黄釉，剥釉现象严重。外底部有三枚椭圆形叠烧痕。口径 12.3、底径 5.4、高 3.3～3.9 厘米（图 11，1；图 19）。

T1②：6，可复原。圆唇，平底。灰褐胎。青釉泛黄，有剥釉现象。口径 9.2、底径 5、高 2.8 厘米（图 11，2；图 20）。

T1③：13，可复原。圆唇，饼足。灰胎。有剥釉现象。口径 10.4、足径 5.2、高 3 厘米（图 11，3；图 21）。

H1：4，圆唇，平底内凹。生烧，灰胎。青灰釉，剥釉现象严重。口径 12.2、底径 5.5、高 4 厘米（图 11，4）。

T4②：1，方唇，平底。灰胎。青釉泛黄，有积釉和流釉现象。内心处粘连大量窑渣。口径 11.6、底径 4.6、高 3.8 厘米（图 11，5）。

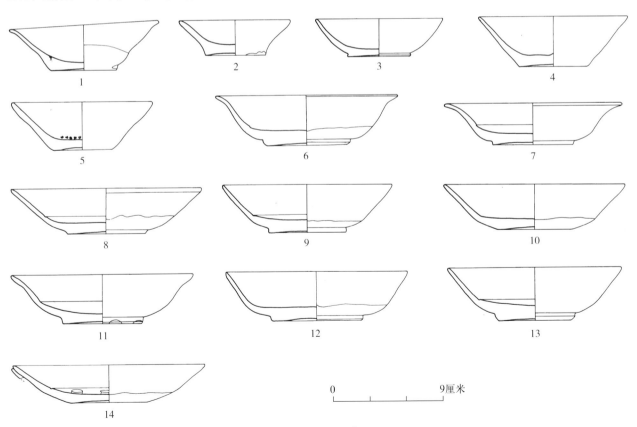

图 11　盏和盘

1～5.盏 T1②：4、T1②：6、T1③：13、H1：4、T4②：1　6～14.盘 H1：7、T4②：3、T1①：2、T1②：7、T1③：9、T1③：10、T1③：11、H1：8、T4②：2

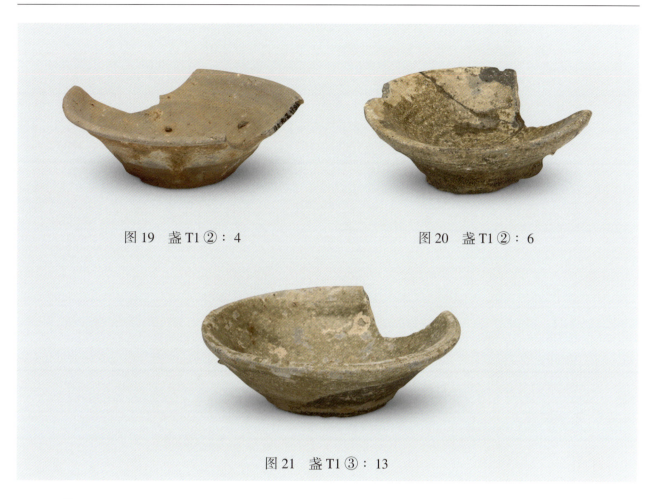

图 19　盏 T1 ②：4　　　　　　　　图 20　盏 T1 ②：6

图 21　盏 T1 ③：13

3. 盘

A 型　圆唇，侈口，斜曲腹，饼足微内凹。灰胎，胎质粗。青灰釉，剥釉现象严重。施半釉，外腹近底处及外底部不施釉。叠烧，外底足端及内心处有叠烧痕。

H1：7，可复原。口径 15、足径 7.2、高 4 厘米（图 11，6；图 22）。

T4 ②：3，可复原。生烧。有流釉现象。内心有四枚松子状叠烧痕。口径 14.6、足径 6.6、高 3.3 厘米（图 11，7；图 23）。

B 型　圆唇，敞口，斜曲腹，饼足或平底微内凹。灰胎、灰褐胎或红胎，胎质粗。青灰釉，剥釉现象严重。施半釉，外腹近底处及外底部不施釉。叠烧，外底足端及内心处有叠烧痕。

T1 ①：2，可复原。圆唇，平底。灰胎。青黄釉，有开片。口径 15.8、底径 6.4、高 15.8 厘米（图 11，8；图 24）。

T1 ②：7，可复原。尖圆唇，圆折腹，上腹斜直，下腹斜收，饼足微内凹。灰褐胎。口径 14、足径 6.4、高 3.8 厘米（图 11，9；图 25）。

T1 ③：9，可复原。圆唇，平底微内凹。灰胎。内心有五枚叠烧痕。口径 14.8、底径 6、高 3.6 厘米（图 11，10；图 26）。

T1 ③：10，可复原。圆唇，上腹斜直，下腹斜收，饼足。灰胎。青黄釉。口径 15、足径 6.6、高 3.9 厘米（图 11，11）。

T1 ③：11，可复原。圆唇，饼足微内凹。灰黑胎。青黄釉，满布开片。口径 15、足径 7.6、高 3.9

图 22　盘 H1：7

图 23　盘 T4②：3

图 24　盘 T1①：2

厘米（图 11，12）。

H1：8，可复原。尖圆唇，饼足。灰胎。口径 14.2、足径 6、高 4.2 厘米（图 11，13）。

T4②：2，可复原。外腹口沿处有粘连。圆唇，平底。灰胎。青釉泛黄，布满开片，有积釉现象。口径 15.8、底径 6.4、高 3 厘米（图 11，14）。

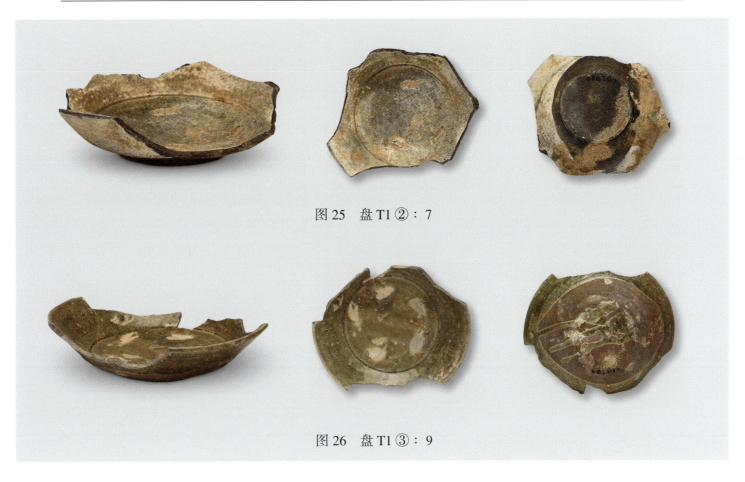

图 25　盘 T1 ②：7

图 26　盘 T1 ③：9

4. 钵

A 型　圆唇，敛口，圆折腹，上腹斜直，下腹斜曲，失下部。灰胎，胎质粗。青釉泛黄，有开片，剥釉现象严重。

T1 ③：15，残。口径 20、残高 10.4 厘米（图 27，1；图 28）。

B 型　圆唇，直口微敛，圆折腹，上腹斜直，下腹斜收，失下部。灰胎，胎质粗。青釉。

T1 ③：33，残。口沿下有一小圆孔。满布开片。口径 17、残高 5.6 厘米（图 27，2；图 29）。

T1 ②：4，残。上下腹相交处残留一柄。青黄釉，剥釉现象严重。口径 18、残高 9 厘米（图 27，3）。

C 型　尖圆唇，侈口，斜曲腹，失下部。灰褐胎，胎质粗。青黄釉，满布小开片。外施釉至下腹。

T1 ②：12，残。口径 21、残高 11 厘米（图 27，4；图 30）。

5. 盘口壶

圆唇或方唇，盘口，束颈，丰肩，失下部。灰胎，胎质粗。青黄釉，剥釉现象严重。

T1 ③：16，残。方唇，束颈较长，肩部对称置双泥条系，圆鼓腹。灰黄胎。布满小开片。口径 19、残高 16 厘米（图 27，5；图 31）。

T1 ③：17，残。方唇，束颈较长，肩部置双泥条系，圆鼓腹。青釉，布满小开片。口部粘连窑渣。口径 20、残高 18 厘米（图 27，6）。

T1 ③：18，残。方唇，束颈较长，肩部置双泥条系。青釉，布满小开片。口径 16.8、残高 9.8 厘米（图 27，7；图 32）。

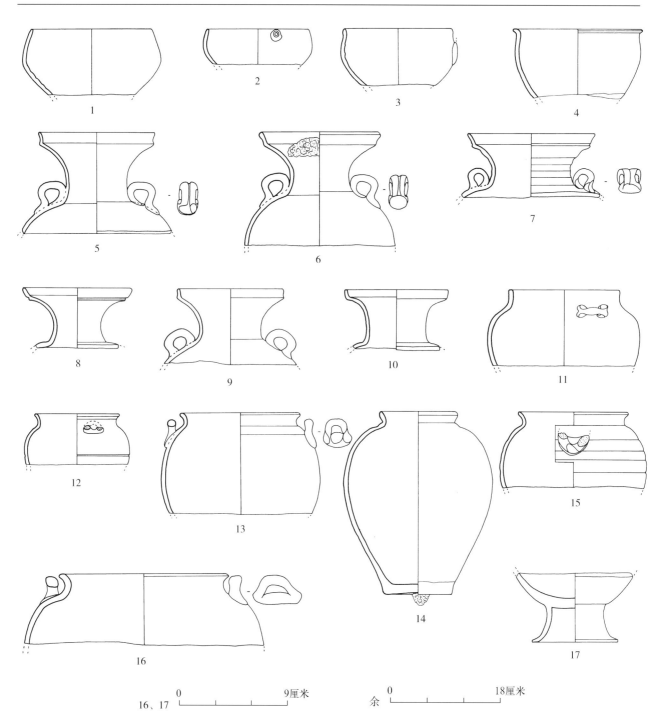

图 27　器物图

1~4.钵 T1③：15、T1③：33、T1②：4、T1②：12　5~10.盘口壶 T1③：16、T1③：17、T1③：18、T1③：39、H1：10、H1：11
11~16.罐 T1②：8、T1②：9、T1③：19、T1③：20、T1③：21、T1③：22　17.杯 H1：16

　　T1③：39，残。方唇，束颈较长，肩部对称置双泥条系，圆鼓腹。红褐胎。布满小开片。口径 18、残高 9.4 厘米（图 27，8；图 33）。

　　H1：10，残。圆唇，肩部置双泥条系。口径 17.6、残高 12 厘米（图 27，9；图 34）。

　　H1：11，残。方唇。口径 17、残高 9.6 厘米（图 27，10）。

图 28　钵 T1③：15

图 29　钵 T1③：33

图 30　钵 T1②：12

图 31　盘口壶 T1③：16

图 32　盘口壶 T1③：18

图 33　盘口壶 T1③：39

图 34　盘口壶 H1：10

6. 罐

A 型　圆唇或方唇，直口，短束颈，失下部。灰胎，胎质粗。青灰或青黄釉。

T1②：8，残。方唇，溜肩，肩部置一单泥条横系，圆鼓腹，失下部。灰褐胎。青釉，满布细小开片，剥釉现象严重。口径 18、残高 12 厘米（图 27，11）。

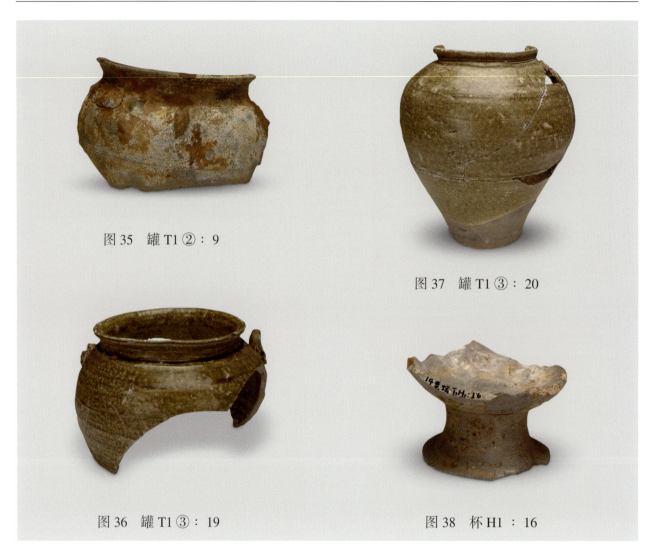

图 35　罐 T1 ②：9

图 37　罐 T1 ③：20

图 36　罐 T1 ③：19

图 38　杯 H1：16

B 型　圆唇，卷沿，敞口，短束颈，溜肩，上腹圆鼓，下腹斜收，平底。灰胎，胎质粗。青釉，布满小开片。施半釉，外腹近底处及外底部不施釉。

T1 ②：9，残。肩部置一单泥条横系，系已残，圆鼓腹，失下部。灰褐胎。剥釉现象严重。口径 14、残高 8 厘米（图 27，12；图 35）。

T1 ③：19，残。肩部对称置单泥条横系，失下部。口径 20、残高 16 厘米（图 27，13；图 36）。

T1 ③：20，可复原。青釉微泛黄，局部剥釉。口径 12.8、底径 11.2、高 30.8 厘米（图 27，14；图 37）。

T1 ③：21，残。失下部。外腹饰多道凹弦纹。口径 18、残高 12 厘米（图 27，15）。

T1 ③：22，残。肩部置单泥条横系，失下部。青黄釉，剥釉现象严重。口径 14、残高 5.7 厘米（图 27，16）。

7. 杯

H1：16，残。失上部，下腹斜曲，高足外撇。灰胎，胎质较粗。青灰釉，剥釉现象严重。足径 7、残高 5.5 厘米（图 27，17；图 38）。

8. 多角罐

T1②：17，残。圆唇，侈口，腹部置一角，上饰叶脉状纹饰。灰黑胎，胎质粗。青黄釉。口径12、残高 3.2 厘米（图 39，1）。

T1③：23，残。仅余一层。扁圆腹，腹部置圆形角。灰胎，胎质粗。青釉微泛黄，较多开片。口径 10、残高 7.3 厘米（图 39，2；图 40）。

T1③：24，残。仅余一角。黄胎，胎质粗。残高 5.3 厘米（图 39，3）。

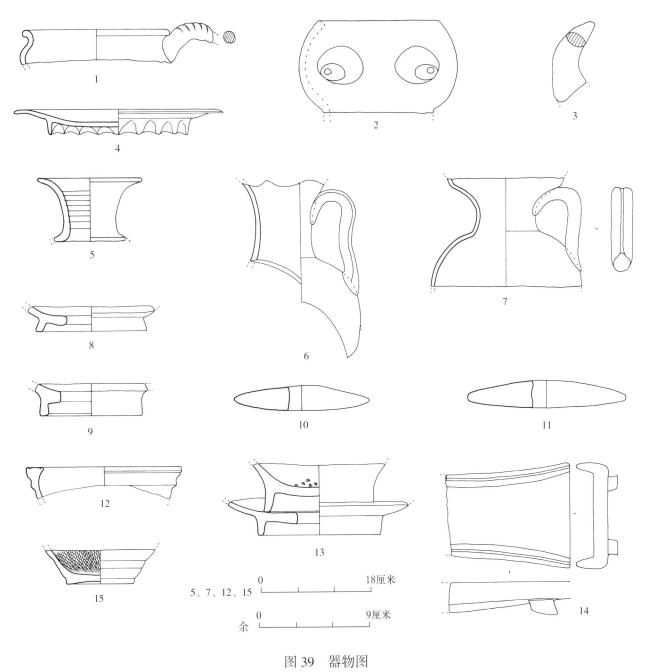

图 39　器物图

1～3.多角罐T1②：17、T1③：23、T1③：24　4.器盖T1③：25　5～7.执壶T1②：11、T1②：14、T1③：31　8、9.孔明碗T1①：5、T1③：27　10、11.碾轮T1②：15、T1③：30　12.盆T1②：16　13.盏托T1①：8　14.砚T1①：4　15.擂钵T1①：6

9. 器盖

T1 ③：25，可复原。圆唇，宽沿，口部呈花边形，盖面凹。灰黑胎，胎质较粗。青黄釉，剥釉现象严重。口径 11.2、高 2 厘米（图 39，4；图 41）。

10. 执壶

T1 ②：11，残。圆唇，侈口，束颈，失下部。红褐色胎，胎质粗。青黄釉，剥釉现象严重。内腹有明显拉坯痕。口径 17、残高 10 厘米（图 39，5）。

T1 ②：14，残。失口部，束颈，丰肩，圆鼓腹，上腹与颈部之间置单泥条系，上饰两道凹陷纹。灰胎，胎质粗。青黄釉，布满开片，有剥釉现象。内腹有明显拉坯痕。残高 14 厘米（图 39，6；图 42）。

T1 ③：31，残。仅余腹部及把。灰胎，胎质粗。青釉微泛黄，满布开片。残高 17.2 厘米（图 39，7；图 43）。

11. 孔明碗

T1 ①：5，残。仅余器底，底部中空。灰黄胎。青黄釉。足径 9、残高 2 厘米（图 39，8）。

T1 ③：27，残。仅余器底，底部中空。灰胎，胎质粗。青黄釉，剥釉现象严重。足径 8.4、残高 2.6 厘米（图 39，9）。

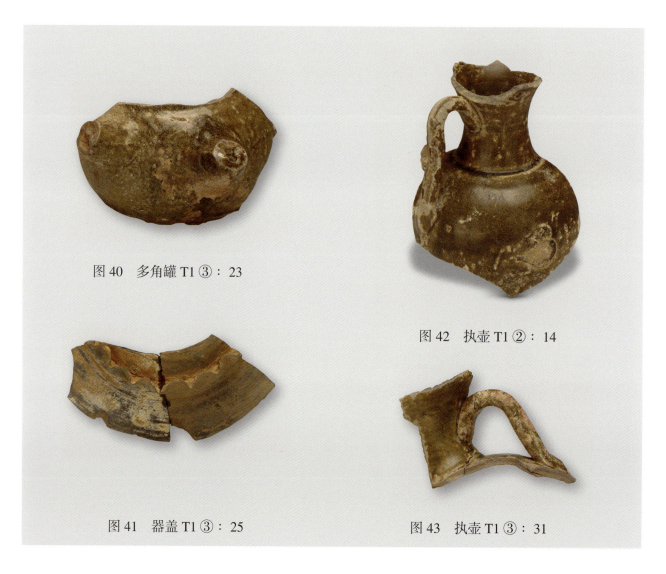

图 40　多角罐 T1 ③：23

图 42　执壶 T1 ②：14

图 41　器盖 T1 ③：25

图 43　执壶 T1 ③：31

12. 碾轮

整体为圆形。中心处置一圆孔，中间厚，两端薄。灰胎或黄胎，胎质粗。

T1②：15，可复原。灰胎。直径11、高2厘米（图39，10；图44）。

T1③：30，可复原。黄胎。直径13、高2.2厘米（图39，11）。

13. 盆

T1②：16，残。方唇，平沿，敞口，折腹，上腹竖直，下腹斜曲，失下部。红褐胎，胎质粗。青黄釉，有剥釉现象。口径25、残高5厘米（图39，12）。

14. 盏托

T1①：8，残。失上部，下腹斜曲，圈足较高。内心处置一高台，中空。灰胎，胎质较粗。青黄釉，满布开片。全器满施釉。外底部露胎无釉。足径10、残高5.6厘米（图39，13；图45）。

15. 砚

T1①：4，残。整体呈梯形。底部一侧置长条形足。灰胎，胎质较粗。青釉。残长10、宽8.3、高3.4厘米（图39，14；图46）。

16. 插钵

T1①：6，残。失上部，下腹斜收，饼足微内凹。灰胎，胎质粗。青黄釉，剥釉现象严重。施半釉，外腹近底处及外底部不施釉。内腹及内心满刻线纹。足径11、残高5.5厘米（图39，15；图47）。

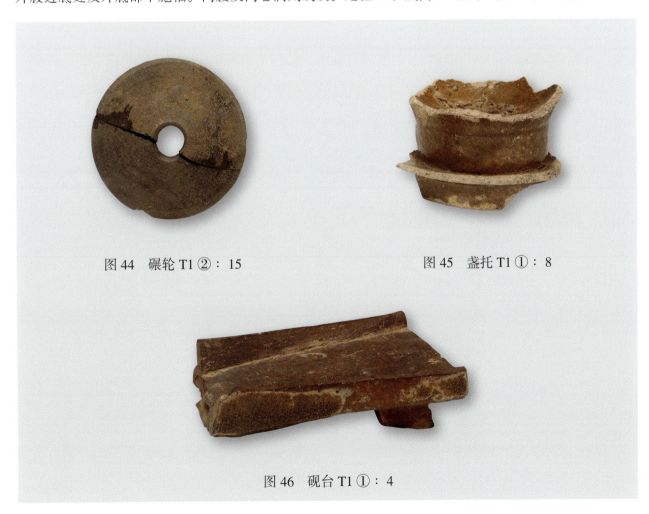

图44 碾轮 T1②：15　　　　　　　图45 盏托 T1①：8

图46 砚台 T1①：4

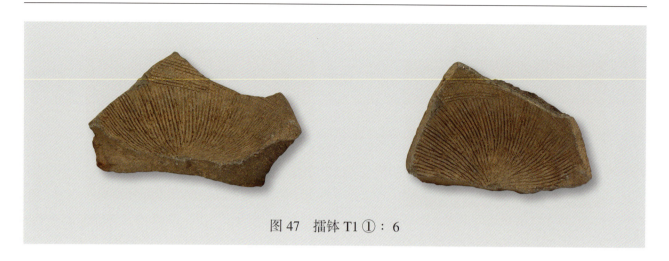

图 47　擂钵 T1 ① : 6

（二）窑具

1. 垫柱

陶胎，胎质粗。束腰形。有手捏痕及圆孔。

T1 ③ : 34，可复原。面径 10、足径 11、高 16.2 厘米（图 48，1）。

T1 ③ : 35，可复原。腰部深刻 "十" 字款。面径 10.4、足径 11.2、高 15 厘米（图 48，2；图 49）。

T1 ③ : 37，可复原。面径 11、足径 13、高 9 厘米（图 48，3；图 50）。

H1 : 17，可复原。面径 10.6、足径 12.4、高 14.6 厘米（图 48，4；图 51）。

T4 ③ : 4，可复原。面径 9.5、足径 11.2、高 12.4 厘米（图 48，5）。

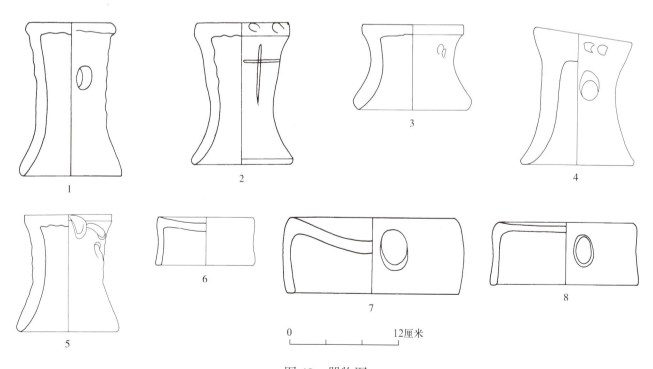

图 48　器物图

1~5.垫柱T1③ : 34、T1③ : 35、T1③ : 37、H1 : 17、T4③ : 4　　6~8.匣钵T1③ : 36、T4③ : 5、T4③ : 6

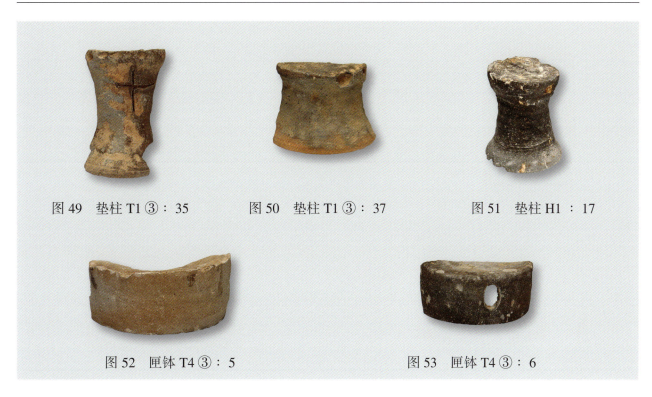

图 49　垫柱 T1 ③：35　　　　图 50　垫柱 T1 ③：37　　　　图 51　垫柱 H1：17

图 52　匣钵 T4 ③：5　　　　　　　　图 53　匣钵 T4 ③：6

2. 匣钵

A 型　整体呈 M 形。壁面对称置两圆孔。足端和面沿上有一周泥点痕。

T1 ③：36，残。瓷质，胎质较细。面径 10.5、足径 10.7、高 5.1 厘米（图 48，6）。

T4 ③：5，陶质，胎质粗。面径 18、足径 18.6、高 8 厘米（图 48，7；图 52）。

B 型　平底微内凹。壁面置一圆孔。足端和面沿有一周泥点痕。

T4 ③：6，陶质，胎质粗。面径 14.4、底径 16、高 6.6 厘米（图 48，8；图 53）。

四　结语

（一）年代判断

T1 和 T4 两探沟内共有 4 个原生堆积层，即 T1 ②层、③层和 T4 ②层、③层。综合分析来看，各层出土器物无论是器类、器形，还是装饰风格，均差别不大，特征一致，可归为一期。此外，H1 出土器物也与该四层产品一致。故而推断，该窑址延烧时间较短，时代跨度不大。出土遗物中的碗、盘、罐类与江西景德镇南窑窑址[1] 中的部分产品相同，故年代应该相当，时代为唐代中晚期。

（二）与同时期其他窑址的比较

黄坛窑址处于浙江省西南部，与同时期处于浙东地区的越窑 [2] 相比，无论从器物种类、器形，

[1] 张文江、崔涛、顾志洋：《景德镇南窑遗址考古发掘的主要收获》，载《景德镇南窑考古发掘与研究——2014南窑学术研讨会论文集》，科学出版社，2015年，第1～78页。

[2] 慈溪市博物馆编：《上林湖越窑》，科学出版社，2002年。浙江省文物考古研究所等：《寺龙口越窑址》，文物出版社，2002年。

还是从胎釉特征、装饰方法、装烧工艺来看，均存在明显差异；而与同处浙江西南部的丽水吕步坑窑址 [1]、松阳水井岭头窑址 [2]，江西东部的景德镇乐平南窑遗址 [3]、浮梁县大金坞窑址 [4]、浮梁县兰田窑万窑坞窑址 [5] 和江西南部的赣州七里镇窑址 [6]，福建北部的建阳将口窑址 [7] 等窑址出土的部分产品风格一致。有学者曾将浙江地区隋唐时期窑业划分为沿海型和内陆型两大类型，其中黄坛窑址即属于内陆型的范畴 [8]。

古代制瓷业作为一种资源密集型产业，它的生产需要一定的原料（瓷土、釉料等）、燃料、水源。基于一定的地缘因素，临近地区的窑业生产具备相同的资源条件，会生产出具有胎釉风格较为一致的器物群。此外，临近地区在经济、文化、民俗及日常生活习惯方面具有一定的相似性，具备近距离窑业技术交流 [9] 的便利条件。故而，在资源近似和窑业技术交流双重作用下，在同一时间、在同一地域内会产生一个产品风格近似的窑业集群，或者可以称之为某一种窑业类型或文化。基于以上因素，唐代中晚期，在浙闽赣交界地区乃至更大范围内便形成了一个产品风格、窑业技术相似的窑业集群。

领　　队：沈岳明

参加发掘：谢西营、郑建明、叶海、张涛、高秀

野外绘图：谢西营、张涛

器物绘图：程爱兰

器物摄影：谢西营

整理执笔：谢西营、叶海

（原载《东方博物》第六十辑，中国书店，2016年）

[1]　浙江省文物考古研究所、丽水市文化局：《浙江省丽水县吕步坑窑址发掘简报》，《浙江省文物考古研究所学刊（第七辑）》，杭州出版社，2005年，第538～558页。

[2]　丽水市文化广电新闻出版局：《河滨遗范》，浙江古籍出版社，2011年。

[3]　张文江、崔涛、顾志洋：《景德镇南窑遗址考古发掘的主要收获》，载《景德镇南窑考古发掘与研究——2014南窑学术研讨会论文集》，科学出版社，2015年，第1～78页。

[4]　秦大树、李颖翀、李军强：《景德镇湘湖地区早期窑业调查与试掘的主要收获》，《景德镇南窑考古发掘与研究——2014南窑学术研讨会论文集》，科学出版社，2015年，第128～130页。

[5]　秦大树、李颖翀、李军强：《景德镇湘湖地区早期窑业调查与试掘的主要收获》，《景德镇南窑考古发掘与研究——2014南窑学术研讨会论文集》，科学出版社，2015年，第130～132页。

[6]　系2015年11月4日江西赣州七里镇窑址整理现场所见。

[7]　福建省博物馆：《建阳将口唐窑发掘简报》，《东南文化》1990年第3期，第135～141页。

[8]　王轶凌、郑建明：《隋唐时期浙江地区窑业的时空特征》，《东南文化》2015年第2期，第82～88页。

[9]　关于中国古代制瓷技术的传播，有学者总结为三种方式：一是近距离的逐渐扩散，二是远距离的直接传播，三是制瓷技术中单一或几种因素被其他窑系吸收。参见李刚：《越窑综论》，《古瓷发微》，浙江人民美术出版社，1999年，第18～24页。

附录二　庆元县潘里垄宋代窑址出土茶器考论

刘建安（浙江省文物考古研究所）

2011 年 9 ～ 12 月，浙江省文物考古研究所、庆元县文管会联合对庆元县潘里垄 2 号窑址进行了考古发掘。

窑址位于竹口镇政府正北 1 千米的潘里垄山东麓，东距竹口溪 800 米，西距下济溪 250 米。经发掘清理出龙窑窑床 1 条，方向 120°，坡度 15°，残长 26、宽 1.42 ～ 1.56、残高 0.3 ～ 0.75 米。出土窑具有漏斗型匣钵、M 型匣钵、圆形泥垫饼、手捏泥支具、柱形垫圈等。窑产品以黑胎黑釉瓷盏为主，兼有少量擂钵、执壶、罐、盆、缸、青瓷碗等。本文试将该窑址出土之产品作析论考证。

一　产品类型

1. 盏

潘里垄 Y2：69，1 件。口残。束口较直，尖圆唇，弧腹壁内收，浅挖足。胎骨紧密呈黑色。内满釉，外壁不及底施黑褐釉，釉面有风火吹掠迹象，从而导致口外一侧有积釉滴。器身迎火面釉色呈铁褐色，背火面釉色为黑色。口径 10.2、足径 3.4、高 5.4 厘米（图 1，1）。

潘里垄 Y2：76，1 件。残，可复原。束口较直，尖圆唇，弧腹内收，浅挖足。修足规整，胎骨紧密呈黑色，内满釉，外壁不及底施黑褐釉，釉层较薄。口径 12、足径 4.2、高 6.2 厘米（图 1，2）。

潘里垄 Y2：158，1 件。口部与匣钵残件粘连（图 1，3）。

匣钵，残，变形。纵截面呈 M 型。顶面粘连一匣钵残片。灰黑色粗胎。直径 19.5、高 7.4 厘米。

黑釉盏，束口微敞，尖圆唇，弧腹壁内收，浅挖小圈足。腹外壁近足部有旋削痕。胎骨紧密呈灰黑色。腹外壁施釉不及底。外腹壁粘有少量窑渣。口径 11.4、足径 4.2、高 5.8 厘米。

潘里垄 Y2：159，1 件。置于匣钵内，足部与匣钵内底粘连（图 1，4）。

匣钵，呈漏斗形。深灰色胎体，质地粗疏。口径 16.8、高 12.2 厘米。

盏，束口较直，尖圆唇，弧腹壁内收，胎骨紧密呈黑灰色，内满釉，外壁不及底施黑褐釉。碗与匣钵间粘有一垫饼。口径 11.2、足径 3.6、高 6 厘米。

潘里垄 Y2：164，1 件。口部与匣钵粘连（图 1，5）。

匣钵，呈漏斗形。灰褐色胎体，质地粗疏。口径 18、高 12.2 厘米。

盏，束口较直，尖圆唇，弧腹壁内收，浅挖小圈足。胎骨紧密呈黑色。内满釉、外壁施釉不及底，因过烧而釉色显焦黑，釉层干涩多气泡。口径 11.3、足径 3.3、高 5.6 厘米。

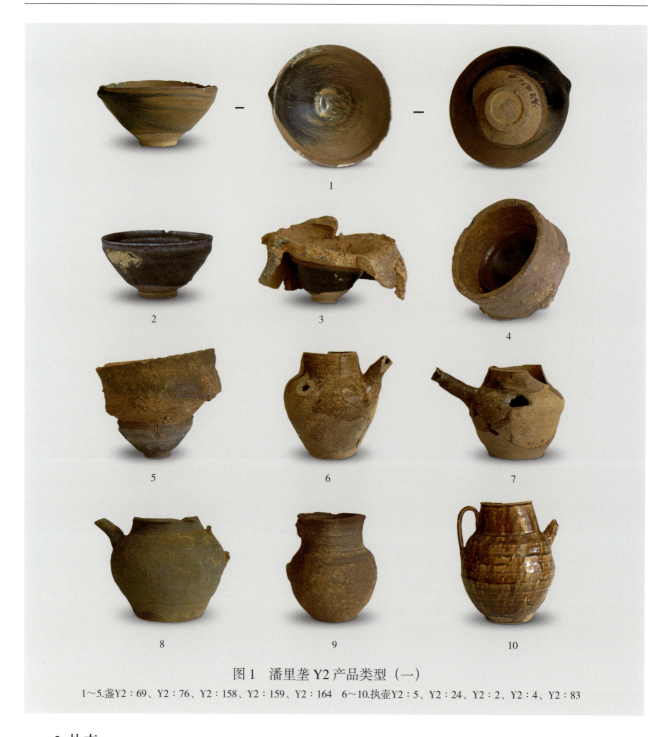

图 1　潘里垄 Y2 产品类型（一）

1~5.盏Y2：69、Y2：76、Y2：158、Y2：159、Y2：164　6~10.执壶Y2：5、Y2：24、Y2：2、Y2：4、Y2：83

2. 执壶

（1）单柄执壶

潘里垄 Y2：5，1 件。残，不可复原。直口微敛，方唇，长颈，溜肩，鼓腹，平底内凹，肩部贴附曲管状短流及圆管形把手、把手与流呈 90°夹角，已残缺。灰色胎体，质地较粗疏。器表局部施酱黄釉，釉层干涩。口径 6.2、底径 7.2、腹径 12.4、高 14.4 厘米（图 1，6）。

潘里垄 Y2：24，1 件。残，不可复原。直口微敛，方唇，高领，丰肩，鼓腹，平底微凹。腹部贴附圆管状把手，柄呈喇叭口，把手与流之间呈 90°夹角，流残失。器腹有拉坯痕。灰色胎体，质地较粗疏。器内外局部施酱黄釉，釉层干涩。口径6.5、底径7.1、腹径12.8、高11.4厘米，柄长6.2、外径2.4、内径1～2厘米（图1，7）。

（2）单耳执壶

潘里垾Y2：2，1件。残，可复原。侈口，窄折沿，短束颈，溜肩，圆鼓腹，平底微凹。颈下及下腹部各饰一道凹弦纹，肩部贴附曲管状短流，与流对称之肩腹部贴附竖向宽把手，已残失。灰色胎体，质地较粗疏。釉层脱落殆尽，呈酱黄色。口径6.8、底径7.2、腹径12.4、高11厘米（图1，8）。

潘里垾Y2：4，1件。残，不可复原。侈口，圆唇，长颈，溜肩，鼓腹，平底。颈部有拉坯痕，口部有一凹槽形流，与之对称之颈肩部贴附竖向窄耳。灰黑色胎体，质地坚密。口径4.8、底径3.7、腹径7.2、高8.8厘米（图1，9）。

潘里垾Y2：83，1件。残，略变形。方唇外凸，斜直颈，溜肩，圆鼓腹壁，平底内凹，腹部有拉坯痕，肩部贴附短流残缺，与流对称之肩颈部贴附竖向宽把，把手上端略低于口唇。胎体灰色，质地紧密。内满釉、外壁不及底施酱釉。口径8.5、底径8.8、腹径16、高19.2厘米（图1，10）。

潘里垾Y2：133，1件。残，可复原。侈口，方唇，短竖颈，溜肩，圆鼓腹，平底微内凹。肩部贴附曲管状流，与其对称之肩口部贴附竖向宽把，已残失。浅灰色粗胎体。内满釉、外壁不及底施酱釉，釉层浑浊、干涩、开片细密、局部脱落。口径8、底径8.5、腹径12.4、高11.4厘米（图2，1）。

潘里垾Y2：167，1件。残，可复原。略变形，直口微敛，圆唇，长颈，溜肩，鼓腹，平底微凹。腹部有拉坯痕，口部有一凹槽形流，与之对称之颈肩部贴附竖向宽耳。浅灰色胎体，质地坚密。颈腹部局部施酱黄釉，脱落殆尽。口径7.8、腹径13、底径8.4、高14.3～14.7厘米（图2，2）。

3. 擂钵

潘里垾Y2：111，1件。残，可复原。敛口，窄折沿，斜弧腹壁，平底微凹。腹部有拉坯痕，器内自底心向外刻划放射状弧线纹。胎体深灰色，质地较粗糙。口径23.6、底径10、高11.7厘米（图2，3）。

4. 罐

（1）单柄罐

潘里垾Y2：16，1件。残，不可复原。敛口，仰折沿，丰肩，鼓腹，平底微内凹，肩部贴附圆管形把手，残长2厘米。腹内壁有拉坯痕。灰色胎体，质地较粗疏。内满釉、外壁不及底施酱黄釉，釉层干涩，局部脱落。口径12.2、底径8.2、腹径17、高15.6厘米（图2，4）。

（2）单耳罐

潘里垾Y2：84，1件。残，不可复原。小口，窄平沿，矮颈斜直，丰肩，鼓腹，平底微凹。口腹部贴附竖向宽系，残缺，腹部有拉坯痕。胎体灰色，质地较粗疏。底外无釉，余皆施釉。釉色黑褐，局部脱落。口径10.6、底径9.8、腹径23.3、高30.6厘米（图2，5）。

（3）无耳（柄）罐

潘里垾Y2：82，1件。直口，方唇外凸，斜直颈，溜肩，鼓腹，平底微凹。腹部有拉坯痕。胎骨紧密呈灰黑色。内满釉、外壁不及底施酱釉。釉层干涩、浑浊、局部脱落。口径8.1、底径7.6、腹径14、高22.6厘米（图2，6）。

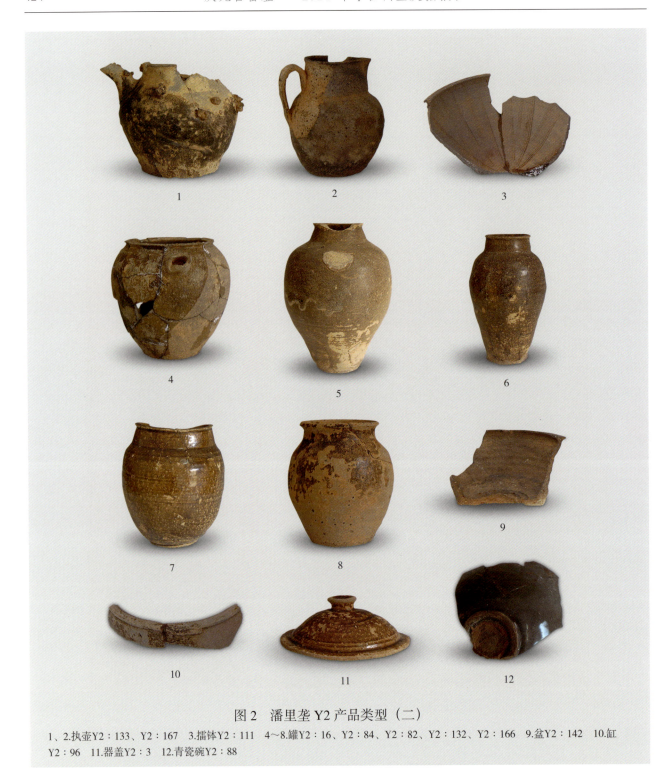

图 2　潘里垄 Y2 产品类型（二）

1、2.执壶Y2：133、Y2：167　3.擂钵Y2：111　4～8.罐Y2：16、Y2：84、Y2：82、Y2：132、Y2：166　9.盆Y2：142　10.缸
Y2：96　11.器盖Y2：3　12.青瓷碗Y2：88

　　潘里垄 Y2：132，1 件。残，可复原。口、腹部变形。直口微敛，方唇外凸，斜直领，溜肩，鼓腹，平底微内凹，腹部有拉坯痕。胎体呈浅灰色，质地较粗疏。内满釉、外壁不及底施酱釉，釉层浑浊，局部脱落。口径 8.5 ～ 13.5、底径 8.6、腹径 18、高 18.5 厘米（图 2，7）。

　　潘里垄 Y2：166，1 件。残，可复原。侈口，短束颈，溜肩，鼓腹，平底微内凹，内、外壁有数道轮旋痕。灰色胎，质地较粗疏。釉色为酱褐釉，内外壁饰半釉，釉层脱落严重。口径 9.5、腹径

12.5、底径7.7、高13.7厘米（图2，8）。

5. 盆

潘里垄Y2：142，1件。残，可复原。敛口，平折沿，斜弧腹壁，平底微凹。内底心凸起，器壁有拉坯痕。深灰色胎体，质地粗疏。口径19.2、底径11、高7.6厘米（图2，9）。

6. 缸

潘里垄Y2：96，1件。口腹部残片，不可复原。口缘外侧设对称錾手，中部有一圆孔。敛口，宽缘外凸，深圆鼓腹。缘面有一道凹弦纹，胎体红褐色，质地较细密。内、外壁施酱黄釉。釉层薄且干涩，脱落严重。錾手长7.5、宽1.4、厚0.9厘米，孔径0.3厘米，口径64、残高13厘米（图2，10）。

7. 器盖

潘里垄Y2：3，1件。残，可复原。平折沿，盖面圆隆，蘑菇形纽，纽面微凹。灰褐色胎体，质地较粗疏。盖面施酱黄釉，釉层干涩，局部脱落。盖径15.5、高5.4、纽径3.5、纽高1.4厘米（图2，11）。

8. 青瓷碗

潘里垄Y2：88，1件。残，可复原。敞口，圆唇，斜弧腹壁，圈足。腹外壁刻莲瓣纹。足内刻划"全"字并墨书一"吴"字。胎体灰色，质地较细密，中有气孔。足内无釉，余皆施釉，釉色青灰。口径8.8、足径5.2、高7厘米（图2，12）。

另外，潘里垄Y2出土了极少量的莲瓣纹青釉瓷碗，器形特征为圆唇，敞口，斜弧腹壁，腹外壁刻饰双层莲瓣纹，瓣体略肥硕，中脊凸出，矮圈足。属仿烧龙泉窑系瓷器。

二　器物用途考证

按器形划分，潘里垄2号窑址产品数量由多到少分别为：盏（约占产品总量的80%）、执壶（7.3%）、擂钵（5.7%）、罐（2.1%）、盆（2%）、缸（1.6%）、器盖（0.4%）、青瓷碗（0.3%）。潘里垄Y2出土的漏斗型匣钵、柱形支座、黑釉瓷盏与福建省建阳县水吉镇[1]、武夷山市遇林亭、建瓯市渔山、宁德市飞鸾等多处建窑系瓷窑址[2]的同类器物形制相同；尤其是黑釉瓷盏，其同类器物在福建连江定海湾白礁一号遗址沉船[3]中亦多有发现。潘里垄Y2出土的单耳带流壶与福建建阳芦花坪窑址[4]同类器形制相似；莲瓣纹青瓷碗与四川遂宁市金鱼村南宋窖藏[5]同类器形制相同。由此推断，潘里垄2号窑址的时代为南宋。

以往考古发现的执壶多与碾共出，执壶多被认定为煎药的"药壶"，碾则被认定为"药碾"。

[1]　中国社会科学院考古研究所、福建省博物馆：《福建建阳县水吉建窑遗址1991～1992年度发掘简报》，《考古》1995年第2期。

[2]　栗建安：《福建的建窑系黑釉茶碗》，《福建连江定海湾沉船考古》，科学出版社，2011年，第425～440页。

[3]　赵嘉斌、吴春明主编：《福建连江定海湾沉船考古》，科学出版社，2011年。

[4]　福建省博物馆、厦门大学、建阳县文化馆：《福建建阳芦花坪窑址发掘简报》，《中国古代窑址调查发掘报告集》，文物出版社，1984年，第137～145页。

[5]　成都文物考古研究所、遂宁市博物馆：《遂宁金鱼村南宋窖藏》，文物出版社，2012年。

潘里垄 2 号窑址的发掘更正了这种认识，以实物共存关系证明了与黑釉瓷茶盏共烧的其他器形均为茶器。试析论如下。

黑釉瓷盏的盛产是宋代斗茶风尚盛行的反映。两宋时期，上至宫廷贵族，下至市井平民，都盛行"斗茶"。宋人斗茶，茶色贵白，为使茶色鲜明，故茶盏以黑釉为佳，并以釉色青黑，"玉毫条达者为上"。据蔡襄《茶录》载："茶色白宜黑盏，建安所造者绀黑，纹如兔毫，其坯微厚，熁之久热难冷，最为要用。"[1] 绀黑盏，即釉色为青黑色泛红的茶盏，潘里垄 2 号窑茶盏（图 1，1 ～ 5）即是此类。

单耳执壶，即汤瓶，是宋代煮汤点茶的重要器具。蔡襄《茶录》下篇《汤瓶》条说："瓶要小者，易候汤，又点茶、注汤有准。黄金为上，人间以银铁或瓷石为之。"宋徽宗《大观茶论·瓶》载："注汤利害，独瓶之口咀而已，咀之末欲圆小而峻削，则用汤有节而不滴沥。盖汤力紧则发速有节，不滴沥，则茶面不破。"[2] 瓶嘴陡直而注水口圆小，则注水时可控性强，注水迅速而有冲力。潘里垄 2 号窑址出土之单耳执壶分曲管状流（图 1，8、10；图 55，1）和凹槽形流（图 1，9；图 2，2）两类；前者为常见汤瓶之形制，后者在考古发现的汤瓶中尚属少见形制。把手之设置，与汤瓶的具体功用有关：汤瓶主要用于冲点末茶兼煎水，要与火直接接触，故把手之设置，可免提取时烫手之痛。把手通常贴附于汤瓶之颈肩部，以便于提携并倾注茶汤。另外，潘里垄 2 号窑址出土了少量脱釉陶汤瓶。此类陶汤瓶造型拙朴，胎质粗糙，制作粗率，对于此类瓶，唐·苏廙《十六汤品》贬之为"渗水，有土气，虽御胯宸缄，且将败德销声。谚曰：'茶瓶用瓦，如乘折脚骏马登高'"。[3] 但由于它制作简便，遇火不易爆裂，价格相对低廉，故在下层民众中广为使用。

单柄执壶（图 1，6、7），又称偏执壶，即急须。北宋黄裳《龙凤茶寄照觉禅师》云"寄向仙庐引飞瀑，一簇蝇声急须腹"，其句下自注曰："急须，东南之茶器。"又其《谢人惠茶器并茶》云："遽命长须烹且煎，一簇蝇声急须吐"[4]，亦此。急须，即短流而一侧有横直柄的壶，此在唐代即已出现于南方，长沙窑、越窑产品中便常见急须。作为煎茶用具，器身肩部一侧设柄意在便于把握倾注茶汤。另外，潘里垄 Y2 还出土了极少量的单柄罐（图 2，4），形似于现代的砂锅，虽然无流，其为煎茶之器当不误。

无耳（柄）罐，即茶罐，是一种胎体细腻匀薄的贮茶器具。宋人贮茶，用箬叶封裹茶团，藏于密封容器，以御湿气，从而保持茶香味真，色泽如新。其贮茶用具，当有竹漆器、陶瓷器等多种器具。如宋徽宗《大观茶论》有"焙毕即以用久竹漆器中缄藏"的记载，又如中国国家博物馆藏北宋《妇女涤器画像砖》中，有带盖黑釉瓷茶瓶与茶盏共处的例证[5]。宋人贮茶方法，从明·许次纾《茶疏》的记载约略可知："收藏宜用瓷瓮，大容一、二十斤，四围厚箬，中则贮茶……瓮口再加以箬，以真皮纸包之，以苎麻紧扎，压抑大砖，勿令微风得入。""日常所需，贮小罂中，箬包苎扎，亦勿见风，宜即置之案头。"[6] 潘里垄 Y2 出土的无耳（柄）瓷罐（图 2，6 ～ 8）属中小型器形，胎

[1]（宋）蔡襄：《茶録》，文渊阁四库全书本。

[2]（宋）赵佶：《大观茶论》，文渊阁四库全书本。

[3]（唐）苏廙：《十六汤品》，中华书局，1991 年。

[4] 北京大学古文献研究所：《全宋诗》，北京大学出版社，1991 ～ 1998 年，第一六册，第 11017、11019 页。

[5] 石志廉：《北宋妇女画像砖》，《文物》1979 年第 3 期。

[6]（明）许次纾：《茶疏》，说郛三种·续说郛。

质细腻匀薄，做工精良，显然不适宜煮水或储水，应为茶瓶。此类罐或凸唇、或侈口，利于包扎封裹；内外施釉，美观且利于洗涤除垢。特别是以 Y2：132（罐）和 Y2：3（器盖）为例的两类器物，其胎质、釉色、做工一致，配为盖罐贮茶的可能性极大。

擂钵，亦称茶臼、碾钵、研钵、刻槽盆，其基本形制是一种大口、小底、内壁布满刻划线条的钵形器。宋人贮茶多为饼状膏茶，饮时需切割槌碾，茶碾对于饮茶者是必不可少之器。相对于较高档的碾槽、茶磨来说，碾钵更为轻便易用，特别适合家常日用，故碾钵在宋代民间广为使用。苏轼《和蒋夔寄茶》有"柘罗铜碾弃不用，脂麻白土须盆研"的记载[1]，是说苏轼到密州之后，发现当地人饮茶不用铜碾和柘罗，而是饮用经研盆研磨的夹杂着芝麻和白土的擂茶。内蒙古赤峰市元宝山元墓东壁壁画[2]则将墓主生前饮茶场景再现：壁画中画有一男子，侍立于茶桌旁用碾钵碾茶，茶桌上放置有茶瓶、汤瓶、茶盏等茶器。潘里垄 Y2 出土的擂钵形体较大，形制单一，胎体粗疏，制作简易，作为廉价商品在民间应有一定的市场（图 2，3）。

水盆、汲水罐、水缸分别为盛水、取水、储水容器。古人饮茶，重视水的质量。如宋·唐庚《斗茶记》载唐相李德裕煮茶好用惠山泉，说他"置邮传送，不远数千里"[3]。又如王安石《寄茶与平甫》："石楼试水宜频啜，金谷看花莫漫煎。"[4]宋·蔡襄《茶录》又有"水泉不甘能损茶味。前世之论水品者以此"的记载，也承认水品对于茶味的重要性。关于贮水要领，明·许次纾《茶疏》载："甘泉旋汲，用之则良，丙舍在城，夫岂易得，理宜多汲，贮大瓮中……水性忌木，松杉为甚，木桶贮水，其害滋甚，挈瓶为佳耳。贮水瓮口，厚箬泥固，用时旋开，泉水不易，以梅雨水代之。"潘里垄 Y2 出土的单耳罐（图 2，5），半环状竖耳设于器物口肩部，最宜提挈；器物小口则利于封盖；大鼓腹利于贮水；聚收小底则便于在水井、山泉小溪中倾覆注水，综上分析，此类单耳罐正是文献所载汲水的挈瓶。潘里垄 Y2 出土的水缸（图 2，10），大敞口，宽缘，口外设錾手，胎体粗厚，其储水的功用显而易见。至于水盆（图 2，9），口径约 20、高约 8 厘米，属中小型器皿，适合单手舀盛净水之用。

综上所述，潘里垄 2 号窑址是一座以烧制建窑系黑釉瓷茶盏为主、兼烧相关茶器的南宋民窑。

（原载《东方博物》第四十八辑，浙江大学出版社，2013 年）

[1] （宋）苏轼：《苏轼文集》，中华书局，1986年点校本。
[2] 项春松：《内蒙古赤峰市元宝山元代壁画墓》，《文物》1983年第4期。
[3] （宋）唐庚：《斗茶记》，说郛三种·宛委山堂本。
[4] （宋）王安石：《临川集》，文渊阁四库全书本。

附录三　庆元县下济清代窑址调查简报

叶海（庆元县文物管理委员会办公室）　刘建安（浙江省文物考古研究所）

　　庆元县下济窑址（编号 Y1）发现于 20 世纪 80 年代，是我省少有的一处以烧制青花瓷碗、盘为主的清代窑址。鉴于该窑址产品特色鲜明，2011 年 11 月，浙江省文物考古研究所、庆元县文物管理委员会办公室联合对下济窑址进行了考古调查。现将调查结果简报如下。

一　窑址概况

　　下济村为庆元县黄田镇行政村，该村四周为山地，村西有下济溪自北向南贯流，汇入竹口溪。村中有机耕路与中济、竹口贯通。下济窑址位于下济村樟坪路 5 号民居南侧，西距下济溪约 200 米。窑址中心地理坐标为北纬 27°43′50″，东经 118°53′35″，海拔高度 290 米。由于窑址分布区域为下济村生活区，窑址被建房、开垦农作破坏严重，局部保存。现窑址地貌隆起呈台地状，南邻低地农田区。窑址上方种植树木、蔬菜（图 1）。

　　窑体未见，其形制不明。残品堆积呈东西向条带状分布，长约 25、宽 15、厚 2 米。

　　窑具有 M 型匣钵，其一口径 25、高 8 厘米，其二口径 17.5、高 6 厘米。

　　圆形泥垫饼多见，径约 11、厚 1 厘米。

　　采集到弧形砖一块，可能为窑体用砖，外弧长 33、宽 8.5、厚 6 厘米。

　　窑产品均为白胎青花瓷器，胎体较薄且脆，器形以碗、盘为主（图 2）。

图 1　下济 Y1 地貌　　　　　　　　　　图 2　下济 Y1 采集标本

二　采集标本

共采集窑址标本 26 件。类型包括泥垫饼，试火器，青花瓷碗、盘，青瓷碗等。

Y1：1，碗，残，可复原。侈口，圆唇，斜弧腹壁，圈足。口内及腹部饰弦纹，内底心饰三点。口外饰一周卷云纹。胎体浅灰，质地细密。足端无釉，余皆施釉。釉色青中泛白。足部粘有少量窑渣。口径 12.1、足径 4.8、高 5.7 厘米（图 3，1；图 4）。

Y1：2，碗，残，可复原。侈口，圆唇，斜弧腹壁，圈足。腹内壁饰弦纹，内底部书写"德福百斗"四字。腹外壁饰花卉纹、弦纹。胎体浅灰，质地细密。足端无釉，余皆施釉。釉色青中泛白。足部粘有窑渣。口径 16.3、足径 6.4、高 6.7 厘米（图 3，2；图 5）。

Y1：5，碗，腹底部残片，不可复原。斜弧腹壁，内底心凸起，圈足。内底心绘有三点。胎体灰白，质地细密。足端无釉，余皆施釉。釉色青中泛灰、莹润。足部粘有少量的窑渣。足径 6.4、残高 2.5 厘米（图 3，3）。

Y1：6，碗，腹底部残片，不可复原。斜弧腹壁，圈足，足端斜削。内底心写一草书"福"字。胎体浅灰，质地细密。足端无釉，余皆施釉。釉色青中泛白、莹润。内底及足部粘有少量窑渣。足径 5.4、残高 2.5 厘米（图 3，4）。

Y1：7，碗，腹底部残片，不可复原。斜弧腹壁，圈足。腹内壁近底部饰一周双弦纹，腹外壁饰花卉纹、弦纹。胎体灰白，质地细密。足端无釉，余皆施釉。釉色青中泛白、莹润。足部粘有少量窑渣。足径 6.4、残高 4.2 厘米（图 3，5）。

Y1：13，碗，残，可复原。侈口，圆唇，斜弧腹壁，圈足。胎体灰白，质地细密。足端无釉，余皆施釉。釉色青中泛白、莹润。足部粘有少量窑渣。口径 13、足径 4.8、高 5.2 厘米（图 3，6）。

Y1：21，碗，残，可复原。侈口，圆唇，斜弧腹壁，圈足，足端外缘斜削。胎体灰白，质地细密。足端无釉，余皆施釉。釉色青中泛白、莹润。器内粘有一匣钵残片。口径 12.3、足径 4.6、高 5.5 厘米（图 3，7；图 6）。

Y1：24，碗，一组两件（粘连体），分 A 件和 B 件（图 3，8；图 7）。

Y1：24A，上部一件，残，可复原。侈口，圆唇，斜弧腹壁，圈足。内底心饰三点，腹外壁饰花草纹。胎体灰白色，质地细密。足端无釉，余皆施釉。釉色青中泛白、莹润。足部粘有少量窑渣。器内粘有一匣钵残片。口径 13.8、足径 5.6、高 7.2 厘米。

Y1：24B，下部一件，残（已变形），可复原。侈口，圆唇，斜弧腹壁，圈足。内底心饰三点，腹外壁饰花草纹。胎体灰白，质地细密。足端无釉，余皆施釉。釉色青中泛白、莹润。足部粘有少量窑渣。腹内外粘有匣钵残片。口径约 14.5、底径 5.6、高 7.1～9.1 厘米。

Y1：22，泥垫饼。圆饼形，托面平整，底面微弧。红褐色胎体，质地粗糙。托径 11.5、高 1.5 厘米（图 3，9）。

Y1：23，泥垫饼。圆饼形，托面及底面平整。红褐色胎体，质地粗糙。托径 11.2、底径 8.8、高 2 厘米（图 3，10）。

Y1：3，试火器，青花瓷碗口沿改制。侈口，尖圆唇，斜弧腹壁。口内绘弦纹，口外绘一周卷云纹。上腹部近口处钻有一圆孔，孔径为 1.3～1.5 厘米。胎体红褐色，质地细密。足端无釉，余皆施釉。釉色青中泛白。内、外壁粘有少量窑渣。口径 13、残宽 2.2～3.8、残高 4 厘米（图 3，11；图 8）。

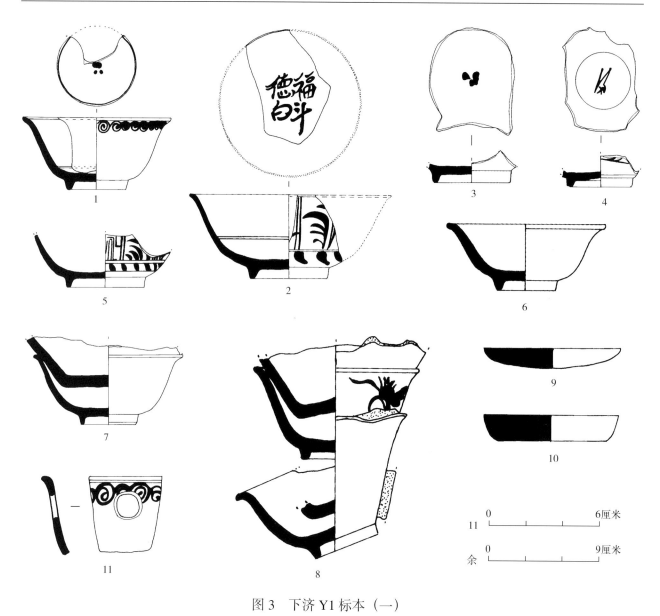

图 3　下济 Y1 标本（一）

1～5、8.青花碗Y1：1、Y1：2、Y1：5、Y1：6、Y1：7、Y1：24　6、7.青瓷碗Y1：13、Y1：21　9、10.泥垫饼Y1：22、23　11.试火器Y1：3

　　Y1：8，碗，残，可复原。敞口，圆唇，上腹壁斜直，下腹壁折弧收，圈足。腹内外饰花卉纹、弦纹。胎体灰白，质地细密，中有气孔。足端无釉，余皆施釉。釉色青灰、莹润。足部粘有少量窑渣。口径 14.8、足径 5.4、高 5.8 厘米（图 9，1；图 10）。

　　Y1：9，碗，残，可复原。敞口，圆唇，上腹壁斜直，下腹折弧收，圈足。腹内壁近口沿处绘重圈纹。胎体灰白色，质地细密。釉色青中泛白、莹润。足底粘有少量窑渣。口径 14.2、足径 4.8、高 6.2 厘米（图 9，2）。

　　Y1：10，碗，残，可复原。敞口，圆唇，上腹壁斜直，下腹壁折弧收，圈足。腹内外饰花卉纹、弦纹，内底心饰三点纹。胎体红褐色，质地细密。足端无釉，余皆施釉。釉层干涩浑浊。属生烧器。口径 16.2、足径 6、高 6.2 厘米（图 9，3；图 11）。

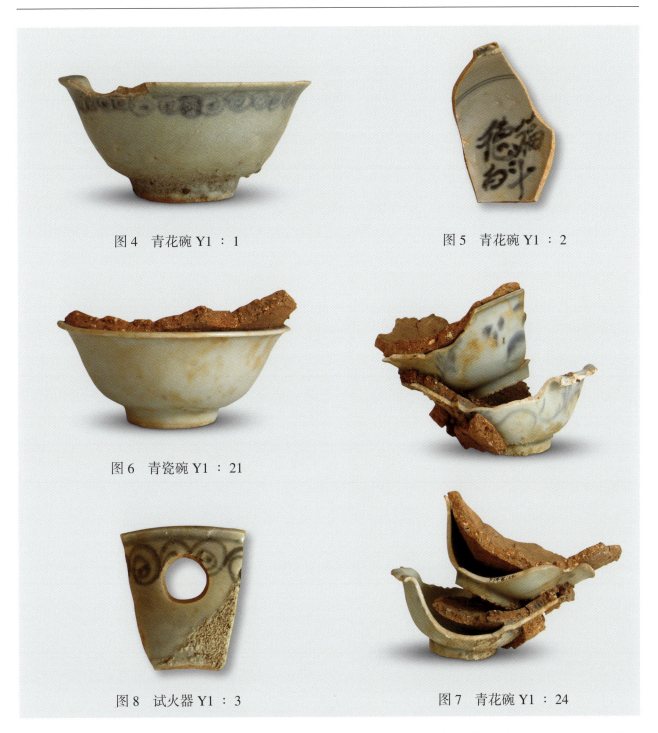

图 4 青花碗 Y1：1

图 5 青花碗 Y1：2

图 6 青瓷碗 Y1：21

图 8 试火器 Y1：3

图 7 青花碗 Y1：24

Y1：11，碗，残，可复原。敞口，圆唇，上腹壁斜直，下腹壁折弧收，圈足。腹内壁近口沿处绘花卉纹，下腹部绘双弦纹，内底心饰三点。腹外壁近口处绘花卉纹、弦纹。胎体灰白，质地细密。足端无釉，余皆施釉。釉色青中泛白、莹润。腹外壁及圈足底部粘有少量窑渣。口径 15.2、足径 5.2、高 6 厘米（图 9，4；图 12）。

Y1：12，碗，残，可复原。敞口，圆唇，上腹壁斜直，下腹壁折弧收，圈足。口内外绘花卉纹、弦纹。胎体灰白，质地细密。足端无釉，余皆施釉。釉色青中泛白。釉层干涩浑浊，足底粘有少量窑渣。口径 14.8、足径 5.6、高 6.3 厘米（图 9，5）。

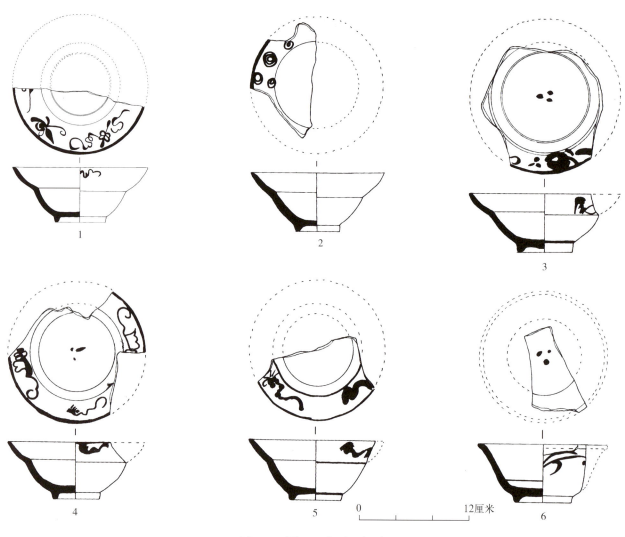

图 9　下济 Y1 标本（二）

1~6.青花碗 Y1：8、Y1：9、Y1：10、Y1：11、Y1：12、Y1：4

图 10　青花碗 Y1：8

图 11　青花碗 Y1：10

　　Y1：4，碗，残，可复原。侈口，圆唇，斜弧腹壁，圈足。内底心隆起，内底外缘饰一周弦纹，底心饰三点。腹外壁饰花卉纹。胎体灰白，质地细密。足端无釉，余皆施釉。釉色青中泛白、莹润。口径 14、足径 5.2、高 6.2 厘米（图 9，6）。

Y1：14，盘，残，可复原。敞口，圆唇，浅斜
腹壁，矮圈足。足端外缘斜削，内底心凸起。口内
饰三道弦纹、间填"×"线纹。内底外缘饰一周双
弦纹，内填鱼草纹。胎体灰白，质地细密。足端无釉，
余皆施釉。釉色青中泛白、莹润。口径 15、足径 8.2、
高 2.3 厘米（图 13，1；图 14）。

图 12　青花碗 Y1：11

Y1：15，盘，腹底部残片，不可复原。浅斜弧腹壁，
圈足，足端旋削。内底部绘花卉纹。胎体灰白，质
地细密。足端无釉，余皆施釉。釉色青中泛白、莹润。
足径 9.4、残高 2.7 厘米（图 13，2；图 15）。

Y1：16，盘，腹底部残片，不可复原。浅斜弧腹壁，圈足。内底部绘花果纹。胎体灰白，质地细密。
足端无釉，余皆施釉。釉色青中泛白、莹润。足径 8、残高 1.8 厘米（图 13，3）。

Y1：17，盘，腹底部残片，无可复原。浅斜弧腹壁，圈足。内底绘花卉纹。胎体灰白，质地细密。
足端无釉，余皆施釉。釉色青中泛白、莹润。足径 7.4、残高 1.9 厘米（图 13，4）。

Y1：18，盘，残，不可复原。浅腹斜弧壁，矮圈足。足端斜削。内底用青料勾绘四出秋葵花纹

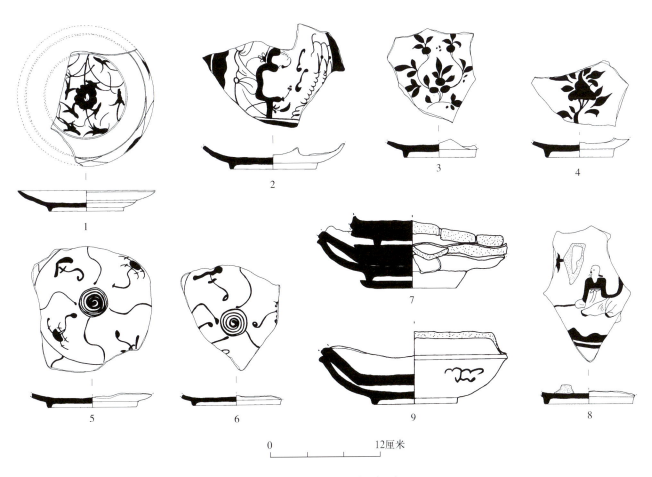

0　　　　　　　　　　12厘米

图 13　下济 Y1 标本（三）

1～9.青花盘Y1：14、Y1：15、Y1：16、Y1：17、Y1：18、Y1：19、Y1：25、Y1：20、Y1：26

图 14　青花盘 Y1 ∶ 14　　　　　　　　　图 15　青花盘 Y1 ∶ 15

图 16　青花盘 Y1 ∶ 18　　　　　　　　　图 18　青花盘 Y1 ∶ 20

图 17　青花盘 Y1 ∶ 25　　　　　　　　　图 19　青花盘 Y1 ∶ 26

样，葵瓣内饰对称灵芝、茶花，瓣蕊用单线画成螺旋纹。胎体灰白，质地细密。足端无釉，余皆施釉。釉色青中泛白、莹润。足径 9.8、残高 1.5 厘米（图 13，5；图 16）。

　　Y1 ∶ 19，盘，腹底部残片，不可复原。浅斜弧腹壁，矮圈足。内底用青料勾绘四出秋葵花纹样，葵瓣内饰对称灵芝、茶花，瓣蕊用单线画成螺旋纹。胎体灰白，质地细密。足端无釉，余皆施釉。釉色青中泛白、莹润。足径 9.6、残高 1.2 厘米（图 13，6）。

　　Y1 ∶ 25，盘，一组两件（粘连体），分 A 件和 B 件（图 13，7；图 17）。

Y1：25A，上部一件，残（已变形），可复原。敞口，圆唇，浅斜弧腹壁，矮圈足。腹内壁绘花卉纹。胎体灰白，质地细密。足端无釉，余皆施釉。釉色青中泛白、莹润。器内粘有一匣钵残片。外底部粘一垫饼，垫饼托径12.8、高0.9厘米，垫饼下粘一匣钵残体。盘口径约20.4、足径4.2、高1.6厘米。

Y1：25B，下部一件，残（已变形），可复原。敞口，圆唇，浅斜弧腹壁，圈足。腹内壁绘花卉纹。胎体灰白，质地细密。足端无釉，余皆施釉。釉色青中泛白、莹润。外底部粘有一垫饼，托径10.7、底径9.6、高0.8厘米。盘口径约20.2、足径5.1、高4.5厘米。

Y1：20，盘，腹底部残片，不可复原。浅斜弧腹壁，矮圈足。内底绘山石人物纹。胎体灰白，质地细密。足端无釉，余皆施釉。釉色青中泛白、莹润。内底部粘有一匣钵残片。足径9.8、残高2厘米（图13，8；图18）。

Y1：26，盘，残，可复原。敞口，圆唇，斜弧腹壁，矮圈足。腹内外饰花卉纹。胎体灰白，质地细密。足端无釉，余皆施釉。釉色青中泛白、莹润。器内粘有匣钵残体。匣钵底径12.2、残高5.6厘米，盘口径约20.6、底径9.7、高5厘米（图13，9；图19）。

三　结语

下济Y1的产品以青花折腹碗最具特色，此类碗与《扬州古陶瓷》所收清康熙茄皮紫凉蓬碗相似[1]，又与广东省珠海市唐家出土的清雍正青花碗相似[2]。青花秋葵纹盘Y1：18与江西省万安水库清乾隆六十年墓所出青花秋葵纹盘相似[3]。依此，可将下济Y1的使用年代判定为清代早中期。下济Y1产品类型以食器青花碗、盘为主；产品少有精良之作；窑残品堆积规模较小；该窑址周边亦缺乏同类窑址，故此，认为下济Y1应为一处民窑。

庆元县北与龙泉市接壤，地处浙江西南边陲，此区域宋、元、明时期是龙泉窑系青瓷器的盛烧期。据庆元县文物普查资料观察，本县青花瓷窑址有竹中、下济、樟坑窑址，其中竹中窑址时代为明清之际，下济、樟坑窑址时代为清代。下济Y1专以烧制青花瓷器而有别于本地龙泉窑系传统青瓷器，此现象应是时代差异造成。下济Y1烧制青花瓷器可看作是继龙泉窑衰落后本地窑业谋求发展的一个新趋向。

调查：刘建安、叶海、吴文琳、陈化诚、李文艺

绘图：韩常明

摄影：刘建安

（原载《东方博物》第五十辑，浙江大学出版社，2014年）

[1]　扬州博物馆、扬州文物商店编：《扬州古陶瓷》，文物出版社，1996年，图160。

[2]　张柏主编：《中国出土瓷器全集（第10卷）》，科学出版社，2008年，图74。

[3]　张柏主编：《中国出土瓷器全集（第14卷）》，科学出版社，2008年，图239。

后　记

　　本报告是浙江省文物考古研究所、庆元县文物保护所对庆元县古代窑址考古调查、发掘工作的总结。考古调查、发掘工作从 2011 年 9 月开始，至 2011 年 12 月结束。2012 年 3 ～ 7 月进行整理，完成了器物修复、绘图和描述，报告主体内容基本编写完成。之后由于各种原因，完善报告内容的工作被长期搁置。2022 年，笔者主持龙泉市亭后窑址考古发掘工作期间，趁机对庆元古窑址考古报告进行了完善、润色，补拍了部分文物标本照片。2023 年 4 月最终完稿并交付出版社。调查、发掘、整理和报告编写工作具体由刘建安负责。

　　窑址调查中遗物采集具有一定的偶然性，这与窑址的生产规模、保存状况、遗物堆积情况以及调查人员的主观意识等密切相关，为了客观、实际地公布调查、发掘材料，在第二章窑址分述部分没有对窑炉形制、采集标本进行时代分类和型式分类，而是对每处窑址、每件采集标本都予以详细描述，对窑址及产品年代的判定主要依据所采集标本的文化特征，同时参考了庆元县第三次全国文物普查资料。

　　本报告由刘建安执笔完成。参与考古工作的单位与人员有：浙江省文物考古研究所刘建安、郑嘉励，庆元县文物保护所（原庆元县文物管理委员会办公室）叶海、陈化诚、吴文琳，北京大学考古文博学院研究生刘净贤、谢西营。地貌环境、遗迹和文物标本拍摄工作由刘建安负责。遗迹绘图由李文艺、齐红军完成。文物标本绘图由韩常明完成。

　　考古调查、发掘、整理过程中，得到了浙江省文物考古研究所郑嘉励研究员的指导，北京大学考古文博学院秦大树教授、庆元县文物保护所叶海所长、陈化诚所长等提供了诸多帮助。英文提要由中央民族大学黄义军教授翻译。日文提要由日本熊本大学国际人文社会科学研究中心准教授久保田慎二翻译。文物出版社编审秦或为本报告的编辑付出了诸多辛劳。在此一并致谢。

　　窑址考古调查毕竟不同于发掘，由于时间仓促，缺乏考古地层学依据，所见识窑址信息、所采集文物标本均有片面性、偶然性以及不自觉的主观性，这些都可能使编写者的认知出现偏差，加上编写者本身学识水平的限制，所以报告中难免存在不当和疏漏，望同仁和读者予以指正和谅解。

刘建安

2023 年 5 月